Contents

삼프로 특강 1강

재테크와 주식투자

Part I 재테크, 필요한가?

Part II 위험한 주식투자 꼭 해야 하나

Part III 주식 투자 실무 10가지 원칙

리서치센터
Head of Research 이경수

1강 주식투자 | 2강 투자전략 | 3강 거시경제 | 4강 퀀트 | 5강 채권

BOXPI

Prologue

NAVER 지식백과   박스피   ▸   🔍   통합검색   ☰ 카테고리보기 ⌄

시사상식사전

⊕담기 공유하기 수정문의 인쇄

시사상식사전

박스피

[요약] 일정한 폭 안에서만 지속적으로 주가가 오르내리는 코스피

외국어 표기   boxPI(영어)

「박스(box)」와 「코스피(KOSPI · Korea Composite Stock Price Index)」를 합쳐 만든 신조어로, 주가가 상승할 경우에도 일정 수치 이상 상승하지 않고 하락할 경우에도 일정 수치 이하로 하락하지 않는 코스피를 가리킨다.

한편, 「박스피」는 관련 단어인 「박스닥」과 함께 2015년 3월 국립국어원이 발표한 2014년 신어로 선정된 바 있다.

기초
재테크와 주식투자

Part I

재테크, 필요한가?

1-1. 재테크, 가계 ROE를 높이는 것이 핵심

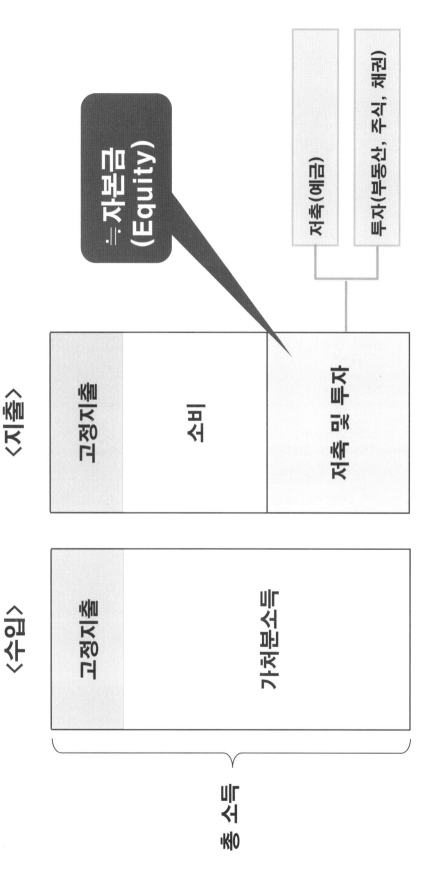

〈수입〉

고정지출
가처분소득

〈지출〉

고정지출
소비
저축 및 투자

≒ 자본금
(Equity)

저축(예금)

투자(부동산, 주식, 채권)

총 소득

1-1. 과거에는 부동산/아파트 투자가 답이었다

- 1975년 이후 전국 지가 36.6배, 예금(복리) 수익률 27.2배, Kospi는 22.8배
  - 80년대 땅 가진 사람이 강남 아파트로 갈아탔을 경우 수익률은 54.1배에 달하는 것으로 추정

1975년 이후 국내 투자자산별 성과

(1975=100)

주: 예금은 해당 연도의 금리로 계속 원리금을 1년 단위로 재투자했을 때를 상정
자료: 한국은행, 메리츠증권 리서치센터 추정

1-1. 주택구매에서 비롯되는 기대수익률도 하락 불가피

■ 주요 선진국들의 경험: 1970년 이후 인당 GDP 2만불 도래 시점까지 연평균 주택가격 상승률 10.0%

　– 인당 GDP 2만불 초과 시점부터 2018년까지 연평균 주택가격 상승률은 4.0%

■ 70~80년대는 인플레 환경. 반면 90년대 이후 디스인플레이션 환경 정착된 점도 주택가격 명목상승률 둔화 요인

주요 선진국의 연평균 주택가격 상승률: 인당 GDP 2만불 도래 전 vs 도래 이후

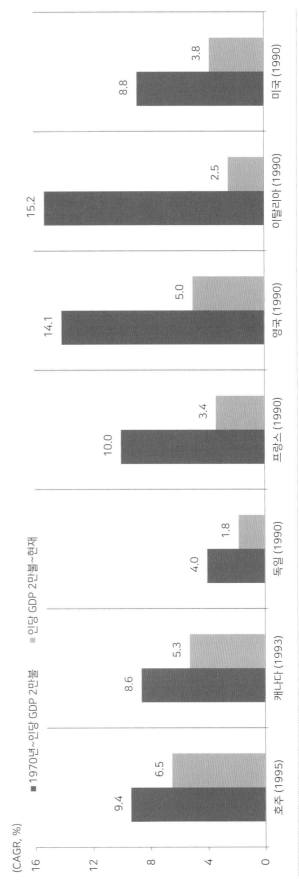

(CAGR, %)

■ 1970년~인당 GDP 2만불　　■ 인당 GDP 2만불~현재

	호주 (1995)	캐나다 (1993)	독일 (1990)	프랑스 (1990)	영국 (1990)	이탈리아 (1990)	미국 (1990)
1970년~인당 GDP 2만불	9.4	8.6	4.0	10.0	14.1	15.2	8.8
인당 GDP 2만불~현재	6.5	5.3	1.8	3.4	5.0	2.5	3.8

주: ( )안은 해당 국가가 인당 GDP 2만불 달성했던 연도임
자료: BIS, IMF, 메리츠증권 리서치센터 추정

1-1. 그러나, 지금은 도 모아 집 못사는 시대

- 1990년대 중후반에는 소득만으로 강남 아파트를 사는데 5년 내외 소요
- 도시가구 연간소득 6,000만원 내외임을 고려해도, 현재 강남 아파트 가격은 소득대비 무려 24배에 달함

소득으로 강남 아파트 한 채를 사는데 걸리는 기간 (PIR: Price-to-Income Ratio)

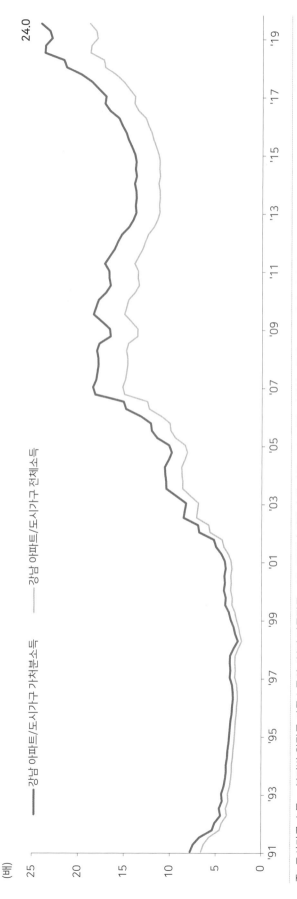

주: 도시가구 소득 = 분기별 월평균 가구소득의 4분기 이동평균 x 12. 2019년 상반기 말 기준 5,833만원. 가처분소득 4,553만원. 강남 아파트 가격은 10.9억원
자료: KB국민은행, 통계청, 메리츠증권 리서치센터 추정

1-1. 한국인의 자산구성: 부동산 위주+금융자산은 예금 중심

- 그럼에도 불구하고 우리나라 가계의 투자는 여전히 실물자산 (부동산)에 집중
- 금융자산도 수익성 자산보다 현금/예금/채권 등 저수익성 자산이 전체의 47.3%를 차지; 선진국 대비 비율이 높은 편

한국 및 주요 선진국 가계자산구성: [1] 금융자산 vs 실물자산, [2] 금융자산 내 상품별 구성비중

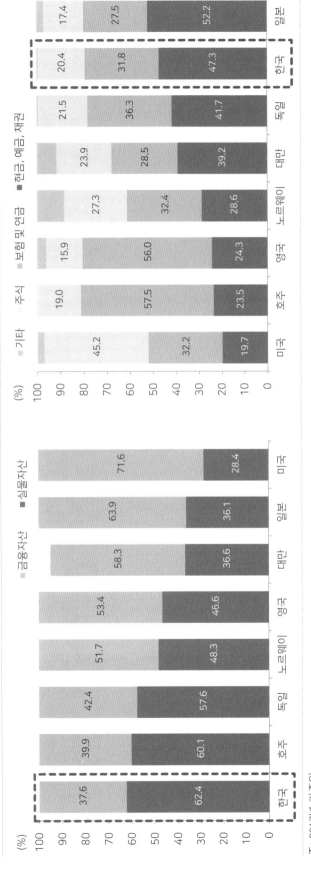

주: 2017년 기준임
자료: 각국 중앙은행 및 통계청, 메리츠증권 리서치센터

어떤 금융자산에 투자할 것인가?

1-1. 금융자산의 재테크 3대 요소

■ 3가지 요건을 고려해야

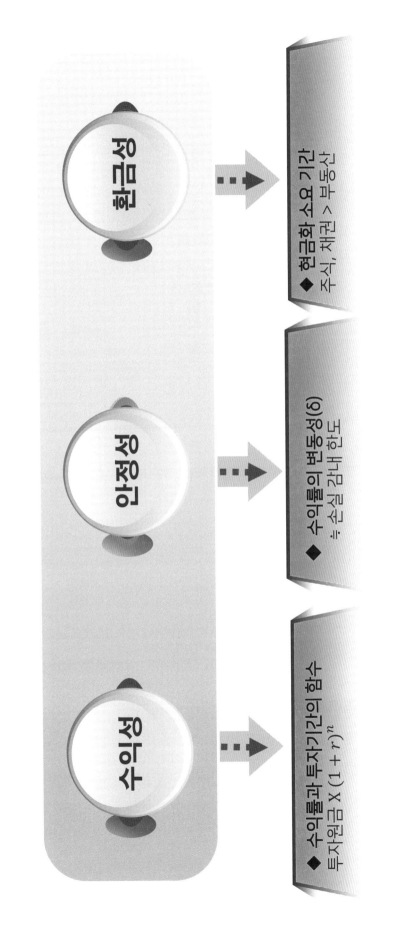

수익성 　 안정성 　 환금성

◆ 수익률과 투자기간의 함수
투자원금 X $(1+r)^n$

◆ 수익률의 변동성(δ)
≒ 손실 감내 한도

◆ 현금화 소요 기간
주식, 채권 > 부동산

1-1. 무조건 저축은 옛말: 수익성×

■ 두 자리 수 예금금리 시대에서는 저축만으로도 금융자산의 증식이 가능했음

■ 현재는 글로벌 금융위기 이후 초저금리 시대에 진입. 물가상승률에도 못 미치는 예금금리 수익성 없어

한국 GDP성장률과 예금금리

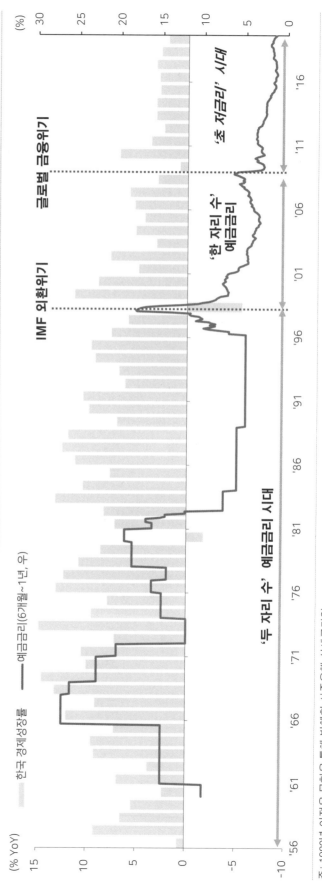

주 : 1980년 이전은 문헌을 통해 발췌한 시중은행 실세금리임
자료 : 국가기록원, 한국은행, IMF, 메리츠증권 리서치센터

1-2. 주식과 채권, 어디에 투자할 것인가?

- 2008년 금융위기 이후 주식과 채권시장 모두 강세

- 지금까지 경기는 채권시장의 손을 들어주고 있어

- 경기가 채권의 손을 들어준다면, 앞으로도 채권에 투자해야 한다?

미국 금융위기 이후 주식시장과 금리 추이

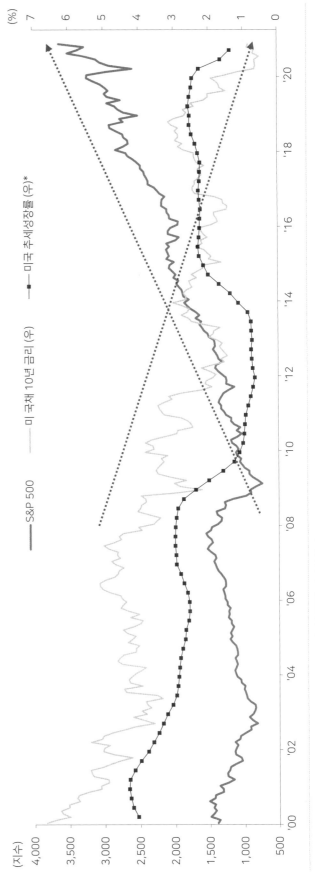

자료 : Federal Reserve Bank of St. Louis, Shiller, 메리츠증권 리서치센터

1-2. 지금 채권투자? 안정성 X

- 채권금리 마이너스(-)가 주는 의미는 무엇인가?
- 전세계 국채 10개중 3개는 마이너스 금리. 미국 30년물은 1800년 이후 최저치
- 지금 채권투자는 주식을 상한가에 사는 것과 같은 이치. 금리 변동성을 경계. 채권 평가손실의 안정성 담보할 수 없음

전세계 채권 시장 내 마이너스 금리 비중(좌), 미국 30년 채권 금리 추이

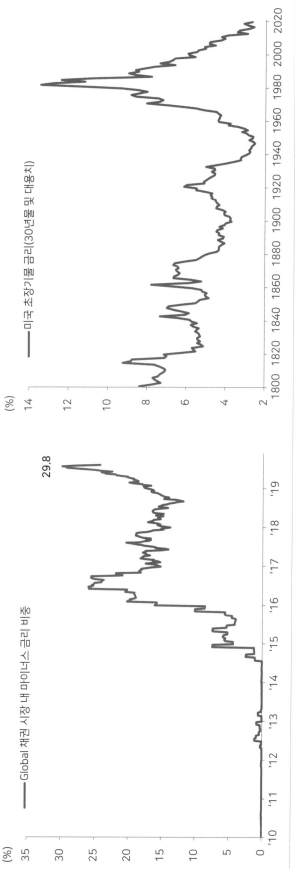

자료: 한국은행, 메리츠증권 리서치센터

기초
재테크와 주식투자

Part II

위험한 주식투자 꼭 해야 하나

투자 vs. 투기

2-1. 주식과 도박의 차이 (1) 가치

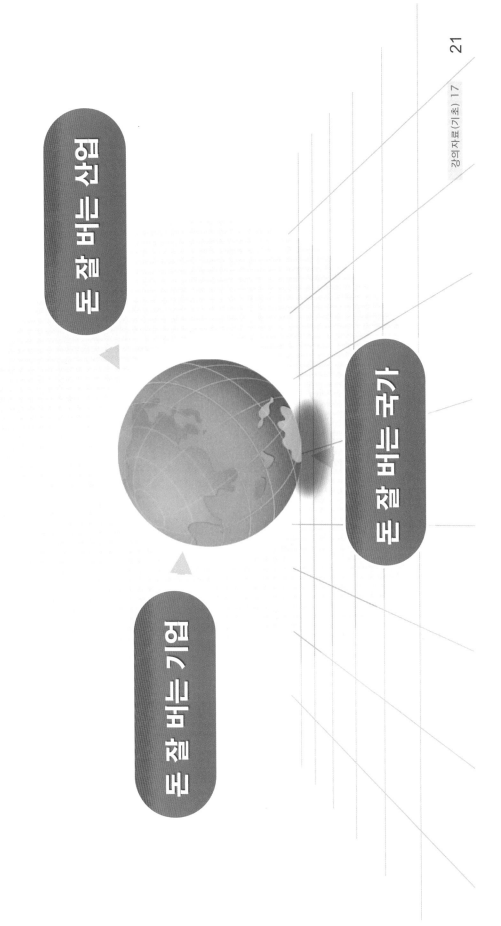

돈 잘 버는 산업

돈 잘 버는 국가

돈 잘 버는 기업

2-1. 성장을 공유할 수 있는 유일한 수단

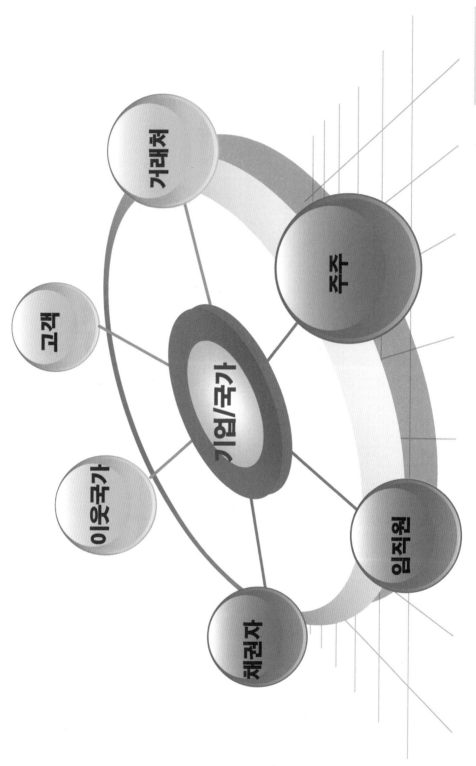

2-1. 주식과 도박의 차이 (2) 확률

- 도박은 확률상 필연적으로 실패할 수 밖에 없는 게임
- 동전 던지기와 같은 50%의 승률이라 할지라도 게임이 진행될 수록 게임이 이길 확률은 '0'에 수렴

$5를 가지고 50% 확률 게임을 반복했을 때, 파산 확률

게임 횟수	1	2	3	4	5	6	7	8	9	10	11	12	13	14	15
파산 확률	0.00%	0.00%	0.00%	0.00%	3.13%	3.13%	7.03%	7.03%	10.94%	10.94%	14.60%	14.60%	17.96%	17.96%	21.01%
$1				6.25%		7.81%		7.81%		7.32%		6.71%		6.11%	
$2			12.50%		15.63%		15.63%		14.65%		13.43%		12.22%		11.11%
$3		25.00%		25.00%		23.44%		21.48%		19.53%		17.72%		16.11%	
$4	50.00%		37.50%		31.25%		27.34%		24.41%		22.02%		20.00%		18.25%
$5		50.00%		37.50%		31.25%		27.34%		24.51%		22.27%		20.39%	
$6	50.00%		37.50%		31.25%		27.34%		24.61%		22.51%		20.79%		19.32%
$7		25.00%		25.00%		23.44%		21.88%		20.51%		19.31%		18.24%	
$8			12.50%		15.63%		16.41%		16.41%		16.11%		15.70%		15.23%
$9				6.25%		9.38%		10.94%		11.72%		12.08%		12.21%	
$10					3.13%		5.47%		7.03%		8.06%		8.73%		9.16%
$11						1.56%		3.13%		4.39%		5.37%		6.11%	
$12							0.78%		1.76%		2.69%		3.49%		4.17%
$13								0.39%		0.98%		1.61%		2.22%	
$14									0.20%		0.54%		0.95%		1.39%
$15										0.10%		0.29%		0.56%	
$16											0.05%		0.16%		0.32%
$17												0.02%		0.09%	
$18													0.01%		0.05%
$19														0.01%	
$20															0.00%

자료: 메리츠증권 리서치센터

2-1. 확률을 높이는 방법 ① 시간

- 주식시장은 무엇이 다른가. '시간'의 개념이 포함

- 미국과 한국 주식 투자기간을 길게 가져갈 수록 승률은 높아지는 구조

- 도박과 마찬가지로 1일은 확률이 유사. 1년 이상으로 투자를 진행할 수록 '승률'은 빠르게 높아져

미국과 한국 주식시장의 승률 분석: 보유기간 1일, 3개월, 1년 5년, 10년, 20년에 따라 결과는 천차만별

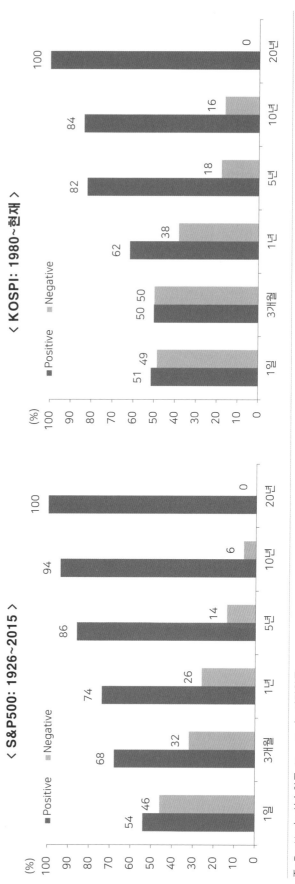

< S&P500: 1926~2015 >

< KOSPI: 1980~현재 >

주: Positive는 상승확률, Negative는 하락확률

자료: S&P, WiseFn, 메리츠증권 리서치센터

2-1. 확률을 높이는 방법 ② 좋은 기업의 선택

- 맹목적인 장기투자만이 답은 아니

- 어떤 주식을 선택했느냐가 장기 성과를 크게 결정지어. 20년전 삼성전자와 한국전력을 투자했다면 승률은 동일하지만 성과는 약 100배 차이

삼성전자와 한국전력의 승률과 투자 성과 분석

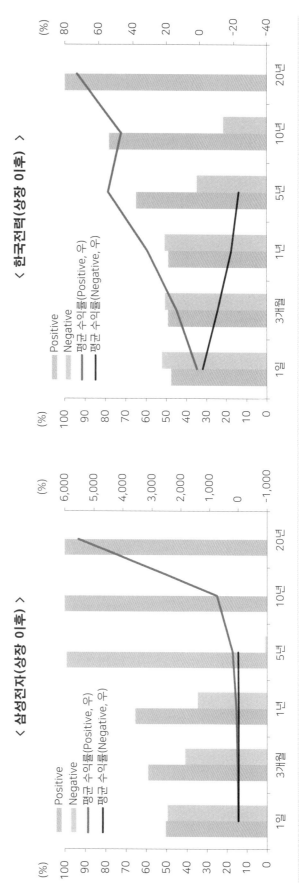

< 삼성전자(상장 이후) >

< 한국전력 (상장 이후) >

주: Positive는 상승확률, Negative는 하락확률 / 평균수익률은 해당 투자 기간 평균성과(기간 수익률)을 의미
자료: S&P, WiseFn, 메리츠증권 리서치센터

Part III

기초
재테크와 주식투자

주식 투자 실무 10가지 원칙

3-1. 자본시장 구조를 통해 본 주식투자 방법

발행시장

유통시장

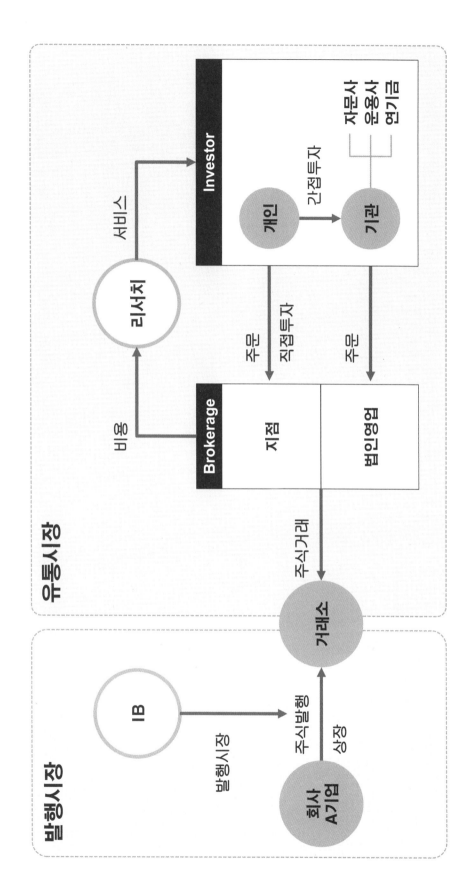

3-1. 직접투자 실무 ① 시장을 이기는 주식은 없다!

- 우리는 펀드 매니저가 아니다!

- 항상 주식을 들고 있을 필요는 없어. 추세적인 하락장에서는 '상승종목수<하락종목수'. 버틸 재간이 없다!

- 주식을 할 때와 하지 말아야 할 때를 구분해야하는 이유

선택의 문제?

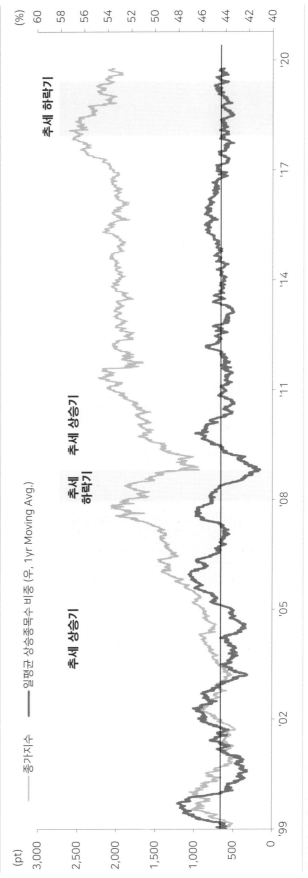

주: 당일 종가 기준 상승 종목 수, KOSPI 기업 대상
자료: WiseFn, 메리츠증권 리서치센터

3-1. 직접투자 실무 ② 적어도 현금 비중 20%는 항상 유지

- 계좌에 현금만 있으면 주식을 항상 사고 싶어진다

- 주식 비중 100% 계좌는 '기도' 밖에 할 수 없어 → 상황적 대응력을 높이려면 현금 비중 20% 이상은 항상 유지해야

- 주식관련 파생상품 증가로 주가 변동성 커졌기 때문 → 평균 매입가 싸움에서 이겨야 버틸 수 있어

주식관련 파생상품 증가로 기업의 펀더멘털 가치와 무관하게 주가 변동성 커지고 있어

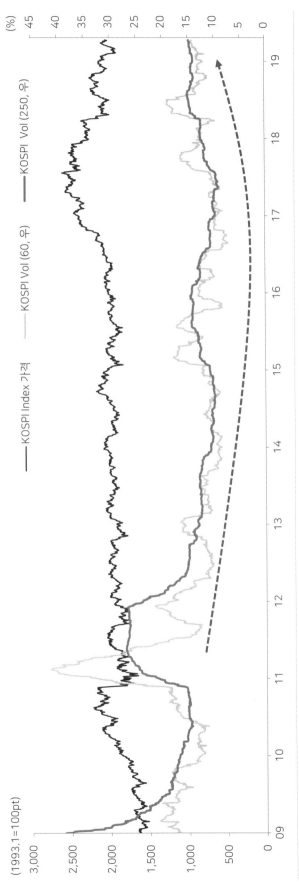

(1993.1=100pt)

—— KOSPI Index 가격   —— KOSPI Vol (60, 우)   —— KOSPI Vol (250, 우)

자료: WiseFn, 메리츠증권 리서치센터

3-1. 직접투자 실무 ③ 자동차 살 때 마음으로 투자 해야

- 당신은 자동차 살 때, 얼마나 따져보는가?

- 그렇다면, 주식을 살 때 걸리는 시간은?

- 정보 매매는 최악의 투자! 모르는 주식은 하지 마라.

자동차를 살 때

자료 : 현대차, 메리츠증권 리서치센터

주식을 살 때

자료 : 메리츠증권 리서치센터

3-1. 직접투자 실무 ④ 인문학적 소양이 필요

- 가격은 수요와 공급의 균형점
- 사고자 하는 욕구와 팔고자 하는 욕구. 투자는 심리 게임
- 다수의 생각을 읽고 살아 있는 주식을 해야

레오나르도 다빈치

자료: 메리츠증권 리서치센터

훈민정음

자료: 메리츠증권 리서치센터

3-1. 직접투자 실무 ⑤ 논리적으로 상상 하라

바람이
분다

통장수가
돈을 번다

3-1. 직접투자 실무 ⑤ 논리적인 상상의 예

시황전망　　2007. 7. 23　　이창수 [788-3065] tonlee@bestez.com

기름값의 딜레마

▲ 중국 물가가 상승하는 투자 상상의 딜레마?
▲ 1) 중국 금리 인상으로 물가가 안정되기 않을 수 있다는 ★생각 모아
▲ 2) "투가 상승 → 미국 금리 인상 → 우회로 주가 하락 딜레마의 ★★들 가능

■ 그림으로 투자하는 현상 추론 ─ 투자 해게크기의 기전 상상의 비율은?

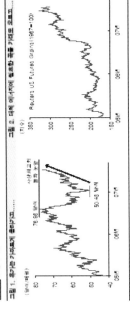

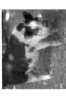

〈표유구〉

〈돼지〉

그림 1. 투가는 기대보게 올랐나...

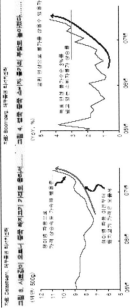

자료: Datastream, 대우증권 리서치센터

그림 2. 대체 에너지에 필요한 곡물 가격도 오르네...

Reuters US Futures Grains (1967=100)

자료: Bloomberg, 대우증권 리서치센터

그림 3. 사료값이 오르니 돼지 새끼고기 가격도 올랐네...

자료: Bloomberg, 대우증권 리서치센터

그림 4. 결과 돼지 고기의 부족은 얼마나?

자료: CEIC, 대우증권 리서치센터

■ 투가 상승의 딜레마

3-1. 직접투자 실무 ⑥ ROE > COE 보다 높은 주식을 사라!

미래의 성장률

기업의 이익 창출 능력
≒ 체감경기

$$\frac{roe - g}{COE - g}$$

주주요구수익률

3-1. 직접투자 실무 ⑥ Surprise Quiz! 어떤 기업에 투자하시겠습니까?

▪ 우리가 향후 3년 뒤 기업의 실적을 미리 볼 수 있는 초능력을 가졌다고 가정해 봅시다.

▪ 아래 주어진 재무데이터를 보고 당신은 A사와 B사 중 어떤 기업에 투자하시겠습니까?

A사

연도	매출액 (억원)	증가율 (%)	영업이익 (억원)	증가율 (%)	시가총액 (억원)
1993	5,294	8.9	461	5.3	1,108
1994	5,853	10.6	369	-20.1	
1995	6,644	13.5	552	49.8	
1996	7,891	18.8	657	18.9	

자료 : 메리츠증권 리서치센터

B사

연도	매출액 (억원)	증가율 (%)	영업이익 (억원)	증가율 (%)	시가총액 (억원)
1993	2,977	9.3	173	37.9	580
1994	3,162	6.2	148	-14.5	
1995	3,367	6.5	158	6.5	
1996	3,730	10.8	238	50.9	

자료 : 메리츠증권 리서치센터

3-1. 직접투자 실무 ⑥ Surprise Quiz! 어떤 기업에 투자하시겠습니까?

■ ROE 데이터 하나를 더 보여드리겠습니다.

■ 앞서 투자하고 싶었던 회사의 선택과 달라지셨나요?

A사

연도	매출액 (억원)	영업이익 (억원)	ROE (%)	시가총액 (억원)
1993	5,294	461	4.5	1,108
1994	5,853	369	-0.2	
1995	6,644	552	6.1	
1996	7,891	657	3.1	
1997	8,139	156	-165.1	

자료: 메리츠증권 리서치센터

B사

연도	매출액 (억원)	영업이익 (억원)	ROE (%)	시가총액 (억원)
1993	2,977	173	10.0	580
1994	3,162	148	4.6	
1995	3,367	158	3.8	
1996	3,730	238	6.6	
1997	4,041	283	7.7	

자료: 메리츠증권 리서치센터

3-1. 직접투자 실무 ⑥ Surprise Quiz! 어떤 기업에 투자하시겠습니까?

- 투자의 결과는 이렇습니다.

- A사는 결국 파산했고, B사는 지금도 좋은 기업으로 살아남았죠

- A사는 해태제과, B사는 오리온입니다!

투자의 결과

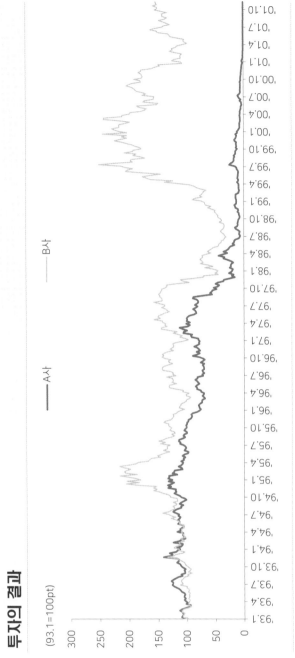

(93.1=100pt)

자료: 메리츠증권 리서치센터

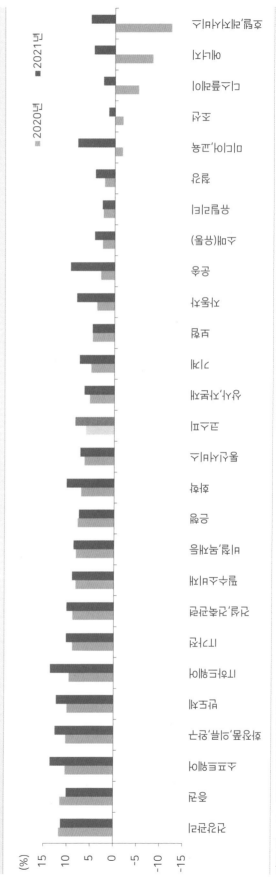

3-1. 직접투자 실무 ⑥ 1차 선택: 업종 ROE > 시장평균 ROE

- 업종 ROE가 시장평균 ROE 보다 높아야 시장을 이길 확률 높아
- 기술진보 업종의 경우 향후 성장성에 따라 미래 ROE가 시장 평균 ROE를 넘어설 수 있어
- 애플 돌면 자동차의 경우 내연기관 차를 판매하는 현재 ROE는 시장 ROE보다 낮지만 전기차 판매가 확대될 수록 향후 ROE는 높아질 가능성 높아
- 구조적으로 변화가능성이 없는 산업과 구분해야 한다는 의미

업종별 2020년 ROE

자료: Fnguide, 메리츠증권 리서치센터

3-1. 직접투자 실무 ⑦ 후퇴하지 않는 투자. 다가올 미래에 투자하라!

- 지나간 과거에 투자하기란 내내 마음이 불편. 왜 그 산업이 다시 좋아지는 지 않은 논리가 필요
- 1990년대는 금융(은행)을 중심으로, 2000년은 통신, 2007년은 시클리컬, 2015년은 화장품 순으로 성장
- 현재는 IT S/W, 바이오 그리고 기술혁명의 중심에 있는 전기차/2차전지 기업이 상위권으로 빠르게 도약 중

1990년 이후 KOSPI 시가총액 상위 종목의 지형변화: 금융의 시대에서 시클리컬 시대에서 언택트의 시대까지

순위	금융(은행) 부상		IT(통신) 버블		시클리컬 전성시대		화장품 열풍	Data 시대(?)
	1990년	1995년	2000년	2005년	2007년	2010년	2015년	2020년
1	한국전력	한국전력	삼성전자	삼성전자	삼성전자	삼성전자	삼성전자	삼성전자
2	포항제철	삼성전자	SK텔레콤	국민은행	POSCO	POSCO	현대차	SK하이닉스
3	한일은행	포항제철	한국통신공사	현대차	현대중공업	현대차	한국전력	삼성바이오로직스
4	제일은행	SK텔레콤	한국전력	한국전력	한국전력	현대중공업	삼성물산	NAVER
5	조흥은행	LG전자	포항제철	POSCO	국민은행	현대모비스	아모레퍼시픽	LG화학
6	하나은행	신한은행	주택은행	우리금융	신한지주	LG화학	현대모비스	셀트리온
7	삼성전자	하나은행	신한은행	하이닉스	SK텔레콤	신한지주	LG화학	현대차
8	(舊)신한은행	현대건설	국민은행	LG필립스LCD	LG필립스LCD	KB금융	SK하이닉스	카카오
9	대우	LG데이콤	외환은행	SK텔레콤	SK에너지	삼성생명	삼성생명	삼성SDI
10	현대차	현대차	담배인삼공사	신한지주	LG전자	기아차	NAVER	LG생활건강
11	대우증권	삼성SDI	기아차	LG전자	우리금융	한국전력	기아차	삼성물산
12	유공	조흥은행	현대차	KT	신세계	SK이노베이션	삼성에스디에스	현대모비스
13	LG전자	외환은행	삼성전기	하나금융지주	KT	LG전자	신한지주	SK텔레콤
14	LG투자증권	대한항공	삼성SDI	기아차	두산중공업	LG	SK텔레콤	엔씨소프트
15	동서증권	기아차	삼성증권	외환은행		LG디스플레이	SK	POSCO

주: 2020.8.19 종가기준
자료: KRX, WiseFn, 메리츠증권 리서치센터

3-1. 직접투자 실무 ⑦ '변화'를 이해하는 '눈'이 필요

기업이 망하는 이유는 원가를 잘못했기 때문이 아니라,
비즈니스의 근본적 '변화'를 이해하지 못했기 때문이다.

피터 드러커

현재 시가총액 상위 4개 기업은 어떠한 순수 유형자산도 필요로 하지 않는다.
그들은 이익 창출을 위해 막대한 자본이 필요한 AT&T & GM, 엑손 모빌과 다르다.
우리는 자산 경량화 경제(Asset – Right) 경제로 바뀌고 있다.

워렌 버핏

3-1. 직접투자 실무 ⑧ 영업이익보다 현금흐름을 주목

- 이익보다 우월한 현금흐름, '배당'의 가치로 연결도 가능, 재무 정보의 유용성 하락

  - 현금 흐름이 개선되면 최소한 망할 기업에 투자하는 '위험'은 줄일 수 있어

이익과 현금흐름의 예측오차 추이

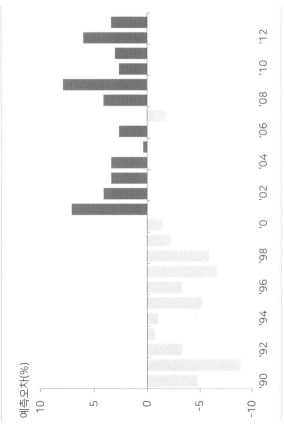

예측오차(%)

주: 이익의 예측오차가 현금흐름의 예측오차보다 작은 경우 절괏값이 음수로 나타남
자료: 회계는 필요없다(2017), 메리츠증권 리서치센터

정부 가치와 시가총액과의 상관관계 (R²)

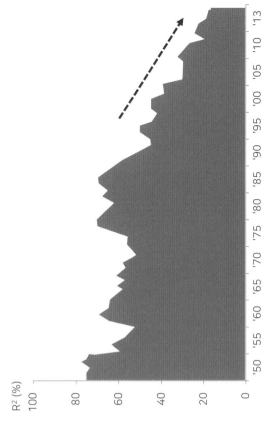

R² (%)

자료: 회계는 필요없다(2017), 메리츠증권 리서치센터

3-1. 직접투자 실무 ⑧ 2021년 잉여현금흐름 개선될 기업 리스트

- 잉여현금흐름 관점에서 2021년 턴어라운드 유망주 선별
- 2021년까지 잉여현금흐름(Free Cashflow) 3년 연평균 증가율 20% 이상이며, 매출 증가율 및 순익 증가율보다 높은 종목
- 잉여현금흐름 2021년 증가율 20% 이상

2021년 투자 유망주 스크리닝 : 잉여현금흐름 개선 유망주

코드	종목명	업종	시총 (조원)	주가 (원)	PER (x)		PBR (x)		EPS증가율 (%)		ROE (%)	Free Cashflow증가율 (%)		
					2020	2021	2020	2021	2020	2021	2021	3년 평균	2020	2021
A035420	NAVER	소프트웨어	47.6	290,000	60.1	34.4	6.4	5.4	36.4	74.8	19.0	51.0	(25.0)	1,189.8
A051910	LG화학	화학	43.1	611,000	33.6	23.3	2.6	2.4	354.9	44.0	10.8	24.7	49.1	94.1
A006400	삼성SDI	IT가전	30.4	442,000	53.9	31.6	2.3	2.1	61.9	70.7	7.4	25.4	65.9	86.3
A012330	현대모비스	자동차	21.4	225,500	12.3	7.8	0.6	0.6	(22.9)	58.0	7.9	70.3	(47.4)	185.1
A000270	기아차	자동차	20.5	50,500	14.2	6.5	0.7	0.6	(20.9)	116.8	10.0	197.2	271.0	119.3
A036570	엔씨소프트	소프트웨어	17.0	776,000	24.6	16.3	5.3	4.1	92.9	50.9	29.9	62.4	216.3	39.7
A009150	삼성전기	IT하드웨어	10.0	133,500	17.8	14.1	1.7	1.6	13.4	25.8	12.0	129.7	209.4	28.2
A090430	아모레퍼시픽	화장품,의류,완구	9.2	158,000	92.4	37.8	2.4	2.3	(50.6)	144.5	6.2	63.3	302.6	33.8
A011170	롯데케미칼	화학	8.0	233,000	44.1	10.8	0.6	0.6	(74.7)	307.2	5.4	36.4	(67.5)	38.2
A009830	한화솔루션	화학	7.0	43,700	15.8	11.6	1.1	1.1	흑자전환	36.0	9.5	53.9	96.5	3,064.9
A011070	LG이노텍	IT하드웨어	3.6	152,000	12.1	7.8	1.4	1.2	191.4	55.1	17.0	55.4	1,446.2	143.0
A004170	신세계	소매(유통)	2.0	207,500	적자	10.2	0.5	0.5	적자전환	흑자전환	5.2	85.7	101.0	2,636.4
A204320	만도	자동차	1.7	35,700	적자	9.1	1.1	1.0	적자전환	흑자전환	11.9	93.1	74.2	1,607.8
A006260	LS	기계	1.7	51,800	16.7	9.2	0.4	0.4	294.9	80.8	5.5	49.6	313.9	116.4
A004800	효성	상사,자본재	1.6	74,000	25.5	11.4	0.6	0.6	(41.1)	123.6	5.6	43.6	1.9	102.9
A051600	한전KPS	유틸리티	1.2	27,500	10.9	8.3	1.1	1.1	(26.1)	32.2	13.2	139.2	95.9	90.9
A192820	코스맥스	화장품,의류,완구	1.1	105,000	20.3	15.0	2.8	2.4	63.2	35.3	17.2	34.4	170.6	35.5

주: 종목 선정은 계량분석 방법론에 의한 것으로 당사로 당사 기업 분석 애널리스트의 의견과 다를 수 있음, 2020년 10월 30일 기준
자료: Fnguide, 메리츠증권 리서치센터

3-1. 직접투자 실무 ⑧ 2021년 성장(g)이 지속되거나 전환될 종목

- 2021 매출 증가율 10%이상, EPS 증가율 20% 이상, ROE 5% 이상, 영업이익률, 순이익률 증가 종목 중에서 고성장 지속 종목군, 턴어라운드형 가치주 종목군으로 선별
- 고성장 지속 종목군: 1차 선별 종목 중 2016~2021년 5년 평균 순이 증가율 10% 이상 종목
- 턴어라운드형 가치주 종목군: 1차 선별 종목군 중 2021년 EPS 증가율 40% 이상 종목

2021년 투자 유망주 스크리닝: 고성장 지속 유망주, 턴어라운드 유망주

	코드	종목명	업종	시총 (조원)	주가 (원)	PER (x) 2020	2021	PBR (x) 2020	2021	EPS 증가율 (%) 2020	2021	ROE (%) 2021	매출 증가율 (%) 2021	순익 증가율 (%) 5년 연평균
고성장 지속 유망주	A009150	삼성전기	IT하드웨어	10.0	133,500	17.8	14.1	1.74	1.56	13.4	25.8	12.0	11.0	268.1
	A035720	카카오	소프트웨어	29.1	330,000	71.0	52.8	4.92	4.51	흑전	34.7	9.2	24.7	112.3
	A006400	삼성SDI	IT가전	30.4	442,000	53.9	31.6	2.29	2.14	61.9	70.7	7.4	22.3	65.0
	A007700	F&F	화장품,의류,완구	1.4	90,900	14.8	11.2	2.50	2.10	(14.2)	31.9	20.4	21.2	60.4
	A036570	엔씨소프트	소프트웨어	17.0	776000	24.6	16.3	5.25	4.08	92.9	50.9	29.9	31.2	56.5
	A000990	DB하이텍	반도체	1.4	31,950	7.5	6.1	1.67	1.32	81.6	22.5	24.7	12.2	38.1
	A020150	일진머티리얼즈	IT하드웨어	2.0	42,700	31.6	22.1	3.15	2.77	32.9	42.9	13.3	37.9	31.3
	A000660	SK하이닉스	반도체	58.2	79,900	16.6	9.4	1.08	0.97	73.9	76.4	11.6	16.3	27.9
	A035420	NAVER	소프트웨어	47.6	290,000	60.1	34.4	6.44	5.37	36.4	74.8	19.0	15.6	22.7
	A051910	LG화학	화학	43.1	611,000	33.6	23.3	2.57	2.37	354.9	44.0	10.8	25.6	17.0
턴어라운드 유망주	A005930	삼성전자	반도체	337.9	56,600	13.9	11.0	1.40	1.29	28.6	26.6	12.2	10.0	16.0
	A018880	한온시스템	자동차	6.0	11,200	38.6	16.8	2.68	2.49	(51.4)	129.5	15.3	16.9	6.8
	A000270	기아차	자동차	20.5	50,500	14.2	6.5	0.67	0.62	(20.9)	116.8	10.0	12.6	4.4
	A005380	현대차	자동차	35.1	164,500	24.4	8.7	0.60	0.57	(37.3)	179.4	7.2	11.5	-1.2
	A012330	현대모비스	자동차	21.4	225,500	12.3	7.8	0.62	0.58	(22.9)	58.0	7.9	16.8	-3.1
	A081660	휠라홀딩스	화장품,의류,완구	2.3	38,300	13.4	8.8	1.62	1.37	(34.4)	52.7	17.2	11.0	-6.3
	A006650	대한유화	화학	1.3	194,000	9.8	6.2	0.64	0.58	20.8	58.3	10.3	10.4	-9.2
	A010780	아이에스동서	건설,건축관련	1.2	38,200	12.1	8.2	1.01	0.91	47.1	48.6	11.9	24.1	-12.1
	A011170	롯데케미칼	화학	8.0	233,000	44.1	10.8	0.60	0.58	(74.7)	307.2	5.4	14.3	-26.2

주: 종목 선정은 계량분석 방법론에 의한 것으로 당사 기업 분석 애널리스트의 의견과 다를 수 있음, 2020년 10월 30일 기준
자료: Fnguide, 메리츠증권 리서치센터

3-1. 직접투자 실무 ⑨ 사업적 마인드로 운용하라

- 같은 돈인데, 사업할 때와 주식투자 할 때 마음은 달라

- 1억으로 주식투자를 한다면?

사업을 할때

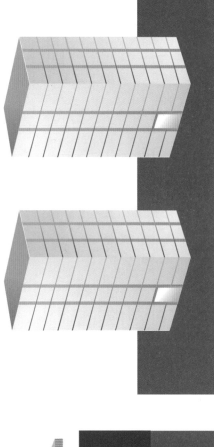

자료: 메리츠증권 리서치센터

주식 투자를 할때

기업 A　　　　기업 B

자료: 메리츠증권 리서치센터

3-1. 직접투자 실무 ⑩ 아파트도 로터네야

- 2002년 노벨경제학상 논문에서 지적하고 있는 투자의 함정

수익이 발생하는 선택

구분	당첨금액	확률	기대값
복권1	10억원	확정	10억원
복권2	30억원	동전 던지기	15억원

손실이 발생하는 선택

구분	손실금액	확률	기대값
복권1	-10억원	확정	-10억원
복권2	-30억원	동전 던지기	-15억원

3-1. 직접투자 실무 ⑩ 아파트도 도려내야

- 고수와 하수의 차이. 손절매(loss cut) 원칙은 책상에 붙여 놓고 실행해야
- 고수와 하수의 절대적인 차이

투자심리의 극복

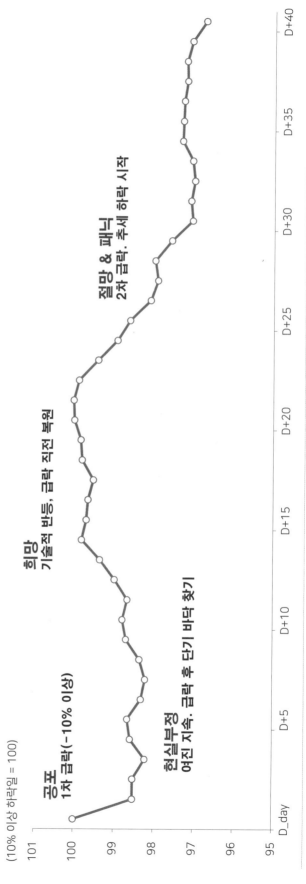

(10% 이상 하락일 = 100)

공포
1차 급락(-10% 이상)

현실부정
여진 지속. 급락 후 단기 바닥 찾기

희망
기술적 반등, 급락 직전 복원

절망 & 패닉
2차 급락. 추세 하락 시작

주: 대상종목 : 2011.12.31 시점의 시총 상위200종목 / y축 : 하루에10% 주가하락한 종목의 당일(하락일) 주가를 100pt 로 표준화 /
x축 : 경과일수(1일 당일, 41일까지 되어있으므로 40거래일, 즉 2일에 해당되는 향후 수익률 추이임)
자료 : 국토해양부, KB금융, Bloomberg, 메리츠증권 리서치센터

3-2. 간접 투자 중요한 세가지 Tip

1 최근 2년간 가장 수익률이 안 좋았던 펀드 리스트를 구한다
단 매니저가 교체되지 않았어야 한다. 운용 보고서에서 확인하라

2 신생 펀드에 투자한다

3 Sharpe ratio가 높은 펀드를 선택한다

* Sharpe ratio = (펀드 수익률 – 무위험채권 수익률) / 펀드수익률의 표준 편차

강세장이 분절

Main Theme

후세상승이 본질=세상이 변화

후세상승이 본질=세상이 변화

추세적인 강세장의 본질

강세장은 세상이 변할 때 나온다!

- 추세적인 강세 국면은 세상의 변화가 나타날 때

- 선택적 소비가 아닌 받아들일 수 밖에 없는 세상의 변화여야 함

- 역사적인 추세 강세 장에는 닷컴 장, 중국 장과 같이 "○○ 장" 이라는 이름이 붙여짐.

1995년 이후 S&P500 & 중국(상해종합) : 크게 3차례의 Big Cycle 경험: 현재는 과거와 무엇이 다를까?

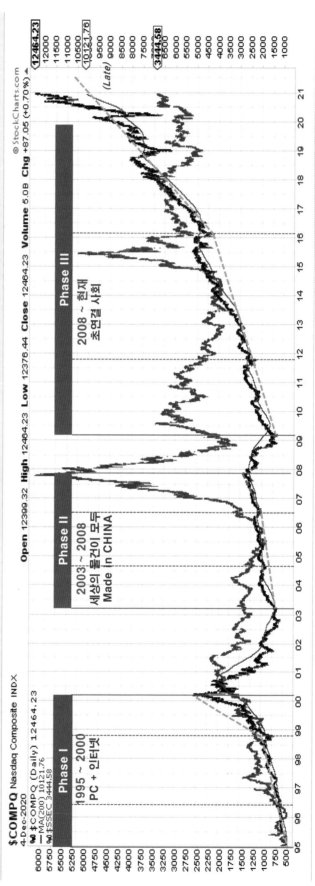

주 : 2020.12.4 기준 / 파랑(중국 상해종합지수), 검정(미국 S&P500)
자료 : Stockcharts.com, 메리츠증권 리서치센터

'연결'의 개념으로 세상이 변할 때 구조적인 강세장이 나타나

강세장은 세상이 변할 때 나온다!

- 기술의 발전이 야기한 구조적 강세장의 특징은 주가 상승의 기간과 강도가 순환적 사이클을 크게 추월

- 경기 순환적 강세장은 평균 1.1 년, 혁신 기술 대중화(Device) 강세장은 평균 6.4년, 혁신 기술 + 인프라 사이클은 평균 9.1년 진행. 현재는 구조적 성장에 가까워

1900년 이후 미국의 순환적 강세장과 구조적 강세장 : 현재는 강세장 11년차 진행 중

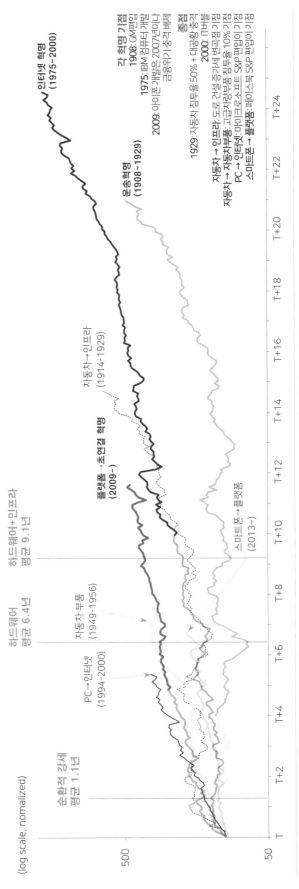

가치관의 혼란 ① 현재 GDP 산정은 정확한 경기를 반영하는가?

의문 1. 경기가 안 좋아도 강세장은 계속될 수 있는가?

- GDP 대비 시가총액/부채비율을 보면 지금 주가 상승 우려할 수 있어

- 위험자산 가격 상승이 과하다는 비관적 시각의 근거

- 그런데!!!! 현재의 GDP 산출 방법은 과연 경제 구조의 변화를 잘 표현하고 있는가?

미국: GDP대비 시가총액 비율

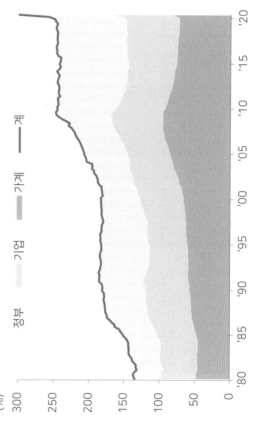

자료: World Bank, Bloomberg, 메리츠증권 리서치센터

미국: GDP대비 비금융 부채비율 (매크로 레버리지)

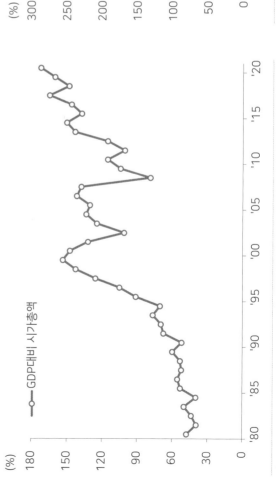

자료: Federal Reserve, 메리츠증권 리서치센터

노동 경제에서 플랫폼 경제로의 경제 구조 변화를 이해해야

경기를 바라보는 다른 시각

- 2012년 이후 필립스 곡선 평탄화. 주식시장과 채권시장의 해석이 다를 것(생산성 증가 vs. 구조적 저성장)

- 노동 경제에서 플랫폼 경제로의 '성장 방정식'의 전환 시사. (ex. 아마존)

- 생산 함수 중 노동 기여도 약화되고 있어. 노동 경제 기반의 경제 교과서 다시 써야 할 지도

필립스 곡선 평탄화(좌)와 산업생산 내 Output 추이 : 고용이 늘어도 물가는 오르지 않고, 고용투입량 보다 생산은 더 빠르게 증가

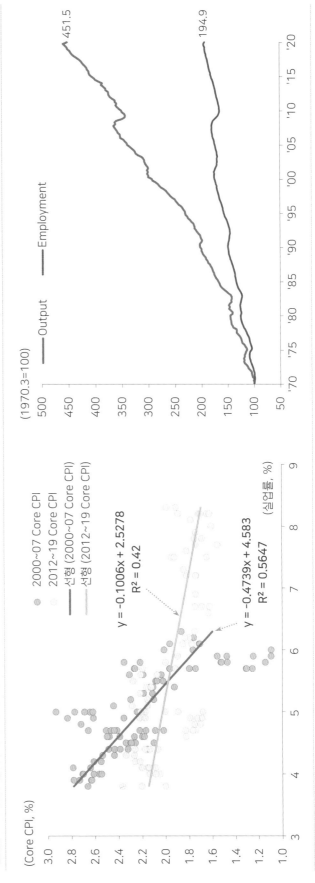

주: 우측그림은 미국 산업생산 Output 내 노동비용으로 추산
자료: Bloomberg, CEIC, 메리츠증권 리서치센터

DATA의 부가가치, GDP에 없다!

경기를 바라보는 다른 시각

- 디지털 경제의 발전으로 인한 변화를 기존 GDP추계가 못잡아 내어 실제보다 GDP 과소 계상 가능성
  - Nakamura et al. (2017)의 논문은 'Free' 디지털 콘텐츠의 생산 기여도를 추산

- 논문의 내용 – 인쇄/영상/디지털 광고와 마케팅 정보로 대변되는 free contents가 미국 GDP내 비중이 1995년 이후 급격히 증가하여 2015년에는 1.8%에 달하며 이들의 성장기여도도 2005~2015년 GDP의 0.11%pt
  - 동 논문은 디지털 광고와 마케팅 컨텐츠에 국한하여 접근한 것. 실제 디지털 경제규모는 이보다 클 가능성

- 카카오톡 무료 가입자 소비가 GDP 소비지출 항목에 잡히지 않음

온라인 약진 = 재화 물가의 구준한 하방 압력

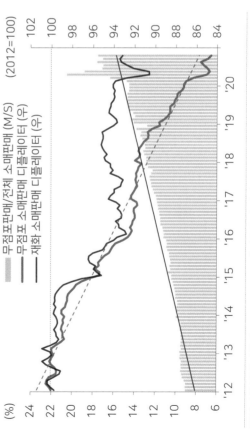

(%)   (2012=100)

무점포판매/전체 소매판매 (M/S)
무점포 소매판매 디플레이터 (우)
재화 소매판매 디플레이터 (우)

자료: US BEA, US Census Bureau, 메리츠증권 리서치센터

Free contents를 포함하였을 경우의 GDP 규모

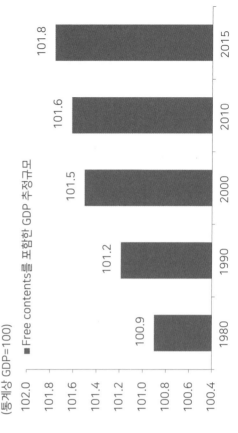

(통계상 GDP=100)

■ Free contents를 포함한 GDP 추정규모

	1980	1990	2000	2010	2015
	100.9	101.2	101.5	101.6	101.8

자료: Nakamura, Samuels & Soloveichik, "Measuring the Free Digital Economy within the GDP and Productivity Accounts", FRB Philadelphia Working Paper 17–37 (2017)

체감경기 ≠기업이익

경기를 바라보는 다른 시각

- 내가 체감하는 경기는 안 좋은데 주가는 왜 올라?

- 체감경기와 기업이익은 다르다!

- 기업이익 증가율이 경제성장률보다 높을 때 주가는 오른다

미국 GDP 성장률과 기업이익 성장률과의 격차 : 기업이익 증가율이 GDP성장률을 구조적으로 앞서기 시작

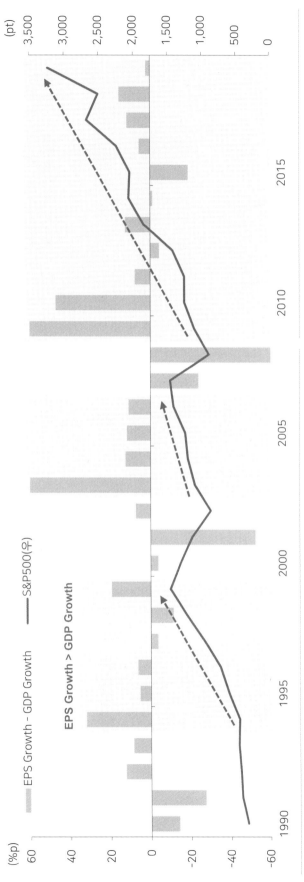

자료: Federal Reserve Bank of St. Louis, Shiller, 메리츠증권 리서치센터

가치관의 혼란 ② 현재 회계기준은 정확한 기업가치를 반영하는가?

의문 2. 그래도 너무 많이 오르지 않았는가?

- 미국 기술주에 대한 높은 밸류에이션, 과도한 쏠림에 대한 걱정도 존재

- 나스닥의 높아진 밸류에이션에도 불구 Tesla, Amazon 등 주도주들은 시장 밸류에이션을 크게 추월
  - Tesla의 현재 PER은 111배, 과거 2018년, 2019년 평균 PER 62배 대비 2배 가량 급등

2001년 이후 나스닥 PER 추이: 과거 평균 20.8배, 현재 29.2배

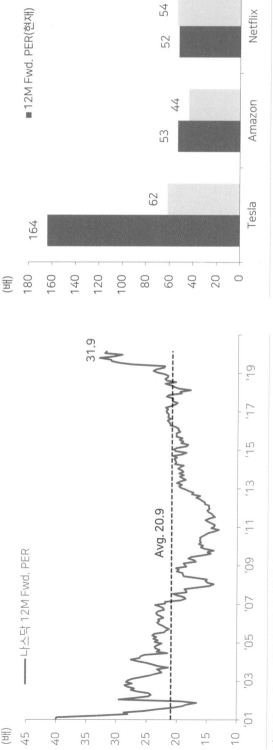

2020년 Tesla, Amazon 등 주도주 밸류에이션 팽창

자료: Bloomberg, 메리츠증권 리서치센터

자료: Bloomberg, 메리츠증권 리서치센터

높은 '밸류에이션'과 '쏠림', 정점을 의미할까

현재 회계기준은 기업가치를 정확하게 측정하고 있는가?

- 최근 기술주 쏠림이 과도하다는 인식 존재. 높아진 시장 영향력에 따른 변동성 확대 우려 공존
- 미국 S&P500에서 Apple과 AMAZON은 시가총액 1, 2등으로, 시장 내 각각 비중 7.0%, 5.8%를 차지
  – Top2 비중은 1978년 이후 최고치 수준
- 관건은 쏠림이 진행된 이후의 시장 패턴. 과거 경험에 비춰보면 쏠림이 주가 정점을 의미하지 않아
- 1970년대 AT&T (통신), IBM (PC)으로 이어진 기술 혁명이 쏠림을 야기했으나 오히려 쏠림이 완화된 이후 주가 상승이 본격화되기 시작. 역설적으로 기술의 확산 및 대중화가 쏠림을 완화시키는 트리거

S&P500 내 시가총액 Top2 기업 비중: 1970년대는 Mega Cap 주도 시대

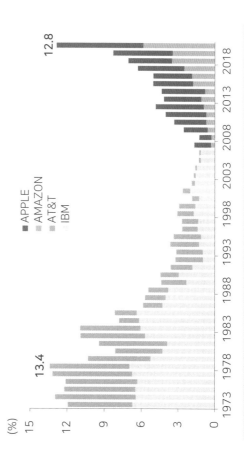

자료: Bloomberg, Refinitiv, 메리츠증권 리서치센터

시가총액 상위 기업 쏠림은 시장의 고점을 의미할까?

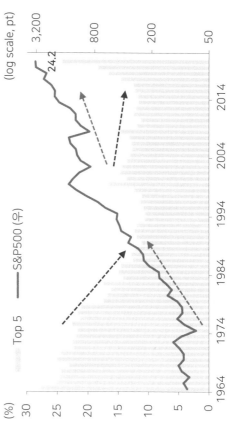

자료: Bloomberg, Refinitiv, 메리츠증권 리서치센터

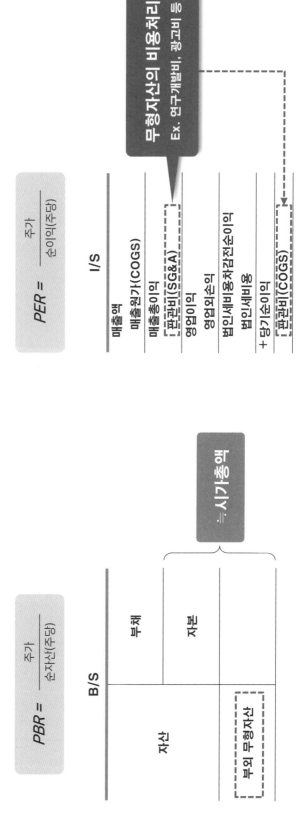

'가치(Value)'를 평가 할 수 있는가에 대한 문제

현재 회계기준은 기업가치를 정확하게 측정하고 있는가?

- 지금의 주도주를 전통적 밸류에이션으로 판단하기 어려운 것이 현실

- 부외 무형자산, 무형자산에 대한 비용처리에 대한 고민이 필요

전통적 밸류에이션의 한계: 무형자산, R&D 비용 등 초연결(융복합) 산업에 대한 평가를 어떻게 할 것인가?

$$PBR = \frac{주가}{순자산(주당)}$$

B/S

자산	부채
	자본

부외 무형자산

≒ 시가총액

$$PER = \frac{주가}{순이익(주당)}$$

I/S

매출액
매출원가(COGS)
매출총이익
판관비(SG&A)
영업이익
영업외손익
법인세비용차감전순이익
법인세비용
＋ 당기순이익
판관비(COGS)

무형자산의 비용처리
Ex. 연구개발비, 광고비 등

자료: 메리츠증권 리서치센터

'초연결 시대'를 반영하는 주식시장

현재 회계기준은 기업가치를 정확하게 측정하고 있는가?

- '언택트'간 표현되는 사회적 현상 이면에는 초연결(융복합) 산업이 이미 산업의 중요 기반이 되어 있음을 시사

- 미국의 Software 유관 산업의 투자 규모는 기존 설비투자를 넘어서기 직전. 산업의 중심 동력이 전통산업에서 Data 산업으로 이전되고 있기 때문

- 1960~70년대 Machine의 시대, 1980~2000년대 통신 및 PC의 시대에 이어 2010년 모바일을 중심으로 한 Software의 시대로 넘어가고 있는 중

미국 설비투자와 Software 투자 역전 임박. 시장의 중심축은 이동 중

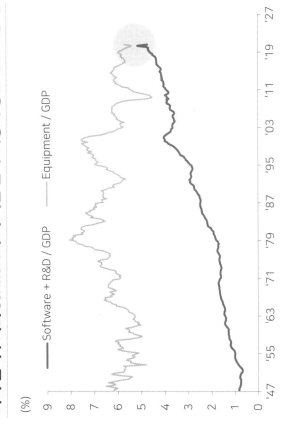

자료: US BEA, 메리츠증권 리서치센터

Machine의 시대에서 통신(PC)의 시대, 그리고 Data의 시대로

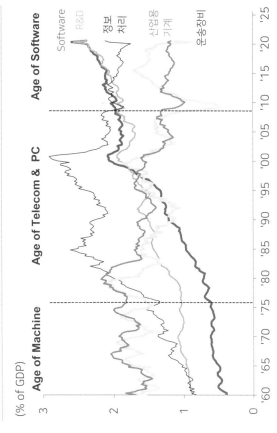

자료: US BEA, 메리츠증권 리서치센터

모을 알 수 없는 네트워크 효과

현재 회계기준은 기업가치를 정확하게 측정하고 있는가?

- 초연결 사회로 가는 네트워크 효과는 수확체증의 법칙

- 생산성의 개선으로 효용은 빠르게 증가하고, 유형자산이 아닌 플랫폼 비즈니스라는 점에서 한계 비용이 제증하지 않는 점이 특징. 시장 규모가 커질수록 Data 기업이 빠르게 돈을 버는 이유

성장 방정식의 전환: 규모의 경제 vs. 플랫폼 경제

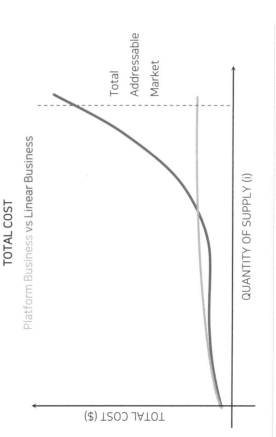

자료: APPLICO, 메리츠증권 리서치센터

Digital vs. Physical 산업 생산성 비교

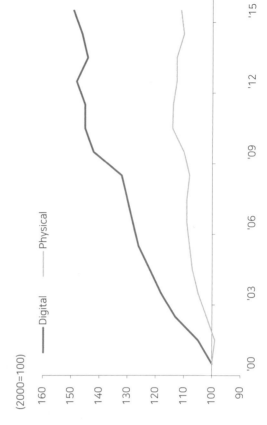

주 : 직원당 실질부가가치
자료: Mandel, M. and B. Swanson (2017), "The Coming Productivity
Boom," Bureau of Economic Analysis, 메리츠증권 리서치센터

FAANG으로만 설명이 안 되는 '기술주' 동반 강세

현재 회계기준은 기업가치를 정확하게 측정하고 있는가?

- 지금의 기술주 강세는 FAANG 뿐만이 아닌 다양한 분야(산업)에서 새로운 기업들이 성장 중

- 기술로 인한 산업이 성장하고 있다는 의미. Mega Cap 급 주도주가 많아진 이유임

미국 주도주의 역사: 국면마다 시장의 주도주는 매번 바뀌어 왔지만 지금처럼 Mega Cap급 주도주가 확산되는 경우는 드물어

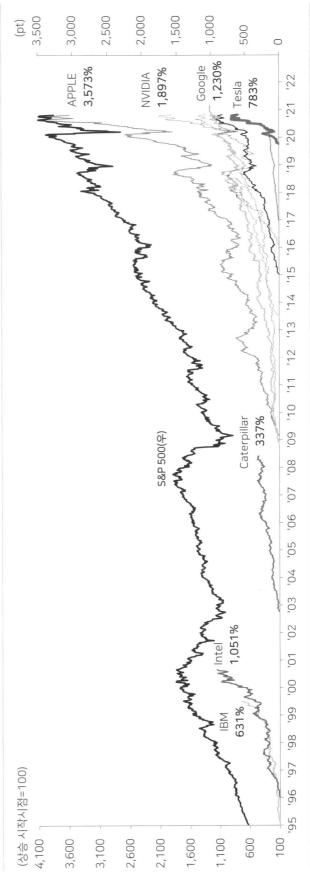

자료: Refinitiv, 메리츠증권 리서치센터

Question 1
COVID19 대유행이 확산되면 장기 침체가 오지 않나요?

대공황, 금융위기와 같은 역사적인 장기 불황에 진입할 것인가?

COVID19, Third Great Recession?

- 1900년 이후 총 16번의 경기 침체, 이 중 장기 침체는 30년대 대공황과 08년 미국 금융위기 두 번

- 그렇다면 이번 코로나19 침체가 장기 경기 침체 국면으로 진입할 것인가가 관건

1900년 이후 미국 성장률 추이

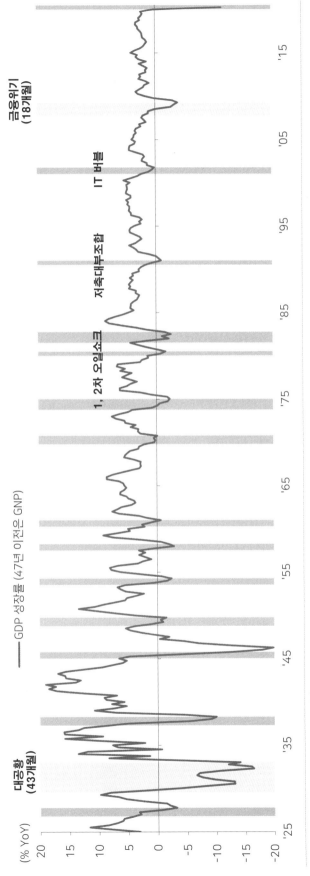

자료: US BEA, 메리츠증권 리서치센터

Third Great Recession?(1) 금융시장

COVID19, Third Great Recession?

- COVID19 팬데믹 발생 이후 전세계 금융시장은 역사적 경기 대침체 수준으로 반응

- 주식시장은 대공황(1929), 미국 금융위기(2008)보다 더 빠른 속도로 폭락

- 미국 S&P500 지수는 약세장 진입 기준인 고점대비 -20% 도달 기간이 역사상 가장 짧은 22일에 불과

역사적 경기 대침체 국면 주가 추이

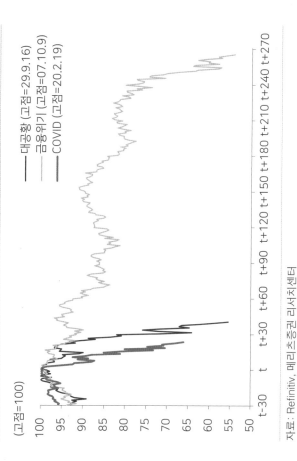

(고점=100)

— 대공황 (고점=29.9.16)
— 금융위기 (고점=07.10.9)
— COVID (고점=20.2.19)

자료: Refinitiv, 메리츠증권 리서치센터

각 리세션 시기별 베어마켓 (-20%) 도달 시간

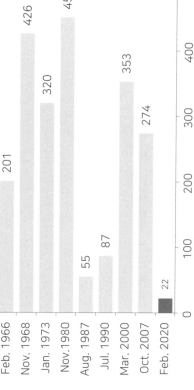

(일)

주: Calendar Day 기준
자료: Bloomberg, 메리츠증권 리서치센터

Third Great Recession? (2) 경기

COVID19, Third Great Recession?

- 실제 올해 경기 상황도 대공황 수준의 침체 국면 예상돼

- IMF는 2020년 전세계 GDP 성장률 –3.0%, 미국 –5.9%로 예상. 대공황(미국 –8.9%) 이후 가장 낮은 수치

- 미국 실업률 추이(4월 14.7%, 5월 20% 전후 예상)도 대공황 수준으로 근접하고 있어 경기 대침체 현실화될 우려 높아지고 있어

역사적 경기 대침체 국면 주요국 GDP 성장률 비교

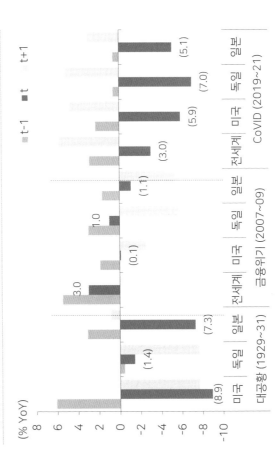

(% YoY)

주: 2021년은 IMF 4월 전망치 기준
자료: IMF, NBER, 메리츠증권 리서치센터

미국 실업률 장기 추이: 대공황 수준에 근접해 가고 있어

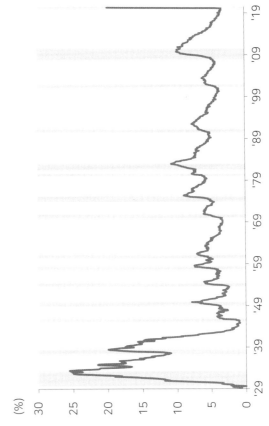

(%)

자료: NBER Macrohistory Database, US BLS, 메리츠증권 리서치센터

강의자료 (전망) 18   65

장기 경기 침체 국면은 주식을 해서는 안돼

COVID19, Third Great Recession?

- 3월 코로나19 대유행이 시작되면서 대공황과 금융위기와 같은 장기 침체에 빠질 거란 극단적인 비관론이 팽배

- 장기 경기 침체 국면에서 1~2개월의 10~20% 단기 반등은 나타나나 결국 주식시장은 장기 하락 사이클로 진입해

- 결국 장기 경기 침체 국면이 장기 침체 국면인지 여부가 중요했던 때. 코로나19 대유행이 장기 침체 국면에서는 주식을 해서는 안되는 때.

대공황(1929~1933) 당시 주가 흐름

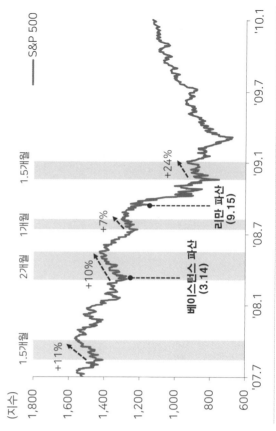

자료: Bloomberg, 메리츠증권 리서치센터

금융위기 (2007~2009) 당시 주가 흐름

자료: Bloomberg, 메리츠증권 리서치센터

장기 침체 진입 여부는 부채 사이클에 달려

COVID19, Third Great Recession?

- 절대 저금리 환경은 레버리지 활동을 유발해 민간 부채 문제 상존

- 금융위기, COVID19와 같은 외부 충격 발생 시 수면 아래의 과잉 부채 문제 드러나는 것

- 경기의 장기 침체 국면 진입 여부는 부채 사이클의 극복 방법에 달려 있어

미국 GDP 대비 민간부채 비율 추이: 외부 충격 발생 시 부채 문제 드러나

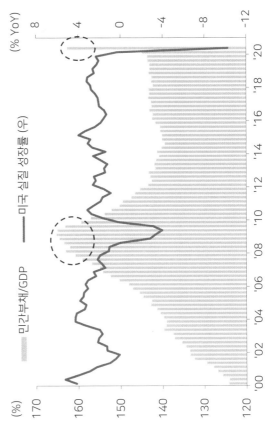

자료: Federal Reserve, 메리츠증권 리서치센터

미국 민간부채 규모와 금리: 저금리 환경은 부채를 수반

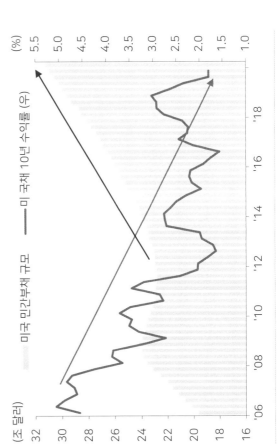

자료: Federal Reserve, 메리츠증권 리서치센터

역사적인 장기 침체는 부채 축소 과정에서 출발

COVID19, Third Great Recession?

- 대공황, 미국 금융위기 부채 사이클은 구조조정을 통한 부채 축소(Deleveraging) 과정으로 진행
- 도덕적 해이(Moral Hazard) 논란으로 부채 문제를 일으킨 경제 주체에 대해 자금 지원보다 책임을 묻는 정치적, 사회적 환경 때문

1916~1951 미국 민간 순부채 잔액과 GDP대비 비율

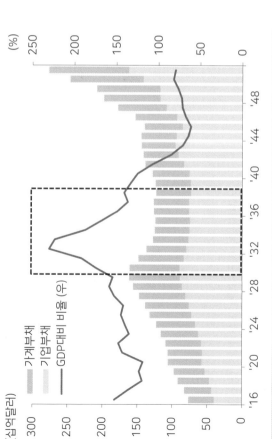

주: 순부채 = 계열사(inter-affiliate)간 기업부채 제외. 가계부채는 총부채로 시산
자료: US Census Bureau, "Historical Statistics of the United States,
Colonial Times to 1970" 메리츠증권 리서치센터

1970~2019 미국 민간부채 잔액과 GDP대비 비율

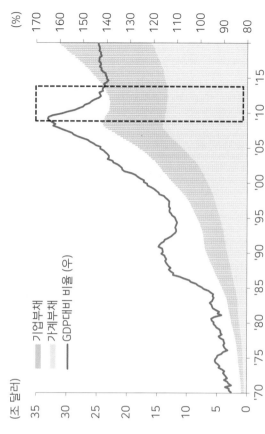

자료: Federal Reserve Flow of Funds, 메리츠증권 리서치센터

강의자료 (전망) 21   68

사례 1) 대공황: 손 익고 외양간 고친 정책 대응

COVID19, Third Great Recession?

- 대공황 당시 정부는 "先 위기 後 대응" 정책 결정으로 장기 침체를 자초해
- 연준법 13조3항의 기초가 된 긴급 구제 법안이 대공황 발생 이후 약 4년 위인 32년 7월이 되어서야 통과된 것이 대표적

대공황 당시 주요 이벤트: 손 읽고 외양간 고치기

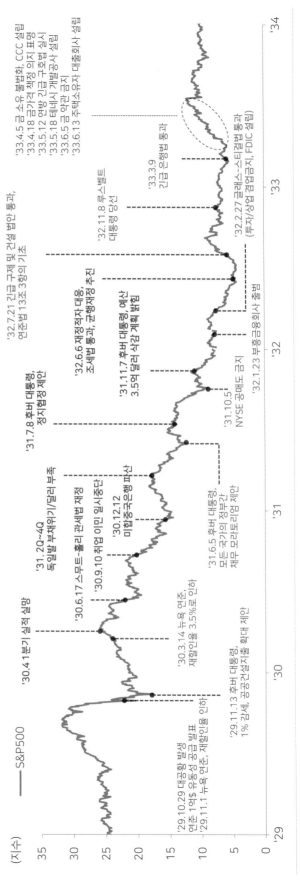

자료 : Bloomberg, 메리츠증권 리서치센터

사례 2) 미국 금융위기 당시: 단계별 정책 대응

COVID19, Third Great Recession?

- 대공황 전문가인 버냉키 연준 의장이 수장으로 있어 연준법 13조3항에 근거해 대공황 당시보다는 정책 대응이 빨랐으나, 단계적 대응으로 인해 자기 강화적 신용 경색을 막지는 못했음
- 위기 주범인 금융기관에 대한 자금 지원 결정에 있어 도덕적 해이 논란을 피하기 어려웠기 때문

글로벌 금융위기 당시 주요 이벤트: 금융기관 자금 지원의 도덕적 해이 발목 잡아

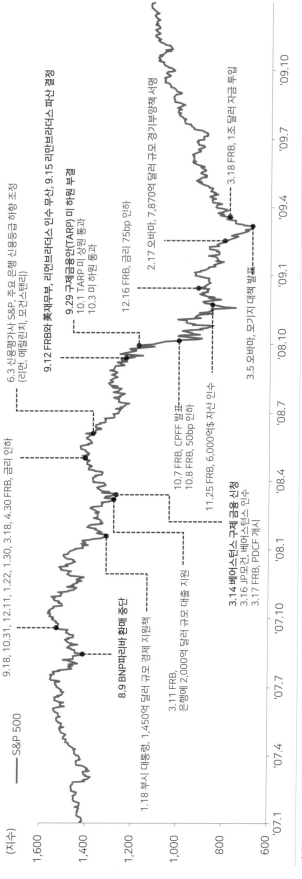

자료: Bloomberg, 메리츠증권 리서치센터

유례 없는 과감한 정책 대응

COVID19, Third Great Recession?

- 정책 지원 결정에 있어 도덕적 해이 논란이 없음
- 미국 정부와 연준이 역사상 유례 없는 신속하고 과감한 정책을 펼치고 있는 이유

미국 연준 정책 테이블

	조치	금융위기	COVID19	주요내용
유동성 공급	Repo	○	○	프라이머리 딜러 대상 익일물/기간물 레포 운용
	TAF	○	X	예금은행 대상 무기명 입찰을 통한 대출
	TSLF	○	X	은행이 프라이머리 딜러에게 MBS, 회사채를 담보로 국채 대여
	PDCF	○	○	PD대상 O/N 여신(20년은 90일 만기까지 허용): 담보증권은 OMO대상채 + 투자등급 회사채, CP, ABS/MBS, CLO/CDO, 지방채, 지분증권
	통화스왑	○	○	글로벌 달러화 경색 완화를 위해 스왑라인 개설/확대 (+ FIMA 도입 통해 해외 중앙은행에 달러 유동성 공급채널 추가개설)
	AMLF	○	MMLF	MMF지원을 위해 예금기관에 MMF가 보유한 ABCP(→ '20년은 대상 확대) 매입자금을 대출
	CPFF	○	○	회사채시장 지원 위해 SPV에 기업 CP,ABCP 매입자금을 대출
	MMIFF	○	X	MMF지원을 위해[SPV에[MMF가보유한CD, 은행채,CP 매입자금을 대출
신용 시장 지원	TALF	○	○	기업/소비자신용요건 개선 위해 ABS투자지들에게 등 증권 담보로 대출: 기초자산은 오토론, 학자금, 시설자금, 중기대출, 레버리지론, CMBS 등
	PMCCF	X	○	발행시장에서 투자등급 회사채를 SPV를 통해 매입/대출 제공. BBB-에서 BB- 등급으로 강등된 채권 포함
	SMCCF	X	○	유통시장에서 투자등급 회사채를 SPV를 통해 매입. BBB-에서 BB- 등급으로 강등된 채권 포함
	MSLF/MSNLF	X	○	중소기업 대출 지원. 은행이 공급하고 연준이 SPV를 통해 지분의 95%를 매입. 정부재원(750억 달러)이 자본. 이를 통해 6,000억 달러 지원
	MLF	X	○	각 지방정부로부터 만기가 단기인 지방채를 SPV 통해 매입하고, 연준이 이에 해당하는 자금지원. 현재 5,000억 달러 한도
자산 매입	국채/MBS	○	○	금융위기시에는 3차에 걸쳐 진행. 이번에는 3.15일 $7000억, 3.23일 무제한 매입 발표
	CMBS	X	○	3/23일 새롭게 포함
	만기연장	○	X	단기국채 매도, 장기국채 매입(Operation Twist)
감독 규제	유동성/자본규제	-	○	은행들이 쌓아온 자본과 유동성 buffer를 통해 민간부문 유동성 공급을 독려. 손실흡수능력(TLAC) 비율 완화
부실자산 정리	TARP	○		은행자본 확충, 자동차신용(주택시장 지원, 부실자산 매입 등

주: 음영은 현재 시행 중이거나 계획 중인 조치, 진한 파란색은 이번에 신규 도입된 조치
자료: Federal Reserve, KCIF 재인용, 메리츠증권 리서치센터

COVID19: 누구의 잘못도 아니기에 머뭇거림이 없다

COVID19, Third Great Recession?

- 도덕적 해이 논란이 없어 연준발 13조3항에 근거, 사상 유례 없는 신속하고 과감한 정책을 내놓고 있음

- 대공황, 미국 금융위기 경험으로 '늑대가 다가오기 전에 총을 쏘는 것이 효과적'이라는 학습 효과

코로나19에 의한 경기침체 주요 대응 이벤트: 주범이 없는 위기 국면

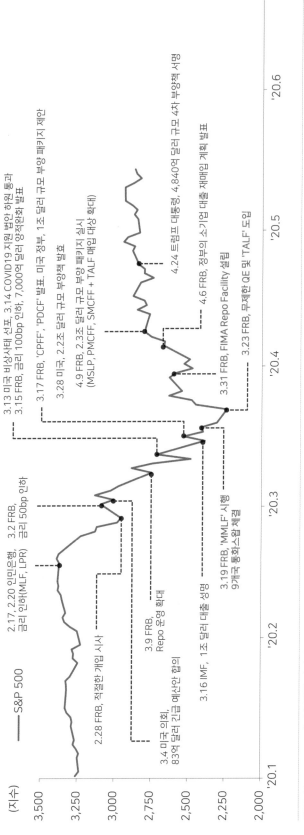

자료 : Bloomberg, 메리츠증권 리서치센터

결정적 차이! 코로나19, 누구의 책임도 아니다!!

COVID19, Third Great Recession?

- COVID19 위기가 대공황, 금융위기와 결정적인 차이는 '누구의 책임도 아니라는 것

  - 정책 지원 결정에 있어 도덕적 해이 논란이 없음

  - 민간 부채 구조 조정이 없어 장기 불황 가능성 낮아

  - 구조조정의 부작용 우려하나, 생산능력 감축이 아닌 가동률 감소는 경기가 빠르게 회복될 수 있다는 의미

미국 민간부채와 정부부채 추이: No deleveraging

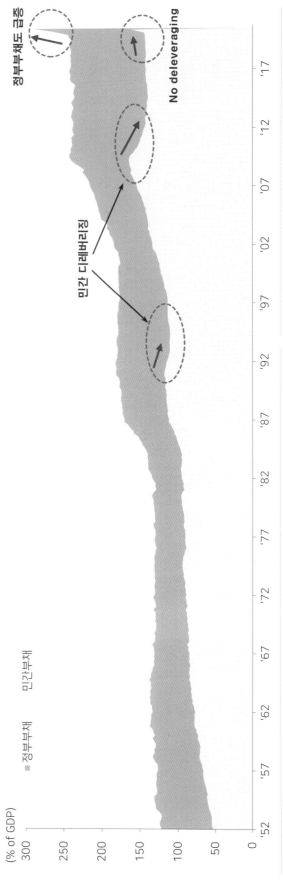

자료: US BEA, 메리츠증권 리서치센터

적정 인플레이션 유도로 정부 부채 부담 낮출 전망

COVID19, Third Great Recession?

- 부채 사이클의 중심은 민간에서 정부로 이전

- 정부 부채 비용 부담은 '적정한 수준까지의 인플레이션 유도 → 낮은 실질 금리 유지' 를 통해 해소해 나갈 가능성 높아

- 정부는 경기회복을 기다리면서 버틸 것.

GDP대비 연방채무와 연준 보유국채

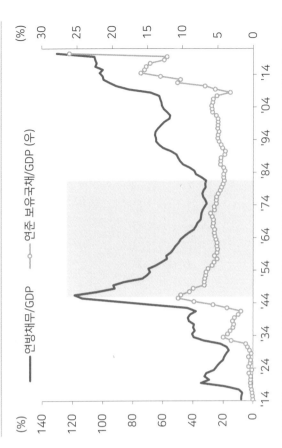

자료 : Federal Reserve, St. Louis Fed FRASER, 메리츠증권 리서치센터

미국 장기국채 수익률: 명목 vs 실질

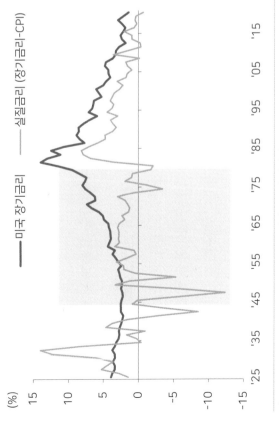

자료 : Federal Reserve Flow of Funds, 메리츠증권 리서치센터

COVID19 이후 기술진보에 따른 사회적 변화를 인식해야

COVID19, Third Great Recession?

- 역사학자 Peter Turchin(2007)에 따르면, 질병의 확산과 사회(산업)의 변화는 무관치 않다고 판단

- 1400년 이후 1차 Pandemic Wave는 르네상스와 종교개혁으로, 2차 Wave는 산업혁명으로 연결. 현재가 3차 Wave라면 또 다른 사회의 변화를 야기하고 있다는 점을 의미

- 장기 침체 가능성보다 COVID19 이후 4차 산업혁명 기술진보가 더 빨라질 가능성에 대비해야

1400년 이후 펜데믹 Wave와 산업/사회의 변화: 질병의 확산과 사회의 변화는 동행. 지금이 3차 Wave라면 이미 변곡점에 진입하고 있음을 시사

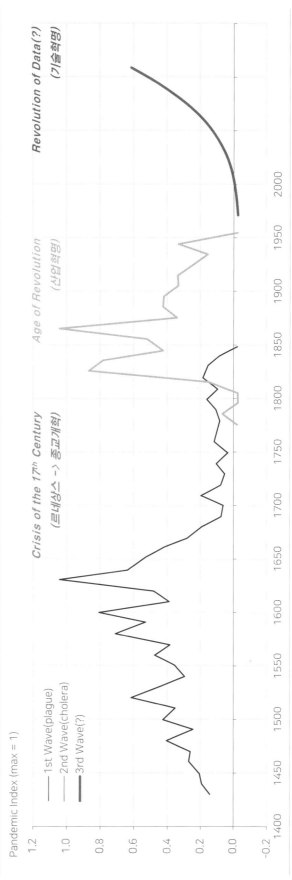

Pandemic Index (max = 1)

- 1st Wave(plague)
- 2nd Wave(cholera)
- 3rd Wave(?)

Crisis of the 17th Century
(르네상스 → 종교개혁)

Age of Revolution
(산업혁명)

Revolution of Data(?)
(기술혁명)

주: Pandemic Index는 역대 질병 발생 빈도(건수)를 계량화한 수치
자료: Peter Turchin(Modeling periodic waves of integration in the Afro – Eurasian World – System, 2007), 메리츠증권 리서치센터

Post COVID: 양극화 + 큰 정부 + 독점적 기업

Post COVID, COVID Trend

- Post COVID는 가계, 정부, 기업이 틀을 바꿀 것

- P: Private(개인주의): 역대 팬데믹의 역사를 보면 삶의 패턴, 인식이 바꿔는 계기

- B: Big(큰 정부): 질병에 대한 통제 필요성, 정부주도의 사회, 경제적 영향력이 커질 수밖에 없어

- R: Royalty(플랫폼 비지니스): 비용절감, 효율화를 위한 기업의 플랫폼화 가속화 전망

Post COVID: P.B.R로 간다

가계(Private)
Theme: 개인주의 강화 + 삶의 질 추구

- E-boomer의 탄생
- '삶'에 대한 인식변화(건강 & Quality)
- 투자 인식의 변화 (금융 자립의 시대)

**Post COVID
(New Normal)**

정부(Big)
Theme: 작은 정부 → 큰 정부로 전향

- 통제(Control) — -의료 / 사회 / 금융
  -초저금리 / 과잉유동성
- 투자(정부주도) — -신성장 산업(5G / 바이오)
- 국가 간 갈등 — -산업 주도권 분쟁
  -탈세계화

기업(Royalty)
Theme: 독점 + Royalty산업 재편

- 플랫폼화 — -산업구조의 재편
- 디지털화 — -e-commerce 강화
  - Automation
  - 5G / 전기차
- 독점화 — -강자의 독식

자료: 메리츠증권 리서치센터

1. 가계(Private): COVID19의 영향 - 소비의 관점

Post COVID, COVID Trend

■ COVID19로 인한 변화는 일시적이며, COVID19가 종식된 이후에는 이전의 소비 방식으로 돌아갈까?

■ COVID19의 장기화는 '가계 소비'에 구조적인 변화를 촉진할 것으로 전망

① E-Boomer의 탄생: 온라인 소비의 세대 확산(Generation Z → Baby Boomer)

  – 세대의 확산은 '가계 소비'에 장기적인 변화를 촉진하는 또 다른 원인이 될 수 있음

② 삶에 대한 인식의 변화: 건강 & Quality 중시

③ 투자에 대한 인식의 변화: 금융 자립의 시대

  – 간접투자에서 직접투자로의 변화(ETF, 주식, 해외주식 등)

  – 연초 이후 주식 공부에 대한 수요도 확대되고 있음(열공하는 개인투자자)

① E-Boomer의 탄생

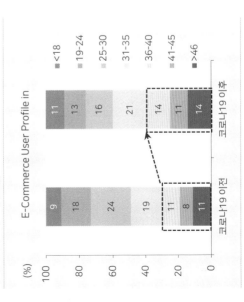

(%)

E-Commerce User Profile in

	코로나19 이전	코로나19 이후
<18	9	11
19-24	18	13
25-30	24	16
31-35	19	21
36-40	11	14
41-45	8	11
>46	11	14

자료: McKinsey&Company, 메리츠증권 리서치센터

② 삶에 대한 인식 변화 (건강 & Quality)

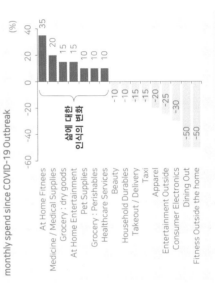

U.S Consumer stated % change in average monthly spend since COVID-19 Outbreak

삶에 대한 인식의 변화

자료: Searchengineland, 메리츠증권 리서치센터

③ 투자 인식의 변화(금융 자립의 시대)

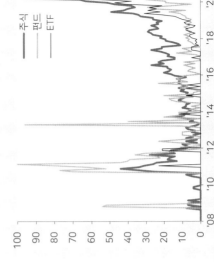

주식
펀드
ETF

주: 검색어 별로 최다 검색 시점을 100으로 정하여 상대표시
자료: 구글트렌드, 메리츠증권 리서치센터

[가계] 소비의 패턴 변화: Offline → Online (1)

Post COVID, COVID Trend

- COVID19 이후 국내에서 나타난 행동 변화
  - 이용량 증가: 배달 주문, 온라인 쇼핑
  - 이용량 감소: 대중교통, 영화관

- 배달 주문/온라인 쇼핑의 증가 및 대중교통/영화관의 감소는 '비대면 소비'의 확대를 반영

- COVID19 이후 소비 측면에서 나타난 가장 큰 특징은 'Offline → Online' 심화

COVID19 이후 모바일 App 사용량 변화 (한국)

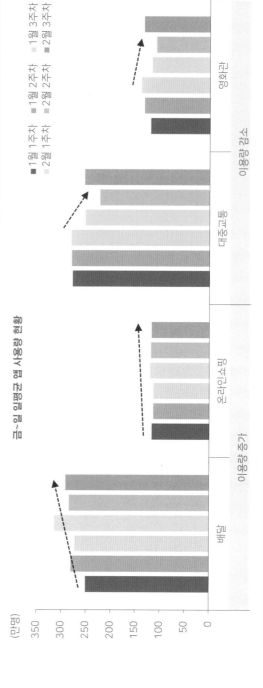

자료: Appminder, 메리츠증권 리서치센터

[가계] 소비의 패턴 변화: Offline → Online (2)

Post COVID, COVID Trend

- 한편, COVID19 이후 Device 사용량(미국)도 증가한 것으로 확인됨
  - 휴대폰과 스트리밍 서비스, 스마트 스피커의 사용량 증가가 두드러짐
  - 이는 'Stay-at-Home' 활동의 증가를 의미

COVID19 영향: 월별 Device 데이터 사용량 변화

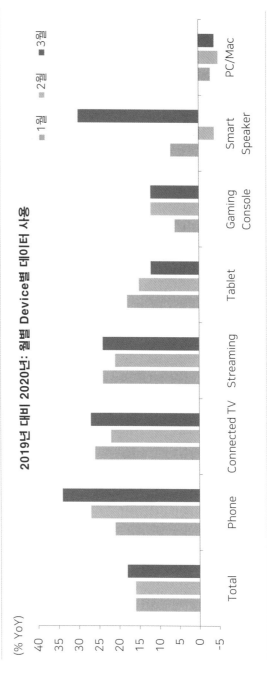

자료: Statista, 메리츠증권 리서치센터

[가계] E-Boomber의 탄생: 온라인 소비 문화를 더욱 가속화시킬 것 (1)

Post COVID, COVID Trend

- 온라인 거래 증가는 COVID19의 필연적 결과임. 중요한 것은 COVID19 종식 이후의 흐름
  - COVID19는 온라인 거래 증가를 '가속화'할 이벤트로 보아함

- 온라인 거래로의 이동이 '가속화'하기 위해서는 사용자의 '범주'가 확대되는 것이 중요

- COVID19가 온라인 거래 확대에 미친 가장 중요한 영향은 사용자의 '세대(Generation)'가 '확산'되는 것
  - COVID19는 온라인 거래의 주축을 다변화한 이벤트로 보아 한다고 판단

온라인 쇼핑 거래액 동향

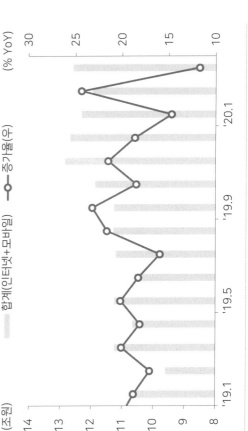

온라인 쇼핑 中 모바일 거래액 동향

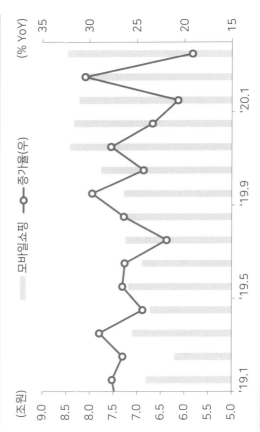

자료: 통계청, 메리츠증권 리서치센터

[가계] E-Boomber의 탄생: 온라인 소비 문화를 더욱 가속화시킬 것 (2)

Post COVID, COVID Trend

- 미국 소비자들의 쇼핑의 장소/방법에 대한 연구 자료는 '세대 확산'을 시사
  - 미국에서 COVID19 확산이 본격화된 3월부터 모든 세대(Generation)에서 쇼핑의 장소/방법 변화 발생
  - 가장 큰 폭으로 변화가 발생한 세대는 '베이비부머' (베이비부머 > X세대 > 밀레니얼세대 > Z세대)

- 베이비부머 세대에서 쇼핑의 장소/방법 변화가 가장 큰 것이 의미하는 점
  - Z세대와 밀레니얼세대의 온라인 쇼핑: 이미 사용하고 있으나, COVID19로 더 많이 사용했음을 의미
  - X세대와 베이비부머세대의 온라인 쇼핑: 온라인 쇼핑을 처음 시작했을 가능성, 그리고 온라인 쇼핑에
    점차 적응해가면서 소비의 행태가 변화할 가능성

COVID19가 쇼핑의 장소/방법에 미친 영향: 세대별

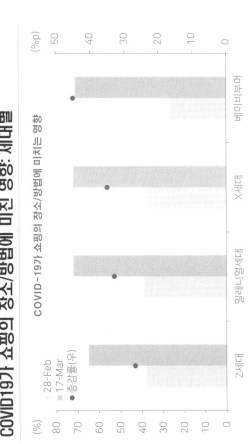

자료: McKinsey&Company, 메리츠증권 리서치센터

COVID19 이후 더 많이 사용한 Device

자료: Statista, 메리츠증권 리서치센터

[가계] E-Boomber의 탄생: 온라인 소비 문화를 더욱 가속화시킬 것 (3)

Post COVID, COVID Trend

■ 중국에서도 같은 현상이 확인됨

- COVID19 전후 E-Commerce 이용자 연령을 분석한 결과,
  19~30세의 비중이 감소하고 31세 이상의 비중이 증가한 것이 확인됨
- 특히, 40세 이상(X세대 ~ 베이비부머)의 비중이 증가한 것이 특징

COVID19 전후 E-Commerce 이용자 연령 분석 (중국)

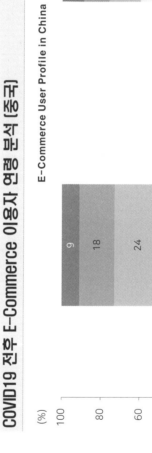

E-Commerce User Profile in China

자료: McKinsey&Company, 메리츠증권 리서치센터

[가계] 삶에 대한 인식의 변화: 건강 & Quality

Post COVID, COVID Trend

■ COVID19 이후 달라진 소비 패턴 中 증가한 것들의 교집합은 '건강'

‒ Home Fitness / Medicine / Healthcare Services 등

‒ 달라진 소비패턴이 일시적 변화에 그치지 않고 장기화될 가능성

COVID19 이후 소비 패턴의 변화: 건강 중시

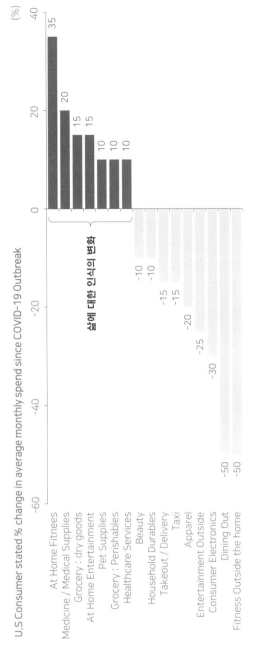

U.S Consumer stated % change in average monthly spend since COVID-19 Outbreak

자료: Searchengineland, 메리츠종금증권 리서치센터

[가계] 금융 자립의 시대: 내 자산은 '내가' 지킨다

Post COVID, COVID Trend

- 1990년 후반 이후 가계 금융자산의 운용의 변천은 위탁 중심에서 펀드, ELS 등으로 변화 중
- 1990년대~2000년 초반: 위탁매매를 통한 주식자금 운용
- 2005~2007년: 직립식 펀드 열풍 등으로 주식형펀드 급성장
- 2011~2016년: 펀드 자금 이탈 후 ELS와 같은 중위험/중수익을 추구하는 ELS 설정 급증(박스피의 시작)
- 2017~2018년: 사모펀드를 중심으로 한 헤지펀드 확산
- 2020년 현재: ETF, 주식 등 직접투자 확산

가계 금융자산 운용의 변천: 위탁 → 펀드 → 랩어카운트 → ELS → 헤지펀드(사모펀드) → 직접투자(?)

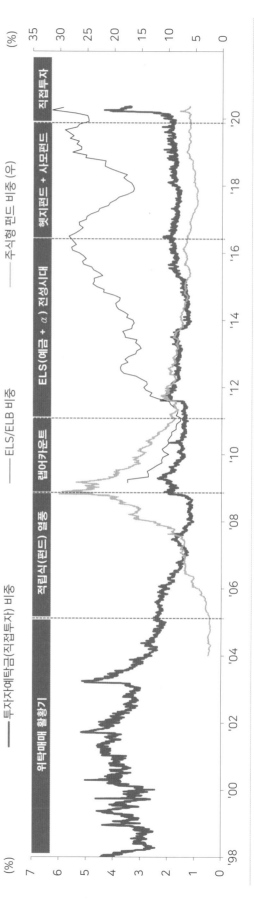

자료: 금융투자협회, WiseFn, 메리츠증권 리서치센터

[가계] 열공하는 개인 투자자

Post COVID, COVID Trend

- 최근 개인 투자자들을 주식 투자에 대한 학습 활발

- 교보문고 기준으로 작년과 올해 3월의 경제, 경영 베스트셀러 20위 목록을 비교해 보았을 때, 작년에는 부자되기 시리즈, 경제, 부동산 일반서들이 포함됐고 주식책은 없었으나 올해에는 20권 중에 7권이 주식 투자에 직접 관련된 책

- 특히, 주식 초보자 대상 입문서들도 눈에 띄며 신규 주식 투자자들이 대거 유입됐다는 점으로 해석

경제경영 베스트 셀러 20위 내 주식 투자서 2019년 0권 -> 2020년 7권

순위	2019년 3월	2020년 3월
1	명견만리	존리의 부자되기 습관
2	90년생이 온다	넘il의 부1
3	앞으로 5년 한국의 미래 시나리오	**주식투자 무작정 따라하기**
4	면에크릴리 부의 감각	넘il의 부2
5	트렌드 코리아2019	**재무제표 모르면 주식투자 절대로 하지마라**
6	부자 아빠 가난한 아빠	**금융 위기 템플릿**
7	돈 공부는 처음이라	부의 추월차선
8	앞으로 10년, 대한민국 부동산	부자 아빠 가난한 아빠
9	초격차	트렌드 코리아 2020
10	부의 추월차선	부의 인문학
11	하마터면 회계를 모르고 일할 뻔했다	넛지
12	대한민국 청약지도	디레버리징
13	리벨리온	월급쟁이 재테크 상식사전
14	포노 사피엔스	**자는 주식투자가 처음인데요**
15	브랜드; 지다	**돈, 도great 사랑하고 great 다루어라**
16	부동산 상식사전	90년생이 온다
17	가자, 어디에도 없었던 방법으로	대한민국 부동산 초보를 위한 아파트 투자의 정석
18	직장이 없는 시대가 온다	**월가의 영웅**
19	6개월에 천만 원 모으기	앞으로 3년 경제전쟁의 미래
20	지성의 돈되는 부동산 1인 법인	원칙

자료: 교보문고, 메리츠증권 리서치센터

[가계] 해외 투자, 다양한 자산군에 대한 개인들의 관심 증가

Post COVID, COVID Trend

- 국내 투자자들의 해외 투자 증가. 지난 한 해 동안 고공 행진한 미국 증시가 최근 신종 코로나바이러스 감염증 여파로 급락하자, 이를 저가 매수 기회로 판단한 투자자가 몰린 결과로 풀이

- 미국 등 주요국들이 재정·통화 정책 등 적극적인 '돈 풀기'에 나서면서 공포 심리가 진정된 점도 한몫

- 주식 투자 전반에 대한 부분과 ETF에 대한 관심 급증

- 대형 우량주 및 레버리지 상품(나스닥 3배 레버리지), VIX, 채권 ETF 등 다양한 자산군에 대한 관심 증가

국내 투자자의 해외 주식 결제 금액 추이

(십억달러)
■ 해외주식 결제 금액_매수+매도

'12	'13	'14	'15	'16	'17	'18	'19	'20
3	5	8	14	13	23	33	41	38

주: 1) 개인 투자자를 포함한 국내 투자자 전체 결제 기준. 개인 투자자의 해외 투자 증가 추세를 확인할 수 있는 추세 지표
2) 2020년은 4월 27일까지 금액
자료: 한국예탁결제원, 메리츠증권 리서치센터

국내 투자자의 해외 투자 상위 10종목_연초이후

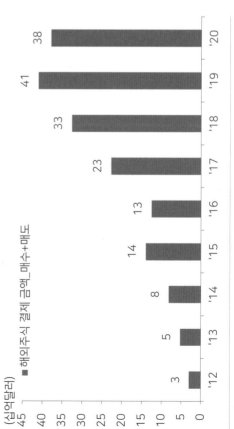

종목	매수+매도 금액
테슬라	2.0
마이크로소프트	1.6
아마존	1.5
애플	1.5
프로셰어즈 울트라프로QQQ	1.4
프로셰어즈 울트라프로 숏 QQQ	1.0
알파벳	0.8
벨로시티셰어즈 데일리 2x VIX 숏텀	0.7
아이쉐어 리만 만기 20년 국채	0.7
엔비디아	0.6

(십억달러)
■ 매수+매도 금액

자료: 한국예탁결제원, 메리츠증권 리서치센터

2. 정부(Big): 강한 정부의 시대

Post COVID, COVID Trend

- COVID19 이후 정부측면에서의 가장 큰 변화는 '강한 정부'임
- '작은정부'를 추구하는 신자유주의가 끝나고 있을 가능성. 질병, 사회적 혼란을 제어하기 위한 강한 정부의 필요성이 커지고 있기 때문
- 사회적 통제, 성장을 위한 정부 주도의 투자, 국가간의 마찰은 '강한 정부'에서 관찰될 수 있는 특징

'강한 정부'로 야기될 사회, 경제적 변화

1	사회적 통제	코로나 대응 위한 정부의 통제는 전시 수준. 락다운은 기본권을 제한하는 조치 독일 영국 프랑스 미국 일본 등 31개국 정보 보호 규제 완화. 감시의 제도화. 헌법 위의 정부 우려
2	정부 주도 투자	글로벌 경기부양책: 인프라 투자, '코로나 뉴딜 정책' 토목 중심의 기존 인프라 + 5G, 데이터 신업 등 신(新)인프라 투자
3	탈(脫)세계화	'America First', 'Brexit' 등 기존에 진행되던 탈세계화 경향이 가속화 글로벌 밸류체인 분열, 자국 중심의 재편 → 비용 상승, 인플레이션 가능성
4	국가 간 갈등	코로나 책임 문제를 두고 미중 간의 긴장 고조에 무역분쟁 재발 우려 중국에 대한 논란: 코로나 극복에 따른 영향력 확대 vs. 중국 정부 신뢰도 하락
5	포퓰리즘	저소득 서비스업 중심의 일자리 손실에 따른 양극화 심화로 포퓰리즘이 부각 사회주의적 포퓰리즘. 성장보다 국가부채 우려
6	환경(ESG)	코로나의 역설. 경제활동 중단으로 맑아진 하늘. 인류의 환경 오염 직접 확인 환경오염, 지속가능경영에 대한 관심 증대 → ESG 투자 가속화

자료: 메리츠증권 리서치센터

[정부] 통제: 국가 기반 산업에 대한 보호

Post COVID, COVID Trend

- COVID19 이후 주목해야 할 정부측면의 변화 중 하나는 '강한 정부'

- 이중 구조적인 어려움을 겪고 있는 기간산업에 대한 '국유화' 흐름이 가속화될 가능성도 염두

- 1948년, 제 2차 세계대전 이후 도로 교통 발전으로 경영상 어려움을 겪고 있었던 영국 철도 기업 Big4의 국유화(British Rail)가 대표적

- 1994년 국영철도를 1000여개 민간 기업으로 분리 매각하며 다시 민영화 체제로 전환되었으나, 2002년 안전상의 문제(시설 관리 미흡, 열차 사고)로 철도 인프라 부문은 다시 국유화(Network Rail)

영국 철도 산업의 국유화 & 민영화

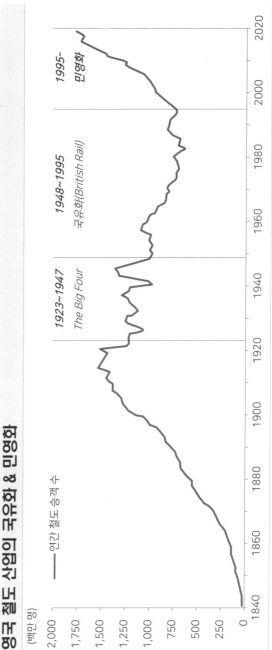

(백만 명)

— 연간 철도 승객 수

1923~1947
The Big Four

1948~1995
국유화(British Rail)

1995-
민영화

자료: Wikiwand, Train Operating Companies, Office of Rail and Road, Department for Transport, 메리츠증권 리서치센터

[정부 통제] 금융위기 당시 은행 국유화도 같은 맥락

Post COVID, COVID Trend

- 미국도 시장 자유주의에 반하는 국유화에 대한 거부감을 가지고 있지만 사례는 많음

- 전쟁, 경기 침체 등 위기를 극복하기 위한 수단으로 철도, 통신, 광산, 은행 등 국가기간산업 국유화

- 최근 사례는 2008년 금융위기 당시 은행, 자동차 산업 국유화. 대표적으로 미 정부는 씨티그룹의 지분을 36%까지 늘려 최대주주가 되어 사실상 국유화 조치 시행

- 국유화로 씨티그룹의 주주가치는 훼손되었으나, 산업 전반적으로는 위기 극복에 따른 긍정적 반응

미국 정부의 기간산업 국유화 사례

연도	이벤트	국유화대상	목적
1917	제 1차 세계대전	라디오, 철도	군사 목적
1918	제 1차 세계대전	일부 제조업, 통신	군사 목적
1933	대공황	금, 은(1934년)	달러 가치 절하(경기 회복)
1943	제 2차 세계대전	광산, 철도	파업으로 일시적 국유화
1952	한국 전쟁	철강	군사 목적, 대법원 위헌 판결
1971	경기 침체('69~'70)	철도(AMTRAK)	파산 위기 구제
1984	S&L(저축대부조합) 위기	Continental Illinois National Bank & Trust	금융위기 극복
2001	9/11 테러	공항 보안	안보 강화
2008	금융위기	AIG, 씨티그룹, GM, Chrysler	금융위기 극복

자료: 메리츠증권 리서치센터

금융위기 당시 미국 씨티그룹 국유화 이슈: 주가가치 훼손

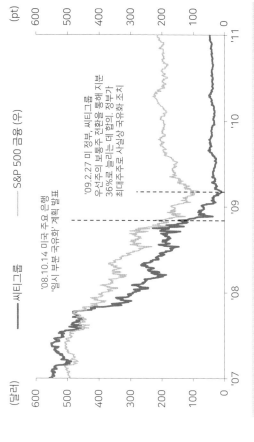

자료: Bloomberg, 메리츠증권 리서치센터

[정부] 투자: 정부 주도의 산업 육성(한국)

Post COVID, COVID Trend

■ 향후 주요국 재정정책: 정부 주도의 투자를 통한 경기 부양

– 향후 재정 정책의 중심은 '뉴딜'과 같은 정부 주도의 투자로 옮겨갈 것으로 예상

– 한국 정부의 『한국판 뉴딜』 은 정부 주도의 투자가 재정정책의 중심이 되는 시발점

■ 한국 정부의 『한국판 뉴딜』

– '21세기형 뉴딜': 과거 토목사업 위주의 뉴딜과 차별화

– 5G, AI, 클라우드 등 인프라 구축

『한국판 뉴딜』 발표 내용

추진 방향		세부 내용
1. 디지털 인프라 구축	데이터 수집·활용 기반 구축	▪ 데이터 축적기 인프라 강화 ▪ 국민체감 핵심 6대 분야 데이터 수집·활용 확대 (금융 / 의료 / 교통 / 공공 / 산업 / 소상공인)
	5G 등 네트워크 고도화	▪ 5G 인프라 조기 구축 ▪ 5G+ 융복합 사업 추진
	AI 인프라 확충 및 응합 확산	▪ AI 데이터·인프라 확충 ▪ 전산업으로 AI 응합 확산
2. 비대면 산업 육성		▪ 비대면 서비스 확산 기반 조성 ▪ 클라우드 및 사이버 안전망 강화
3. SOC 디지털화		▪ 노후 국가기반시설 디지털화 ▪ 디지털 물류서비스 체계 구축

자료: 기획재정부, 메리츠증권 리서치센터

강의자료(전망) 43

90

[정부] 갈등: 각자도생 & 규제 불확실성

Post COVID, COVID Trend

- 강한 정부의 등장은 국가간 협력보다는 갈등을 야기할 소지
- 이전의 위기가 자유무역주의에 기반한 정책공조였다면, 현재는 '각자도생' 속 자국 산업보호 의지가 강하기 때문
- WTO의 전망에 따르면 COVID19 이후 전세계 교역량의 정체 가능성. 금융위기가 1990~2008년의 교역량 트렌드를 변화시켰다면 COVID19는 2011~2018년의 트렌드를 변화시킬 가능성이 높기 때문

COVID19 이후 교역량 전망(WTO): 2000년 이후 3번째 Great Collapse?

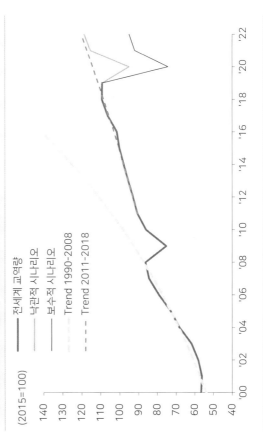

주: 전세계 교역량은 수출입 평균, 2020년 이후는 WTO의 시나리오별 추정치
자료: WTO Secretariat, 메리츠증권 리서치센터

국가 투자 정책 변화: '국가 안보', '규제'

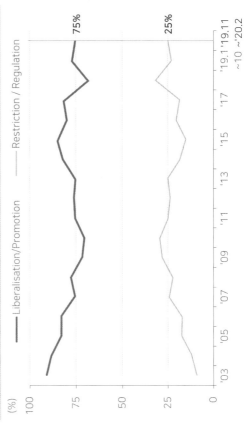

주: National Investment Policy 기준. 법인세, 노동법 등 일반적인 기업 환경 제외
자료: UNCTAD Investment Policy Monitor, 메리츠증권 리서치센터

강의자료 (전망) 44

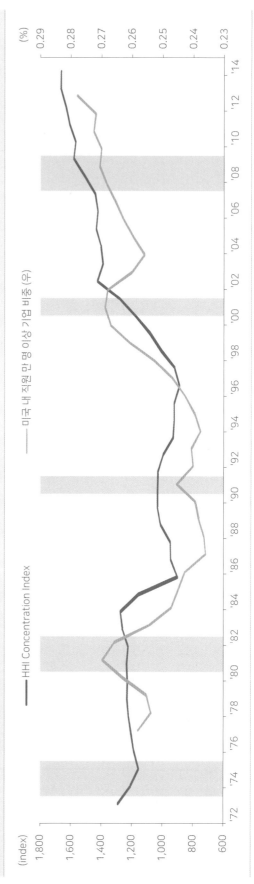

3. 기업(Royalty): 독과점화, 플랫폼화, 자동화

Post COVID, COVID Trend

- 비단 COVID19가 아니더라도 위기 이후 기업의 독과점화가 심화되는 것은 불가피한 현상

- '승자 독식'으로 대변되는 기업의 집중화는 위기 이후 도태되는 기업들 발생하고, 살아남은 기업이 시장 지배력을 키우는 결과로 연결되기 때문

- 과거 경기침체 이후 기업 독점화 지수(ex. 허핀달 지수/HHI)가 더욱 상승하는 것도 같은 맥락. 반면 기업의 대형화, 독과점화에 비해 고용 창출은 제한적. 오히려 고용위축도 수반(비용절감의 결과)

위기 이후 산업 재편에 따른 시장 독 · 과점화

자료: Oxford, Are US Industries Becoming More Concentrated?(2019), 메리츠증권 리서치센터

[기업] 데이터 경제 가속화

Post COVID, COVID Trend

- IT 시장 조사기관 IDC에 따르면, 2025년까지 전세계에서 생성되는 데이터 양은 175ZB까지 늘어날 전망 2년마다 약 2배씩 증가하는 속도

- 새로운 데이터 종류의 증가(사물 인터넷, SNS, 위성 사진 등), 데이터 분석 방식의 발전(AI, 머신러닝, 딥러닝), 데이터 처리, 저장 방식 발전(클라우드, 분산 컴퓨팅)이 원동력

글로벌 데이터스피어 연간 규모 추이

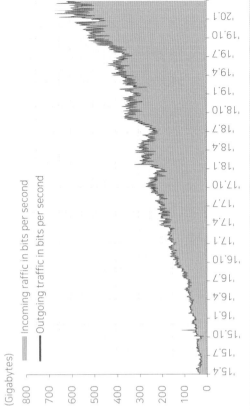

(Zetabytes)

■ Annual Size of the Global Datasphere

175ZB

주: 데이터스피어(Datasphere)란 디지털화된 컨텐츠를 생성, 캡처, 복사하는 과정에서 발생하는 모든 데이터
자료: IDC, 메리츠증권 리서치센터

초당 인터넷 데이터 트래픽 발생량 추이

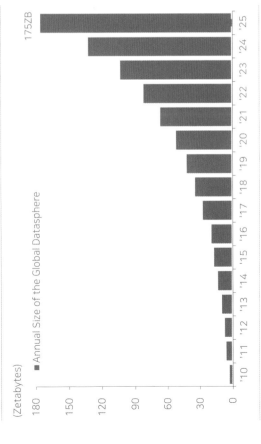

(Gigabytes)

Incoming raffic in bits per second
Outgoing traffic in bits per second

주: 뉴욕주 기준
자료: DE-CIX, 메리츠증권 리서치센터

[기업] 미국: 코로나 국면에서 인터넷 트래픽 증가 뚜렷

Post COVID, COVID Trend

- 미국 통신사 버라이즌에 따르면 3월 12~19일 미국 내 인터넷 트래픽은 전주 대비 22% 상승. 지난 3월 20일, 22일에는 데이터 트래픽이 역대 최고 수준을 기록

- 특히, 게임 트래픽은 75% 증가했고, 재택 근무자와 온라인 학습을 이용하는 학생수가 늘어나면서 웹 트래픽과 VPN(가상사설망) 접속 역시 증가

미국 비디오게임 웹사이트별 트래픽 추이

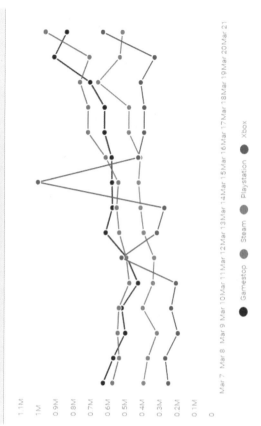

자료: SimilarWeb, 메리츠증권 리서치센터

미국 인터넷 트래픽 증가율_3.12~19일 기준

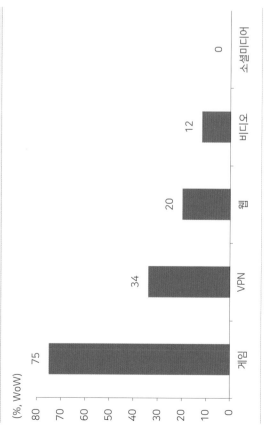

자료: Verizon, 메리츠증권 리서치센터

강의자료(전망) 47

94

[기업] 한국: 건강용품, 생필품이 온라인 구매 증가

Post COVID, COVID Trend

- 한국 업종별 지출 변화상 전자상거래, 건강 관련 지출 증가, 외식, 여행 등 감소 뚜렷

- 제품 유형별로도 건강/의료용품, 생필품, 육아용품 판매량 증가

한국 제품 유형별 온라인 쇼핑 판매량 증가율

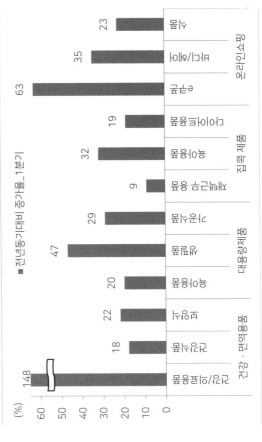

주: G마켓, 옥션 판매데이터(1/1~3/29)
자료: 이베이코리아, 메리츠증권 리서치센터

한국 업종별 지출 구성비 변화

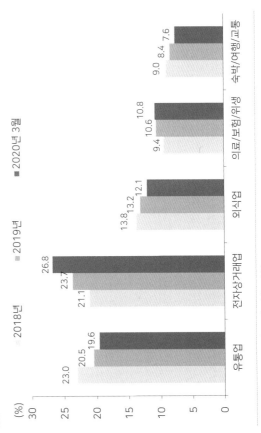

주: 엘포인트 주 이용고객 지출 기준
자료: 롯데멤버스, 메리츠증권 리서치센터

강의자료(전망) 48

[기업] 반도체: 글로벌 네트워크 트래픽 증가, 서버 수요 증가

Post COVID, COVID Trend

- COVID19 발생에 따라 실제로 원격근무, 화상회의, 게임 등으로 인한 서버 수요 증가 목격

- 이에 따라, 글로벌 네트워크 트래픽은 급격한 증가 추세를 보이고 있으며 2022년 글로벌 IP 트래픽은 2017년 대비 3배 이상 증가가 예상

    - 한편 메모리 공급사는 COVID19 이후 생산능력을 모바일에서 서버 응용처로 전환

DRAM 수요 내 서버 비중은 지속 확대

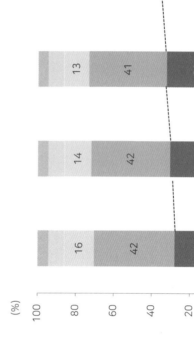

자료: DRAMeXchange, 메리츠증권 리서치센터

전세계 월간 IP 트래픽 추이

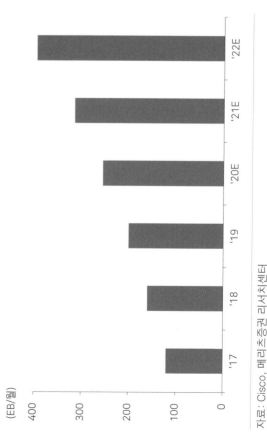

자료: Cisco, 메리츠증권 리서치센터

[기업] 반도체: 클라우드 기반 디지털 경제 가속화, 서버향 메모리 수요 성장

Post COVID, COVID Trend

- COVID19 이후 가장 빠르게 정상화되고 있는 중국은 화상회의, 온라인 수업, 온라인 의료 지문이 보편화되면서 클라우드 기반한 경제의 디지털화 가속 중

- 이에 대응해 Alibaba는 선제적으로 향후 3년간 클라우드 인프라 구축에 280억달러 (34조원) 투자 발표. Tencent, Baidu 역시 COVID19 이후 클라우드 컴퓨팅과 AI에 기반한 서비스를 강화하는 추세

- 최근 클라우드 기반 어플리케이션 증가로 많은 양의 데이터가 생성됨에 따라 Hyper Scale 데이터센터 설계가 필수적으로 확산

Hyperscale 위주의 데이터센터 기반 서버향 메모리 수요의 구조적 성장

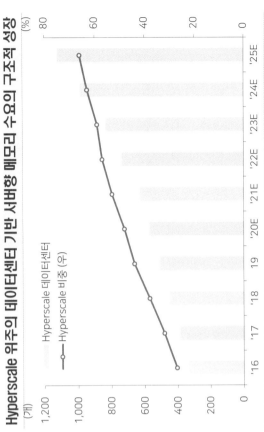

주1: Hyper Scale이란 분산된 컴퓨팅 환경을 최대 수 천개 서버로
확장할 수 있는 안전한 하드웨어 및 소프트웨어의 조합
주2: 누적 기준
자료: Cisco, 메리츠증권 리서치센터

강의자료 (전망) 50

주요 데이터센터업체들의 CAPEX 추이 및 전망

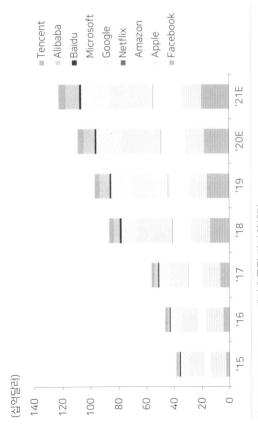

자료: DRAMeXchange, 메리츠증권 리서치센터

[기업] 인터넷: 클라우드 성장, 데이터센터 시장 확대

Post COVID, COVID Trend

- COVID19로 가능할 인터넷/게임 산업의 변화는 1) 기술/혁신에 대한 중요성 강조, 2) 디지털, 클라우드 업무 환경 보편화, 3) 엔지니어/컴퓨터공학 등 R&D 인력 중요성 강화
- 글로벌 대표 IT기술 기업인 마이크로소프트, 아마존, 애플, 알파벳(구글), 페이스북 등에 대한 투자 기조 강화될 것
- 국내 인터넷 데이터 사용량의 급증으로 데이터센터의 시장 확대. 올해 네이버는 세종시에 제2의 데이터센터 건립 개시. 향후 5천억원 규모의 투자 예상

국내 클라우드 서비스 매출 규모

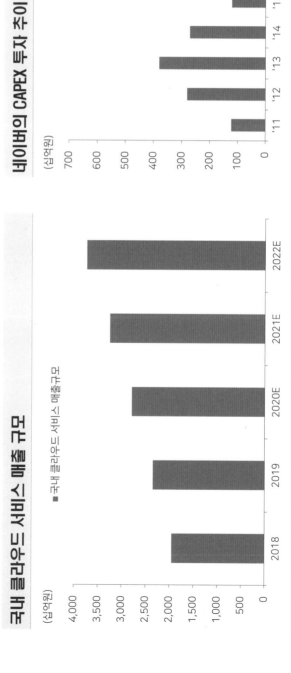

자료: Gartner, 메리츠증권 리서치센터

네이버의 CAPEX 투자 추이

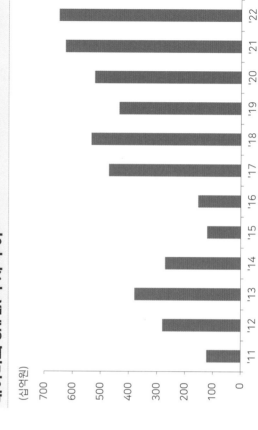

자료: NAVER, 메리츠증권 리서치센터 추정

[기업] 게임: 신규 이용자 유입, 기존 이용자 충성도 강화

Post COVID, COVID Trend

- 개인 여가시간 증가로 신규 이용자 유입과 기존 이용자들의 충성도 강화

- 게임 이용자수 및 이용시간은 굵모나 종료 및 양질의 컨텐츠 출시 유무에 따라 변동 가능성. 그러나 중장기적으로 e스포츠 시장(보는 게임), 영상(게임 방송), 콘솔 등 게임산업의 확대 성장 가속화

게임이용시간

자료: 와이즈앱, 메리츠증권 리서치센터

게임데이터 사용량

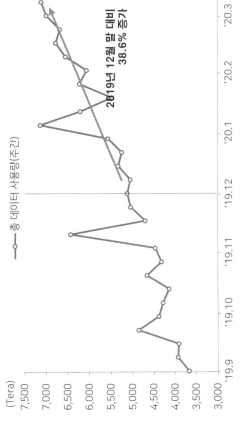

자료: 와이즈앱, 메리츠증권 리서치센터

[기업] 테크핀: 언택트 소비 확대로 온라인, 오프라인 모두 간편결제 확대

Post COVID, COVID Trend

- 간편결제 이용률이 큰 폭으로 증가. 온라인뿐만 아니라 오프라인 매장에서도 간편결제를 이용 확대

- 2019년 간편결제 서비스 일 평균 이용실적은 39억 건, 119조원으로, 2018년에 비해 각각 36.4%, 29.0% 증가

- 2019년 한 해만 간편결제 시스템을 개발하는 회사가 늘어나고, 결제 과정의 간소화, 생체 인식 보안 시스템 등의 기술이 더욱 발전

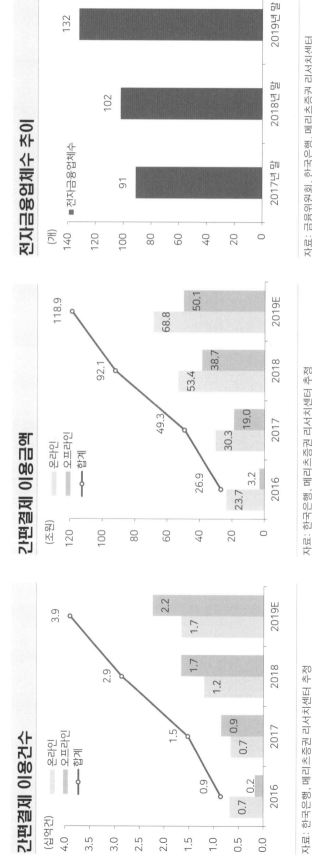

간편결제 이용건수

(십억건)

자료: 한국은행, 메리츠증권 리서치센터 추정

간편결제 이용금액

(조원)

자료: 한국은행, 메리츠증권 리서치센터 추정

전자금융업체수 추이

(개)

자료: 금융위원회, 한국은행, 메리츠증권 리서치센터

[기업] E-커머스: 네이버페이 온라인 결제 1위

Post COVID, COVID Trend

- 2019년 기준 가장 많이 결제한 온라인 서비스는 네이버 20.9조원, 쿠팡 17.07조원, 옥션/지마켓 17.0조원, 11번가 9.8조원, 위메프 6.2조원

- 1Q20 네이버페이 거래액은 분기사상 처음으로 5조원을 기록할 전망. 1Q 컨텐츠 매출액은 14.0% QoQ 증가한 797억원으로 추정하며 실내체류시간 많아지며 웹툰 성장세도 양호

- 네이버페이는 네이버쇼핑의 비대면 쇼핑 증가로 인한 수혜가 있었으며 그에 따라 비즈니스 플랫폼과 IT플랫폼의 매출 성장세는 견조

가장 많이 결제한 온라인서비스 비교

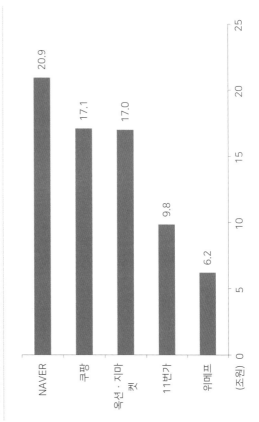

(조원)

NAVER	20.9
쿠팡	17.1
옥션·지마켓	17.0
11번가	9.8
위메프	6.2

자료: 와이즈냅, 와이즈리테일, 메리츠증권 리서치센터

네이버페이 거래액

(십억원)

■ 네이버페이 거래액

1Q16	720
	870
	1,000
4Q16	1,300
	1,500
	1,679
3Q17	1,900
	2,100
	2,300
2Q18	2,600
	2,900
	3,200
1Q19	3,300
	3,600
	4,200
4Q19	4,600
	4,950
	4,968
3Q20E	5,460
	5,700

자료: NAVER, 메리츠증권 리서치센터 추정

[기업] E-커머스: 로켓배송, 새벽배송 중심으로 쿠팡 온라인거래 성장 지속

Post COVID, COVID Trend

- 온라인쇼핑 증가와 더불어 COVID19 확산에 따른 영향으로 쿠팡 결제대금 꾸준히 증가
- 쿠팡은 전국에 촘촘하게 들어선 로켓배송센터 배송망을 기반으로 작년 1월부터 국내에서 유일하게 전국 단위로 신선식품을 새벽배송 중

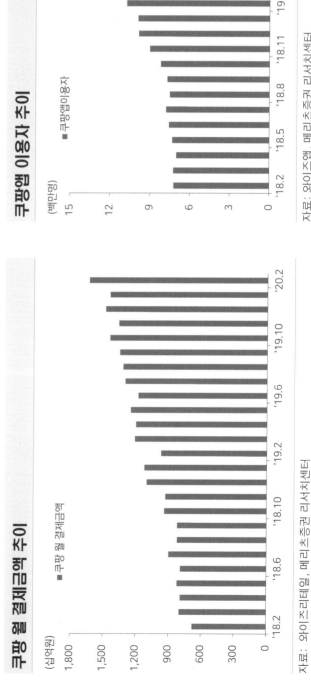

쿠팡 월 결제금액 추이

자료: 와이즈리테일, 메리츠증권 리서치센터

쿠팡앱 이용자 추이

자료: 와이즈앱, 메리츠증권 리서치센터

[기업] 통신: 5G 네트워크 인프라 투자 가속화

Post COVID, COVID Trend

- 코로나 이후 경기부양책으로서 5G 네트워크에 대한 투자가 부각. 중국 정부가 '신인프라' 정책을 내세우는 등 각국 정부는 신경제에 대한 투자를 늘려 경기 부양 및 산업 선점의 두 가지 효과를 누리려는 전략

- 현재 전세계 약 10% 미만의 사업자들만 5G 서비스를 시작. 나머지 통신 사업자들도 2020년과 2021년에 본격적으로 5G 투자에 나설 계획

중국 기지국수

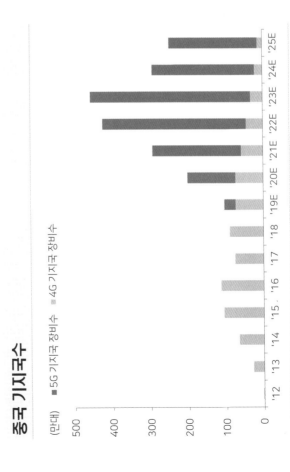

자료: Ministry of Industry and Information Technology, 메리츠증권 리서치센터

한국 기지국수

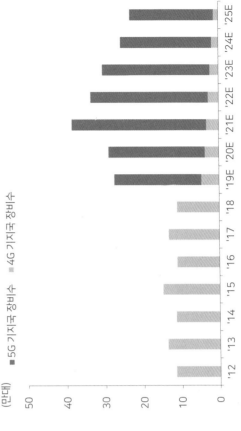

자료: Ministry of Industry and Information Technology, 메리츠증권 리서치센터

[기업] 음식료: 가정식, 배달음식 비중 증가

Post COVID, COVID Trend

- COVID19 영향으로 소비자들의 식품 구매패턴에 변화 발생 – 외식 ↓ vs. 가정식 ↑
- 대면 접촉 기피 현상으로 배달음식 선호 현상 부각
- 오프라인 매장 역시 COVID19에 의한 대면접촉 기피 현상으로 부정적 영향을 피해갈 수 없음
  1) 상대적으로 소비자들과 물리적 거리가 짧고, 2) 소형매장에 가까운 편의점, SSM은 식품 매출 증가했으나, 객수가 많고 대형 규모인 대형마트와 백화점은 식품 매출 전년비 감소 기록
- COVID19로 인해 온라인 유통 거래액은 전반적으로 증가(+34.3%)하며 긍정적인 영향을 받음. 특히 식품군 매출 성장률은 +92.5%로 매우 두드러짐

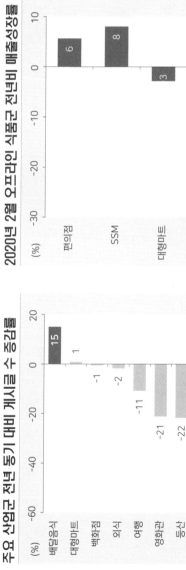

주요 산업군 전년 동기 대비 게시글 수 증감률

주: 2020.1.20~2020.2.19
자료: Nielsen Buzzword, 메리츠증권 리서치센터

2020년 2월 오프라인 식품군 전년비 매출성장률

자료: 산업통상자원부, 메리츠증권 리서치센터

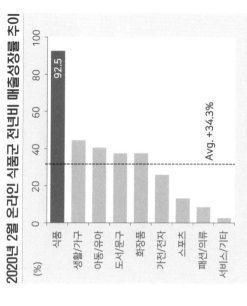

2020년 2월 온라인 식품군 전년비 매출성장률 추이

Avg. +34.3%

자료: 산업통상자원부, 메리츠증권 리서치센터

Question 2

유통성 독소에 따른 추가 급락은 없나요?

유동성 장세? 필요충분조건 아니

유동성 축소될 가능성이 있는가?

- 반문해보자! 단지 유동성 장세라면, 돈이 늘어나는 속도가 감소하면 주가는 하락해야 한다?
- 투자란 투자차익(투자수익 – 조달금리)을 얻는 행위. 유동성은 금리를 낮게 유지시켜주는 효과
- 유동성 공급은 주가 상승의 충분 조건이지 필요충분 조건은 아니

연준의 자산규모는 금융위기 이전 대비 865% 증가

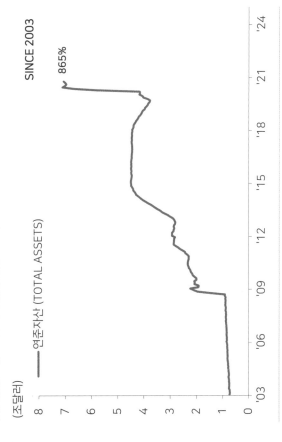

자료: Federal Reserve, 메리츠증권 리서치센터

유동성 공급은 충분조건이지 필요충분조건 아니

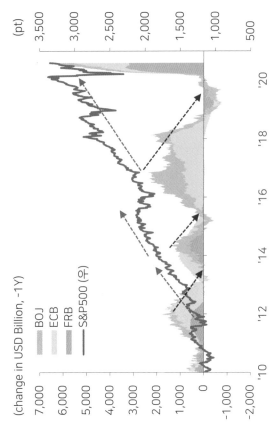

주: 2003. 1. 1=100 기준
자료: Bloomberg, 중국 국가 통계국, 메리츠증권 리서치센터

강의자료(전망) 59

106

버블이라면, 연준은 유동성 '회수'에 나설까

유동성 축소될 가능성이 있는가?

- 연준은 COVID19에 대응하여 자산을 빠르게 팽창시킴 ('20.10월 말 자산 7.1조 달러, '19년말 대비 +76%)

- 자산이 급격히 팽창하더라도, 연준은 인위적으로 "유동성 회수" 에 나서지 않을 것
  - 전년대비 자산규모 줄였던 사례는 106년 중 5차례에 불과 (1920년, 1930년, 1949년, 2017~18년)
  - 이 때는 만기가 도래한 채권을 재투자하지 않으면서 (runoff) 자산규모를 조정한 것임

- 연준 자산규모의 정상화는 "총량의 축소"가 아니라, 국가채무와 마찬가지로 "GDP대비 비율의 하락"을 의미

연준 자산 총계

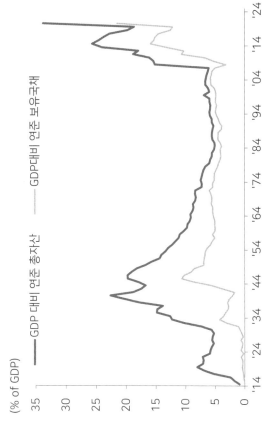

(log scale, 십억달러)

자료 : St. Louis Fed, Federal Reserve, 메리츠증권 리서치센터

GDP대비 연준 총자산과 연준 보유국채 비율

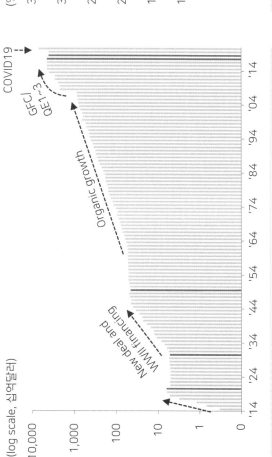

(% of GDP)

GDP 대비 연준 총자산
GDP대비 연준 보유국채

자료: St. Louis Fed, Federal Reserve, 메리츠증권 리서치센터

낮아진 'V(화폐 유통속도)'는 유동성 확장을 정당화

유동성 축소될 가능성이 있는가?

- 1980년대 이후 화폐유통속도(명목 GDP / 통화량 비율)는 계속 하락

- 통화량이 실물 경제보다 금융시장으로 더 많이 유입되는 것과 유관: 금융연관비율의 상승

- 향후 경기회복 국면에서 통화량은 금융자산에서 실물자산으로의 자금이동, 통화속도도 올라올 가능성 높아

미국 화폐유통속도 (NGDP / MZM)

(배)

자료: Federal Reserve, 메리츠증권 리서치센터

금리 상승은 Risk일까? $\triangle r < \triangle g$ 일 것

$$\frac{P_0}{E_0} = \frac{(1 + g_1)}{(R_f + ERP) - g_{2+}}$$

g_1 = Earnings Growth in Period 1

ERP = Equity Risk Premium

g_{2+} = Earnings Growth in Periods 2 and following

자료: I/B/E/S, 메리츠증권 리서치센터

지금 금리상승을 걱정하는 이유는 경기변곡점에 있기 때문

유동성 축소될 가능성이 있는가?

- 우리가 지금 금리에 민감해 하는 이유는 경기회복에 대한 확신이 크지 않은 '변곡점'에 있기 때문
  - 경기 변곡점을 제외할 경우 주가와 금리는 동행

주가와 금리의 상관관계: 변곡점에서 (-), 변곡점 제외시는 (+)

금리(경기)

주가

주가&금리
양(+)의 상관관계

주가&금리
음(-)의 상관관계

자료 : 메리츠증권 리서치센터

금리인상은 인플레 오버슈팅 확신이 있어야 행동에 나설 것

유동성 축소될 가능성이 있는가?

- 문제는 정책실패. 경기여건이 무르익기 전 금리인상에 나선다면 문제가 될 수 있음
- 현재 연준 정책 스탠스는 경제성장 속도를 넘는 금리인상 의지 없음을 시사
- Fed는 완전고용과 더불어 인플레이션이 2%를 상회하는 경로에 진입해야 금리인상 할 것이라 주장
- 즉, 실업률이 3%대, 물가가 2% 넘기 전까지는 현행 제로금리 유지할 것임을 시사한 것

2020년 9월: FOMC에서 제시되었던 경제전망

(% YoY)		2020	2021	2022	2023	Longer-run
Median	실질 GDP	-3.7	4.0	3.0	2.5	1.9
	실업률 (%)	7.6	5.5	4.6	4.0	4.1
	PCE 인플레이션	1.2	1.7	1.8	2.0	2.0
	Core PCE 인플레이션	1.5	1.7	1.8	2.0	-
	FFR (EoP, %)	0.125	0.125	0.125	0.125	2.5
Central tendency	실질 GDP	-4.0~-3.0	3.6~4.7	2.5~3.3	2.4~3.0	1.7~2.0
	실업률 (%)	7.0~8.0	5.0~6.2	4.0~5.0	3.5~4.4	3.9~4.3
	PCE 인플레이션	1.1~1.3	1.6~1.9	1.7~1.9	1.9~2.0	2.0
	Core PCE 인플레이션	1.3~1.5	1.6~1.8	1.7~1.9	1.9~2.0	-
	FFR (EoP, %)	0.125	0.125	0.125	0.13~0.38	2.3~2.5

자료: Federal Reserve, 메리츠증권 리서치센터

3개월 OIS에 대한 선도스왑금리 (forward swap rate)

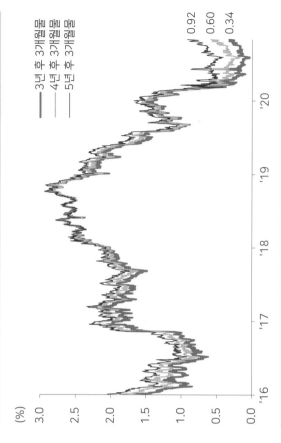

3년 후 3개월물
4년 후 3개월물
5년 후 3개월물

0.92
0.60
0.34

자료: Bloomberg, 메리츠증권 리서치센터

Question 3

미·중 갈등이 중독되면 한국은 위험하지 않나요?

미국과 중국의 충돌은 우연이 아닌 필연

미·중 갈등과 한국 증시

- 중국의 구매력(PPP) 기준 명목 GDP는 이미 2014년에 미국을 추월
- 장기 명목성장률을 중국 7%, 미국 3~3.5% 내외로 가정할 경우, 2030년 경 중국의 경제규모는 미국 경제규모를 상회할 가능성

미국/중국 구매력 기준(PPP) GDP의 전세계 GDP대비 비중

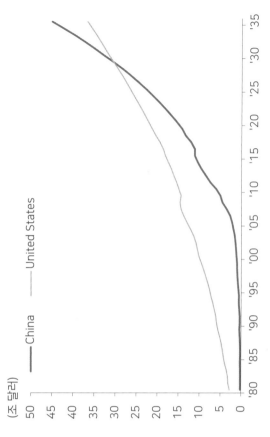

자료: IMF World Economic Outlook (Apr 2019)

미국/중국 경제규모 (명목GDP) 시나리오

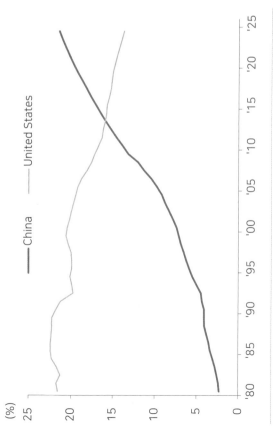

주: * 2019~2024년 IMF추정치. 2025~30년 – USD 명목성장률 美 3.5%, 中 7.5%
2030~2035년 – USD 표시 명목성장률 美 3.0%, 中 6.5% 가정
자료: IMF World Economic Outlook (Apr 2019), 메리츠증권 리서치센터

리더십의 충돌

미 · 중 갈등과 한국 증시

- 중국은 도광양회 폐기 이후 화평굴기 및 중화민족 부흥으로 전략 수정(ex, 일대일로, 제조2025)
- 미국은 오바마 정부 당시 '아시아로의 회귀(Pivot to Asia)'를 선언. 미중 대립의 시작점. 트럼프 이전부터 견제가 진행

60년간 미 · 중 관계의 흐름: 친소반미 → 도광양회 → 화평굴기 → ?

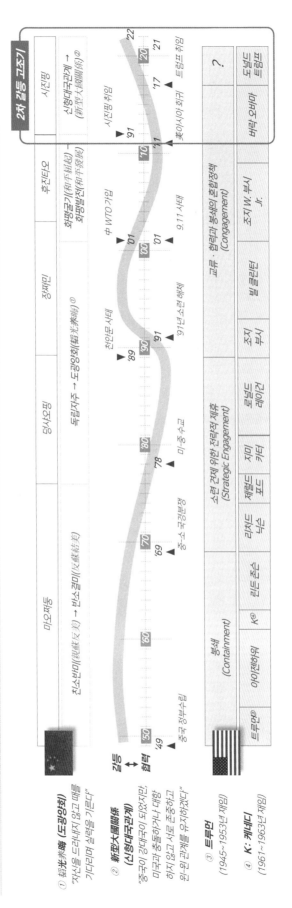

① 韜光養晦 (도광양회)
"자신을 드러내지 않고 때를 기다리며 실력을 기른다"

② 新型大國關係 (신형대국관계)
"중국이 강대국이 되었지만, 미국과 충돌하거나 대항하지 않고 서로 존중하고 윈-윈 관계를 유지하겠다"

③ 트루먼
(1945~1953년 재임)

④ K: 케네디
(1961~1963년 재임)

자료 : 메리츠증권 리서치센터

피할 수 없는 전쟁

미·중 갈등과 한국 증시

- 1990년대는 일본, 2000년대는 미국, 2010년대는 중국, 2020년은 미국으로 다시 재편 중
- 국가별 산업 경쟁력 강화를 위한 신성장 산업 육성 → 구경제(Old Economy)에서 신경제(New economy)로 이동결과
- 그 과정에서 국가간 주도권 다툼은 불가피

시대별 시가총액 상위 10개 기업

1980	1990	2000	2010	2020*
IBM	NTT	Microsoft	Exxon Mobil	Apple
AT&T	Bank of Tokyo-Mitsubishi	General Electric	Petro China	Saudi Aramco
Exxon	Industrial Bank of Japan	NTT DoCoMo	Apple	Amazon.com
Standard Oil	Sumitomo Mitsui Banking	Cisco Systems	BHP Billiton	Microsoft
Shlumberger	Toyota Motors	Wal-Mart	Microsoft	Alphabet(Google)
Shell	Fuji Bank	Intel	ICBC	Facebook
Mobil	Dai-Ichi Kangyo Bank	NTT	Petrobras	Alibaba Group
Atlantic Richfield	IBM	Exxon Mobil	China Construction Bank	Tencent
General Electric	UFJ Bank	Lucent Technologies	Royal Dutch Shell	Berkshire Hathaway
Eastman Kodak	Exxon	Deutsche Telekom	Nestle	Johnson&Johnson

무역분쟁은 언제 끝날까?

미·중 갈등과 한국 증시

- 미-일 무역분쟁의 경우 미국 무역적자 비중 40% 이상에서 마찰음 발생
  - Round 1: 무역분쟁의 해소 및 합의 시점은 대미 무역적자 비중 40% 이하로 회귀한 1980년 중반
  - Round 2: 1986~1991년까지 진행된 미-일 반도체 전쟁(미국, 일본에게 외국산 반도체 M/S 20% 요구)

- Round 1. 현재 중국의 대미 무역흑자는 전체 미국 무역적자 대비 47% 수준 (2018)
  - 2019년 1~7월 기준 41.4%로 하락했으나 합의 임계점에는 미달
  - 내년 중 40%를 하회한다면 일본과 같은 무역합의까지는 아니더라도 중간 타결도 가능할 수 있어

미일 분쟁은 미국 GDP의 40%에서 시작: 중국은 60%대에서 진행 중

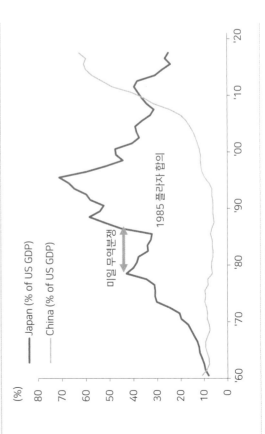

자료: World Bank, 메리츠증권 리서치센터

미국 무역적자 중 일본, 중국 비중: 일본은 40% 수준이 임계점

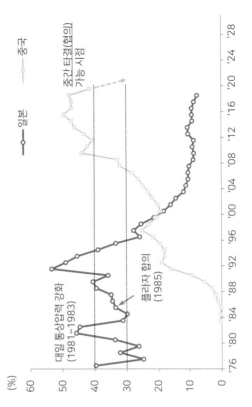

자료: IMF, 메리츠증권 리서치센터

기술패권의 장기전 (Round 2)

미 · 중 갈등과 한국 증시

- 4차 산업혁명의 주도권 싸움에 국한된 이슈가 아닌, 국방/군사, 항공/우주를 아우르는 영역

- 미국의 전략: 핵심기술에 대한 중국의 모방을 방지하고 내부혁신 지연 통해 기술격차 확대

중국의 우주산업 추적 [좌], 국방산업 추적 [우]

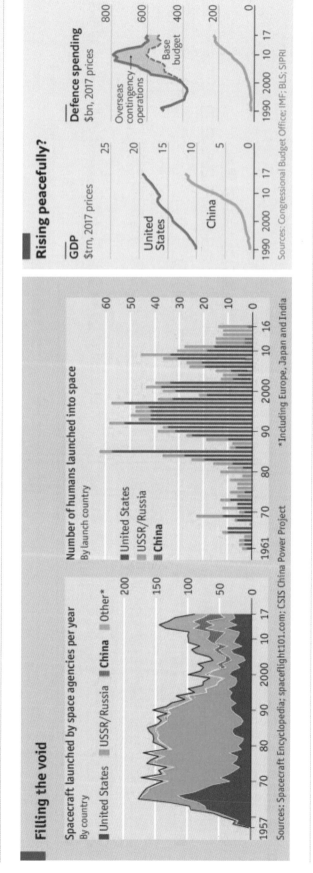

자료: The Economist, 메리츠종금 리서치센터

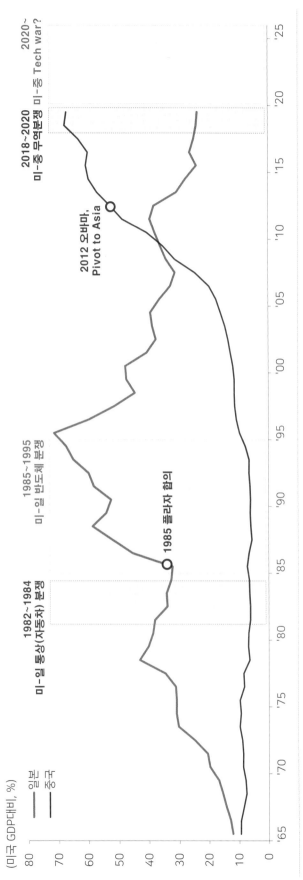

1980년대 미·일 패권 전쟁의 시사점

미·중 갈등과 한국 증시

- 1980~90년대 미국과 일본과의 마찰 배경과 수준은 지금의 중국과 유사

- 경쟁국이 미국 GDP의 50~70% 수준에 육박할 때 견제가 격화되고, 무역마찰 이후 기술(주도 산업) 분쟁으로 확전

미국 GDP 대비 일본과 중국의 비중 추이: 미국 GDP의 50~70% 전후에 견제 심화. 무역분쟁이 단기적이라면 기술분쟁은 장기전

(미국 GDP대비, %)

자료: CEIC, 메리츠증권 리서치센터

미·일 반도체 분쟁의 결과물

미·중 갈등과 한국 증시

- 기술 분쟁은 '풍선효과'를 야기. 경쟁국의 산업을 견제하면 '수혜'를 보는 국가가 존재하기 때문

- 미·일 반도체 분쟁은 한국과 대만의 반도체 성장을 이끈 도화선

DRAM 시장 점유율: 미·일 분쟁은 한국에게 기회로 작용

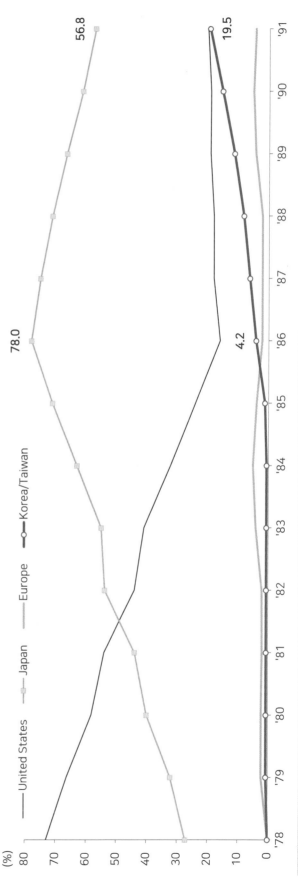

78.0

56.8

19.5

4.2

—— United States　—■— Japan　—— Europe　—○— Korea/Taiwan

'78 '79 '80 '81 '82 '83 '84 '85 '86 '87 '88 '89 '90 '91

(%)
80 70 60 50 40 30 20 10 0

자료: Tyson(1992), RAND TR136-3.1, 메리츠증권 리서치센터

한국은 준비가 되어 있나?

미·중 갈등과 한국 증시

- 핵심은 성장 산업의 주도력을 갖추고 있는 지 여부. 다행히 한국은 핵심 산업의 높은 경쟁력을 보유

- 한국은 반도체만이 아닌 2차전지, CMO, 전기차 등 차세대 성장동력이 가장 잘 포지셔닝 되어 있는 국가

한국 주요 산업 글로벌 점유율

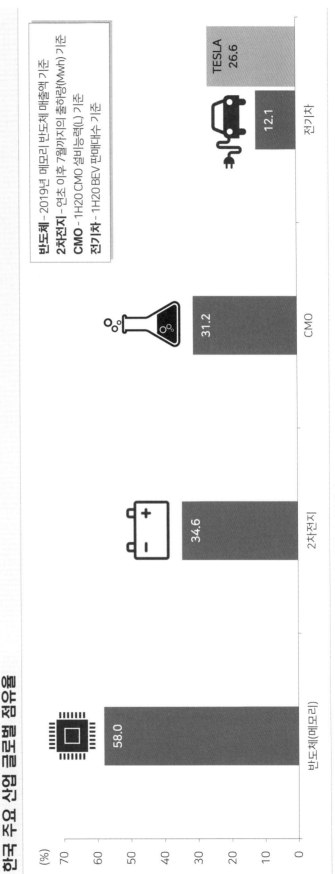

반도체 - 2019년 메모리 반도체 매출액 기준
2차전지 - 연초 이후 7월까지의 출하량(Mwh) 기준
CMO - 1H20 CMO 설비능력(L) 기준
전기차 - 1H20 BEV 판매대수 기준

자료: IHS, SNE Research, 현대차, 기아차, 삼성바이오로직스, 메리츠증권 리서치센터

결론: 이제 여러분은 어떤 자산을 선택할 것인가?

미·중 갈등과 한국 증시

- 2008년 금융위기 이후 주식과 채권시장 모두 강세

- 지금까지 경기는 채권시장의 손을 들어주고 있어

- 주식시장 상승 원인이 경기가 아니라는 방증

미국 금융위기 이후 주식시장과 금리 추이

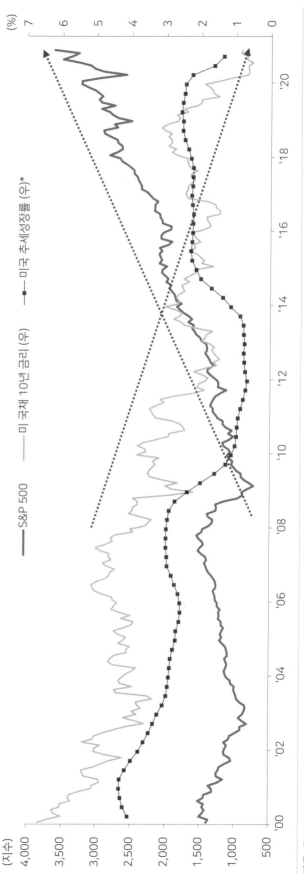

— S&P 500   — 미국채 10년 금리 (우)   —■— 미국 추세성장률 (우)*

자료: Federal Reserve Bank of St. Louis, Shiller, 메리츠증권 리서치센터

기초

투자전략

역사가 알려주는 주식시장의 미래

투자전략
Strategist 이진우

Prologue 우리는 합리적인가?

Part I 주식시장 해석법

Part II 과거 : 갈등과 훈련의 역사, 배경은 무엇인가?

Part III 현재 : 무엇이 변하고 있나 (feat. CoVID19)

1강 주식투자   **2강 투자전략**   3강 거시경제   4강 퀀트   5강 채권

1

Prologue

우리는 합리적인가?

투자의 '행동경제학' 1) 경험의 오류

우리는 합리적인가?

- 노벨 경제학상 수상자 대니얼 카너먼(Daniel Kahneman)이 알려주는 이야기, 그리고 '실패 본능'

- 첫 번째는 경험(기억)의 오류. '절정과 종결법칙(Peak-End Effect)'
  "우리의 의사결정에 영향을 미치는 것은 기억이며, 특히 절정의 순간과 마지막 기억이 중요하다."

- 비수면 대장내시경 실험: A 실험군 – 고통이 심한 8분경 중지 / B 실험군 고통이 사라지는 24분경 종료

- 다시 비수면 내시경을 받을 것인가를 물었을 때 B 실험군에서 긍정적. 마지막 기억이 고통을 적게 느낀 결과

경험과 기억: 비수면 대장내시경 사례. 누가 더 고통스럽게 느꼈을까?

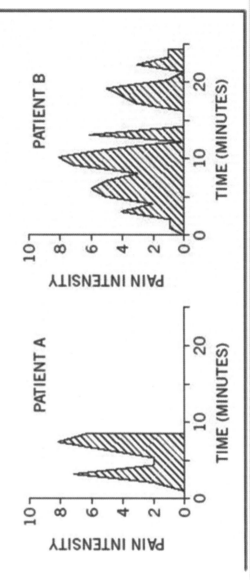

자료: Patients' assessments of pain experienced during colonoscopies (Adapted from Kahneman's Thinking, Fast and Slow, p. 379),
메리츠증권 리서치센터

투자의 '행동경제학' 2) 기대효용의 오류

우리는 합리적인가?

- 두 번째는 기대효용(비용)의 오류. 보능적으로 손실에 더 민감한 구조

- 더 큰 수익을 벌 수 있음에도 수익을 짧게 확정하고, 반대로 손해를 최소화시킬 수 있음에도 손실을 확대하는 경향이 있음. 투자 금액이 클수록 이러한 오류는 더 강해짐

- 수익과 손실을 보는 용선에서 금액이 커질 경우, 일반적으로 **수익용선**에서 위험 선호가 아닌 **위험 회피**를, **손실용선**에서는 위험 회피가 아닌 **위험 선호**를 추구하는 경향

효용과 수익 곡선의 오류: 손실의 민감도가 수익의 민감도보다 크다

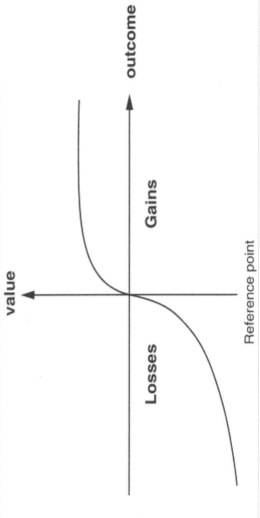

자료: Kahneman(Thinking, Fast and Slow), 메리츠증권 리서치센터

Part 1

주식시장 해석법

Structural vs. Momentum

경제(經濟) vs. 경기(經氣)

Ex. 현대중공업(2001~2013)

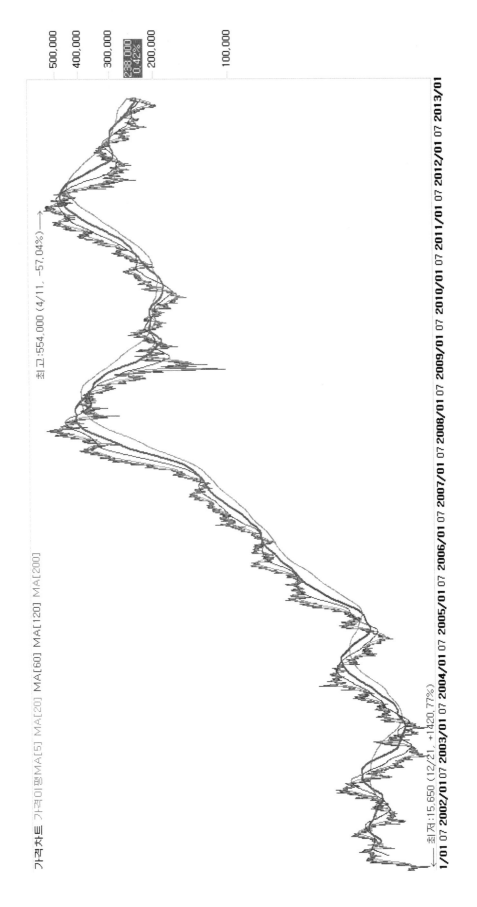

가격차트 가격이평MA[5] MA[20] MA[60] MA[120] MA[200]

최고:554,000 (4/11, -57.04%) →

238,000
0.42%

최저:15,650 (12/21, +1420.77%)

1/01 07 **2002/01** 07 **2003/01** 07 **2004/01** 07 **2005/01** 07 **2006/01** 07 **2007/01** 07 **2008/01** 07 **2009/01** 07 **2010/01** 07 **2011/01** 07 **2012/01** 07 **2013/01**

Level & Growth

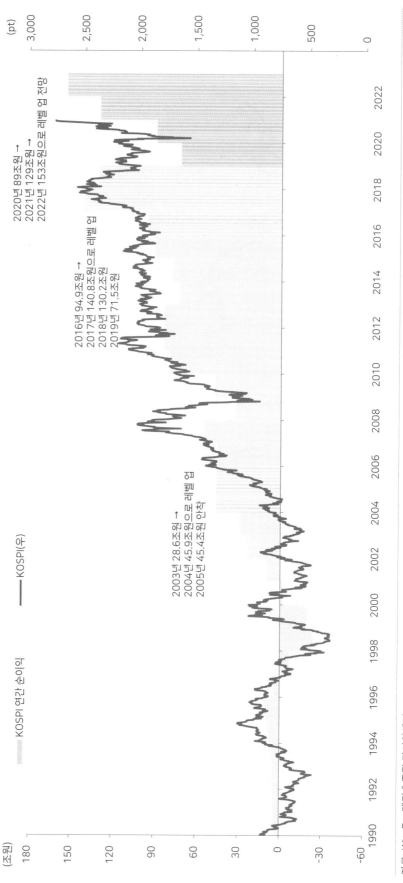

KOSPI 연간 순이익   KOSPI(우)

2003년 28.6조원 →
2004년 45.9조원으로 레벨 업
2005년 45.4조원 안착

2016년 94.9조원 →
2017년 140.8조원으로 레벨 업
2018년 130.2조원
2019년 71.5조원

2020년 89조원 →
2021년 129조원 →
2022년 153조원으로 레벨 업 전망

(조원)
180
150
120
90
60
30
0
-30
-60

(pt)
3,000
2,500
2,000
1,500
1,000
500
0

1990 1992 1994 1996 1998 2000 2002 2004 2006 2008 2010 2012 2014 2016 2018 2020 2022

자료 : WiseFn, 메리츠증권 리서치센터

주도주의 이해

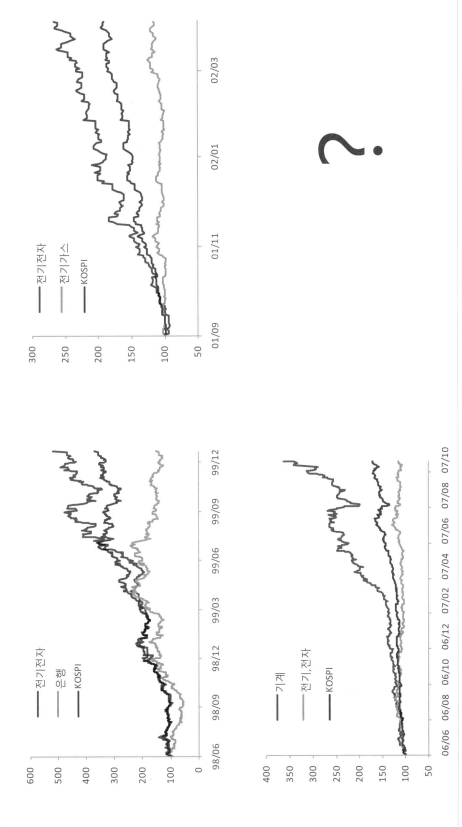

자료: KRX, 메리츠증권 리서치센터

심리: Moving Average 를 통한 시장(종목) 해석법

■ 이동평균선, 누구나 알고 있지만 이동평균선마다 담겨진 의미를 제대로 아는 사람은 많지 않다

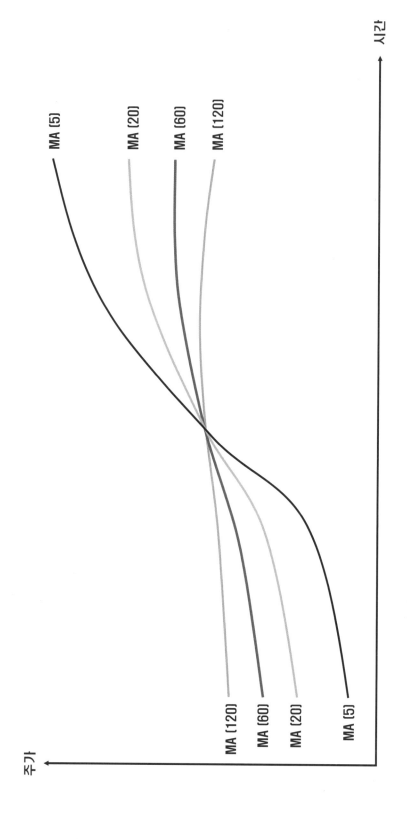

Ex. KOSPI & SEC

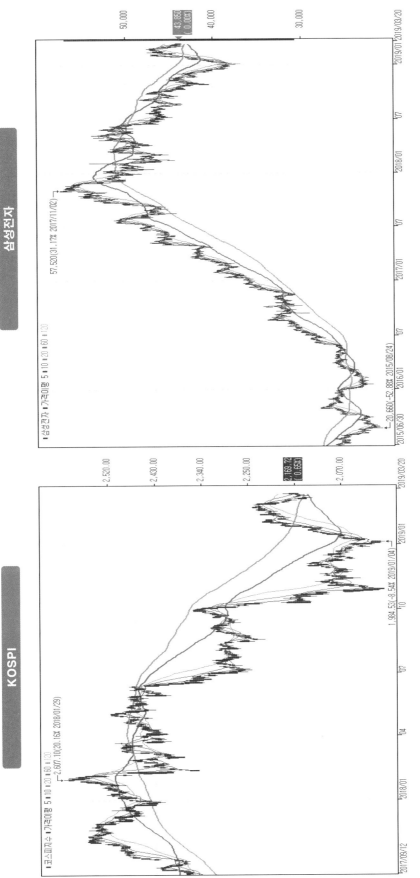

KOSPI

삼성전자

수급: 투자자별 구분의 이해

- 투자자별 구분은 계좌 설정 시 위탁자의 실질명의를 확인하고, 실지 명의를 기준으로 투자자를 분류하고 있음
- 가령, 주민등록표상의 명의, 사업자등록증상의 명의 등 (금융실명법 제2조 제4호)
- 외국인 역시 이 분류기준대로 구성되며, 단, 거래소에서는 국적이 외국인인 경우 분류와 무관하게 외국인으로 수급 분류
- 등록 외국인이란, 외국국적 보유자로서 국내에 6개월 이상 주소/거소를 두고 있지 아니한 개인 및 외국법인을 말함
- 기타 외국인이란, 내국민대우 외국인으로 외국환거래법에 따라 6개월 이상 국내에 거주하는 외국인

분류명	분류기준
금융투자업자	- 금융투자업자(증권, 선물회사 뿐 아니라, 임원회사, 신탁회사, 자문사, 운용사 등이 고유계좌 포함
보험	- [보험법]에 의해 설립된 보험회사 등 * 변액연금보험, 변액유니버셜보험, 퇴직연금 보험 등
집합투자기구	- 사모펀드를 제외한 공모펀드 등의 집합투자기구
사모 집합투자기구	- 사모펀드 * 헤지펀드(적격투자자 대상 사모집합투자기구) 포함
은행	- [은행법]에 의해 설립된 은행 * 농협중앙회, 수협중앙회, 특수은행(산업은행, 중소기업은행, 수출입은행 등), 외국은행 국내지점 포함 - 은행 명의의 특정금전신탁
기타 금융기관	- 종합금융회사 및 상호저축은행 - 전문투자자 중 은행, 보험, 금융투자업자 외의 금융기관* * 종합금융회사, 자금중개회사, 금융지주회사, 여신전문금융회사, 신림조합중앙회, 새마을금고연합회, 신협협동조합중앙회
연금, 기금 및 공제회	- 법률에 따라 설립된 기금 및 그 기금을 관리 운영하는 법인 - 법률에 따라 공제사업을 경영하는 법인
국가, 지자체 국제기구 및 공익기관	- 국가, 지방자치단체 및 국제기구 - 전문투자자 중 공익성격의 비금융기관* * 예금보험공사, 정리금융기관, 한국자산관리공사, 한국주택금융공사, 한국투자공사, 한국금융투자협회, 한국거래소, 금융감독원
기타법인	- 기관투자자(국가, 지자체 포함)을 제외한 법인 * 지역단위 농협 및 수협 포함
개인	- 법인이 아닌 개인 명의

자료: KRX, 메리츠증권

실적: 나만의 Mind Map을 그리자

* GDP = C + I + G + (X−M)

* 기업실적 (Earnings) = Q(판매량, 매출) X P(마진, P − C)

  fx (경기, Capex)　　fx (Macro변수(환율, 유가), ROE)

** 주가(Price) = fx(기업실적, 밸류에이션(Multiples))

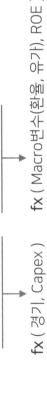

(외생변수) 경기호황/불황 + 매크로 변수
(내생변수) Capex 증가/ 정체 + 구조적 ROE 변화

(High Growth 국면: 경기)
Relative to Market
(시장 내 동조화, 시장 대비 Premium/ Discount)

(Low Growth 국면: 경기)
Relative to Sector/Company Growth
(밸류에이션 차별화)

Cash Flow & Dividend

$$\frac{P}{E} = \frac{\dfrac{D1}{r-g}}{E} = \frac{\dfrac{D1}{E}}{r-g} = \frac{Payout\ ratio(배당성향)}{r-g}$$

$$Target\ PEG = \frac{P/E}{장기\ EPS\ 성장률(\fallingdotseq g)}$$

g(성장률)이 미미하다면, 배당성향 구조적 개선 시, 주가 멀티플 상향요인

ROE & COE

$$Target\ P/B = \frac{Sustainable\ ROE}{COE(Cost\ of\ Equity)}$$

동일한 COE 환경이라면, ROE가 상대적으로 높은 기업군
밸류에이션 프리미엄 가능, 단, COE가 구조적으로
낮은 국면이라면(저금리,저물가) 차별화는 더욱 심화

응용 1) 현금흐름을 통한 기업상태 Check

A

기업개요 | 기업현황 | 재무분석 | 투자지표

재무상태표

항목	2018/12	2019/12	(억원/%) 전년대비
자산총계	3,393,572.4	3,525,645.0	3.9%
유형자산	1,154,167.2	1,198,254.7	3.8%
무형자산	148,916.0	207,035.0	39.0%
현금및현금성자산	303,405.0	268,860.0	-11.4%
자본총계	2,477,531.8	2,628,804.2	6.1%
부채총계	916,040.7	896,840.8	-2.1%

현금흐름표

항목	2018/12	2019/12	(억원/%) 전년대비
현금총름	708,268.9	513,365.0	-27.5%
영업활동현금흐름	670,318.6	453,829.2	-32.3%
투자활동현금흐름	-522,404.53	-399,481.71	23.5%
재무활동현금흐름	-150,902.22	-94,845.10	37.1%

B

기업개요 | 기업현황 | 재무분석 | 투자지표

재무상태표

항목	2018/12	2019/12	(억원/%) 전년대비
자산총계	2,842.4	3,714.4	30.7%
유형자산	448.5	982.7	119.1%
무형자산	711.8	20.5	-97.1%
현금및현금성자산	364.1	475.7	30.7%
자본총계	1,380.0	1,990.7	44.3%
부채총계	1,462.4	1,723.7	17.9%

현금흐름표

항목	2018/12	2019/12	(억원/%) 전년대비
현금총름	-296.23	-1,035.56	-249.6%
영업활동현금흐름	-134.56	-410.68	-205.2%
투자활동현금흐름	-768.82	-1,378.22	-79.3%
재무활동현금흐름	1,129.0	1,863.9	65.1%

C

기업개요 | 기업현황 | 재무분석 | 투자지표

재무상태표

항목	2018/12	2019/12	(억원/%) 전년대비
자산총계	193,497.2	198,521.0	2.6%
유형자산	46,083.3	54,268.4	17.8%
무형자산	8,662.7	8,313.7	-4.0%
현금및현금성자산	15,165.9	11,563.0	-23.8%
자본총계	122,252.2	126,603.4	3.6%
부채총계	71,245.0	71,917.5	0.9%

현금흐름표

항목	2018/12	2019/12	(억원/%) 전년대비
현금총름	13,272.9	12,583.6	-5.2%
영업활동현금흐름	2,606.1	9,230.7	254.2%
투자활동현금흐름	-17,047.29	-15,350.60	9.9%
재무활동현금흐름	17,561.3	2,389.3	-86.4%

응용 2) 컨센서스 활용법

Active Quant

Meritz Research 2016.7.25

이진우의
'α' 사용설명서

Part I 애널리스트를 분석하라, 시즌2
Part II Liquidity Indicator (유동성의 파급 맞추기)
Part III Technical Indicator (시장의 심리를 읽어라)

Part II

과거: 갈등과 혼란의 역사, 배경은 무엇인가?

왜 혼란스러운가? 1) 초저금리 & 유동성 Big Bang

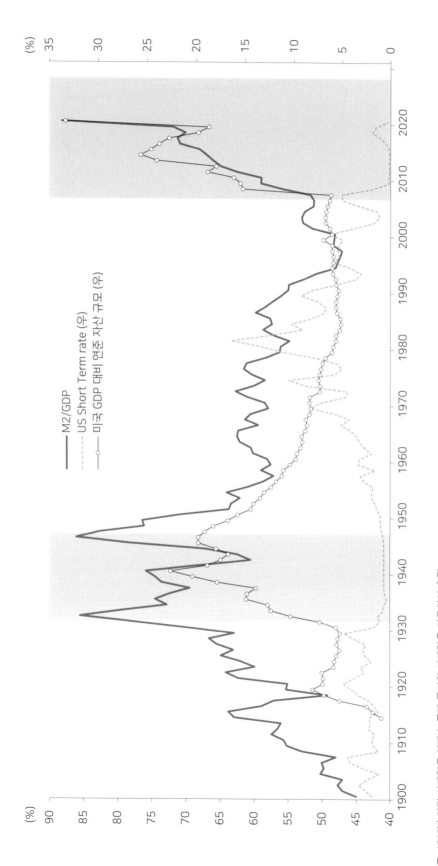

M2/GDP
US Short Term rate (우)
미국 GDP 대비 연준 자산 규모 (우)

주 : 1958년 이전 시계열은 아래 논문에 근거한 시계열을 이용하여 추정
자료 : William G. Dewald, "Historical U.S. Money Growh, Inflation, and Inflation Credibility" (Nov 1998), Federal Reserve, Measuringworth.com, 메리츠증권 리서치센터

왜 혼란스러운가? 2) 불평등 & 포퓰리즘

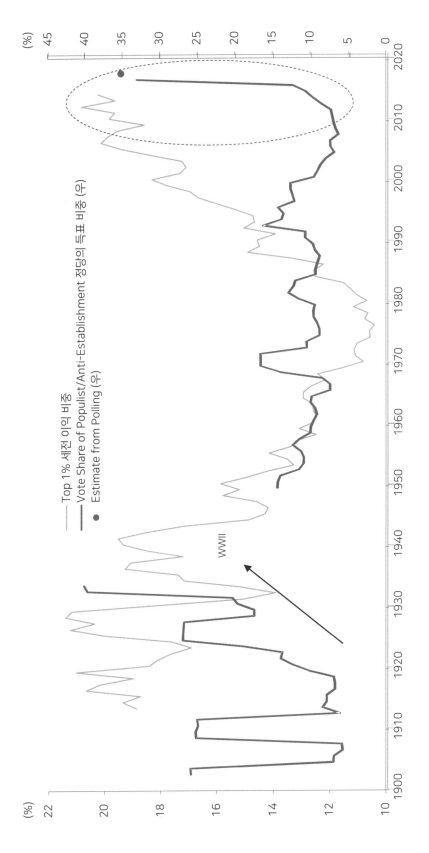

- Top 1% 세전 이익 비중
- Vote Share of Populist/Anti-Establishment 정당의 득표 비중 (우)
- Estimate from Polling (우)

WWII

주: 미국 가계자산 기준, 세전 소득 상위 1%가 전체 가계자산에서 차지하는 비중(2014)
자료: WID, Populism: The Phenomenon(Ray Dalio, 2017), 메리츠증권 리서치센터

생산성 혁명의 Paradox

과거 : 갈등과 혼란의 역사

- 구조적인 측면에서의 문제는 생산성 개선 속도를 소득이 따라가고 있지 못한다는 불편한 진실

- '생산성 혁명'이 소비자의 Welfare, 기업의 수익성을 향상 시켜왔지만, 정작 근로자의 소득은 상대적으로 정체

- 1948년~1973년 미국의 생산성과 시간당 임금은 비례해 왔지만, 1973년 이후 괴리 확대

- 1973년~2013년 생산성은 74.4% 증가한 반면, 시간당 임금은 9.2% 증가에 그친 것이 대표적

- E – Commerce 등 플랫폼 기업의 탄생 및 성장은 이러한 괴리를 더욱 심화시켰을 가능성

생산성 혁명의 Paradox : 미국은 1973년 이후 생산성과 시간당 임금과의 괴리가 시작

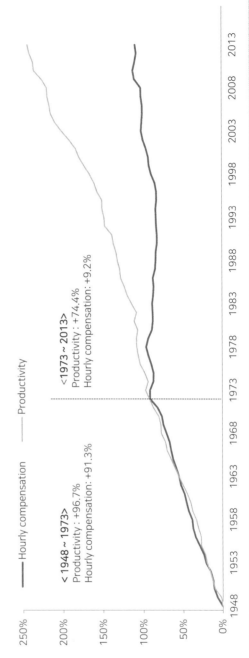

주 : Data are for compensation (wages and benefits) of production/nonsupervisory workers in the private sector and net productivity of the total
economy. "Net productivity" is the growth of output of goods and services less depreciation per hour worked
자료 : EPI analysis of Bureau of Labor Statistics and Bureau of Economic Analysis data, 메리츠증권 리서치센터

Old vs. New Cycle의 충돌: 지금은 기술혁명 Cycle의 전반전

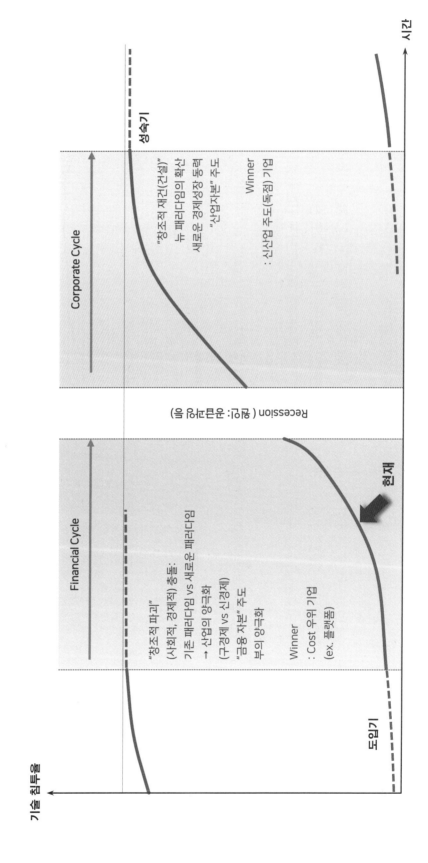

기술 침투율

Financial Cycle

"창조적 파괴"
(사회적, 경제적) 충돌:
기존 패러다임 vs 새로운 패러다임
→ 산업의 양극화
(구경제 vs 신경제)
"금융 자본" 주도
부의 양극화

Winner
: Cost 우위 기업
(ex. 플랫폼)

도입기

현재

Recession (원인: 부채급증 등)

Corporate Cycle

"창조적 재건(건설)"
뉴 패러다임의 확산
새로운 경제성장 동력
"산업자본" 주도

Winner
: 신산업 주도(독점) 기업

성숙기

시간

자료: Carlota Perez(2016), 메리츠증권 리서치센터

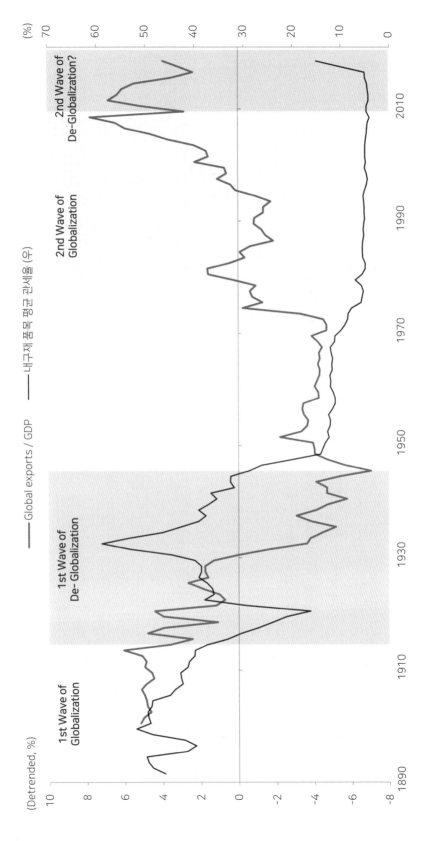

왜 혼란스러운가? 3) De-Globalization(탈세계화) & 관세(기술)전쟁

주: 미국 수입 내구재 품목 기준(2019년 말 추가관세 예정 포함), 전세계 GDP 대비 수출은 추세제거
자료: Our World In Data, World Bank, IMF, 메리츠증권 리서치센터

30년간 부의 이동은 '선진국 중산층'에서 '신흥국 중산층'으로

과거 : 갈등과 혼란의 역사

- 1990년 이후 주요 지역 및 국가별 소득분배율의 변화를 보면, 하위 분위에 있었던 신흥국의 소득 증가세가 무뎟. 2016년 기준 신흥국은 비롯한 신흥국은 하위소득 분위에서 전세계 중산층 분위로 이동

- 반대로 미국을 중심으로 한 선진국은 중산층의 소득 증가가 상대적으로 미미

- 소득 상위 1%를 제외한다면 선진국은 신흥국보다 중산층의 소득이 상대적 소외가 더 컸음을 시사

- '공정한 경쟁'이 아닌 '불공정한 경쟁'에 대한 문제의식이 높아지고 있는 이유임. 세계화를 표방하는 OECD의 2017년 Agenda 중 하나도 'Inequality'였음

Global income groups in 1990 : 전세계 소득 하위층이었던 신흥국

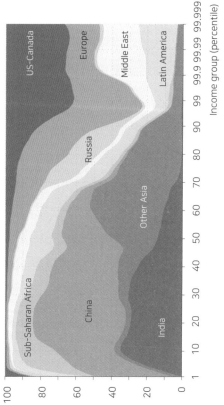

자료: WID.world (2017), 메리츠종권 리서치센터

Global income groups in 2016: 중국은 전세계 소득 중위권으로 도약…

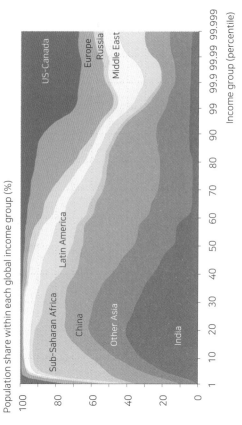

자료: WID.world (2017), 메리츠종권 리서치센터

분쟁의 역설, 의도하지 않았던 의도하지 않았던 '수혜'는 존재

과거 : 갈등과 훈련의 역사

- **1960년대 치킨 전쟁**: 미국이 보복관세의 일환으로 유럽의 수입 소형트럭에 대해 25%의 관세를 부과하면서 반사이익으로 성장한 것이 '일본산 소형트럭'

- **1980~1990년대 미·일 간 무역전쟁**: 일본 반도체 산업에 대한 미국의 규제는 1985년 전후로 우리나라와 대만의 반도체 산업이 빠르게 성장하게 된 계기

- **최근(미중 무역분쟁)**: 글로벌 서플라이 체인 변화 혹은 가장 분쟁이 격화될 수 있는 '첨단분야'에서 나타날 가능성 등

DRAM 시장 점유율: 미·일 분쟁은 한국에게 기회

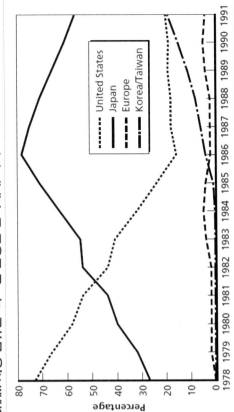

자료: Tyson(1992), RAND TR136-3.1, 메리츠증권 리서치센터

Toyota 자동차 생산: 1960년대 미국, 유럽 간의 치킨 전쟁이 기회

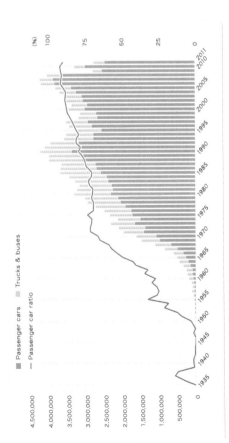

자료: Toyota, 메리츠증권 리서치센터

대외적으로는 국가 간 마찰을 야기. 미일 반도체 분쟁(1985~1994)의 역사

과거 : 갈등과 혼란의 역사

- 1980년대 들어 대일무역적자 500억 달러 상회하며 일본산 제품에 대한 보호무역 본격화

- 반도체, 컴퓨터, TV, 우주항공 등 첨단 기술 분야에 대한 강력한 보호무역을 실시(**'하이테크 마찰'**)

- 1986년 체결된 것이 '미국 – 일본 반도체 협정(1986 U.S – Japan Semiconductor Trade Agreement)'

- 내용은 '향후 5년 내 일본 시장에서 외국산 반도체 상품 점유율 20%'를 기록한다'라는 성과를 강요하는 것이 핵심. 공식적인 문구 삽입은 1991년 반도체 협정 개정으로 완성됐고 1994년에 첨단 산업 분쟁 종료

반도체 관련 미일 무역분쟁 Timeline

구분	반도체 관련
1985년	▪ SIA가 일본 반도체를 통상법 30조 제소
1986년	▪ 제1차 미일 반도체 협정 성립
1987년	▪ 반도체 협정 위반을 이유로 미국이 일본에 3억 달러의 보복 관세 결정 ▪ 미국, 정부와 민간 합동으로 'SEMATECH' 설립
1991년	▪ 제2차 미일 반도체 협정 개정, 반덤핑 조항 철폐 및 일본 내 외국 반도체 점유율 목표 20% 공식화
1992년	▪ 일본 반도체 시장 내 외국 반도체 점유율 20% 돌파
1994년	▪ 제2차 미일 반도체 협정 종료

자료: SHMJ, 메리츠증권 리서치센터

DRAM 시장 점유율. 분쟁의 종료는 미국의 요구사항인 20% 달성 시점

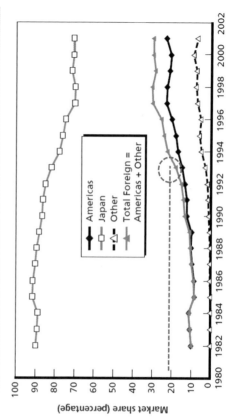

자료: SSIA(2002a; 2002b), RAND TR136–3.6, 메리츠증권 리서치센터

최종 승자는 '기술혁신'을 주도하는 국가. 일본의 실패가 주는 교훈

과거 : 갈등과 훈련의 역사

- 역사적으로 국가 간 분쟁의 승자, 패자는 '기술패권'의 주도 여부에 결정되어 왔음

- 일본 반도체업체들의 DRAM 점유율은 1980년대 말까지 70~80%에 이르렀으나, 1990년대 말에는 20%대로 하락했고, 여타 산업도 동반 몰락. 배경은 첨단산업의 기술 주도권을 확보하지 못했기 때문

일본 전자제품의 세계시장 점유율, 1990년 이후 급락, 이유는?

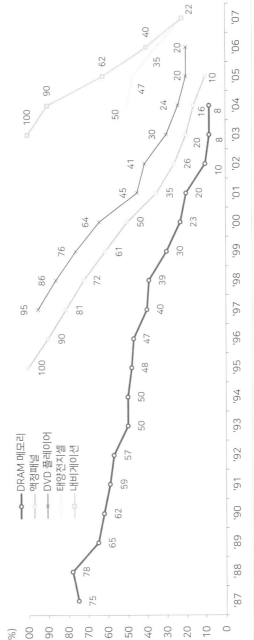

자료: 小川紘一(2008); 経済産業省(2010b), 메리츠증권 리서치센터

왜 혼란스러운가? 4) 질병의 확산(전염병)

(Number of countries)

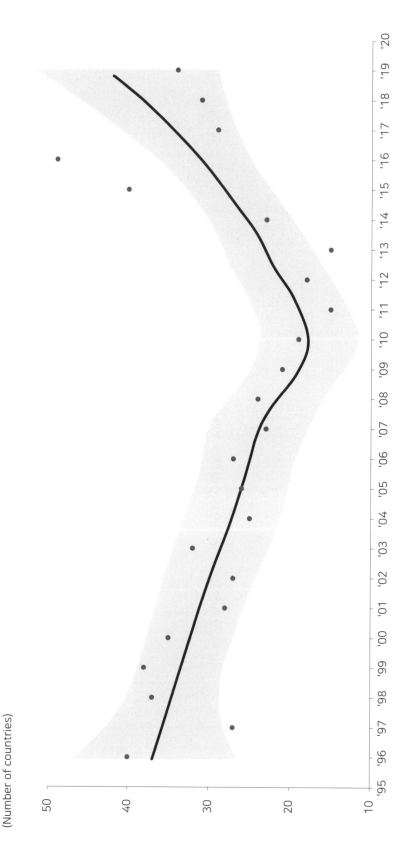

자료: World Economic Forum, HGHI, WHO, 메리츠증권 리서치센터

질병의 확산 그 후: 모든 것이 바뀌어 왔다

과거 : 갈등과 혼란의 역사

- 역대 팬데믹의 역사를 보면 팬데믹 이후 중심 축의 이동이 시작. '기술 중심'의 사회로 가속화
- 팬데믹 이후 가치관에 대한 인식이 바뀌고, 산업이 변하고, 정부가 강해지는 것은 공통적 현상
- 흑사병(Black Death) 이 사례는 가장 극적인 경우. 인구 수 급감으로 임금이 급등하고, 과잉 소비를 양산
- 한편 기업가 입장에서는 높은 임금과 낮은 에너지 가격은 새로운 변화의 동인으로 작용. 기술발전임

흑사병 이후 인구 수 감소는 임금상승으로 연결

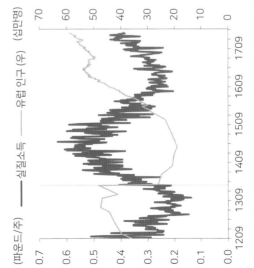

자료 : St. Louis.Fed, 메리츠증권 리서치센터

팬데믹 이후 실질 금리 마이너스(-) 확산

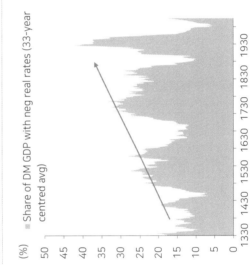

자료 : Bank of England, 메리츠증권 리서치센터

기술의 발전은 에너지보다 산업수요 빵쪽으로

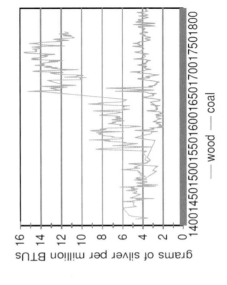

자료 : The British Industrial Revolution in Global Perspective(2006), 메리츠증권 리서치센터

팬데믹이 주었던 교훈

과거 : 갈등과 혼란의 역사

- 역사학자 Peter Turchin(2007)는 질병의 확산과 사회(산업)의 변화는 무관치 않다고 판단

- 1400년 이후 1차 Pandemic Wave는 르네상스와 종교개혁으로, 2차 Wave는 산업혁명으로 연결. 현재가 3차 Wave라면 또 다른 사회의 변화를 야기하고 있다는 점을 의미

- 장기 침체 가능성보다 COVID19 이후 4차 산업혁명 기술진보가 더 빨라질 가능성에 대비해야

1400년 이후 팬데믹 Wave와 산업/사회의 변화: 질병의 확산과 사회의 변화는 동행. 지금이 3차 Wave라면 이미 변곡점에 진입하고 있음을 시사

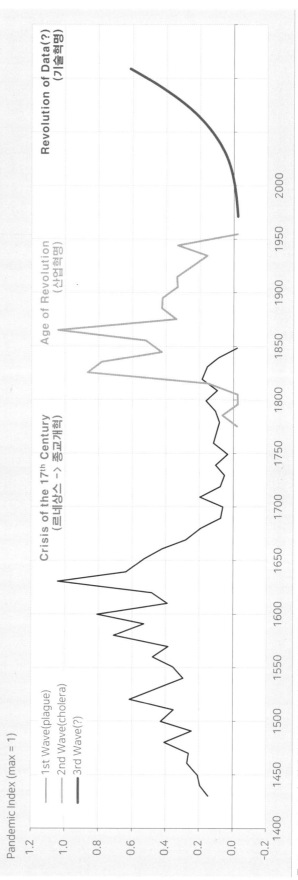

주 : Pandemic Index는 역대 질병 발생 빈도(건수)를 계량화한 수치
자료 : Peter Turchin(Modeling periodic waves of integration in the Afro – Eurasian World – System, 2007), 메리츠증권 리서치센터

어떻게 평가할 것인가? (1) 제조업과 금융시장 간의 괴리

과거 : 갈등과 혼란의 역사

- 전통적으로 설명되어 왔던 제조업 지표와 금융시장 간의 연관성은 약화

- 제조업의 영향력 약화가 배경. 미국 S&P500 기업의 자산 내 무형자산이 차지하는 비중은 70%에 육박

- Capex를 통한 유형자산 확대가 아닌 무형자산을 기반으로 성장하는 기업이 많아지고 있는 점이 원인

ISM제조업 지수 하락 속 미국 주식시장의 강한 반등, 어떻게 설명할 것인가

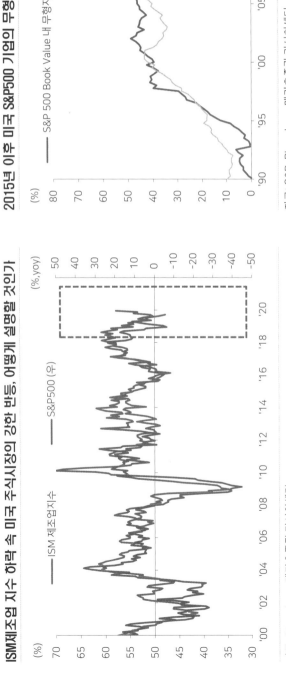

자료 : Bloomberg, 메리츠증권 리서치센터

2015년 이후 미국 S&P500 기업의 무형자산 규모 급증. 장부가치의 70%

자료 : S&P, Bloomberg, 메리츠증권 리서치센터

(2) 성장 방정식의 전환

과거: 갈등과 훈련의 역사

- 플랫폼 경제로 대변되는 현재의 주도 산업은 Capex보다는 M&A를 통한 성장에 주력
- 소프트웨어 산업의 경우 제조업과는 달리 외형(매출)확대가 생산단가의 증가를 수반하지 않는 구조
- 이들 기업에게는 공장보다 특허, 네트워크, 인력이 핵심 자원

성장 방정식의 전환: 규모의 경제 vs. 플랫폼 경제

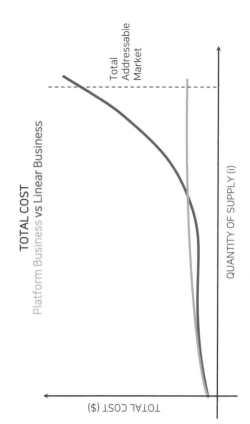

TOTAL COST
Platform Business vs Linear Business

자료: APPLICO, 메리츠증권 리서치센터

새로운 설비투자를 하기보다는 M&A를 통한 성장을 모색

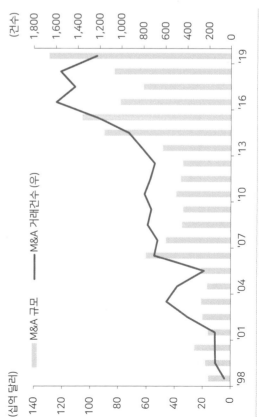

자료: Bloomberg, 메리츠증권 리서치센터

비전통적 해석법: 1) 구텐베르크에서 유튜브까지

과거 : 갈등과 혼란의 역사

■ 비전통적인 해석도 필요로한 시점. 기술의 발전이 예상치 못한 큰 변화를 야기하는 경우가 있기 때문

■ 과거 인쇄술의 발달은 종교개혁으로 이어지는 계기로 작용. 성격을 읽고 해석하는 것은 과거 교회의 독점적 권한이었지만 인쇄술이 발달로 라틴어가 아닌 일반 언어로 쓰이고 보급

■ 개인용 PC의 보급도 마찬가지. 인터넷 매개체를 통해 전세계 네트워크 시대가 도래

■ Social Media의 확산(ex. 유튜브)은 기존 미디어의 역할을 대체 중. 예상 밖의 부작용도 존재. 컨텐츠의 편향성이 사회적 갈등을 야기(ex. Fake News)

개인용 PC의 보급(대중화)이 야기한 변화 (1975~2005)

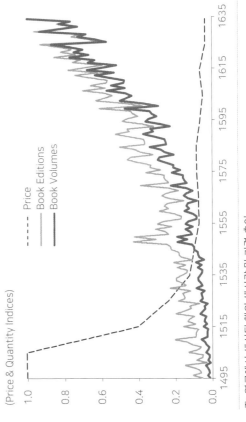

(Quantity & Price Indices)

Price ----   Quantity ——

자료: Jeremiah Dittmar(The Welfare Impact of a New Good: The Printed Book, 2011),
메리츠증권 리서치센터

인쇄술의 발달로 가져온 변화 (1495~1639)

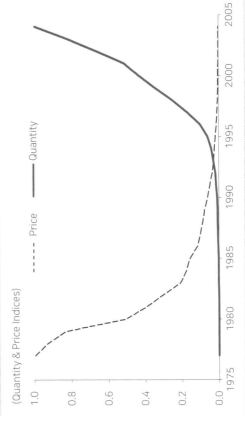

(Price & Quantity Indices)

Price ----   Book Editions ——   Book Volumes ——

주 : 영국에서 생산된 책의 생산량 및 가격 추이
자료 : Jeremiah Dittmar(The Welfare Impact of a New Good: The Printed Book, 2011),
메리츠증권 리서치센터

비전통적 해석법: 2) 컨테이너 경제에서 Data 경제로

과거 : 갈등과 훌란의 역사

- 경제적 측면에서는 '컨테이너화(Containerization)'가 물류 시장의 혁신을 가져온 사례
- 당시 물류체계의 표준화 부재로 해상운송은 노동집약적 산업이었으나 베트남 전쟁을 계기로 컨테이너화가 진행. 도입 5년 만에 생산성은 17배, 비용(보험)은 1/6로 절감
- Data의 진화도 마찬가지일 것. 5G와 같은 새로운 기술표준은 생산성 향상을 앞당기는 요인

Data 경제의 성장: 모바일 Data 사용 2년 뒤 2배

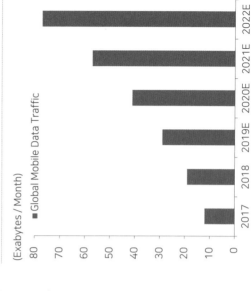

자료: CISCO, 메리츠종권 리서치센터

컨테이너 도입 영향 [UK/ Europe]

	Pre-container: 1965	Container: 1970/71
Productivity of dock labor	1.7 (tons per hour)	30 (tons per hour)
Average ship size	8.4 (average GRT)	19.7 (average GRT)
Port concentration (number of European loading ports, southbound Australia)	11 ports	3 ports
Insurance costs	£0.24 per ton	£0.04 per ton

자료: Daniel M. Bernhofen (Estimating the effects of the container revolution on world trade), 메리츠종권 리서치센터

전세계 교역량 컨테이너 도입 이후 급증

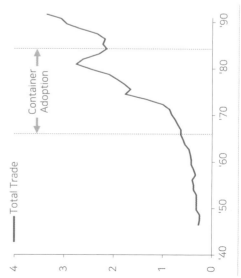

주: Total trade 규모는 표준화
자료: Daniel M. Bernhofen (Estimating the effects of the container revolution on world trade), 메리츠종권 리서치센터

비전통적 해석법: 3) 광장 정치에서 SNS 정치로

과거 : 갈등과 혼란의 역사

- 기술의 발전은 정치 분야에도 변화를 야기

- Social Media가 정치적 구심화의 매개체로 활용. William J Brady(2017)는 Social Media 내에서 '도덕적 혹은 이념적 감염(Moral Contagion)'이 존재한다고 분석. 예컨대 진보적 성향을 가진 사용자와 보수적 성향의 사용자 간 정보가 서로 공유되기보다는 '그룹'만의 정보 공유로 나뉘게 되었고, 이들 간의 간극은 더욱 확대되는 것이 대표적

- 이러한 영향력은 정치 판도의 새로운 척도로 작용하기도 함. 2016년 미국 대선 당시 트럼프의 깜짝 당선이 이슈였지만 트위터 팔로워 수를 보면 선거 이전부터 힐러리와 격차를 벌리기 시작

트위터 팔로워 수 변화는 2016년 대선 결과를 예상?

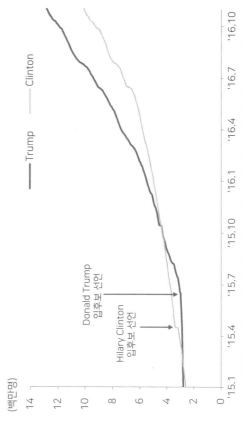

(백만명)

자료: Trackalytics, 메리츠증권 리서치센터

이념적 감염 현상: 정치적 성향이 유사한 집단끼리 정보 공유 활발

진보   보수

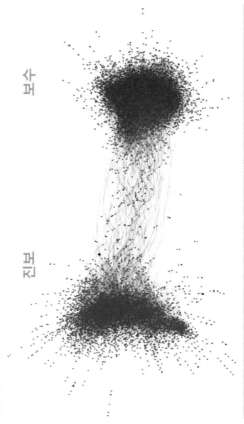

주: '정치적 주제'가 포함된 메시지 발송 및 리트윗 활동을 나타낸 그래프. 평균 이데올로기적 성향에 따라 두 개의 그룹으로 구분. 파랑(보수적)과 빨강(진보적)으로 표시
자료: William J Brady(2017), 메리츠증권 리서치센터

가치(Value)의 기준이 모호한 시대, 버블 논란은 당연

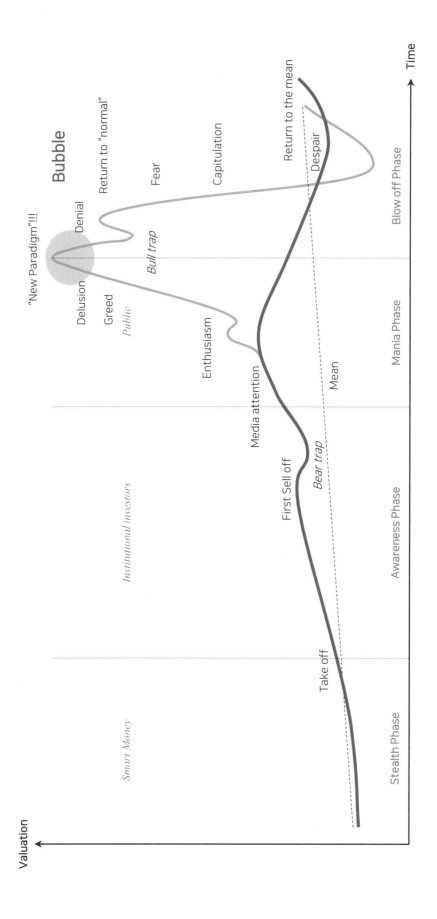

Valuation

Bubble

"New Paradigm"!!!

Delusion
Denial

Greed
Return to "normal"

Public

Fear

Bull trap

Capitulation

Enthusiasm

Return to the mean

Media attention

Despair

Mean

First Sell off

Bear trap

Institutional investors

Take off

Smart Money

Stealth Phase　　Awareness Phase　　Mania Phase　　Blow off Phase

Time

IT 버블 & 붕괴의 기억

약세장의 조건은 무엇인가 : 1) 경기침체(Recession) & 공급과잉

과거 : 갈등과 훈련의 역사

- 약세장의 조건은 무엇인가? 경기침체를 수반하는 약세장은 공급과잉(경기과열)이 선행

- 현재 미국은 급격한 경기하강보다는 순환적 경기둔화에 가까워

- 제조업 가동률 둔화 속 재고 증가 조짐이 뚜렷하지만 과거와 같은 공급과잉에 따른 부작용은 크게 낮아진 상태이기 때문. 공급과잉 속 재고조정 본격화는 경기침체를 유발하는 경우가 대부분

- 전세계 GDP 대비 Capex 규모도 1970년 이후 최저치('19.3월 기준 5.7%), 미국도 2010년 이후 평균 수준에서 정체(5.9%)

미국 경기둔화 징후는 무엇, 가동률 하락 속 재고 증가

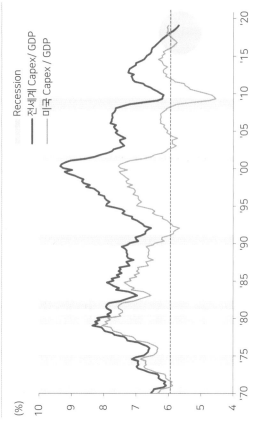

(%)

- Recession
- Capacity Utilization (가동률)
- Inventories to Sales (우)

자료 : Federal Reserve, NBER, 메리츠증권 리서치센터

하지만 예전과 같은 공급과잉 속 재고 조정/경기침체의 조건 가능성 낮아

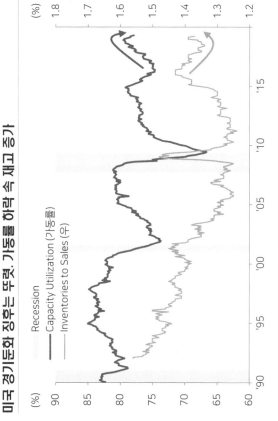

(%)

- Recession
- 전세계 Capex/ GDP
- 미국 Capex / GDP

자료 : NBER, CEIC, 메리츠증권 리서치센터

2) 정책 실패 & 규제 리스크

과거 : 갈등과 훈련의 역사

- 주도주 측면에서 리스크라는 '규제' 임. 특히 끊임없는 영토확장(M&A)을 해오고 있는 플랫폼 기업에 대한 '반독점' 이슈는 민감할 수밖에 없는 사안

- 하지만 반독점의 역사를 보면, 경제논리보다는 사회(정치)논리로 보는 것이 현실적. '마이크로소프트의 반독점 판결'도 속사정을 들여다보면 정치논리와 무관치 않았기 때문. 분할 판결 결정(2000년) 이후 다시 번복(2001년)된 배경에는 행정부의 정치 판단도 작용했음

- 1970년 이후 미국의 반독점 규제 사례를 보면, 공화당, 민주당의 색채 유무를 떠나 해당 행정부의 성격이 녹아있음. 현재는?

마이크로소프트에 대한 반독점 판결과 정치적 이벤트

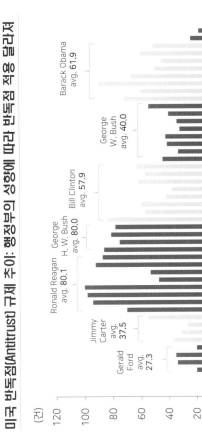

자료 : Bloomberg, 메리츠증권 리서치센터

미국 반독점(Antitrust) 규제 추이: 행정부의 성향에 따라 반독점 적용 달라져

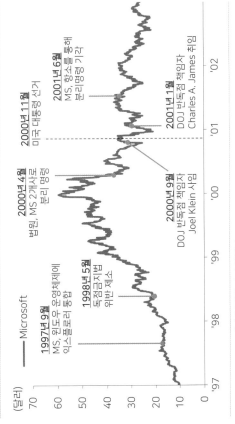

주 : 짙은 파랑은 공화당, 회색은 민주당
자료 : DOJ, 메리츠증권 리서치센터

버블은 어떻게 붕괴되나? Boom & Burst의 기억, 2000년 3월 셋째 주

과거 : 감동과 혼란의 역사

- 버블 여부를 어떻게 판단할 수 있을까? IT버블 붕괴의 시작이었던 2000년 3월 '셋째 주'에서 힌트를 얻어볼 필요

- 인터넷 산업의 황금기 속 펼쳐진 IT버블은 1995년 이전부터 시작해 2000년 3월초까지 이어진 장기 강세장이었지만 추세 전환은 일주일이면 충분했음

- 약세장의 '트리거(trigger)'가 점중된 탓. 대표적인 사건은 Barron's 지의 'Burning up'이라는 컬럼

2000년 3월 셋째 주 Barron's 지 Cover: Burning up

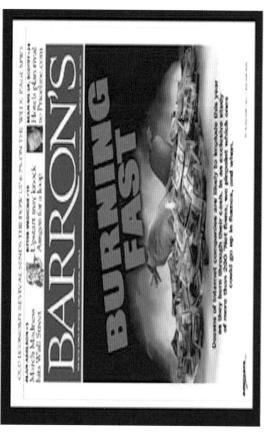

자료 : Barron's, 메리츠증권 리서치센터

Microsoft vs. United States : MS 반독점 논란

자료 : quora.com, 메리츠증권 리서치센터

시장의 쏠림 속 '규제 리스크 + 기업실적 하향 확인 + 긴축'

과거 : 갈등과 훈련의 역사

- 2000년 3월 셋째 주 이전의 풍경은 1) 역사상 가장 최악의 M&A라 할 수 있는 AOL과 Time Warner의 합병으로 시장의 비이성적 흐름이 가속화(합병 당일 주가 40% 급등, 2000년 1월 10일)

- 2) 1999년말 반독점에 대한 판결을 받은 마이크로소프트에 대한 논란이 한창

- 여기에 트리거로 작용한 것은 1) Barron's 지의 'Burning up'의 컬럼(3월 20일). 많은 수익 닷컴 기업(당시에는 Net 기업이라 지칭)이 현금부족에 시달리고 있고, 곧 파산할 수도 있다는 경고

- 여기에 한 가지 더 충격파가 더해짐. 연준이 예고된 금리 인상을 단행. 주식시장의 패닉이 시작

미국 나스닥 IT Bubble & Burst 재구성: 트리거가 맞물릴 때 조정은 시작된다

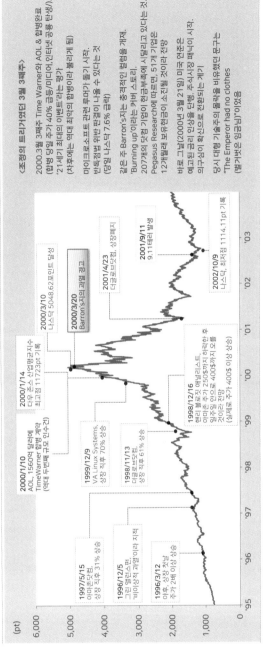

자료 : NASDAQ, Bloomberg, 메리츠증권 리서치센터

무엇이 중요했나? 성장 기업 Proxy: '매출'이 아닌 '현금흐름'이 핵심

과거 : 갈등과 혼란의 역사

- 당시 Barron's의 시사점은 두 가지

- 하나는 성장주의 평가 척도 중에 중요한 것이 '매출'이 아닌 '현금흐름'이라는 점

- 다른 하나는 IT버블과 현재를 별개의 국면으로 보기 어렵다는 점. 오히려 2000년 초반부터의 성장이 지금까지 이어져온 결과로 해석

- 아마존이 대표적인 예. 차이점이 있다면 IT버블 당시 아마존은 현금부족에 시달리는 신생 기업이었다는 점이고, 지금은 현금이 넘치는 초대형 기업이라는 점만 다를 뿐

Barron's 지의 Burning up 칼럼 내용 요약

"Burning Up (2000.3.20, Jack Willoughby)"
Warning: Internet companies are running out of cash -- fast

인터넷 버블은 언제 붕괴될까? 'Net(인터넷) upstarts'의 경우 올해 말까지 불쾌한 소리가 들릴 가능성이 높다. 현금이 부족한 이들 기업중 상당수는 더 많은 주식이나 채권을 발행하여 새로운 자금을 모으려고 할 것이나, 많은 기업들이 성공하지는 못할 전망이다. 결과적으로 그들은 더 강력한 경쟁자에게 매각되거나 완전히 매각하게 매각하게 될 것이다. 이미 현금이 부족한 많은 인터넷 회사들이 자금 조달을 위해 노력하고 있다.

인터넷 주식 평가 회사인 Pegasus Research International와 Barron's 의 조사에 따르면 최소 51개의 'Net(인터넷) 기업이 향후 12개월 이내에 현금이 소진될 전망이다. 이는 조사 대상 기업인 207개 기업 중 1/4에 해당한다(중략). 대부분의 인터넷 회사가 계속 돈을 버는 기업이 아니라는 것은 비밀이 아니다. 페가수스 설문 조사에 참여한 기업 중 74 %는 현금 고갈이 '마이너스'였다. 단기적으로 이익에 대한 현실적인 희망은 거의 없는 것 같다. 그리고 현금이 부족한 것은 작은 기업에게만 해당되는 것은 아니다. 아마도 우리 목록에서 가장 잘 알려진 회사 중 하나인 Amazon.com은 10개월치의 현금만 남은 상태로 추정된다(중략).

그리고 '블랙리스트'

과거 : 갈등과 혼란의 역사

- 당시 Pegasus Research와 Barron's가 조사한 207개 '블랙리스트' 중 고위험군 20개 리스트를 정리
- 아마존은 207개 기업 중 45위에 해당됐으며, 현금소진 예상 기간은 불과 10개월

Barron's 지의 Burning up 컬럼 내용 요약

(백만달러)	Company	시가총액 (2000.2.29)	4Q99 실적			Cash Burnout 예상 기간(월)
			Revenues	Operating Expenses	Operating Losses	
1	Pilot Ntwk Services	557.6	8.5	3.8	-4.6	-0.1
2	CDNow	239.0	53.1	44.3	-34.7	0.4
3	Secure Computing	367.4	6.9	11.4	-7.6	1.5
4	Peapod	147.5	21.6	14.6	-9.1	2.0
5	VerticalNet	7688.8	10.1	17.1	-10.2	2.2
6	MarketWatch.com	595.7	10.0	28.7	-22.5	2.5
7	drkoop.com	229.2	5.1	25.7	-20.6	3.3
8	Infonautics	114.9	5.9	7.9	-2.1	3.4
9	Medscape	512.9	4.0	28.0	-24.0	3.4
10	Intelligent Life	66.0	3.8	17.0	-13.3	3.5
11	Digital Island	7029.9	7.6	32.3	-24.7	3.5
12	Splitrock Services	2656.8	89.6	168.0	-78.5	3.8
13	VitaminShoppe.com	119.6	5.6	21.4	-19.2	3.9
14	Intraware	1853.7	24.8	13.4	-6.7	4.2
15	Interliant	1872.6	19.0	24.3	-16.9	4.4
16	MyPoints.com*	1188.9	13.3	22.1	-12.1	4.4
17	Egghead.com	338.4	146.1	98.0	-91.9	4.4
18	MotherNature.com	82.0	3.2	20.6	-20.5	4.5
19	ImageX.com	414.0	4.9	9.7	-8.4	4.5
20	BigStar Entertainment	43.8	5.2	9.4	-8.0	4.5
~						
45	Amazon.com	23423.8	676.0	361.6	-273.8	10.1

주1 : 1. Universe에는 1999년 12월 31일 이전에 상장 된 회사 만 포함. 2. 운영 비용 및 순손실에는 비현금 비용이 포함. 3. 수익 발생 기준
(인수 등에 대해 조정되지 않음) 4. Cash 소진 기간은 2개월 Lagging으로 추정(1999.12.31 ~ 2000.3.1). 비현금성 상환은 불포함
주2 : * 표시 기업은 최근 2차 주식공모에서 내부자 주식 매도 (25% 이상) 기업
자료 : Pegasus Research International, 메리츠증권 리서치센터

IT 버블 vs. 현재

과거 : 갈등과 혼란의 역사

- IT버블과 가장 큰 차이점은 '돈 버는' 성장주가 많아졌다는 점

- IT버블 붕괴는 2000년 3월부터 본격화 됐지만 아마존은 1998년 이후부터 끝임없는 논란에 중심에 있었음. 주가가 절반 이상 급락하고 두 배 이상 폭등하는 주가 급등락기가 IT버블 붕괴 이전에도 3차례 수반. 성장은 미래의 영역이지만 '현금(Cash)'은 성장기업에게도 현실이기 때문

- 현재는 어떨까? Quality의 차이가 존재. 주가 대비 잉여현금흐름 비율을 뜻하는 (Free cash flow / Price)를 보면 IT버블은 0.8배 현재는 3.4배로 현금흐름의 차이가 두렷

나스닥100 밸류에이션 지표(PER, FCF Yield) 비교 : IT 버블 vs. 현재

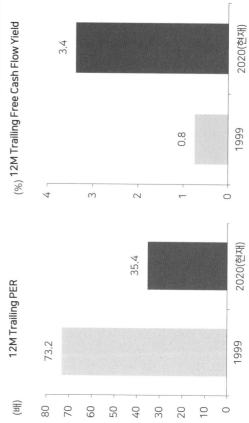

자료 : FactSet, NASDAQ, Bloomberg, 메리츠증권 리서치센터

IT버블 붕괴 전 아마존은 이미 3차례의 주가 급등락기를 경험

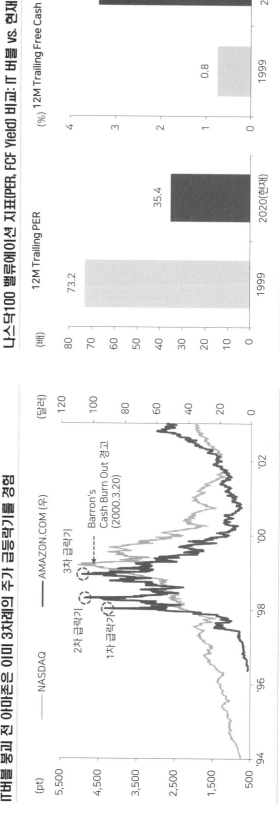

자료 : Bloomberg, 메리츠증권 리서치센터

성장하는 기업의 3단계

현재 : 무엇이 변하고 있나

- 시기를 막론하고 새롭게 성장하는 기업, 산업에 대한 고평가 논란은 불가피. 다만, 성장의 '본질'은 미래에 많은 이익을 창출할 것이라는 기대감이 핵심. 주가도 1) 매출 고도 성장기(Sales Growth), 2) 자금 회수기(FCF), 3) 시장 지배력으로 높은 마진 유지의 수순을 밟아가는 국면마다 반응

- 아마존은 2단계에서 3단계로, 테슬라는 지금 1단계에서 2단계로 진입 중

- 우리도 상황은 다르지 않음. NAVER, 카카오를 비롯한 플랫폼 기업, 2차전지 & 전기차로 대변되는 시장 대표주들의 면면을 보면 이미 예전부터 관련 산업에 대한 투자가 이어져온 것이 공통분모

아마존의 잉여현금흐름(FCF), 순이익, 주가 추이: 순이익보다 높은 FCF 창출력

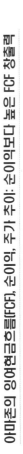

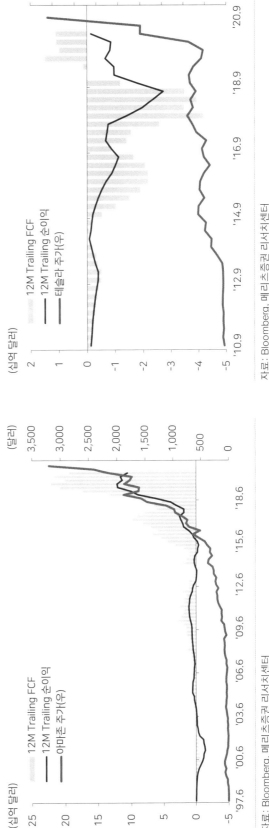

자료 : Bloomberg, 메리츠증권 리서치센터

테슬라의 잉여현금흐름(FCF), 순이익, 주가 추이: FCF 턴어라운드 본격화(?)

자료 : Bloomberg, 메리츠증권 리서치센터

기초
투자전략

Part III

현재 : 무엇이 변하고 있나 (feat. CoVID19)

Restructuring: 지금은 '가속화' 국면

현재 : 무엇이 변하고 있나

- 이번 Cycle을 가장 잘 설명하는 것은 '기술'. 기술 첨투의 역사가 이번에도 반복되고 있기 때문

- Carlota Perez(2016)에 따르면, 기술발전이 가장 가파르게 진행되는 시기에 사회는 가장 혼란스러움.
  기존 패러다임과 새로운 패러다임의 충돌 때문

- COVID19가 아니었어도 산업은 양극화되고 구경제와 신경제로 구분 지어졌음. 이번에는 기술 첨투의 초입에
  발생한 경제적 '충격'으로 기술 Cycle이 가속화 되었다는 점이 특징

COVID19로 앞당겨진 기술혁명 Cycle

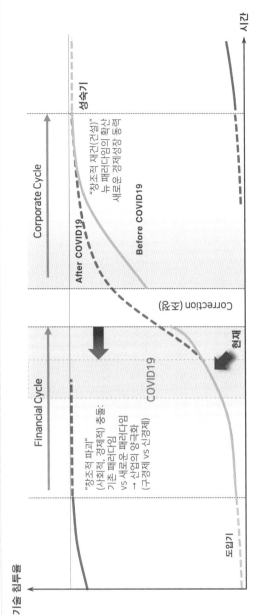

자료: Carlota Perez(2016), 메리츠증권 리서치센터

'파괴적(Disruptive)' 혁신의 확산

현재 : 무엇이 변하고 있나

- 무엇보다 이번 기술 혁명의 특징은 새로운 산업의 탄생이 아닌 기존 산업의 효율화를 통해 대체하는 '파괴적 혁신 산업' 이 대부분이라는 점

- 플랫폼을 기반으로 기존 산업을 대체(효율화)하기 때문에 단기적인 경제적 boosting 효과과는 크지 않음. 오히려 전통산업의 잠식효과가 존재
  1) 파괴적 혁신의 초입에서는 기존 주도 기업은 마진이 높은(?) High End 고객에만 집중
  2) 그 과정에서 신규 진입자는 Low End 고객을 중심으로 시장을 형성
  3) 효율성, 편리함을 바탕으로 신규 진입자가 High End 고객까지 흡수하는 수준으로 전개

파괴적 혁신의 개념 : 새로운 산업의 탄생이 아닌 기존 산업을 대체

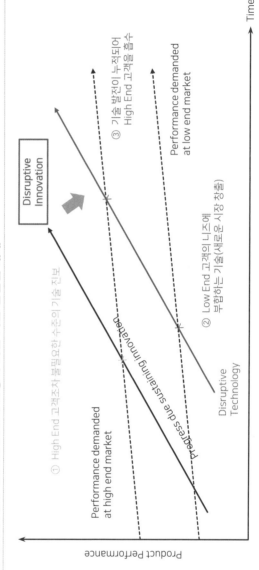

자료: Oxford Research, 메리츠증권 리서치센터

글로벌 주식시장 지형변화

현재 : 무엇이 변하고 있나

- S&P500의 경우 시장 전체에서 에너지 + 소재(화학 + 철강) 섹터의 비중은 4.6%로 1995년 이후 최저치.
  반면, IT + 커뮤니케이션 서비스 + 헬스케어 비중은 52.7%으로 역사상 최고치 기록 중

- 이론적으로 보면 시장 움직임의 절반 이상을 이들 섹터가 설명하고 있음
  - 유가 등 경기민감주가 미치는 영향은 5%로 낮아짐

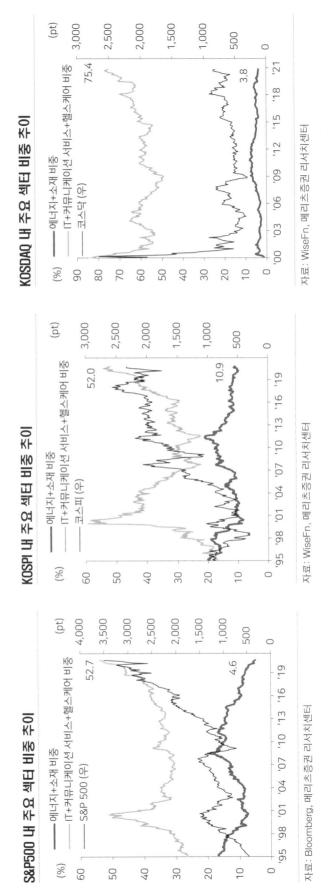

KOSDAQ 내 주요 섹터 비중 추이

— 에너지+소재 비중
—— IT+커뮤니케이션 서비스+헬스케어 비중
—— 코스닥 (우)

75.4

3.8

자료 : WiseFn, 메리츠증권 리서치센터

KOSPI 내 주요 섹터 비중 추이

— 에너지+소재 비중
—— IT+커뮤니케이션 서비스+헬스케어 비중
—— 코스피 (우)

52.0

10.9

자료 : WiseFn, 메리츠증권 리서치센터

S&P500 내 주요 섹터 비중 추이

— 에너지+소재 비중
—— IT+커뮤니케이션 서비스+헬스케어 비중
—— S&P 500 (우)

52.7

4.6

자료 : Bloomberg, 메리츠증권 리서치센터

Online is online!

현재 : 무엇이 변하고 있나

- 최근 발표된 주요국(미국, 한국, 중국)의 소매판매 데이터를 보면, CoVID19는 온라인화를 약 5년 가량 앞당긴 것으로 추정

- 2015년 미국 소비시장의 온라인 침투율은 10%대에 안착한 이후 15% 수준(2019년)에 이르기까지 5년 가량 소요됐지만, 올해 4월 단숨에 15%에서 20%대로 급증(9월 기준 17%)

- 한국과 중국도 성향은 유사
  - 한국은 작년말 17%에서 9월 21.5%, 중국은 작년말 23.4%에서 9월 26.8%를 기록, 온라인화 가속화 시사

소비시장 온라인 침투율(Penetration): 미국은 2월 14.9%에서 9월 17% 수준

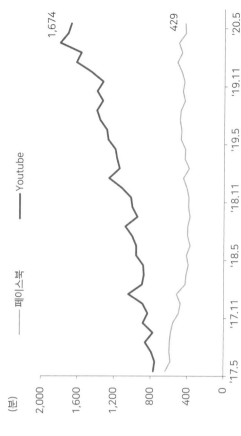

주: 중국은 연초 이후 누적(9월 기준)
자료: 중국 국가 통계국, US Census Bureau, 한국 통계청, 메리츠증권 리서치센터

월간 평균 체류시간: 페이스북 정체 속 유튜브 급등. Wording → Streaming

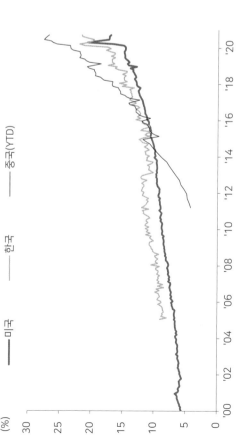

주: 월간 평균 체류시간은 1인 기준
자료: 와이즈넷, 메리츠증권 리서치센터

국가별 지형 변화: 일본, 자동화(기계)와 게임으로 중심축 변화

현재 : 무엇이 변하고 있나

- 주요 선진국들도 주식시장의 지형변화는 마찬가지로 진행 중

- 일본의 경우 도요타자동차가 여전히 일본 주식시장(Topix 기준) 1위 기업
  - 그러나 시가총액 10위 이내에서 지형변화도 활발
  - 스마트 팩토리 '키엔스', 게임 '주가이제약', 게임 '소니, 닌텐도' 중심

- 도요타자동차의 시가총액은 2015년 이후 박스권에 갇힘
  - 반면, 키엔스+주가이제약+소니 합산 시가총액은 이미 도요타자동차를 추월

일본 시가총액 상위 지형변화: 도요타자동차를 제외한 폭넓은 활발

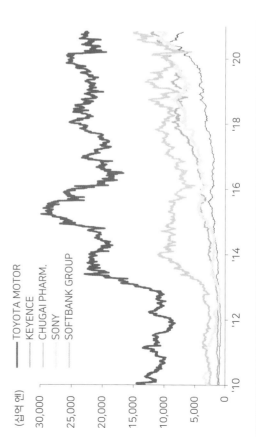

(십억 엔)

TOYOTA MOTOR
KEYENCE
CHUGAI PHARM.
SONY
SOFTBANK GROUP

자료: Refinitiv, 메리츠증권 리서치센터

TOPIX 지수 내 시가총액 순위 변화: 연초 대비 현재

기업명	시가총액 (십억 엔)	순위 연초	순위 현재	변동	업종
도요타자동차	22,492	1	1	0	경기소비재
소프트뱅크 그룹	14,434	4	2	2	커뮤니케이션
NTT 도코모	12,550	3	3	0	커뮤니케이션
키엔스	11,832	6	4	2	IT
소니	11,097	5	5	0	경기소비재
일본전신전화(NTT)	8,629	2	6	-4	커뮤니케이션
패스트리테일링	7,756	11	7	4	경기소비재
닌텐도	7,650	13	8	5	커뮤니케이션
주가이제약	6,926	14	9	5	헬스케어
리쿠르트 홀딩스	6,872	10	10	0	산업재

주: 음영은 순위 상승 종목
자료: Bloomberg, 메리츠증권 리서치센터

캐나다: 신성장 동력의 부상, 온라인 플랫폼

현재 : 무엇이 변하고 있나

- 주요 선진국 내 기업 중 단일 기업으로 가장 파괴적인 모습을 보인 것은 쇼피파이(Shopify)

- CoVID19 이전 캐나다 대표기업(시가총액 기준 1위)은 은행주 '로열 뱅크 오브 캐나다'
  - 현재는 전자상거래 플랫폼 구축 서비스 업체인 '쇼피파이'가 1위

- 한편 세계 최대의 금광영체인 '배릭골드' 역시 주가 급등으로 시가총액 10위 이내로 진입

캐나다 주식시장 지형변화: 원자재 국가의 대장주는 '온라인플랫폼' 기업

(십억 캐나다달러)

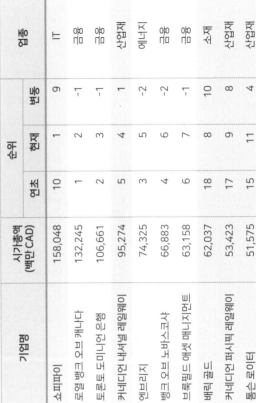

— SHOPIFY
— ROYAL BANK OF CANADA
— TORONTO-DOMINION BANK

자료: Refinitiv, 메리츠증권 리서치센터

S&P/TSX 내 시가총액 순위 변화: 온라인 + 금

기업명	시가총액 (백만CAD)	순위 연초	순위 현재	변동	업종
쇼피파이	158,048	10	1	9	IT
로열 뱅크 오브 캐나다	132,245	1	2	-1	금융
토론토 도미니언 은행	106,661	2	3	-1	금융
캐네디언 내셔널 레일웨이	95,274	5	4	1	산업재
엔브리지	74,325	3	5	-2	에너지
뱅크 오브 노바스코샤	66,883	4	6	-2	금융
브룩필드 에셋 매니지먼트	63,158	6	7	-1	금융
배릭 골드	62,037	18	8	10	소재
캐네디언 퍼시픽 레일웨이	53,423	17	9	8	산업재
톰슨 로이터	51,575	15	11	4	산업재

주: 음영은 순위 상승 종목
자료: Bloomberg, 메리츠증권 리서치센터

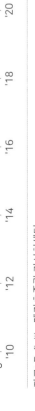

영국: 금융 → 제약으로, 시가총액 1, 3위 기업 모두 '바이오'

현재: 무엇이 변하고 있나

■ 과거 영국 주식시장은 금융과 오일 메이저 중심. CoVID19 이후 백신 개발 선두 주자인 '아스트라제네카'가
1위로 올라서고 기존 1위 기업인 HSBC Holdings는 2위로 하락
  - 기존 5위 기업이었던 로열 더치 쉘은 10위까지 밀려남

■ 금융, 에너지 등 전통산업은 위축되고 제약업종이 그 자리를 차지한 셈

FTSE100 지수 내 시가총액 순위 변화(지수 산정 기준)

| 기업명 | 시가총액
(백만 파운드) | *비중
(%) | 순위 | | | 업종 |
			연초	현재	변동	
아스트라제네카	103,356	7.3	2	1	1	헬스케어
HSBC 홀딩스	65,991	4.6	1	2	-1	금융
글락소 스미스클라인	65,437	4.5	4	3	1	헬스케어
디아지오	58,213	4.0	6	4	2	필수소비재
브리티시 아메리칸 토바코	56,668	4.0	7	5	2	필수소비재
유니레버	116,871	3.4	9	6	3	필수소비재
리오 틴토	72,383	3.3	8	7	1	소재
레킷벤키저그룹	48,749	3.0	12	8	4	필수소비재
BP	39,208	2.7	3	9	-6	에너지
로열 더치 쉘	71,545	2.3	5	10	-5	에너지

주: 음영은 순위 상승 종목. *FTSE 100은 지수 산출 시 투자가능성 가중치 적용
(유니레버의 경우 중복 상장으로 시가총액과 지수 내 비중 차이가 큼)
자료: Bloomberg, 메리츠증권 리서치센터

영국 주식시장 지형변화: 금융, 오일 메이저는 지고 제약이 부상 중

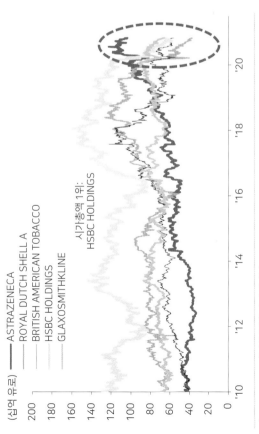

(십억 유로) ── ASTRAZENECA
ROYAL DUTCH SHELL A
BRITISH AMERICAN TOBACCO
HSBC HOLDINGS
GLAXOSMITHKLINE

시가총액 1위:
HSBC HOLDINGS

자료: Refinitiv, 메리츠증권 리서치센터

독일: IT H/W에서 S/W + '수소'경제

현재 : 무엇이 변하고 있나

- '기술'로 표현되는 독일 주식시장은 하드웨어가 아닌 소프트웨어를 중심으로 변화 중
- 2010년대 초반에는 지멘스(기계)가 중반에는 바이엘(제약)이 시가총액 1위 기업
  - 지금은 산업용 소프트웨어 업체인 SAP가 주식시장을 주도
- 기존 자동차 업계 강자인 폭스바겐, 다임러, BMW 등은 시가총액 순위가 밀려나고 있음
- 주식시장의 급격한 지형변화는 전세계적으로 관찰되는 공통된 현상

독일 주식시장 지형변화: 하드웨어에서 소프트웨어로 주도권 변화

시가총액 1위
: SIEMENS
(지멘스)

시가총액 1위
: BAYER
(바이엘)

시가총액 1위
: SAP

자료: Refinitiv, 메리츠증권 리서치센터

DAX30 지수 내 시가총액 순위 변화

기업명	시가총액(백만 유로)	순위 연초	순위 현재	변동	업종
SAP	114,570	1	1	0	IT
Linde PLC	98,608	2	2	0	소재
지멘스	85,544	3	3	0	산업재
폭스바겐	66,231	5	4	1	경기소비재
알리안츠	62,768	4	5	-1	금융
도이치텔레콤	62,542	7	6	1	커뮤니케이션
머크	57,565	12	7	5	헬스케어
아디다스	51,868	9	8	1	경기소비재
다임러	47,314	10	10	0	경기소비재
도이체 포스트	47,567	13	9	4	산업재

주 : 음영은 순위 상승 종목
자료 : Bloomberg, 메리츠증권 리서치센터

Quality 좋은 주도주: 이익 창출이 가속화되기 시작

현재 : 무엇이 변하고 있나

■ IT버블 당시 성장성은 높지만 돈을 벌지 못하는 성장주의 한계를 경험했다면, 지금은 플랫폼의 지배력을 바탕으로 '강한 이익'을 창출하는 기업이 많아짐

■ 예컨대 아마존의 경우 2015년 순이익은 약 6억 달러에 불과했고 이는 당시 애플 순이익의 1.1% 수준. 그런데 내년 아마존의 순이익은 227억 달러로 83배 급증하고, 애플 순이익의 35.2% 급증(애플 순이익이 646억 달러 전망)에 육박할 것으로 전망됨

■ 아마존이 본격적으로 돈을 벌고 있는 국면이라면 온라인 플랫폼 기업인 쇼피파이, 테슬라는 이제 돈을 벌기 시작하는 기업

애플, 아마존, 테슬라 연간 순이익 추이: '돈 버는' 성장주들이 많아졌다

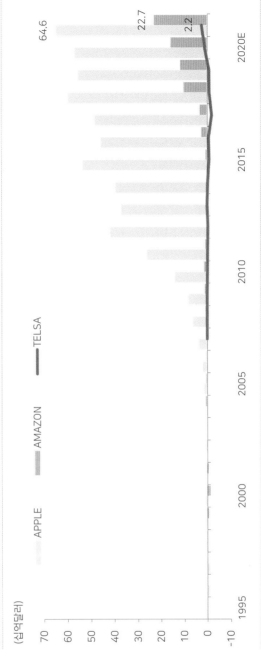

자료: Refinitiv, 메리츠증권 리서치센터

지금은 어떻게 평가해야 하나? 'Story stock'의 양면성

현재 : 무엇이 변하고 있나

- 변동성 확대에 뚜렷한 이유가 없다면 '가격' 그 자체가 이유일 수 있음. 가격 논란에서 자유로울 수 없는 Story Stock의 양면성이 이유일 진짜 이유일 가능성

- Damodaran 교수에 따르면 Story Stock은 잠재성장성이 높고, 새로운 시장(Big Market)에 도전하며, 성장의 동선을 제시할 수 있는 Narrator가 존재하는 주식. 항상 그랬듯 높은 잠재력을 보유했지만 적정 가치평가에 어려움을 겪는 기업

- 문제는 과정에서 시장의 환호와 아우성 속에 강한 상승과 급격한 변동성 확대가 수반된다는 점

Story Stock 이란?

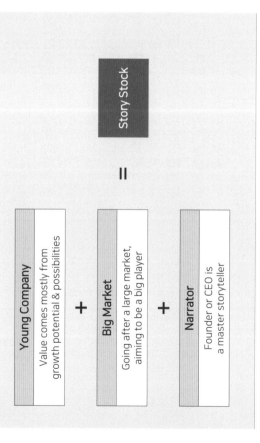

자료: Damodaran, 메리츠증권 리서치센터

기업의 본질가치와 주가의 괴리

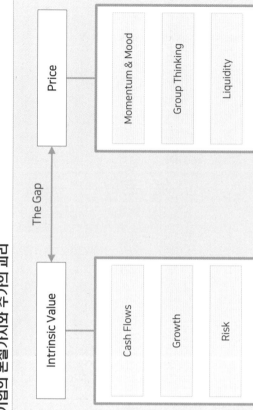

자료: Damodaran, 메리츠증권 리서치센터

현재의 Story Stock의 방향성은 의심할 단계는 아니지만

현재 : 무엇이 변하고 있나

- 지금의 성장주, 즉 Story Stock의 주가 상승세가 강한 이유는 성장 속도가 매우 빠르기 때문.
  마이크로소프트가 미국 대표 기술주 중 가장 오래된(?) 기업이지만 성장 속도는 가장 젊은(?) Facebook이
  가장 빠름

- 매출액 기준으로 보면 마이크로소프트는 2000년 229억 달러에서 2019년 1,258억 달러까지 성장하는데
  20년의 시간이 필요했지만, 아마존, 구글(알파벳), 애플은 두늦게 시작했지만 이미 마이크로소프트의
  매출액을 넘어서었음. 성장의 방향과 속도에 대해서는 의심의 여지는 없다는 뜻

주요 미국 기술주의 마일스톤 역사: 성장의 방향과 속도에 대해서는 의심의 여지는 없다

(백만 달러)	Facebook	Amazon	Netflix	Google	Apple	Microsoft
설립일	2004.2	1994.7	1997.8	1998.9	1976.4	1975.4
IPO 날짜	2012.5.18	1997.5.15	2002.5.23	2004.8.19	1980.12.12	1998.3. 13
IPO 시가총액	80,000	438	300	23,000	1,800	780
시가총액 마일스톤(도달 연도)						
1천억달러	2012	2012	2018	2005	2007	1996
5천억달러	2018	2017		2012	2012	1999
1조달러		2018		2020	2018	2019
2조달러					2020	
매출액 마일스톤						
2000년	NA	2,762	37	19	7,963	22,956
2010년	1,974	34,204	2,163	29,321	65,225	62,484
2019년	70,697	260,522	20,156	161,857	260,174	125,843

자료 : Damodaran, 메리츠증권 리서치센터

'기존(가정)'의 충족 여부가 중요

현재 : 무엇이 변하고 있나

- 우리가 앞으로 확인해야 할 것은 '기존(가정)'의 충족 여부. Tesla 기업의 가치평가를 보더라도 많은 가정과 변수들에 따라 기업가치가 크게 달라질 수 있음

- 예를 들어 1) Tesla 의 사업영역을 어디까지 규정할 것인지(Auto, Tech, Clean Energy 등)에 따라 달라질 수밖에 없고(매출액), 2) 고객의 대상이 High End 시장인지, Mass 대상인지에 따라 시장 점유율이 다르게 추정되며, 3) 경쟁자의 대상 또한 누구로 규정할 것인지(동종 자동차 업계 또는 Tech 기업) 가정하느냐에 따라 마진이 달라질 수밖에 없기 때문

- Tesla에 대한 성장 가능성에는 대부분 동의하지만 투자자자마다 의견이 엇갈리는 이유

Tesla의 기업가치 시나리오: 가정에 따라 기업가치는 매우 유동적

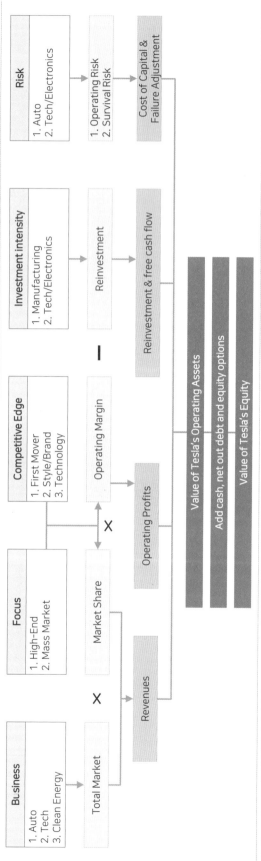

자료: Damodaran, 메리츠증권 리서치센터

기준(가정)에 따라 기업 가치는 크게 달라질 수밖에 없는 구조

현재 : 무엇이 변하고 있나

- 다소 복잡해 보일 수 있는 재무비율이지만 해석은 직관적. 예컨대 장기 매출 성장률을 보는 이유는 향후 10년 뒤 Tesla의 매출액이 BMW, Toyota 수준으로 그 이상으로 성장할 것인지 기준을 정하는 것

- 영업이룰로 마찬가지. Tesla는 자동차와 Tech 중 어느 쪽에 가까운 이익률을 보일 것인지 정하는 것

- Sales to Invested Capital은 얼마나 효율적으로 돈을 벌 것인지에 대한 판단 기준. 매출액이 빠르게 성장하더라도 필연적으로 막대한 투자가 수반되어야 한다면 효율적이지 못한 사업구조

- 자본비용(Cost of Capital)은 Risk Factor로 효율적인 자금조달 및 운영에 관한 지표

Story Numbers: 무엇을 핵심가정할 것인가?

Expected Revenues in 2030	CAGR (next 5 years)	Operating Margin in 2025		Target Operating Margin
A1: $65 billion (Renault-like)	15.00%	B1: Auto Industry First Quartile		-5.87%
A2: $100 billion (BMW-like)	21.00%	B2: Auto Industry Median		3.01%
A3: $150 billion (Ford & Honda-like)	28.00%	B3: Auto Industry Third Quartile		7.52%
A4: $200 billion (Daimler-like)	33.00%	B4: Technology Median		10.25%
A5: $300 billion (Toyota & VW-like)	40.00%	B5: Software		21.24%
		B6: FAANG Aggregate		19.87%

Sales to Invested Capital	Sales to Capital (1st 5 years)	Cost of Capital		Initial Cost of Capital
C1: Auto Industry First Quartile	0.75x	D1: Automobile Median		6.94%
C2: Auto Industry Median	1.37x	D2: Technology Median		8.86%
C3: Auto Industry Third Quartile	2.42x	D3: All companies - First Quartile		6.27%
C4: Technology Median	1.51x	D4: All companies - Median		7.58%
C5: Software	2.30x	D5: All companies - Third Quartile		8.71%
C6: FAANG Aggregate	1.27x			

자료 : Damodaran, 메리츠증권 리서치센터

낙관적 시나리오를 가정한 Tesla 기업가치 평가

Tesla 밸류에이션

The Assumptions

(in $ millions)	Base year	Years 1-5	Years 6-10	After year 10	Link to story
Revenues (a)	$24,578	50.00%	1.75%	1.75%	Growth in EV market & Tesla's early mover advantage work in its favor.
Operating margin (b)	1.60%	1.60%	19.87%	19.87%	Continued economies of scale & brand
Tax rate	25.00%	25.00%	25.00%	25.00%	Global tax rate
Reinvestment (c)		Sales to capital ratio =	2.00x	RIR =	17.50%	Capacity build up allows for less reinvestment in the near years.
Return on capital	1.59%	Marginal ROIC =	31.68%		10.00%	Cost of entry will limit competition.
Cost of capital (d)		7.58%	7.40%	7.40%	Moves to median company cost of capital

The Cash Flows

	Revenues	Operating Margin	EBIT	EBIT (1-t)	Reinvestment	FCFF
1	$36,867	5.26%	$1,938	$1,454	$6,145	$(4,691)
2	$55,301	8.91%	$4,928	$3,696	$9,217	$(5,521)
3	$82,951	12.56%	$10,422	$7,816	$13,825	$(6,009)
4	$124,426	16.22%	$20,178	$15,134	$20,738	$(5,604)
5	$186,639	19.87%	$37,085	$27,814	$31,107	$(3,293)
6	$261,948	19.87%	$52,049	$39,037	$56,482	$(17,445)
7	$342,366	19.87%	$68,028	$51,021	$60,314	$(9,292)
8	$414,434	19.87%	$82,348	$61,761	$54,051	$7,710
9	$461,680	19.87%	$91,736	$68,802	$35,434	$33,368
10	$469,759	19.87%	$93,341	$70,006	$6,060	$63,946
Terminal year	$477,980	19.87%	$94,975	$71,231	$12,465	$58,766

The Value

Terminal value	$1,040,098	
PV (Terminal value)	$503,431	
PV (CF over next 10 years)	$15,343	
Value of operating assets =	$518,775	
Adjustment for distress	$25,939	Probability of failure = 10.00%
- Debt & Minority Interests	$14,708	
+ Cash & Other Non-operating assets	$6,514	
Value of equity	$484,642	
- Value of equity options	$-	
Number of shares	931.00	
Value per share($)	**$520.56**	Stock was trading at = $446.65

주: Option가치는 제외, Tesla 종가는 2020.10.13 기준
자료: Damodaran, 메리츠증권 리서치센터

시나리오별 기업가치의 변화: 1) Tesla

현재 : 무엇이 변하고 있나

- 첫 번째는 Tesla의 매출액 가정과 영업이익률 변화에 따른 가치, 두 번째는 Tesla의 매출액 가정과 자본 효율성(Sales to Invested Capital)에 따른 가치 변화

- 첫 번째 시뮬레이션 결과가 주는 의미는 현재 주가 수준이 1) 향후 5년간 매출액 성장률 50%, 2) 영업이익률 20%대 이상이 달성되어야 설명 가능하다는 것. 두 번째 시뮬레이션 결과의 함의도 유사

주요 Story Number 변화에 따른 Tesla 적정가치 변화 시뮬레이션

Sales to Invested Capital = 2.0

				2030년 예상 매출액 (향후 5개년 CAGR)			
		르노	BMW	포드 & 혼다	다임러	토요타 & 폭스바겐	가정
		$65 billion	$100 billion	$150 billion	$200 billion	$300 billion	$700 billion
	($)	15%	21%	28%	33%	40%	50%
2025년 영업이익률	자동차 산업 하위 25%	-5.87%	-	-	-	-	-	-
	자동차 산업 중앙값	3.01%	-	-	-	-	-	-
	자동차 산업 상위 25%	7.52%	19	24	32	40	53	79
	기술 기업 중앙값	10.25%	35	47	66	84	116	182
	소프트웨어 평균	21.24%	103	142	205	264	372	595
	FAANG 평균	19.87%	94	130	187	241	340	544
	가정	30.00%	156	217	315	406	575	925

2025년 영업이익률 = 19.87% (FAANG)

				2030년 예상 매출액 (향후 5개년 CAGR)			
		르노	BMW	포드 & 혼다	다임러	토요타 & 폭스바겐	가정
		$65 billion	$100 billion	$150 billion	$200 billion	$300 billion	$700 billion
	($)	15%	21%	28%	33%	40%	50%
향후 5개년 Sales to Invested Capital	자동차 산업 하위 25%	0.75	62	76	97	116	150	217
	자동차 산업 중앙값	1.37	85	115	162	207	287	454
	자동차 산업 상위 25%	2.42	98	136	197	254	360	578
	기술 기업 중앙값	1.51	88	119	170	217	303	480
	소프트웨어 평균	2.30	97	134	194	251	355	569
	FAANG 평균	1.27	83	111	156	198	274	431
	가정	2.00	94	130	187	241	340	544

자료: Damodaran, 메리츠증권 리서치센터

성장주 평가에 있어 고려해야 할 요소: 현금흐름, R&D

현재 : 무엇이 변하고 있나

■ 성장주 평가에 있어 하나의 통일된 기준이 마련된 것은 없지만, 그 과정에서 우리가 향후 고려해야 할
요소는 크게 두 가지. 1) 미래의 '현금흐름' 가정, 2) R&D 비용에 대한 '자본화(Capitalization)'

■ Damodaran 교수 역시 성장주 평가에 있어 현금흐름할인모형(DCF)을 적용했고, 추정 기간은 10년. 다만
성장주의 현금흐름 추정이 어렵기에 현실 가능한 Story Number를 추정할 뿐

■ R&D 비용 자본화의 경우 미래의 이익을 창출하기 위한 재원이므로 비용 처리하는 것이 아닌 이익에 포함을
시키고, 누적 R&D 비용의 자산화를 통해 감가상각을 병행해야 한다는 것. 그 자산의 이름은 'Value of
Research Asset'

R&D 비용의 자본화의 개념: Value of Research Asset 그리고 영업이익의 변화

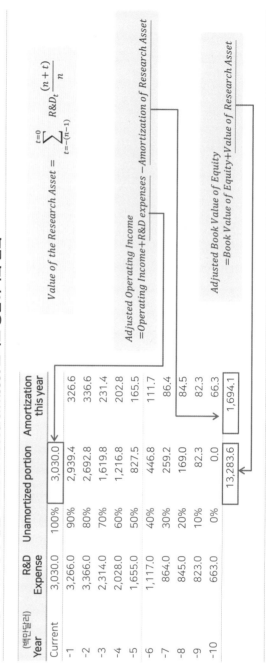

(백만달러) Year	R&D Expense	Unamortized portion	Amortization this year
Current	3,030.0	100%	3,030.0
-1	3,266.0	90%	2,939.4	326.6
-2	3,366.0	80%	2,692.8	336.6
-3	2,314.0	70%	1,619.8	231.4
-4	2,028.0	60%	1,216.8	202.8
-5	1,655.0	50%	827.5	165.5
-6	1,117.0	40%	446.8	111.7
-7	864.0	30%	259.2	86.4
-8	845.0	20%	169.0	84.5
-9	823.0	10%	82.3	82.3
-10	663.0	0%	0.0	66.3
			13,283.6	1,694.1

$$Value\ of\ the\ Research\ Asset = \sum_{t=-(n-1)}^{t=0} R\&D_t \frac{(n+t)}{n}$$

Adjusted Operating Income
$=Operating\ Income + R\&D\ expenses - Amortization\ of\ Research\ Asset$

Adjusted Book Value of Equity
$=Book\ Value\ of\ Equity + Value\ of\ Research\ Asset$

자료: Valuing Companies with intangible assets(2009), 메리츠증권 리서치센터

R&D 비용의 자본화 적용 사례: NAVER, 카카오

현재 : 무엇이 변하고 있나

- 자본화 기간은 최근 10년, 내용연수 10년, 정률법(감가상각) 기준. 올해 R&D 비용은 작년과 같다고 가정

- Damodaran의 방법론을 적용시켜보면, NAVER의 경우 올해 예상실적 기준 PER은 64배, PBR은 6.4배에 이르지만 R&D 비용에 대한 자본화를 통해 올해 예상실적 기준 PER은 19.6배, PBR은 3.4배로 하락. 카카오도 같은 기준으로 적용시켜 보면 올해 예상실적 기준 PER은 80배, PBR은 5.5배에서 각각 38배, 4.5배로 하락

- R&D 비용의 '자본화'는 단순히 현재의 높은 주가를 정당화하는 목적이 아니라 대안을 찾는 시도

R&D 비용의 자본화 사례: NAVER

(십억원)

Year	R&D Expense	Unamortized portion		Amortization this year
Current	1,712.00	100%	1,712.00	
-1	1,712.00	90%	1,540.80	171.20
-2	1,404.00	80%	1,123.20	140.40
-3	1,130.00	70%	791.00	113.00
-4	1,010.00	60%	606.00	101.00
-5	1,340.00	50%	670.00	134.00
-6	1,150.00	40%	460.00	115.00
-7	992.00	30%	297.60	99.20
-8	1,040.00	20%	208.00	104.00
-9	1,074.00	10%	107.40	107.40
-10	696.00	0%	0.00	69.60
	Value of Research Asset =		7,516.00	1,154.80

Amortization of asset for current year = 1,154.80

Adjustment to Operating Income = 557.20

2020E PER	63.57x
Adj. 2020E PER (+ R&D)	19.6x
2020E PBR	6.38x
Adj. 2020E PBR (+	3.40x

자료 : 메리츠증권 리서치센터

R&D 비용의 자본화 사례: 카카오

(십억원)

Year	R&D Expense	Unamortized portion		Amortization this year
Current	467.00	100%	467.00	
-1	467.00	90%	420.30	46.70
-2	367.00	80%	293.60	36.70
-3	240.00	70%	168.00	24.00
-4	103.00	60%	61.80	10.30
-5	99.00	50%	49.50	9.90
-6	30.00	40%	12.00	3.00
-7	5.00	30%	1.50	0.50
-8	40.00	20%	8.00	4.00
-9	40.00	10%	4.00	4.00
-10	30.00	0%	0.00	3.00
	Value of Research Asset =		1,485.70	142.10

Amortization of asset for current year = 142.10

Adjustment to Operating Income = 324.90

2020E PER	80.47x
Adj. 2020E PER (+ R&D)	37.7x
2020E PBR	5.54x
Adj. 2020E PBR (+	4.53x

자료 : 메리츠증권 리서치센터

다가올 날들을 위한 변화

우리는 어디에 있나? 순환적 강세장 < 구조적 강세장

다가올 '혁신'과 '변화'

- 기술의 발전이 야기한 구조적 강세장의 특정은 주가 상승의 기간과 강도가 순환적 사이클을 크게 추월
- 경기 순환적 강세장은 평균 1.1년, 혁신적 기술 대중화(Device) 강세장은 평균 6.4년, 혁신 기술 + 인프라 사이클은 평균 9.1년 진행. 현재는 구조적 성장에 가까워

1900년 이후 미국의 순환적 강세장과 구조적 강세장 : 현재는 강세장 11년차 진행 중

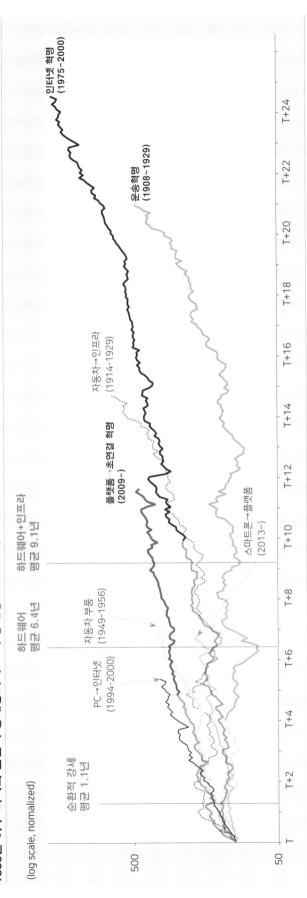

주: 지수는 S&P500지수 선정. 단, 운송혁명 사이클은 운송혁명 사이클 기간이 1925년이기 때문에 다우산업평균지수(1896~) 사용
순환적 강세의 경우 박스권 경제성장, 경제둔화, 오일쇼크, 금융위기, 전쟁 등 외생적충격 이후 상승기로 선정
각 혁명 기점 (1908: GM편입, 1975: IBM 컴퓨터 개발, 2009: 아이폰 개발은 2007년이나 금융위기 총격 배제), 증권(1929: 자동차 침투율 50% + 대공황 총격, 2000: IT버블)
자동차→인프라: 도로 건설 총가에 따른 자동차 기점. 자동차→자동차부품: 고급자동차 부품 침투율 10% 기점. PC→인터넷: 마이크로소프트 S&P 편입이 기점. 스마트폰→플랫폼: 페이스북 S&P 편입이 기점
자료: Cowles Commission For Research In Economics, CRSP, Refinitiv, 메리츠증권 리서치센터

Rethinking Innovation : 기술의 확산(대중화)은 어떻게 진행되나

다가올 '혁신'과 '변화'

- 기술 혁신 이론(Diffusion Theory)은 크게 3가지로 분류
- Bass(1969)는 '혁신가와 모방자'가 상호 영향을 받는 구조로 기술 확산이 전개된다고 가정
- Rogers(1963)는 5단계의 확산 과정을 제시. 1) Innovator, 2) Early Adopter, 3) Early Majority (초기 대중화), 4) Late Majority (후기 대중화), 5) Laggards
- Moore (1991)는 기술 혁신과 대중화의 간극인 'Chasm'이 존재한다고 주장. Chasm을 뛰어 넘어야 대중화가 본격화. Malony (2006)는 Chasm의 레벨을 기술 침투(채택)율 16%로 제시(16% Rule)

기술 확산(대중화) 이론의 사례 : 기술의 시작은 혁신에서 시작되지만 대중화에는 Tipping Point가 존재. 'Chasm' 을 뛰어넘는 것이 관건

Bass (혁신자와 모방자 이론)

Rogers (기술확산의 5단계)

Moore (Chasm) & Malony (16% rule)

자료 : Adam Tacy(2019), 메리츠증권 리서치센터

'Chasm' 뛰어넘기. 좋은 기술 ≠대중화

다가올 '혁신'과 '변화'

- 모든 기술 혁신이 주식시장에 투영되는 것은 아님. Chasm를 넘어서는 기술이 핵심

- 대다수의 기술은 Early Adopter 수준에 그치는 경우가 많기 때문 (ex. 구글 글래스, 3D 스캐너 등)

- '혁신은 사회 시스템의 모든 구성원에 의해 신속하게 혁신되고 채택되어야 하며, 혁신이 재창조 되거나 거부되지 않아야 한다' (The Diffusion of Innovation, Rogers)

기술의 혁신 곡선 & Chasm : 좋은 기술이 대중화에 꼭 성공하는 것은 아님. Chasm를 뛰어 넘어야 대중화가 본격화

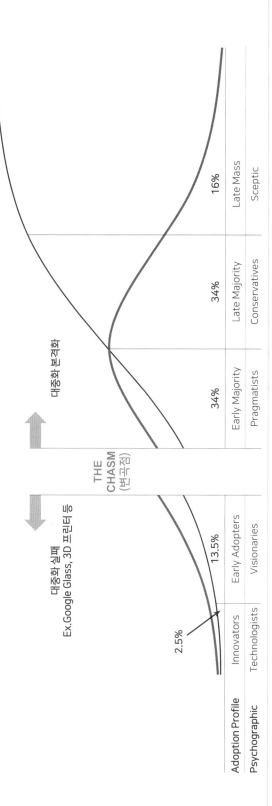

Adoption Profile	Innovators	Early Adopters	Early Majority	Late Majority	Late Mass
Psychographic	Technologists	Visionaries	Pragmatists	Conservatives	Sceptic

2.5% 13.5% 34% 34% 16%

THE CHASM (변곡점)

대중화 실패
Ex.Google Glass, 3D 프린터 등

대중화 본격화

자료 : Rogers(1963), 메리츠증권 리서치센터

'대중화' 시작되면 확산속도 초기보다 5배 이상 빨라져

다가올 '혁신'과 '변화'

- 자동차, 인터넷 등 혁신기술(제품)들이 기술 침투율 변화를 보면 대중화의 변곡점을 지나며 예외없이 가속화
  - (예) 침투율 16%/ Malony Rule
- 침투율 0~10% 대 보다 10~30% 대가 약 4배, 30~50% 국면은 초기보다 5.4배 빨라져

기술(제품)별 기술 침투율 확산 속도 : 침투율 0~10%, 10~30%, 30~50% 국면으로 넘어갈 수록 '가속화'

Product	Measure	Year of market entry	Speed from A to B (%/year)		
			0-10%	10-30%	30-50%
Automobile	% of Households	1898	0.59	3.33	4.00
Washing Machine	% of Households	1904	0.38	0.77	2.22
Refrigerator	% of Households	1918	0.77	3.33	4.00
Home Air Conditioning	% of Households	1929	0.36	1.67	4.00
Dishwasher	% of Households	1912	0.20	2.00	0.80
Clothes Dryer	% of Households	1936	0.53	1.82	2.86
Videotape Recorder	% of Households	1965	0.53	6.67	10.00
Personal Computer	% of Households	1975	0.91	2.00	5.00
Laptop	% of Households	1981	0.53	3.33	5.00
Mobile Phone	% of Households	1983	0.91	5.00	6.67
CD Player	% of Households	1983	1.67	5.00	10.00
Internet	% of Households	1989	0.67	5.00	10.00
Digital Camera	% of Households	1990	0.91	6.67	10.00
Tablet	% of Households	1994	1.25	4.00	4.00
DVD Player/Recorder	% of Households	1997	3.33	10.00	10.00
Tractor	% of Farms	1903	0.40	1.25	2.86
Computerized Tomography scan	% of Hospitals	1973	2.50	3.33	4.00
Magnetic Resonance Imaging	% of Hospitals	1980	1.11	3.33	2.22
Average			0.98	3.8	5.4

자료 : Cox and Alm (1997), Euromonitor (2017), Miranda and Lima (2013), Olmstead and Rhode (2001), Hillman and Schwartz (1985), Comin and Hobijn (2009), 메리츠종금 리서치센터

기술 혁신의 시작과 확산의 경로 : 1) 자동차

다가올 '혁신'과 '변화'

- 내연기관 자동차의 대중화 이전에 일련의 사전 혁신들이 존재. Cycle Boom과 EV Boom임

- Cycle Boom: 1895년~1900년 사이 영국과 미국의 기술 혁신에서 시작. 안전을 위한 새로운 디자인, 공기 타이어, 용접없는 강철 튜브 등이 자전거 생산 능력 확대. 1895년 '공압 타이어' 붐으로 자전거 수요 급격히 증가

- EV(전기차) Boom: 내연기관보다 앞서 개발(1832년). 1890년~1900년 초반까지 미국 중심으로 빠르게 확산. 내연기관보다 전기차가 선호된 이유는 대부분의 운행이 단거리였기 때문. 도로시스템의 미개발이 원인. 시동을 걸기 위해 수동식이었던 가솔린 내연기관에 비해 전기차는 간편했던 점도 한몫

The America Veocipede (1880년 후반) : 자전거(Cycle) Boom

자료 : Davis, Theodore R.(1886), 메리 츠증권 리서치센터

미국 EV(전기자) Boom (1912년) : 편리한 구동 탓에 여성에게 큰 인기

자료 : Schenectady Museum, 메리 츠증권 리서치센터

British Bicycle Mania (1895~1897)

다가올 '혁신'과 '변화'

- 기술의 진화는 주식시장의 과열로도 투영. 1895년 ~ 1897년에 전개됐던 자전거 기업 주가 급등락
- 자전거 기업 주가는 1896년 첫 5개월 동안 258% 상승한 뒤 1898년에는 최고점 대비 71% 하락
- 주가급등 배경은 기술 기대감 + 완화적 통화여건. 주가급락 배경은 공급과잉. 1895~97년 671개 기업 상장
- 당시 영국 주식시장 시가총액 상위 기업은 철도, 은행이 대부분. 자전거 기업은 당시의 성장주인 셈

1800년대 후반 영국 중앙은행 통화여건: 완화적

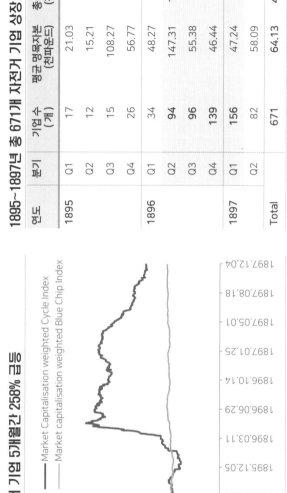

자료: Global Financial Data, BOE, 메리츠증권 리서치센터

자전거 기업 5개월간 258% 급등

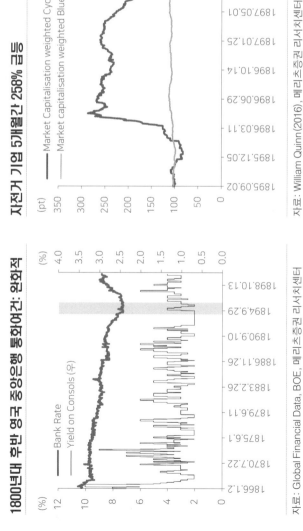

자료: William Quinn(2016), 메리츠증권 리서치센터

1895~1897년 총 671개 자전거 기업 상장

연도	분기	기업 수 (개)	평균 명목자본 (천파운드)	총 명목자본 (천파운드)
1895	Q1	17	21.03	357.5
	Q2	12	15.21	182.5
	Q3	15	108.27	1,624.0
	Q4	26	56.77	1,476.1
1896	Q1	34	48.27	1,641.1
	Q2	94	147.31	13,847.2
	Q3	96	55.38	5,316.6
	Q4	139	46.44	6,454.6
1897	Q1	156	47.24	7,370.0
	Q2	82	58.09	4,763.6
Total		671	64.13	43,033.2

자료: William Quinn(2016), 메리츠증권 리서치센터

1900년 초: EV Boom & 가솔린으로의 세대교체

디가올 '혁신'과 '변화'

- 1900년 미국 EV(전기차) 등록대수는 1,575대인 반면 가솔린 자동차는 936대 불과
- 불과 5년 뒤인 1905년에는 EV(전기차)는 1,425대인 반면 가솔린 자동차는 18,699대로 급증
- 배경은 1) '포장 도로 네트워크': 빠르게 확장되는 도로로 보다 먼 거리를 주행할 수 있는 가솔린 장점 부각
  2) 가솔린 가격 경쟁력: 1907년 EV 차량 가격 $1,000~1,200 달러인 반면, 가솔린 차량은 $650~850 수준(1908년 Ford 가솔린 차량 대량 생산)

미국 운송수단 변화: 1900년은 EV가 가솔린보다 많아

(대수)

■ Electric ■ Gasoline ■ Steam

1900 1901 1902 1903 1904

1907년대 출시된 '전기차 [EV]' 가격 및 주요 재원

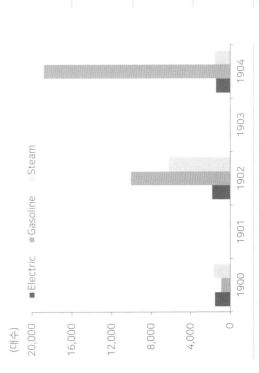

Studebaker, Model 22a.	Studebaker Automobile Co., South Bend, Ind.
Price: $1,050 Body: Runabout style, open Seats: 2 Persons Wheel base: 67 inches Tread: 54 inches Tires, Front: 30x3 inches Tires, Rear: 30x3 inches Steering: By side lever	Brakes: One operating on motor drum; one operating on rear axle Springs: Front, semi-elliptic; rear, full elliptic Motor rating: 40 volts, 24 amperes Battery: 24 cells, 9 plate Battery arrangement: Assembled in three trays	Motor suspension: Hung from body Motor - Control: By controller located left side of seat Speeds: 3 to 14 miles per four Drive: Through medium of chain and sprockets

Pope – Waverley, Model 29 Physician's Wagon. Pope Motor Car co., Indianapolis, Ind.
Price: $1,050 Body: Straight sill Seats: 2 Persons Wheel base: 72 inches Tread: 54 inches	Motor: One, special Current Supply: 30 cells of 9 P.V. exide Gearing : Herringbone type Speeds: 5 to 16 m, p.h. Drive: Direct

Baker Imperial.	Baker Motor Vehicle Co., Cleveland, O.
Price: $1,200 Body: Piano box type Seats: 2 Persons Weight: 1,000 Pounds Wheel base: 68 inches Tread: 48 ½ inches	Tires, Front: 30x3½ inches Tires, Rear: 30x3½ inches Steering: Side lever Brakes: Two Motor suspension: Under body	Capacity: 50 miles on one charge Springs: Full elliptic Current Supply: 14 cell battery, 9 MV. Speed: 14 and 17 m. p. h. Drive: Center chain

Pope – Waverley, Model 26, Chelsea.	Pope Motor Car Co., Indianapolis, Ind.
Price: $1,200 Body: Straight sill, swelled panels Seats: 2 Persons Wheel base: 80 inches Tread: 54 inches Tires, Front: 30x3 inches	Tires, Rear: 30x3½ inches Steering: Center lever Brakes: Two foot and one electric Steering: Full elliptic Motor: One. special	Current Supply: 30 cells of 9 P.V. exide Gearing : Herringbone type Speeds: 5 to 16 m. p.h. Drive: Direct

자료: Kirsch (2000) and Mom(1997), 메리츠증권 리서치센터

자료: University of California Libraries, 메리츠증권 리서치센터

Road의 확산(연결) 그리고 대중화

다기를 '혁신'과 '변환'

- 자동차 대중화의 핵심 동력은 도로를 통한 주행거리(연결)의 확장이었음

- 1910년 전후로 자동차 침투율이 급증하기 시작한 배경은 도로의 확장에 기인했고, 반대로 1929년 대공황, 1939~1945년 2차 세계대전 영향으로 도로의 확장이 정체된 것은 자동차 침투율 정체로 연결

- 역사적으로 운송의 수단은 끊임없이 바뀌어 왔지만 핵심은 얼마나 멀리, 효율적으로 갈 수 있느냐가 핵심

- 자동차가 오랜 기간 성장한 것도 이러한 두 가지 조건을 만족시켰기 때문

미국 자동차 침투율과 Public Road 연결 길이

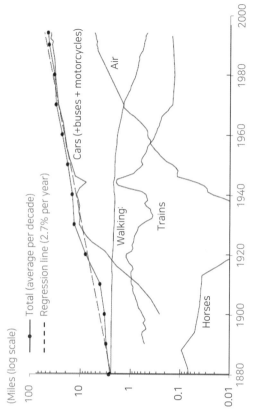

자료: Federal Highway Administration, Comin and Hobijn(2004) and others, 메리츠증권 리서치센터

미국 일간 이동 가능거리: 1880년 이후 연평균 2.7%씩 증가

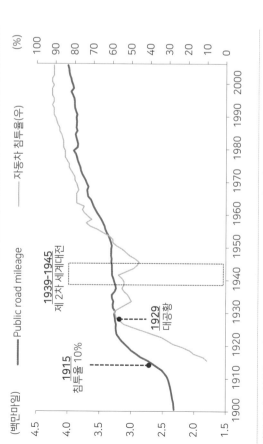

자료: Jesse Ausubel(2001), 메리츠증권 리서치센터

침투율 & 주가: 0~10%(경쟁 but 성장), 20%~50%(과점화 & 차별화)

다기업 '혁신'과 '변화'

- 자동차 대중화 사이클에 있어 주가 측면에서 얻을 수 있는 시사점은
  1) 침투율 0 ~ 10%: 신규 기업 대거 진입으로 경쟁 치열하지만 시장 성장이 경쟁심화를 상세. 주가는 상승
  2) 침투율 10 ~ 20%: 퇴출 기업 발생 시작. 시장 성장 & 주가 마찰적 상승
  3) 침투율 20 ~ 50%: 규모의 경제 효과에 따른 과점화, 독점화로 주가 차별화 수반
  - 침투율 50% 이상: 시장 성장 속도 정점. 주가 정체

미국 자동차 신규 진입 & 퇴출 기업 수 : 1910년 전후 주가 정점

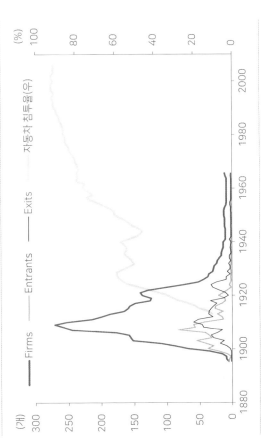

주 : 자동차 상업생산이 되지 못한 기업은 신규 진입, 퇴출 기업에서 제외
자료 : Steven Klepper(2001), Comin and Hobijn(2004) and others, 메리츠증권 리서치센터

미국 자동차 기업 주가와 침투율

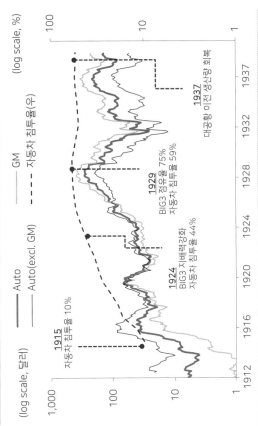

자료: Cowles Commission For Research In Economics, 메리츠증권 리서치센터

History of automotive technology

다가올 '혁신'과 '변화'

- 1900년 이후 시작된 자동차 침투율을 보면 침투율 50% 이전과 이후로 나눌 수 있어

- 침투율 50% 이전은 자동차 보급 그 자체가 핵심. 50% 이후는 침투율이 완만하게 올라가지만 보급보다는 세부 기술 발전 (Automatic Transmission, Power Steering 등) 에 따른 Quality 개선이 성장동력

1900년 이후 미국 자동차 침투율과 자동차 세부 핵심 기술의 발전

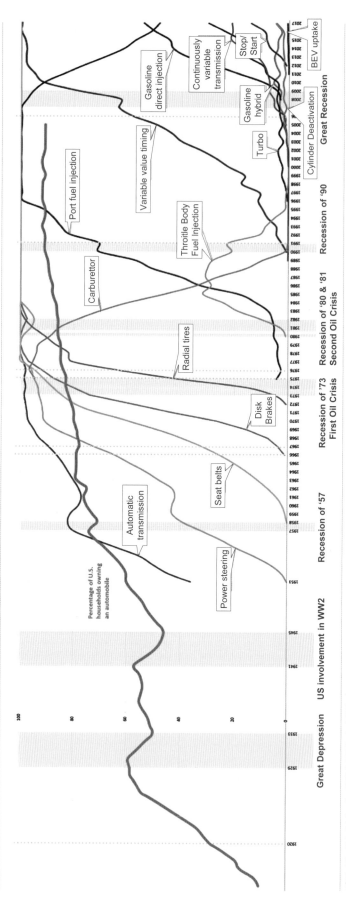

자료 : The World Bank, 메리츠증권 리서치센터

기술 혁신의 시작과 확산의 경로 : 2) Mobile + Smartphone

다가올 '혁신'과 '변화'

- 자동차와 비교 시 대중화 속도에는 차이가 있지만 '모바일(+스마트폰)'의 대중화 패턴 역시 유사한 경로
- 1) 초기 기술 혁신, 2) '네트워크의 확장(향상)'으로 시장 성장 가속화, 3) 판매단가 하락 등을 통한 대중화 혁신, 4) 세부 기술 진화에 따른 Quality 향상 순
- 모바일 대중화 사이클에 있어 기업 및 주가의 반응도 자동차의 그것과 다르지 않아

네트워크 확장(향상)에 따른 모바일 디바이스의 변화

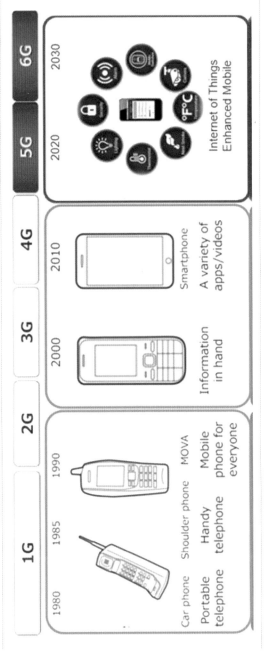

자료: Evaluation Engineering, 메리츠증권 리서치센터

초기의 기술 혁신(PDA, MP3 Industry)

다가올 '혁신'과 '변화'

- 내연기관 대중화 이전에 초기 기술 혁신(자전거, 초기 EV모델)이 존재했던 것처럼 모바일 시장 대중화 이전에 'PDA, MP3'와 같은 혁신 기술이 태동

- 문제는 스마트폰의 등장으로 '대중화' 사이클이 장기화되지 못했다는 것

- 태블릿의 전신인 PDA는 1997~2006년까지 성장했지만 2007년 iPhone 등장으로 쇠퇴
  MP3 산업은 국내 기업을 선두로 1998년 이후 성장했지만 이후 스마트폰 기능에 흡수

글로벌 디바이스별 판매량: PDA, Feature Phone, Smart Phone

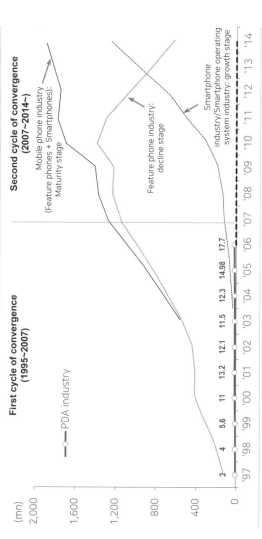

자료: Paolo Calvosa(2015), 메리츠증권 리서치센터

MP3 제조사(모델) 및 출시 연도: 한국 기업이 선두

Manufacturer/Distributor	Model	Date Released
SaeHan	MPMan	Spring 1998
Eiger	MPMan	May 1998
Diamond Multimedia	Rio	September 1998
Sensory Science	RaveMP 2100	Mid 1999
Creative Labs	NOMAD	June 1999
HanGo/Compaq	Personal Jukebox	1999
I2Go	eGo	2000
Cowon	iAudio CW100	October 2000
Archos	Jukebox 6000	December 2000
Intel	Pocket Concert	2001
Bang & Olufsen	BeoSound2	2001
Apple	iPod	October 2001
Archos	Jukebox Multimedia	2001
Creative Labs	Muvo	2002
Apple	iPod 2nd Generation	2002
Creative Labs	MuVo NX	2003
Apple	iPod 3rd Generation	2003
Diamond	Rio Karma	2003
Microsoft	Zen Portable Media Center	2004
Apple	iPod Mini	2004

자료: Jerry Neuman(2018), 메리츠증권 리서치센터

Network의 확산(연결) 그리고 대중화

디카이올 '혁신'과 '변화'

- 모바일 디바이스 대중화의 계기는 3G, 4G로 연결되는 네트워크의 확장 효과가 핵심

- 도로 확장과 더불어 신규 자동차 기업이 대거 진입했던 것처럼 모바일 생태계는 네트워크의 확장과 더불어 다변화 시작

- 2007년 애플의 iPhone 출시 이후 침투율 10% 전후에서 Android 기반의 OS 탄생

스마트폰 침투율 곡선 & 이벤트

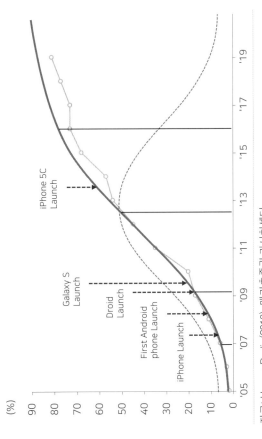

자료: Horace Dediu(2013), 메리츠증권 리서치센터

스마트폰 침투율 & 2G, 3G, 4G (모바일 연결): 3G & 4G에서 가속화

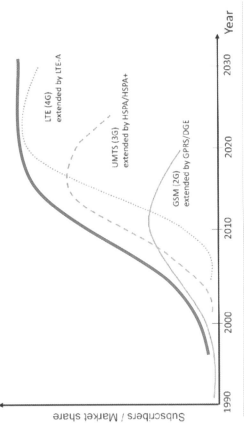

자료: Sanae El Hassani(2016), 메리츠증권 리서치센터

대중화의 보기점(침투율 20% 전후)로 판매단가 인하 가속화

다가올 '혁신'과 '변화'

- Feature Phone의 경우 초기 모델 가격과 대중화 이후의 가격은 최대 100배 차이

- 대중화 이후 판매단가 인하가 빠르게 진행됐음을 의미

- Smartphone도 마찬가지. 2007~10년까지 판매가격의 큰 변화는 없지만 침투율 20%를 넘어서면서 가격인하 가속화

- 평균 400달러 수준의 스마트폰 가격이 2015~2016년에는 절반 수준으로 하락(Android 중심). 보급형(저가폰)의 등장이 대표적인 예

Feature Phone과 Smartphone 가격 변화

Model	Release Year	Units sold (millions)	Launch price (in US) Current ($)	Launch price (in US) Constant (in 2014 $)	Constant price index (DynaTAC=100)
Feature phones					
Motorola DynaTAC 8000x	1983	n.a.	3995	9496	100
NEC P3	1990	n.a.	1990	3604	38
Motorola StarTAC	1996	60	1000	1509	16
Siemens A50	2002	15	100	132	1
Nokia 1100	2003	250	110	142	1
Motorola RAR V3	2004	130	300	376	4
Samsung E1100	2009	150	69	76	1
Smartphones					
Apple 1	2007	7	600	685	7
Apple 5	2012	70	600	619	7

자료: Nuno Bento(2016), 메리츠증권 리서치센터

스마트폰 침투율과 ASP(판매단가): 침투율 20% 시점인 2010년 이후로 하락

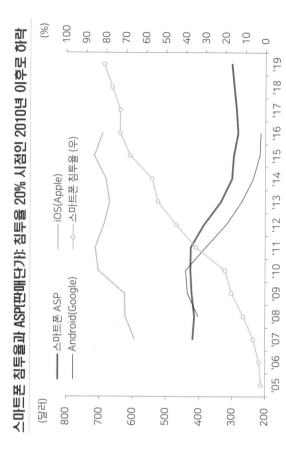

자료: Statista, IDC, 메리츠증권 리서치센터

경쟁자 진입: 격변기 → 과점(2강 체제) → 과점(3강 체제)

디가들 '혁신'과 '변환'

- 스마트폰 대중화 사이클은 침투율 20%(2010년) 이후로 급격한 지형변화가 진행

- 초기 스마트폰 OS(운영체제)는 Symbian(구 PDA 운영체제), RIM(ex. 블랙베리) 중심의 구도. 2007년 애플의 iPhone을 중심으로 한 iOS. 이후 Android OS가 2010년 이후 출시되며 현재의 2강 구도를 구축

- 벤더 측면에서 보면 스마트폰 시장은 1) 격변기(침투율 0~20%, 2007~2010년), 2) 2강 구도의 과점기 (애플과 삼성, 2011~2015년)를 거쳐, 3) 3강 구도(애플, 삼성, 화웨이, 2016년~)가 형성 중

스마트폰 침투율 & OS(운영체제) 점유율: 침투율 20% 이후 2강 체제 구축

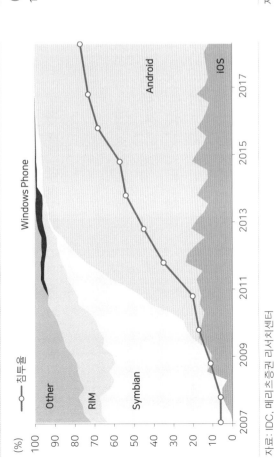

자료: IDC, 메리츠증권 리서치센터

스마트폰 침투율 & 벤더 점유율: 격변기 → 과점 (2강) → 과점(+중국)

자료: IDC, 메리츠증권 리서치센터

침투율 & 주가: 0~10%(과도기), 20%~50%(지형변화 가속화, 차별화)

다가올 '혁신'과 '변화'

- 스마트폰 대중화 사이클 국면에서의 주가 반응도 자동차 대중화 사이클과 유사

  1) 침투율 0 ~ 10% (2008년 이전) : 신규 기업(ex. 애플)이 중심의 시장 개화. 관련 기업 동반 상승

  2) 침투율 10 ~ 20% (금융위기) : 금융위기에 동반 하락. 애플, 삼성, HTC 선전

  3) 침투율 20 ~ 50% (2010~2013년) : OS 재편 가속화 및 주도 기업 중심 차별적 상승. 비주도주 급락

  4) 침투율 50% 이상 : 시장 성장 속도 정점. 주가 동반 정체. 저가폰(보급형) 중심의 기업 상승

핸드셋 기업 연간 매출액 성장률: 침투율 10% 이후부터 매출 차별화

매출액 성장률 (% YoY)	2005	2006	2007	2008	2009	2010	2011	2012	2013	2014
스마트폰 침투율 (%)	2.0	3.0	6.0	11.0	17.0	20.2	35.0	45.0	54.0	57.0
Apple	38.6	27.2	52.5	14.4	52.0	66.0	44.6	9.2	7.0	27.9
Samsung	-1.6	5.9	15.3	23.1	12.4	13.4	6.7	21.9	13.7	-9.8
HTC	101.0	44.0	12.2	28.9	-5.2	92.9	67.1	-38.0	-29.6	-7.6
Blackberry	53.0	47.0	97.9	84.1	35.1	33.1	-7.5	-39.9	-38.5	-51.0
Nokia	16.4	20.3	24.2	-0.7	-19.2	3.6	-8.9	-60.2	-17.5	-7.5
LGE	2.8	4.3	15.3	18.4	-12.3	0.5	-2.7	1.6	5.5	1.5
Sony	4.9	10.5	6.9	-12.9	-6.7	-0.5	-9.6	4.7	14.3	5.8

자료: Bloomberg, Comin and Hobijin(2009) and others, 메리츠증권 리서치센터

핸드셋 기업 주가 및 침투율: 침투율 10~20% 전후로 주가 차별화

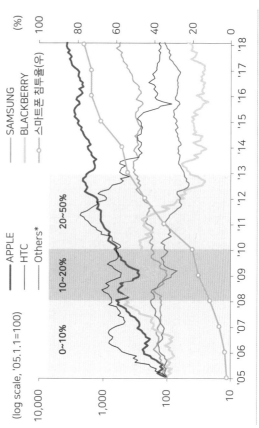

주: * NOKIA, LGE, SONY 등일 가중 평균
자료: Refinitiv, 메리츠증권 리서치센터

History of Technology Adoption

다가올 '혁신'과 '변화'

- IT 산업의 기술혁명을 유선에서 무선(모바일)으로, 하드웨어에서 소프트웨어로의 변화를 설명할 수 있지만,

- 핵심은 인터넷과 같은 '네트워크의 연결'이 후행적으로 강화된 데 따른 결과물임

- 기술혁신에 있어 인프라 확충은 당장의 필요조건은 아님

- 자동차와 도로의 관계가 그랬던 것처럼 기술 혁명 초기에 혁신적인 제품이 먼저 등장하고 이후의 네트워크 강화가 새로운 대중화를 이끄는 형태가 반복될 가능성

1984년 이후 주요 IT 기술침투율: 인터넷보다 PC가 먼저 개화된 것 처럼, 네트워크 강화는 또 다른 대중화를 만들 것

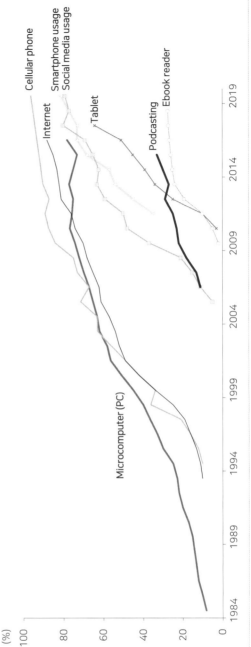

자료: Comin and Hobijn (2004) and others, 메리츠증권 리서치센터

신기술의 'Chasm'을 찾아라! 기술침투 S-Curve의 추정 – Bass의 확산 모델

다가올 '혁신'과 '변화'

- Frank Bass는 새로운 기술(제품) 침투의 확산을 '혁신자'와 '모방자'들에 의한 상호작용으로 정의

- 여기에 기술 및 품목마다 다른 혁신자와 모방자의 영향력이 다르다는 점을 감안해 각각의 '계수'를 가정

- 이것이 혁신계수(Innovation Coefficient)와 모방계수(Imitation Coefficient)임

- 예컨대, 유선통신은 혁신계수는 낮지만 모방계수는 상대적으로 높은 편. 혁신의 강도는 낮지만 모방을 통한 침투는 빠르게 진행된다는 의미. 반면 광학/의료기기의 경우 혁신계수는 매우 높지만 모방계수는 낮음

Bass의 Diffusion Mode

$$\frac{f(t)}{(1 - F(t))} = p + q\, F(t)$$

f(t) = change in installed base

F(t) = cumulative fraction of installed base

p = coefficient of innovation

q = coefficient of imitation

자료 : Bass Basement Research, 메리츠종금 리서치센터

산업별 혁신계수와 모방계수

	혁신계수 (p_i)	모방계수 (q_i)
가정용기기	0.0009	0.0792
광학/의료기기	0.0107	0.2062
유선통신	0.0015	0.7617
무선통신	0.0119	0.5452
영상/음향기기	0.0042	0.2637
자동차	0.0007	0.1856
컴퓨터	0.0074	0.6468
빅데이터	0.0060	0.4580
사물인터넷(IoT)	0.0050	0.4150
클라우드	0.0060	0.4660

주 : 가정용기기 – 컴퓨터는 선행연구 추정치 중앙값, 하단은 문헌 내 유추법 추정치
자료 : 정보통신정책연구원(주재욱 외, 2016), 메리츠종금 리서치센터

Bass 모형을 통한 자동차, TV 사례 분석

다가올 '혁신'과 '변화'

- Bass의 혁산산모형을 과거 자동차와 TV 대중화 사례를 통해 검증

- 자동차의 경우 대공황과 제2차 세계대전에 따른 충격으로 실제치와 괴리가 존재했으나, 동 시기를 제외하면 유사한 동선이 진행. TV는 모형과 매우 유사

- 대중화의 변곡점, 즉 Chasm 시기를 침투율 16% 수준이라 정의하면: 자동차는 '1917년'이 Chasm, TV의 경우 1968년이 Chasm에 해당함

Bass 모형을 통한 자동차 침투율 침투율 추정: 혁신계수 0.0007 / 모방계수 0.19

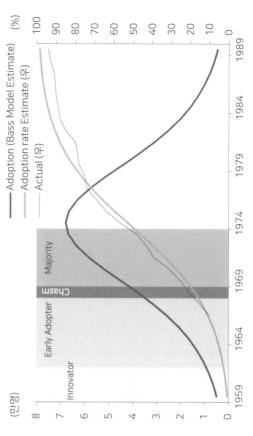

주: Adoption(기술체택)은 침투 대상 시장 규모가 100만명(혹은 100만대)라 가정
자료: Comin and Hobijn(2004) and others, 메리츠종권 리서치센터

Bass 모형을 통한 TV 침투율 침투율 추정: 혁신계수 0.0042 / 모방계수 0.26

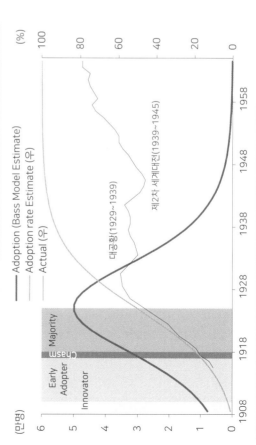

주: Adoption(기술체택)은 침투 대상 시장 규모가 100만명(혹은 100만대)라 가정
자료: Comin and Hobijn(2004) and others, 메리츠종권 리서치센터

전기차(EV)의 대중화 변곡점은 언제일까?

다가올 '혁신'과 '변화'

- Tesla 중심의 전기차 대중화 시나리오를 Bass 모형을 통해 추정해 볼 수 있음
- 혁신 계수는 빅데이터(ex. 자율주행 감안)에 해당하는 0.006, 모방계수는 자동차와 전자제품의 중앙값인 0.23으로 가정
- 결과는 2020년 3.5% 전기차 침투율이 2022년 7.4%, 2023년에는 약 10%에 도달할 것으로 전망. 대중화 변곡점인 Chasm 통과 시기 2025년, 침투율 성장률의 정점(50%) 도달은 2031년으로 도출
- 경험적으로 주가 상승 강도가 가장 강한 시기는 Chasm 통과 이전 국면

전기차(EV)의 기술 침투 확산 시뮬레이션: 2020~2024년 Early Adopter 국면, 2025년 이후 본격적인 대중화 전망

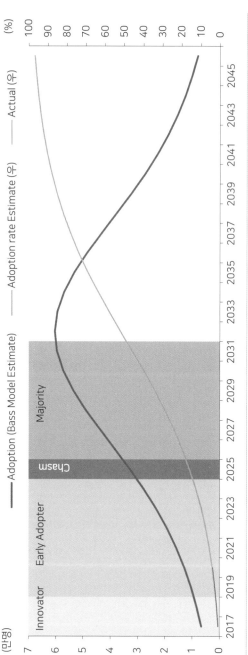

주: Adoption(기술채택)은 침투 대상 시장 규모가 100만명(혹은 100만대)라 가정
자료: 메리츠증권 리서치센터 추정

What's Next? LEO(저궤도 위성) 시대의 개막

다가올 '혁신'과 '변화'

- 약 25년 전 세상의 이목을 끌었다 꿈에 그친 '저궤도 위성군(LEO: Low Earth Orbit)'이 다시 추진 중

- 위성벤처 2.0으로 대변되는 SpaceX, Amazon, Google, Facebook 등 Big Tech 기업이 주도

- LEO의 시대의 본격화가 의미하는 것은 네트워크의 또 다른 강화임. 저궤도 위성의 장점인 짧은 지연속도, 저궤도 위성간의 연결로 인한 네트워크 영역 확대가 가능해지기 때문

- 2019년 기준 전세계 인터넷 보급률이 54%에 그친 것은 물리적인 연결이 어려운 지역이 여전히 남아있던 결과(일부 미연결 지역은 GPS 활용). LEO의 확산은 남은 46%의 연결을 완성하는 효과

전세계 인터넷 보급률과 지역별 현황, LEO / MEO / GEO 위성 궤도 : LEO의 확산은 추가적인 네트워크의 확장 효과

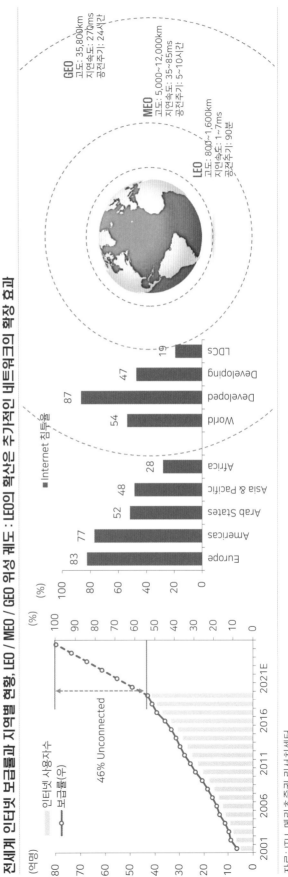

자료 : ITU, 메리츠증권 리서치센터

무엇이 달라졌나? 기술 발전 & 비용 감소

다가올 '혁신'과 '변화'

- LEO 추진이 다시 가능해진 배경은 위성체, 통신탑재체(Payload), 전송기술, 발사체 등의 획기적인 기술발전이 한 몫. 이는 위성제작의 비용절감 효과로 연결. 소규모 & 다수의 위성 발사가 가능해진 이유

- 2020년을 기점으로 LEO로 표현되는 군집(Constellation) 위성 규모가 급격히 팽창할 것으로 전망. 2020년~2030년까지 약 7,300개 이상의 LEO가 운영될 것으로 추정

- LEO 군집 위성을 구현(글로벌 커버리지 확대)하기 위해서는 많은 수의 위성이 필요하기 때문

- LEO의 짧은 궤도주기, 작은 커버리지 비율 특성에 기인

LEO 위성 발사 계획 : 2020년 이후 본격화

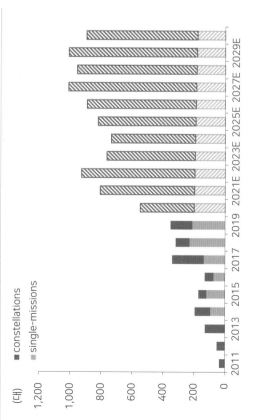

자료 : PWC, 메리츠종금 리서치센터

위성 비용 감소 : 원가는 하락하고 무게도 가벼워졌다

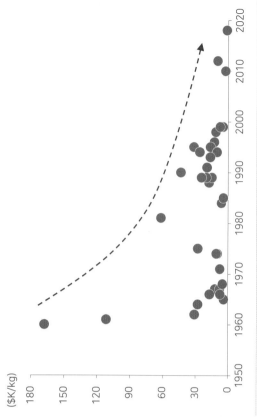

자료 : Wertz and Larson(1996), Futron(2002) 외, 메리츠종금 리서치센터

누가 어떻게? SpaceX부터 Amazon까지

다가올 '혁신'과 '변화'

- SpaceX는 주요 LEO 업체 중 가장 거대한 네트워크를 추진 중. 최대 42,000개의 위성을 활용
- 위성의 수가 많아지면 데이터의 처리 용량도 증가. 고속의 네트워크 구축 가능
- OneWeb, Telesat는 기존 대역대의 확장이 목표
- AMAZON은 2020년초 LEO Constellation를 구축하기 위한 'Project Kuiper'를 발표
- 3,236개의 LEO 위성을 통해 미국 전역에 일자리와 인프라를 창출하는 것이 목표

3대 LEO 비교: Telesat/ OneWeb / SpaceX

Constellation	Num. Sats in Final Design	Num. On Orbit	Altitude (Km)	Frequency Band (s)	Planned Initial Service
OneWeb	600 – 900	74	1,200	Ka, Ku	2021
SpaceX (Starlink)	800 – 42,000	422	340 – 1,150	Ka, Ku, V	2020
Telesat	300	1	1,000 – 1,200	Ka	2022
Amazon (Kuiper)	3,236		590 – 610	Ka	

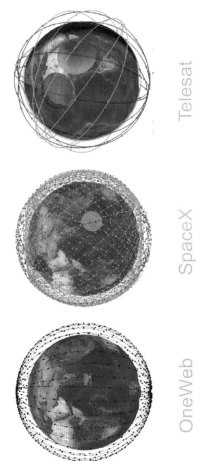

OneWeb   SpaceX   Telesat

주: OneWeb은 파선신청 후 운영계획/ Telesat의 파란선은 Orbit, 빨강선은 Polar Orbit
자료: Massachusetts Institute of Technology, 메리츠증권 리서치센터

기대효과는? '좀 더 빠르게, 좀 더 정확하게'

다가올 '혁신'과 '변화'

- LEO와 GEO간의 거리는 약 35배 차이. 상대적으로 지구와 가까운 LEO의 데이터 전송 속도가 빠른 것이 장점

- RTT(Round Trip Time: 데이터의 왕복 전송 시간)는 30~50 Milliseconds로 MEO, GEO에 크게 개선

- 관건은 오차(Dilution of Precision)
  - 저궤도에 따른 낮은 커버리지 면적으로 궤도가 낮을 수록 많은 위성 수를 보유해야 GPS 이상의 정밀도가 가능

- LEO Constellation가 온전히 구축된다면 기존 GPS보다 빠르고 정확도를 높일 수 있을 것

LEO / MEO / GEO 궤도 및 Latency 비교 & 궤도 · 인공위성 수에 따른 정밀도의 오차

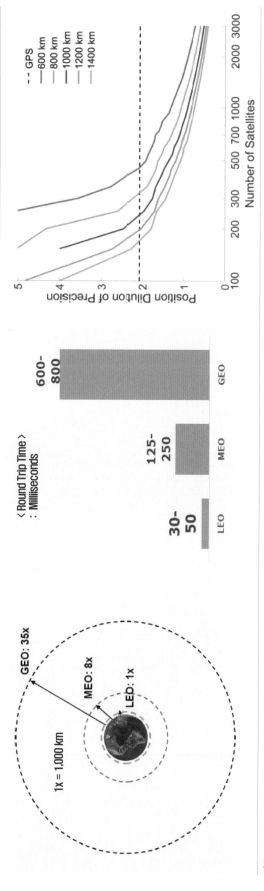

자료: Telesat, Massachusetts Institute of Technology, 메리츠증권 리서치센터

무엇이 달라지나? 'IoT (Internet of Things)'의 확산

다가올 '혁신'과 '변화'

- 초연결 사회가 의미하는 것은 'IoT (Internet of Things)의 확산'

- McKinsey에 따르면 IoT로 연결되는 시장 규모는 2018년 대비 2030년 4.3배가 증가하고, 데이터 트래픽은 19배 증가할 것으로 추정

- 이 중 핵심은 Machine과 Machine간의 연결임(M2M). 데이터 소모량은 크지 않지만 전체 디바이스 시장 규모면에서는 71%에 육박할 것으로 전망. 이는 상대적으로 네트워크 효과가 닿지 않았던 영역이기 때문

연결된 세상 [A more connected world]

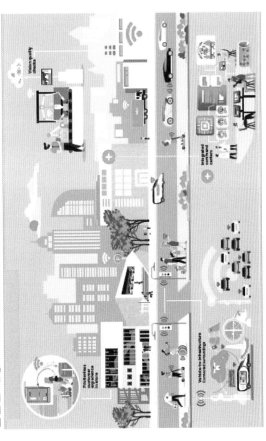

자료 : McKinsey(2020), 메리츠증권 리서치센터

IoT 기대효과: Machine과 Machine (M2M) 연결 확산이 핵심

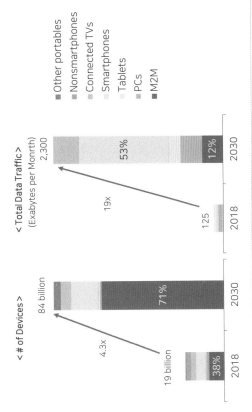

자료: McKinsey(2020), 메리츠증권 리서치센터

'Last Mile' Connectivity가 시작된다

다가올 '혁신'과 '변화'

- '**Last mile Connectivity**' = 기존 네트워크의 한계로 물리적으로 연결되지 못한 지역, 장치를 연결하는 것

- LEO의 확산, 그로 인한 초연결 사회가 주는 의미도 '디지털 전환'의 가속화일 것

- 디지털 전환 가속화의 5가지 조건 중 현재는 가장 중요한 펌믈이 충족 중
  1) 초연결 (Connecting the unconnected networks) 2) 효율성(efficient) 3) 비용 절감 (cost-effective)
  4) 기술 진화 (fast deployment technologies) 5) 정책 지원 (policy models to improve accessibility)

Vehicle to Everything : 자율주행 및 초연결 완성단계

V2I Vehicle-to-Infrastructure
V2D Vehicle-to-Device
V2H Vehicle-to-Home

V2G Vehicle-to-Grid
V2V Vehicle-to-Vehicle
V2P Vehicle-to-Pedestrian

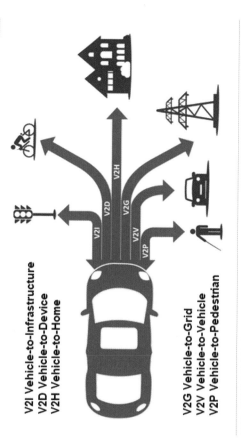

자료: EMERGING TECHNOLOGIES AND THEIR EXPECTED IMPACT ON NON−FEDERAL
SPECTRUM DEMAND (2019), 메리츠증권 리서치센터

VC 시장에서의 'Last Mile'과 관련 가장 관심 높은 분야? '배달'

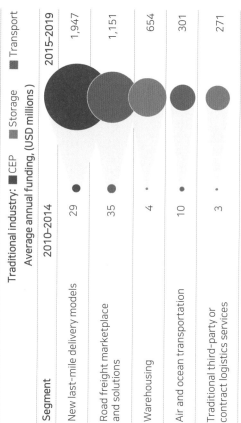

Traditional industry: ■ CEP ■ Storage ■ Transport

Average annual funding, (USD millions)

Segment	2010-2014	2015-2019
New last-mile delivery models	29	1,947
Road freight marketplace and solutions	35	1,151
Warehousing	4	654
Air and ocean transportation	10	301
Traditional third-party or contract logistics services	3	271

자료: McKinsey(2020), 메리츠증권 리서치센터

'세상'의 변화 = '시장'의 변화

■ 세상을 바꿔놓은 '혁신'은 주식시장에 투영. 1800년 중후반은 시가총액 80% 수준이 운송기업. 지금의 변화는 과도한가?

1780년 이후 기술혁명과 미국 주식시장 시가총액 비중 변화 : 1800년 중후반 '운송', 1900년 중반은 제조업 + 소비재, 2000년 이후는 IT + 헬스케어

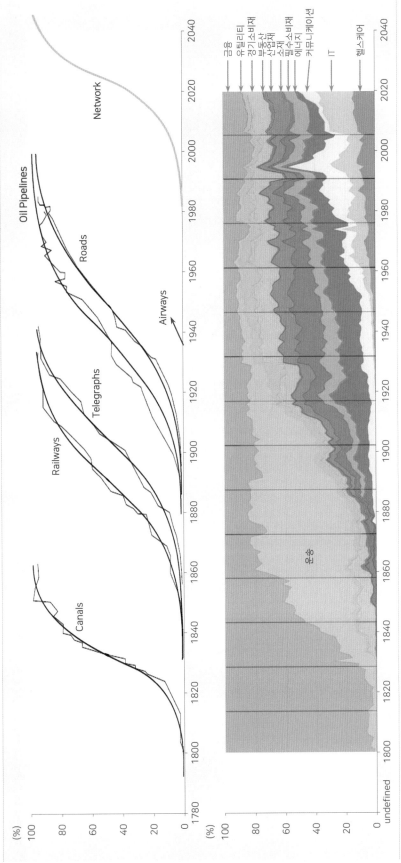

자료 : Arnulf Grubler "Dynamics of Energy Technologies and Global Change" (1997), Global Financial Data, 메리츠증권 리서치센터

그리고 에너지...기술혁명은 가속화는 에너지혁명으로

다가올 '혁신'과 '변환'

- 네트워크의 확장으로 완성된 기술혁명은 모두 에너지혁명으로 연결. 연결의 중심점을 지날 때 변하는 가속화. 지금의 핵심 에너지원은 무엇인가? 결국 '전력 (Electric Power)'

기술혁명과 에너지혁명

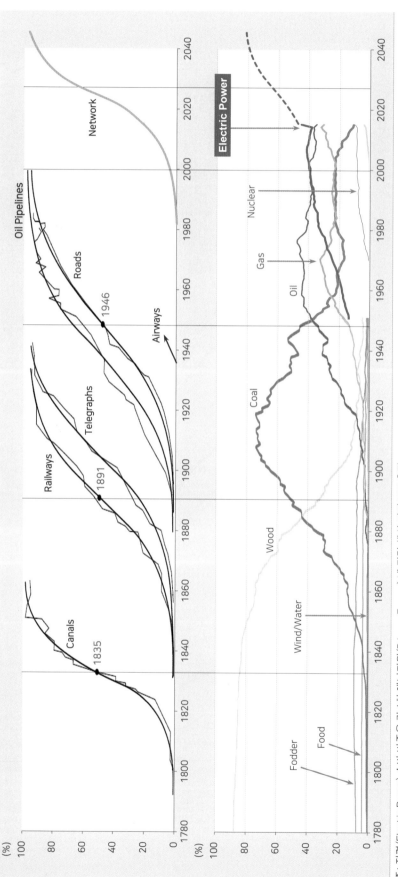

주: 전력(Electric Power) 소비 비중은 각 1차 에너지원(Primary Energy) 내 전력 생산 기여도로 추정
자료: Arnulf Grubler(1997), Peter A. O' Connor and Cutler J. Cleveland(1996), EIA, 메리츠증권 리서치센터

강의자료(전망) 29 **210**

앞으로 어디에 많이 쓰일까? '운송'이 핵심

다가올 '혁신'과 '변화'

- NREL(National Renewable Energy Laboratory)에 따르면, 2050년까지 전력 소비량은 중립적 시나리오 기준 20% 늘어난 934 TWh(Terawatt-hours), 낙관적 시나리오 기준에서는 1,782 TWh(+38%) 필요 전망
- 전력 수요 증가의 핵심은 운송 수요. 전기차 및 Hybrid 차량의 확대가 빠르게 확산될 가능성 때문

미국 전력 수요 전망: 운송 산업 중심으로 전력 소요 확대

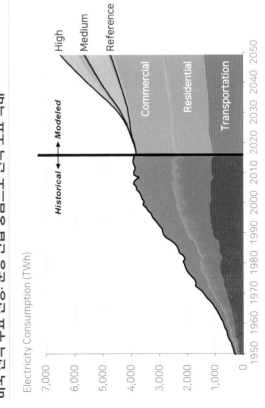

자료: NREL (2018), 메리츠종금 리서치센터

2016~2050년 전기차 및 Hybrid 차량 확대 시나리오

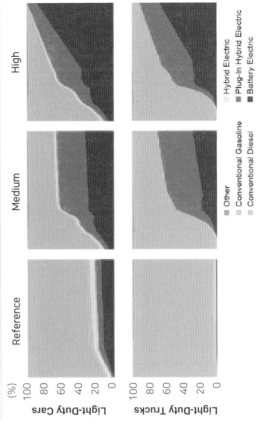

자료: NREL (2018), 메리츠종금 리서치센터

전력 (Electric Power)는 어디서 만들어지고, 어떻게 소비되는가

다가올 '혁신'과 '변화'

- 1차 에너지 공급원은 대부분 화석연료. 미국 전체 에너지 공급의 36%가 석유, 천연가스가 28%, 석탄이 14%

- 전력 (Electric Power)은 1차 에너지원을 통한 2차 에너지원임

- 석탄의 91%, 천연가스의 36%, 원자력의 100%, 신재생의 56%, 석유의 1%가 전력생산에 쓰임

- 전력의 소비는 크게 산업, 주거 및 상업, 교통으로 구분. 주거 및 상업이 전력 의존도가 높으며, 교통(운송)은 1%에 불과. 교통(운송)의 변화가 에너지 산업에 큰 영향을 줄 수밖에 없는 이유

미국 에너지 공급의 원천: '전력'은 1차 에너지를 통한 2차 에너지원

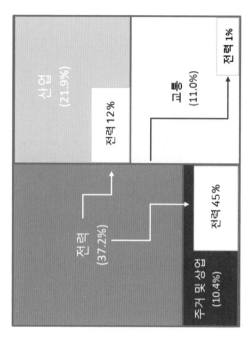

주 : 2019년 기준
자료 : EIA, 메리츠증권 리서치센터

미국 에너지 1차 에너지 소비(섹터별) : 교통(운송)의 전력사용은 1%에 불과

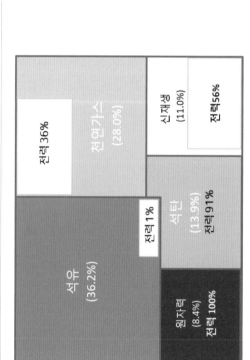

주 : 2019년 기준
자료 : EIA, 메리츠증권 리서치센터

Net-Zero (CO₂) 시대의 의미는, 다른 방법으로 '전력'을 생산한다는 것

다가올 '혁신'과 '변화'

- 전세계적으로 진행되고 있는 탄소 배출 감소 정책은 '전력' 생산의 원천을 바꾸라는 의미

- EIA는 2050년 주요국의 이행과 지속가능한 에너지원의 변화가 수반되어야 '탄소 제로(Net-Zero)' 시나리오가 가능하다고 주장

- 특히, CO₂ 배출 산업 비중이 높은 국가의 역할이 중요. 통상 40년 전후의 공장 Lifetime을 감안 시 향후 10~20년간 공장의 리모델링 및 투자가 필요

EIA의 탄소 배출 감소 시나리오: 2050년 Net-Zero가 목표

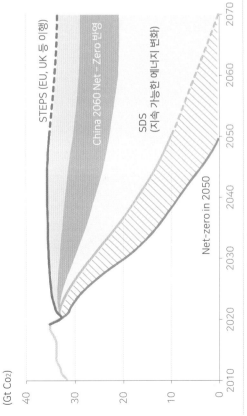

(Gt CO₂)

주: STEP(Stated Policies Scenario), SDS(Sustainable Development Scenario)
자료: EIA(World Energy Outlook, 2020), 메리츠종권 리서치센터

탄소 배출의 구조적인 감소는 Heavy Industrial 산업, 국가 변화가 절실

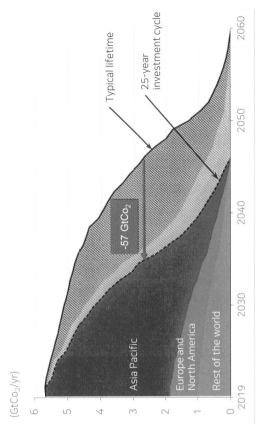

(GtCO₂/yr)

자료: EIA(Energy Technology Perspectives, 2020), 메리츠종권 리서치센터

'Green Energy'가 다시 주목 받는 이유도 '전력' 공급의 대체자 역할 때문

디지털 '혁신'과 '변화'

- Green Energy를 보는 관점은 단순 정책 '구호'가 아닌 새로운 전력 공급자로의 역할로 봐야
- 에너지원의 교체에는 오랜 시간이 필요하지만 에너지원의 변화는 하나의 추세가 될 것
- EIA는 2019~2040년 전력을 생산하는 에너지원은 기존 석탄, 천연가스에서 풍력, 태양광이 될 것이라 전망

글로벌 전력생산 변화: 2019~2040년은 EIA's STEP (Stated Policies Scenario) 기준

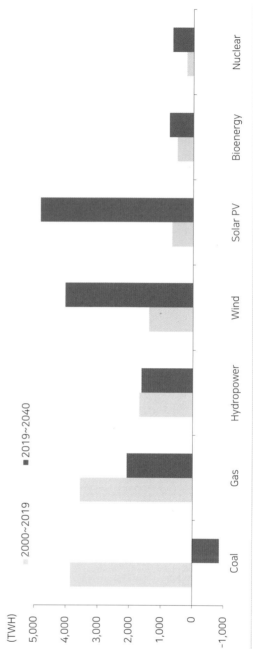

■ 2000~2019   ■ 2019~2040

자료: EIA(World Energy Outlook, 2020), 메리츠증권 리서치센터

에너지, 변화가 시작되면 '초장기 사이클'. 가속화 지점이 중요

다가올 '혁신'과 '변화'

- 에너지 혁명은 대부분 기술혁명에서 파생. 새로운 기술 도입, 운송수단의 변화가 그것
- 중요한 것은 에너지 혁명의 기간은 매우 길지만, 가속화는 절반의 기간 동안 집중된다는 점. 변화의 동력은 과거 '에너지 가격'이었지만, 지금은 '기술의 전환'임

기술 및 운송 변화에 따른 에너지 사이클의 변화: 에너지 혁명 속에서도 '가속화'의 트리거와 기간이 존재

Substitution (Original-New)	Service	Nature of Changes	Probable Key Factors in Diffusion	Approx. Period (Innovation to Dominance)	Approx. Period (Diffusion to Dominance)
Residential Woodfuel-Coal	Heating	Supply Energy Service	D: Price of Energy C: Invention	1500-1800 (300 years)	1580-1800 (220 years)
Iron Woodfuel-Coal	Heating	Supply Energy Service	D: Price of Energy C: Invention C: Efficiency	1709-1790 (81 years)	1750-1790 (40 years)
Manufacturing Woodfuel-Coal	Heating	Supply Energy Service	D: Price of Energy C: Inventions	1300-1700 (400 years)	1550-1700 (150 years)
Residential Coal-Gas	Heating	Supply Energy Service	D: Better Service C: Price of Energy	1880-1975 (95 years)	1920-1975 (55 years)
Ox-Horse	Power	Energy	D: Efficiency	900-1600 (700 years)	1070-1600 (530 years)
Animals-Mills	Power	Supply Energy Service	D: Different Service C: Econ. of scale	700-1350* (650 years)	1000-1350* (350 years)
Animals-Steam	Power	Supply Energy Service	D: Different Service C: Efficiency	1710-1920 (210 years)	1830-1920 (90 years)
Steam-Electricity	Power	Supply Energy Service	D: Better Service C: Econ. of scale	1821-1950 (139 years)	1920-1950 (30 years)
Horses-Railways	Land Transport	Supply Energy Service	D: Better Service C: Price of Service	1804-1860 (54 years)	1830-1860 (30 years)
Sail-Steam Ship	Sea Transport	Supply Energy Service	D: Better Service C: Efficiency	1815-1890 (75 years)	1830-1890 (60 years)
Railways-Combustion Engine	Land Transport	Supply Energy Service	D: Better Service C: Efficiency	1876-1950 (74 years)	1911-1950 (39 years)
Candles-Gas	Lighting	Supply Energy Service	D: Better Service C: Price of Energy C: Efficiency	1800-1850 (50 years)	1810-1850 (40 Years)
Candles-Kerosene	Lighting	Supply Energy	D: Price of Energy C: Discovery	1850-1900* (50 years)	1860-1900* (40 Years)
Gas-Electricity	Lighting	Supply Energy	D: Better Service C: Price of Energy	1810-1935 (125 years)	1880-1935 (65 years)

	Period	Duration of Innovation Chain	Duration of Diffusion
Shortest	700-2000	50 years	30 years
Average	700-2000	245 years	125 years
Average	1700-2000	95 years	49 years

D: main driver for adoption
C: main catalyst for adoption

자료 : Roger Fouquet(2010, 2016), BC3, LSE Research, 메리츠종금 리서치센터

Think Big! Network 51%의 마법

다가올 '혁신'과 '변화'

- 개별 기술진보, 네트워크 연결, 에너지 혁명을 통해 알 수 있는 것은 변화가 가속화되는 지점이 존재한다는 것

- 기술 발전에 따른 경제적인 효과도 마찬가지. 기술의 확산이 본격화되면 전체 경제의 생산성 향상으로 연결

- Network 51% 효과: 생산성 개선에 기반한 경제성장 가속화 분기점은 Network의 '절반' 이상이 연결될 때

- 1800년 후반~1990년 후반에 진행된 '연결'의 효과는 1940~1950년에 걸쳐 빠르게 진행

- 정체됐던 '도로' 및 전기 등 제반 네트워크크기가 빠르게 확장됐기 때문

기술과 생산성: 1940~1950년대 생산성이 크게 증가한 배경은?

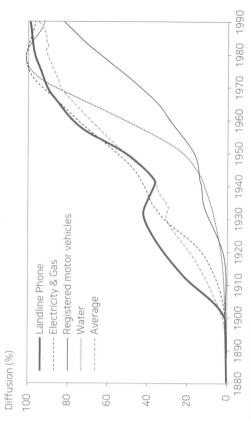

Growth index (1928=100), log scale

자료: Iraj Saniee, Sanjay Kamat 외(2017), 메리츠증권 리서치센터

도로 등 네트워크의 확장이 빠르게 진행된 결과

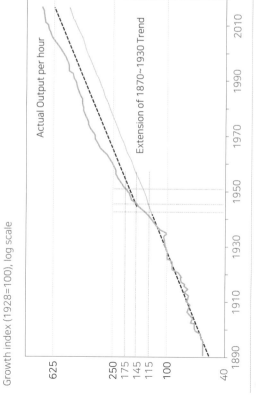

Diffusion (%)

- Landline Phone
- Electricity & Gas
- Registered motor vehicles
- Water
- Average

자료: Iraj Saniee, Sanjay Kamat 외(2017), 메리츠증권 리서치센터

Digital로 인한 경제 생산성 향상 본격화는 2028?

디가을 '혁신'과 '변화'

- 이번 기술혁명 사이클도 마찬가지. 네트워크 강화/확산될수록 생산성 개선이라는 경제적 효과도 발생할 것
- Iraj Saniee (2017)는 통신 네트워크에 이어 헬스케어, 운송 수순으로 연결이 완성이 전망
- 즉, IoT의 완성. 현재 경제 네트워크가 절반 이상을 지나는 분기점은 2028년으로 추정

현재의 네트워크 연결이 중심점을 통과하는 시기는 2028년으로 추정

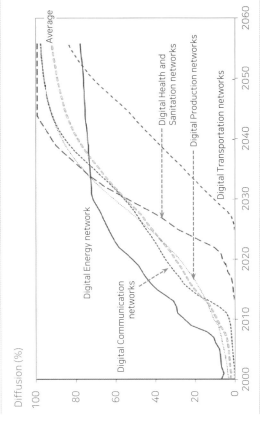

자료 : Iraj Saniee, Sanjay Kamat 외(2017), 메리츠증권 리서치센터

통신 네트워크에 이어 헬스케어, 운송의 연결 수준으로 초연결 완성 전망

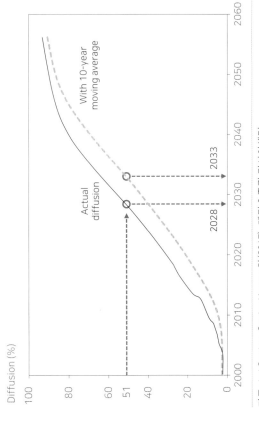

자료 : Iraj Saniee, Sanjay Kamat 외(2017), 메리츠증권 리서치센터

시장 전망: 기술 확산 속 한국은 Loser일까 Winner일까

다가올 '혁신'과 '변화'

- 핵심은 성장 산업의 주도력을 갖추고 있는지 여부. 다행히 한국은 핵심 산업이 높은 경쟁력 보유
- 한국은 반도체뿐만 아닌 2차전지, CMO, 전기차 등 차세대 성장동력이 가장 잘 포지셔닝 되어 있는 국가

주요 성장 산업 내 국내 기업 시장 점유율: 국내 기업은 기술 높은 경쟁력 보유

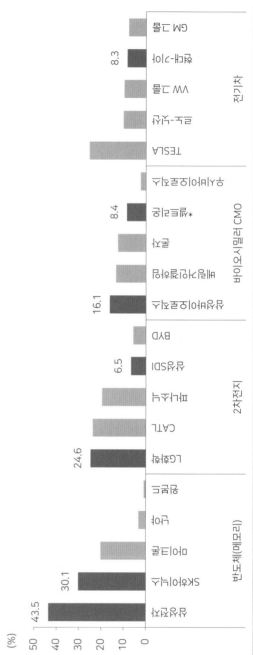

주: 반도체는 DRAM 매출액, 2차전지는 셀 총출하량(Mwh), CMO는 CAPA(리터), 전기차는 판매량 기준 (2020년 3분기 누적).
＊ 셀트리온은 CMO 비중이 낮지만 전체 CAPA를 CMO로 간주.
자료: TrendForce, SNE Research, 삼성바이오로직스, 메리츠증권 리서치센터

기술이 발전 가속화 된다면 한국이 가장 유리한 산업 구조

다가올 '혁신'과 '변화'

- 글로벌 경기의 저성장 고착화, 연동성 약화로 국가간 성과(주식) 차이도 심화
- 지금은 GDP 성장률 보다는 해당 국가의 산업구조를 보고 의사결정을 해야 하는 시대
- 미국: 성장섹터 주도국가(IT + 커뮤니케이션 + 헬스케어 섹터 비중 약 54%)
- 유럽: 소비재 섹터(필수소비재 14.5%)에 특화 / 일본: 산업재 / 대만: IT(반도체)

MSCI 각국 주가지수 내 섹터별 비중(2020년 9월 말 기준)

(%)	AC World	DM	EM	US	EUROPE	JAPAN	CHINA	KOREA	TAIWAN
IT	21.7	22.1	18.5	28.8	7.7	12.7	5.1	45.8	71.3
커뮤니케이션	9.3	8.9	12.7	10.7	4.0	10.3	20.6	9.8	2.8
헬스케어	12.6	13.8	4.3	14.1	16.3	11.7	5.3	6.7	-
소계	43.6	44.7	35.5	53.5	28.0	34.7	31.1	62.3	74.1
경기소비재	12.9	11.8	20.2	12.2	10.6	17.6	37.3	10.3	2.6
금융	12.5	11.9	17.2	9.4	14.0	8.6	13.3	7.5	13.3
산업재	9.6	10.4	4.4	8.1	14.3	20.6	4.6	6.0	1.5
소재	4.8	4.5	6.9	2.5	8.1	4.9	1.9	7.1	5.9
필수소비재	8.0	8.2	6.1	6.7	14.8	8.0	4.1	4.8	2.0
에너지	2.8	2.5	5.4	1.9	3.8	0.6	1.8	1.3	0.4
유틸리티	3.1	3.3	2.0	2.9	5.0	1.5	1.7	0.7	-
부동산	2.8	2.8	2.4	2.8	1.4	3.5	4.2	-	0.3

자료: MSCI, 메리츠증권 리서치센터

유례없는(?) 반도체 & 자동차 동반 개선 사이클

다가올 '혁신'과 '변화'

- KOSPI의 강한 실적 개선세의 배경은 반도체와 자동차의 동반 실적 개선에 기인

- 2010년의 동반 개선 사이클은 금융위기 이후 기저효과, 2012년은 차화정 사이클 이후 핸드셋(스마트폰) 수요 개선, 2020년 이후는 Data 유관 산업(서버 및 전기차)의 구조적 성장이 주도

- 2022년은 반도체+자동차의 사상 최대 실적이었던 2018년을 수준인 66조원 달성 전망

반도체 & 자동차 연간 순이익 증가율과 KOSPI: 유례없는 동반 개선 사이클?

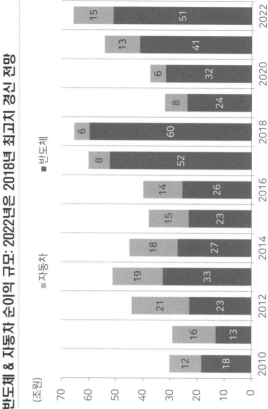

주: 2020년 이후는 컨센서스
자료: Wisefn, 메리츠증권 리서치센터

반도체 & 자동차 순이익 규모: 2022년은 2018년 최고치 경신 전망

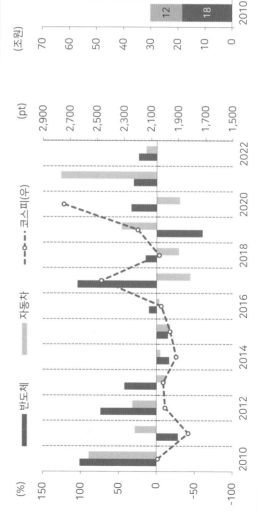

주: 2020년 이후는 컨센서스
자료: Wisefn, 메리츠증권 리서치센터

2021년 코스피 순이익 120조원, 2022년 146조원

다가올 '혁신'과 '변화'

- 2021년 코스피 순이익은 컨센서스 기준 134조
- 과거 이익 증가 연도의 이익 전망치 대비 발표치 평균(-11%)를 적용하여 당사는 2021년 120조 순이익 전망
- 업종별로는 IT, 자동차를 중심으로 전반적인 업종의 이익 턴어라운드를 예상
- 2022년 이익 증가율 컨센서스는 16%로 2021~22년으로 지속될 이익 성장 기대감이 2021년 증시에 반영될 전망

KOSPI 연도별 순이익 전망(전망치, 실제치): 2022년 150조원 육박 전망

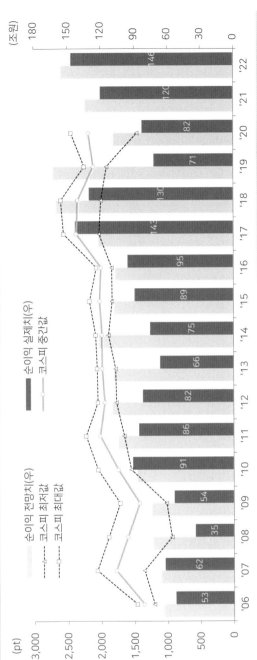

주: 1) 순이익 전망치는 증시 컨센서스를 의미. 당해년도 전망치는 전년도 11월 말 컨센서스 기준
2) 2020년, 2021년, 2022년의 순이익 실제치 부분은 당사 전망치
자료: Fnguide, 메리츠증권 리서치센터

강의자료(전망) 40

2021년 메리츠 Top-pick

섹터별 Top-picks

반도체	자동차	인터넷/게임	핸드셋/가전	화학	은행	증권	보험	정유	통신
삼성전자 SK하이닉스	현대차	엔씨소프트 NAVER	LG전자 동화기업	한화솔루션 LG화학	하나금융지주	한국금융지주	메리츠화재	S-Oil	SK텔레콤

화장품	섬유의복	건설	기계	조선	음식료	엔터, 레저	제약바이오	유틸리티	지주
LG생활건강	F&F 한세실업	GS건설	두산밥캣 현대건설기계	현대미포조선	하이트진로 CJ 제일제당	강원랜드 파라다이스	삼성바이오로직스 한올바이오파마	LS ELECTRIC	삼성물산

전략 Top-picks

기술독점	Cash	정책 수혜
삼성전자 현대차 삼성바이오로직스	NAVER 엔씨소프트 삼성SDI	한화솔루션 한국가스공사 두산퓨얼셀

기초

거시경제

핵심 경제지표와 환율의 이해

Part I   주식시장에서 경제환경은 왜 중요한가

Part II   핵심 경제지표의 이해

Part III 환율의 이해

경제분석
Economist 이승훈

기초
거시경제

Part I

주식시장에서 경제환경은 왜 중요한가

기초
거시경제

주식시장에서 경제를 보는 이유는?

경제지표 발표 결과를 헤드라인으로 뽑은 시황 기사들

biz.chosun.com › site › data › html_dir › 2020/07/24 ▸

뉴욕증시, 美 고용지표 약화 및 대형 기술주 약세로 하락 마감 …

Jul 24, 2020 — 미국 뉴욕증시가 미국 내 코로나 바이러스 감염증(코로나19) 확산되는 가운데 고용
지표 악화와 대형 기술주들의 약세로 일제히 하락 마감했다.

www.mk.co.kr › news › stock › view › 2020/02 ▸

뉴욕증시, 美 제조업지표 우조에 안도… 다우, 0.51% 상승 마감 …

Feb 4, 2020 — 다우, 0.51% 상승 마감 - 매일경제, 섹션-stock, 요약-뉴욕증시에서 주요 지수 … 미 공
급관리협회(ISM)는 1월 제조업 구매관리지수(PMI)가 전월 47.8에서 … 연 중국 증시가 폭락했지만,
중국 당국이 시장충격을 최소화하려는 조치를 …

www.yna.co.kr › view › AKR2020120501210009 ▸

뉴욕증시, 美 고용 부진에도 부양책 기대…3대 지수, 사상 최고 마감

Dec 5, 2020 — 뉴욕증시, 美 고용 부진에도 부양책 기대…3대 지수, 사상 최고 마감. 국제뉴스공용1
기자, 금융 증권뉴스 (송고시간 2020-12-05 06:36)

tbs.seoul.kr › news › newsView ▸

코스피, 수출경기 개선 기대감에 2,260선 돌파…15개월 만에 …

Jan 20, 2020 — 코스피가 3거래일 연속으로 상승하면서 약 15개월 만에 최고치로 마감했습니다. 오
늘(20일) 코스피는 지난주 금요일보다 12포인트 0.54% 오른 …

blog.naver.com › PostView ▸

미국증시, ISM 제조업 PMI 충격으로 급락, 1001 뉴욕증시 …

Oct 2, 2019 — 미국증시, ISM 제조업 PMI 충격으로 급락, 1001 뉴욕증시. 11개 섹터 모두 하락 출발.
한국시간 오전 9시 라이브 예정, 제조업 PMI 충격, 3대지수 …

자료: Google News 검색, 메리츠증권 리서치센터

주가는 실적(기업이익)의 함수

거시경제의 기초

- 주가는 결국 기업이익(실적)의 함수. 정확하는 실적에 대한 "기대"의 함수
- 모든 기업 이익의 근원은 매출이며, 매출은 전사회적으로 특정 제화와 서비스에 대한 수요에서 비롯
- 수요 성장 → 매출 성장 → 이익 성장의 고리가 작동되어야 실적 기대가 생기고 주가도 상승
- 국가별로 전세계적으로 수요가 어떤 속도로 성장하는지, 성장세가 둔화되는지, 감소하는지를 파악하기 위해 주식시장에서 경제를 모니터링하는 것임

한국 성장기업 12개월 선행 주당순이익 전망과 KOSPI 추이

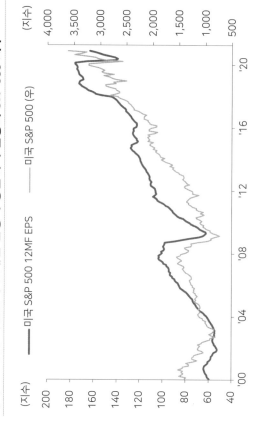

한국 12MF EPS   KOSPI (우)

자료: Refinitiv, 메리츠증권 리서치센터

미국 S&P 500 기업들의 12개월 선행 주당순이익 전망과 S&P 500 지수

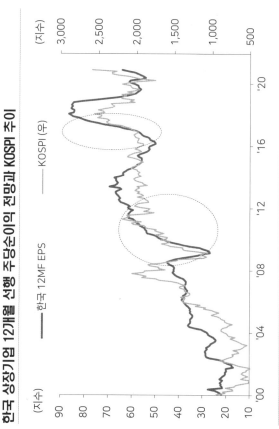

미국 S&P 500 12MF EPS   미국 S&P 500 (우)

자료: Refinitiv, 메리츠증권 리서치센터

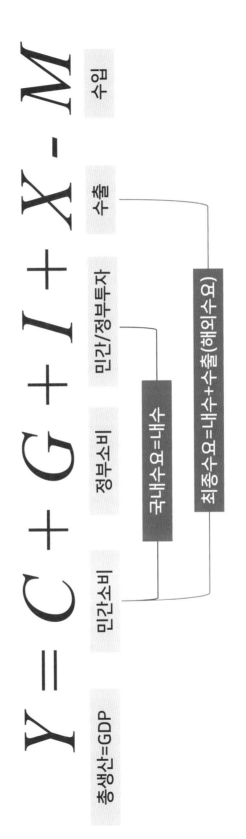

실적의 근간은 수요. 수요가 계속 성장하는지가 중요

거시경제의 기초

■ 한 나라에서 일정 기간동안 생산된 부가가치의 총합을 총합을 국내총생산, 즉 GDP라고 함
- GDP가 성장한다는 것은 수요가 성장한다는 의미와 동일

■ 생산으로부터 창출된 부가가치는 경제주체들에게 분배됨
- 분배된 부가가치로 각 경제주체들은 지출을 하게 됨
- 가계는 노동을 제공한 대가로 임금을 받고, 기업은 이윤을 남기고 투자를 함. 정부는 세금으로 운영됨

■ GDP는 분기 통계. 드물게 영국/캐나다는 월별로도 집계
- 지출과 관련된 월별 경제지표가 가장 빈번이 발표되므로 이를 통해 수요가 얼마나 성장하는 지 파악이 용이

■ 국내총생산에서 수입을 빼는 이유는 중복 계산 때문

국내 총생산의 구성 (지출 기준)

$$Y = C + G + I + X - M$$

| 총생산=GDP | 민간소비 | 정부소비 | 민간/정부투자 | 수출 | 수입 |

국내수요=내수

최종수요=내수+수출(해외수요)

자료 : 메리츠증권 리서치센터

국가별 성장 동력의 차이를 이해할 필요가 있다

거시경제의 기초

■ 미국은 전체 최종수요에서 소비가 차지하는 비중이 59%

■ 중국은 아직 소비(33%)보다는 투자(36%) 중심의 국가

■ 한국은 소비 비중이 수출 비중보다 높음

- 그러나 수출이 설비투자 사이클과 동행하고 있고, 경기진폭을 일으키는 주된 요인

- 한국 증시 상장기업 시총 상위가 수출 기업이라는 점에서 투자자는 수출이 소비보다 더욱 중요

한국 최종수요 내 소비/투자/수출 비중

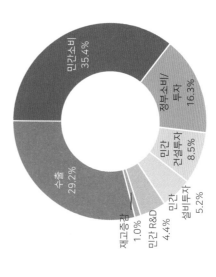

민간소비 35.4%
정부소비/투자 16.3%
민간 건설투자 8.5%
민간 설비투자 5.2%
민간 R&D 4.4%
재고증감 1.0%
수출 29.2%

자료: 한국은행, 메리츠증권 리서치센터

중국 최종수요 내 소비/투자/수출 비중

민간소비 33.2%
정부지출 14.2%
총고정 자본형성 36.3%
재고증감 0.6%
수출 15.7%

자료: 중국 국가 통계국, 메리츠증권 리서치센터

미국 최종수요 내 소비/투자/수출 비중

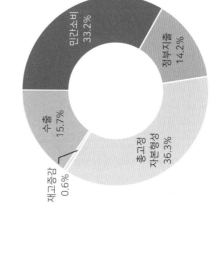

민간소비 59.2%
민간 주거용 투자 3.3%
정부 소비/투자 15.3%
수출 10.2%
재고증감 0.2%
민간 비주거용 투자 11.8%

자료: 미국 경제분석국, 메리츠증권 리서치센터

Macro Calendar ('20. 12월): 거의 매일 지표가 발표되고 있음

월	화	수	목	금
	12/1 • 韓 11월 수출입 • 美 11월 ISM제조업 지수	**2** • 韓 11월 소비자물가	**3** • 美 11월 ISM서비스업 지수 • 中 11월 차이신 제조업 PMI • 美 신규실업수당 청구건수	**4** • 美 11월 취업자수/실업률/임금 • 美 11월 제조업 주문 • 獨 10월 제조업 주문
7 • 中 11월 수출입	**8** • 獨 12월 ZEW 서베이	**9** • 日 10월 기계수주 • 獨 10월 수출입, 경상/무역수지 • 中 11월 대출/통화량, 소비자물가	**10** • 유로존 12월 ECB 통화정책회의 • 美 11월 소비자물가 • 美 신규실업수당 청구건수	**11** • 美 11월 생산자물가 • 美 11월 미시건대 소비자심리
14 • 中 11월 신규주택가격	**15** • 中 11월 소매판매/산업생산/고정투자 • 美 12월 뉴욕 연은 제조업 지수 • 美 11월 수출입물가지수 • 美 11월 산업생산	**16** • 韓 11월 고용동향 • 日 11월 수출입 • 유로존 12월 Markit 종합 PMI • 美 11월 소매판매/12월 NAHB지수 • 美 12월 FOMC회의	**17** • 美 11월 주택허가, 착공 • 英 12월 영란은행 회의 • 美 신규실업수당 청구건수	**18** • 日 11월 소비자물가 • 日 12월 BOJ 금융정책 결정 • 獨 12월 IFO지수
21 • 韓 11월 수출입 잠정 (~20일까지 실적,21일)	**22** • 美 12월 컨퍼런스보드 소비자신뢰	**23** • 美 11월 개인소득/소비, PCE물가	**24** • 美 11월 내구재 주문 • 美 신규실업수당 청구건수	**25** • 日 11월 소매판매/주택착공 • 中 11월 공업기업이익 (27일)
28 • 日 11월 산업생산	**29** • 韓 12월 소비자심리지수	**30** • 韓 11월 산업활동동향 (광공업 생산, 소비, 투자, 건설) • 韓 12월 BSI	**31** • 韓 12월 소비자물가 • 中 12월 물류구매연합회 PMI • 美 신규실업수당 청구건수	**월중 이벤트** • EU정상회담 (10~11일) • 중국 경제공작회의 (15일 전후) • Brexit 논의 (~13일, 이후 연장됨) • 미국 주가 경기부양법안 논의

주: 현지시각 기준. 파란색은 중요일정 일정
자료: Bloomberg, 메리츠증권 리서치센터

개별 경제지표가 집계하는 대상에 따라 분류를 하면 아래와 같음

미국, 중국, 한국 주요 경제지표의 재분류

	미국	중국	한국
경기 모멘텀	• ISM제조업 지수 • ISM서비스업 지수 • 경기선행지수	• 제조업 PMI 지수 • 비제조업 PMI 지수 • 경기선행지수	• 제조업 PMI 지수 • 경기선행지수
소비 관련	• 취업자수, 실업률 + 실업수당 청구건수 • 소매판매 • 개인소비지출 • 컨퍼런스보드 소비자신뢰지수 • 미시건대학 소비심리지수	• 취업자수, 실업률 • 소매판매 • 서비스업 생산	• 취업자수, 실업률 • 월평균 임금 • 소매판매 • 서비스업 생산 • 소비자심리지수
제조업/생산/투자	• 내구재 (제조업) 주문 • 산업생산	• 고정자산투자(2차 산업)	• 산업생산 • 설비투자추계지수
건설/부동산	• NAHB주택시장 지수 • 주택착공/허가 • 기존/신규주택매매	• 고정자산투자(3차 산업)	• 건설수주 • 주택 인허가/착공 • 건설기성
국제무역	• 통관기준 수출입	• 통관기준 수출입	• 통관기준 수출입
물가	• 소비자물가 • PCE 물가 • 생산자물가 • 수출입물가	• 소비자물가 • 생산자물가 • 수출입물가	• 소비자물가 • 생산자물가 • 수출입물가

자료: 메리츠증권 리서치센터

시장이 지표에 반응할 때는 조사치와 실제치의 괴리가 생길 때

거시경제의 기초

■ 지표 발표 전에 시장 내의 이코노미스트들에게 지표의 예상치를 조사함
 - 여러 예상치의 중간값/평균값을 컨센서스 조사치라 하며, 이 숫자는 이미 시장가격에 반영된 것으로 간주

■ 시장이 지표에 반응할 때는 조사치와 실제치간의 괴리가 생길 때임
 - 예를 들어, 한국 수출실적이 컨센서스 조사치를 상회할 경우 생각보다 수출이 잘 되고 있다는 신호로 해석
 - 미국 고용이 조사치를 밑돌도는 경우 소비지표 약화를 우려

12월 1~10일까지 발표된 주요국 경제지표 결과 (예시)

발표 일시 (한국시간)	국가	지표명	기준월	컨센서스 조사	실제 발표치	전월치	전월 수정발표치
12/01/2020 09:00	한국	수입 (전년대비)	Nov	-2.2%	-2.1%	-5.8%	-5.6%
12/01/2020 09:00	한국	수출 (전년대비)	Nov	7.5%	4.0%	-3.6%	-3.8%
12/02/2020 00:00	미국	ISM 제조업지수	Nov	58	57.5	59.3	--
12/04/2020 00:00	미국	ISM 서비스 지수	Nov	55.8	55.9	56.6	--
12/04/2020 22:30	미국	비농업 고용변동 (전월대비)	Nov	460k	245k	638k	610k
12/04/2020 22:30	미국	실업률	Nov	6.7%	6.7%	6.9%	--
12/04/2020 22:30	미국	시간당 평균 임금(전월대비)	Nov	0.1%	0.3%	0.1%	--
12/04/2020 22:30	미국	경제활동 참가율	Nov	61.7%	61.5%	61.7%	--
12/07/2020 12:00	중국	수출 (전년대비)	Nov	12.0%	21.1%	11.4%	--
12/07/2020 12:00	중국	수입 (전년대비)	Nov	7.0%	4.5%	4.7%	--
12/10/2020 22:30	미국	CPI (전월대비)	Nov	0.1%	0.2%	0.0%	--

자료: Bloomberg, 메리츠증권 리서치센터

기초
거시경제

Part II

핵심 경제지표의 이해

미국 고용 통계: 몇 가지 개념 설명

핵심 경제지표의 이해

■ 비농업 고용: 농업부문을 제외한 취업자수를 "사업체 노동력 조사(월급명세서)"를 이용하여 집계
  - Nonfarm 'Payroll' 이라고 부르는 이유이기도 함

■ 실업률, 고용률, 경제활동참가율은 가계조사에서 도출
  - 실업률 = 실업자 / 경제활동인구
  - 경제활동참가율 = 경제활동인구(취업자+실업자) / 16세 이상 인구
  - 고용률 = 취업자 / 16세 이상 인구

■ 고용통계에서의 실업자는 "통계 집계 시점으로부터 4주 이내에 구직활동을 했지만 구직을 못한 사람"
  - 직장이 없고, 구직활동 조사 하지 않은 사람은 비경제활동인구로 분류

미국 인구 통계의 구성

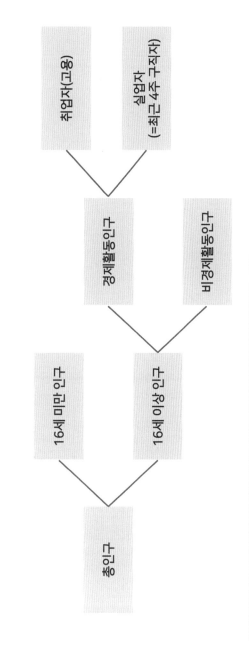

자료: 미국 노동통계국, 메리츠증권 리서치센터

미국 고용 특징 관련한 2가지 논점

핵심 경제지표의 이해

■ 고용이 얼마나 늘어야 "양호" 한 것인가? → 대략 월간 10만 명 수준을 기준으로 보는 것이 합리적이란 생각
  - 경제활동인구의 증가분 만큼 취업자가 늘어난다면 실업자가 추가 양산되지 않음을 의미
  - 경제활동인구의 증가 속도는 매년 다르나, 2000년 이후 평균은 연간 120만 명 (월간 10만 명)

■ 실업률 하락은 보통 경제활동참가율이 상승할 때 이루어지는 것이 일반적
  - 전체 인구 중 경제활동에 참여하는 사람들이 늘어나고, 이 중 상당수가 취업에 성공하는 경우
  - 즉, 경기가 좋아 추가적인 구인활동이 이루어지는 경우
  - 2008~2015년은 경제활동참가율이 하락하는 가운데에서 실업률이 하락이 이루어짐
    : 금융위기 이후 고령층 은퇴자 많아져 경제활동참가율은 줄었으나, 취업자는 늘어난 구간

미국 경제활동인구의 전년대비 증감

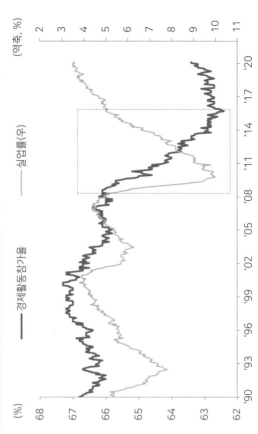

자료: 미국 노동통계국, 메리츠증권 리서치센터

미국 경제활동참가율과 실업률

자료: 미국 노동통계국, 메리츠증권 리서치센터

실업수당 청구건수는 무엇인가?

핵심 경제지표의 이해

- 특정 주에 신규로 실업수당이 청구되는 건수에 따라서 실업률 흐름 파악 가능
  - 자발적 사직이 아닌 해고의 경우 26주까지 실업수당 청구가 가능
- 최근 COVID-19 영향으로 실업수당 프로그램 다양화되었음
  - PUA는 자영업자 및 공연/예술계 종사자에게 프로그램을 확대한 것
  - PEUC는 26주에서 39주까지 실업급여 수령 기간을 연장한 것

미국 신규실업수당 청구건수와 계속 실업수당 청구건수

(천명)

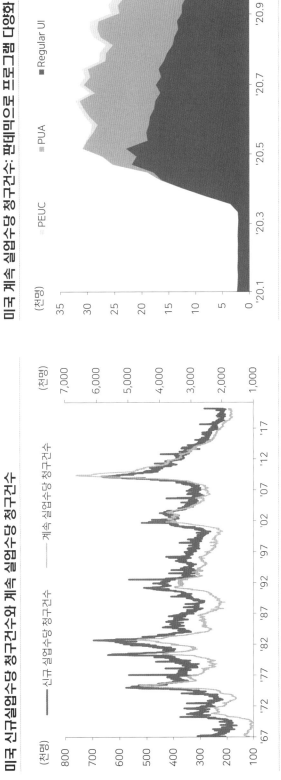

자료 : 미국 노동부, 메리츠증권 리서치센터

미국 계속 실업수당 청구건수: 팬데믹으로 프로그램 다양화

자료 : 미국 노동부, 메리츠증권 리서치센터

고용의 개선은 시차를 두고 임금 상승으로 연결됨

핵심 경제지표의 이해

- 미국의 시간당 평균임금은 고용률과 실업률에 시차를 두고 상승
  - 역사적으로 임금은 고용률에 6개월, 실업률에 8개월 가량 후행하며 상승

- 실업률이 높은 시기는 노동자들의 임금 협상력이 낮은 시기
  - 반면, 고용률이 높아지고 실업률이 낮아진다는 것은, 노동시장 내 잉여(slack)가 줄어든다는 의미
  - 노동자 협상력 강화될 뿐 아니라, 구인하는 측 입장에서도 필요한 인재를 웃돈 주고 데려올 가능성이 높은 환경

미국 고용률과 시간당 평균임금

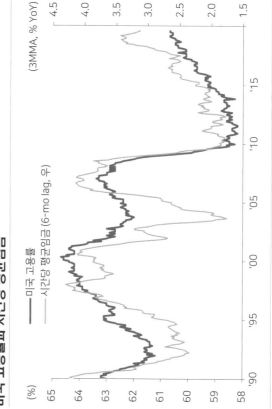

자료: 미국 노동통계국, 메리츠증권 리서치센터

미국 실업률과 시간당 평균임금

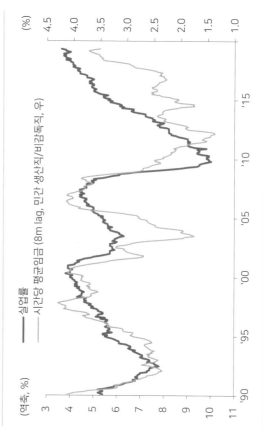

자료: 미국 노동통계국, 메리츠증권 리서치센터

소비자 심리 = 소비 성향

핵심 경제지표의 이해

- 미국의 대표적 소비자 동향조사에는 컨퍼런스보드 소비자신뢰지수와 미시건대 소비자심리지수가 있음
  - 소비심리는 대체로 주식시장에 연동되어 움직임
    → '95년 이후 컨퍼런스보드/미시건대 지수와 S&P 500과의 상관계수는 0.85와 0.70

- 미시건대 조사는 가계형편/생활수준과 관련된 질문 중심. 컨퍼런스보드 조사는 일자리에 대한 질문이 많음

- 소비심리가 좋아진다는 의미 = 앞으로의 미래를 (비교적) 낙관한다는 의미
  - 소득증가, 취업기회 개선 등을 기대한다는 것으로, 소비 관점에서는 소비 성향 상승으로 해석

소비자동향조사 주요 질문 비교: 미시건대 vs 컨퍼런스보드

구분	내용
미시건대	• 과거대비 현재 가구의 생활수준 개선 여부
소비자심리	• 12개월 이후 생활수준과 재정상황 변화 여부
	• 현재 가구 재정상황 변화 여부 및 향후 1~5년 재정 수입 전망
	• 현재 혹은 미래에 주택, 주요 가전/내구재 구입에 대한 전망
	• 향후 5년간 경제, 고용에 대한 전망
컨퍼런스보드	• 거주지역의 현재 경제상황 평가
소비자신뢰	• 향후 6개월 경제상황 평가
	• 현재 일자리에 대한 평가
	• 향후 6개월 후 일자리 수에 대한 평가
	• 향후 6개월 후 가계 수입에 대한 평가

자료 : University of Michigan, Conference Board, 메리츠증권 리서치센터

추세를 재가한 S&P 500과 미국 소비자동향 조사

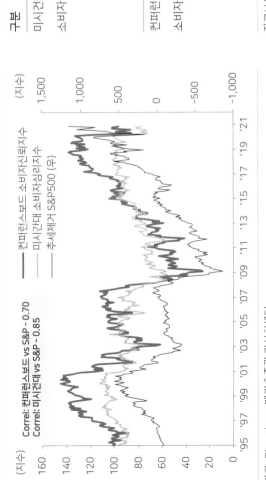

자료 : Bloomberg, 메리츠증권 리서치센터

미국 소비지표: 개인소비지출과 소매판매

핵심 경제지표의 이해

- 미국은 월별로 재화와 서비스를 망라하는 개인소비지출 데이터를 발표
  - 사실상 GDP 민간소비의 월별 데이터로 봐도 무방
  - 특징: 서비스 소비가 전체 소비의 65~70%를 점유하며 비탄력적이며 소비의 변동은 대부분 재화 변동 때문
  - 10월 데이터를 11월 말에나 볼 수 있기에 시차가 크게 존재하는 단점이 있음

- 소매판매는 이보다 앞서 전체 소비성장 제적을 가늠할 수 있는 지표
  - 소매판매는 "소매점"에서 판매한 재화의 외식서비스 만을 가지고 집계한 지표
  - 개인소비지출에 비해 모수는 작지만, 변동성이 큰 재화 개인소비지출과 유사한 궤적을 시현
  - (참고) 현재는 재화보다 서비스 소비의 변동이 이례적으로 큰 상황: COVID-19로 서비스 소비 기회가 상실

미국 개인소비지출 분해: 재화와 서비스

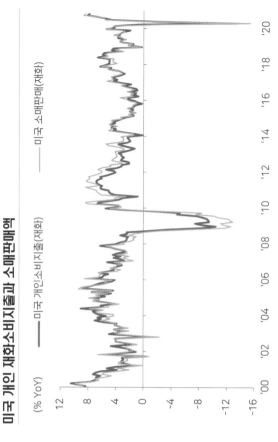

자료: 미국 경제분석국, 메리츠증권 리서치센터

미국 개인 재화소비지출과 소매판매액

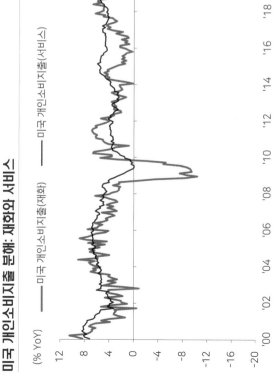

자료: 미국 경제분석국, 미국 노동통계국, 메리츠증권 리서치센터

소매판매 해석시의 유의점

핵심 경제지표의 이해

- 특정 품목 판매의 증감이 아닌 업태 판매의 증감
  - 예) 가전제품 전문소매점의 판매 증감이며, 소매매출 전체에서 가전제품 판매가 늘었다는 의미가 아님

소매판매 표 (예시)

| | | Percent Change[1] | | | | | |
| | | Oct. 2020 Advance from — | | Sep. 2020 Preliminary from — | | Aug. 2020 through Oct. 2020 from — | |
NAICS code	Kind of Business	Sep. 2020 (p)	Oct. 2019 (r)	Aug. 2020 (r)	Sep. 2019 (r)	May 2020 through Jul. 2020	Aug. 2019 through Oct. 2019
	Retail & food services, total	0.3	5.7	1.6	5.9	6.1	5.1
	Total (excl. motor vehicle & parts)	0.2	4.4	1.2	4.7	6.2	4.1
	Total (excl. gasoline stations)	0.2	7.4	1.5	7.6	5.8	6.7
	Total (excl. motor vehicle & parts & gasoline stations)	0.2	6.5	1.2	6.6	5.9	6.1
	Retail	0.3	8.5	1.5	8.8	5.0	7.9
441	Motor vehicle & parts dealers	0.4	10.7	2.9	10.9	5.7	8.9
4411, 4412	Auto & other motor veh. dealers	0.7	11.3	3.3	11.1	6.2	9.1
442	Furniture & home furn. stores	-0.4	5.2	0.6	5.2	14.8	5.3
443	Electronics & appliance stores	1.2	-3.9	-1.1	-6.5	22.5	-4.9
444	Building material & garden eq. & supplies dealers	0.9	19.5	0.4	18.8	2.2	18.3
445	Food & beverage stores	-0.2	10.3	0.2	10.6	-1.6	10.2
4451	Grocery stores	-0.4	9.2	0.2	9.7	-2.0	9.2
446	Health & personal care stores	-0.1	3.8	1.3	5.5	6.0	4.5
447	Gasoline stations	0.4	-14.0	2.0	-12.9	10.1	-13.9
448	Clothing & clothing accessories stores	-4.2	-12.6	13.6	-9.2	34.6	-14.0
451	Sporting goods, hobby, musical instrument, & book stores	-4.2	12.4	8.0	17.5	0.6	13.2
452	General merchandise stores	-1.1	2.5	1.7	4.2	1.2	2.9
4521	Department stores	-4.6	-11.9	9.4	-7.7	7.2	-12.2
453	Miscellaneous store retailers	-0.9	1.7	1.1	3.4	11.2	2.4
454	Nonstore retailers	3.1	29.1	-1.7	26.4	3.7	27.9
722	Food services & drinking places	-0.1	-14.2	2.4	-14.3	16.9	-14.8

자료: US Census Bureau, 메리츠증권 리서치센터

구매관리자지수(PMI)

핵심 경제지표의 이해

- 구매관리자 지수는, 각 업체 구매관리자에게 주문/생산/재고/제고/물품 배송시간 등에 대한 서베이로 집계
  - 전월에 각 항목이 어떻게 "움직였는지"를 물어보는 것으로 서베이의 형태이지만 "실물지표" 임
  - (예) 전월대비 주문 증가/감소 여부를 묻고 전체 응답자 중 증가로 답한 업체가 많다면 지수는 50을 상회
- 미국의 경우 ISM지수라 부르는 이유는, 집계 기관이 미국 공급관리협회(Institute for Supply Management) 이기 때문. PMI 지수로 통일해도 무방

미국 ISM 제조업, ISM 서비스업 지수

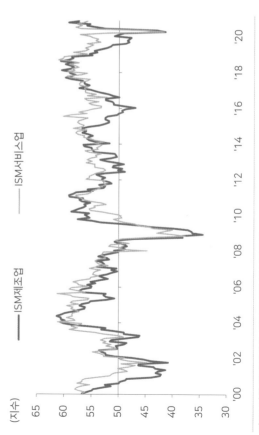

자료: 미국 경제분석국, 메리츠증권 리서치센터

유로존 제조업, 서비스업 PMI 지수

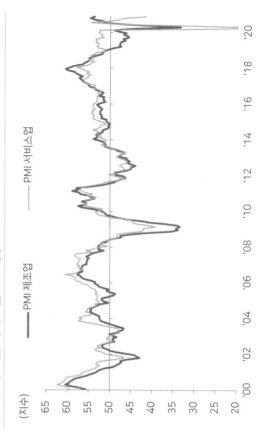

자료: Bloomberg, 메리츠증권 리서치센터

구매관리자지수의 구성: 미국 ISM지수를 중심으로

ISM 제조업 지수와 서비스업 지수의 구성

	1월	2월	3월	4월	5월	6월	7월	8월	9월	10월	11월
ISM 제조업지수	50.9	50.1	49.1	41.5	43.1	52.6	54.2	56.0	55.4	59.3	57.5
신규주문(20%)	52.0	49.8	42.2	27.1	31.8	56.4	61.5	67.6	60.2	67.9	65.1
생산(20%)	54.3	50.3	47.7	27.5	33.2	57.3	62.1	63.3	61.0	63.0	60.8
고용(20%)	46.6	46.9	43.8	27.5	32.1	42.1	44.3	46.4	49.6	53.2	48.4
공급자 배송시간(20%)	52.9	57.3	65.0	76.0	68.0	56.9	55.8	58.2	59.0	60.5	61.7
재고(20%)	48.8	46.5	46.9	49.7	50.4	50.5	47.0	44.4	47.1	51.9	51.2
수주잔고	45.7	50.3	45.9	37.8	38.2	45.3	51.8	54.6	55.2	55.7	56.9
물가	53.3	45.9	37.4	35.3	40.8	51.3	53.2	59.5	62.8	65.5	65.4
신규수출주문	53.3	51.2	46.6	35.3	39.5	47.6	50.4	53.3	54.3	55.7	57.8
수입	51.3	42.6	42.1	42.7	41.3	48.8	53.1	55.6	54.0	58.1	55.1
소비자재고	43.8	41.8	43.4	48.8	46.2	44.6	41.6	38.1	37.9	36.7	36.3
ISM 서비스업지수	55.5	57.3	52.5	41.8	45.4	57.1	58.1	56.9	57.8	56.6	55.9
영업활동(25%)	60.9	57.8	48.0	26.0	41.0	66.0	67.2	62.4	63.0	61.2	58.0
신규주문(25%)	56.2	63.1	52.9	32.9	41.9	61.6	67.7	56.8	61.5	58.8	57.2
고용(25%)	53.1	55.6	47.0	30.0	31.8	43.1	42.1	47.9	51.8	50.1	51.5
공급자 배송시간(25%)	51.7	52.4	62.1	78.3	67.0	57.5	55.2	60.5	54.9	56.2	57.0
재고	46.5	53.9	41.5	46.9	48.0	60.7	52.0	45.8	48.8	53.1	49.3
수주잔고	45.5	53.2	55.0	47.7	46.4	51.9	55.9	56.6	50.1	54.4	50.7
물가	55.5	50.8	50.0	55.1	55.6	62.4	57.6	64.2	59.0	63.9	66.1
신규수출주문	50.1	55.6	45.9	36.3	41.5	58.9	49.3	55.8	52.6	53.7	50.4
수입	55.1	52.6	40.2	49.3	43.7	52.9	46.3	50.8	46.6	52.5	55.0
체감 재고	54.9	59.3	47.8	62.6	55.1	55.9	50.0	52.5	55.4	51.1	49.9

자료: 미국 공급관리협회, 메리츠증권 리서치센터

ISM 제조업 지수를 중요하게 보는 이유 (1)

핵심 경제지표의 이해

- ISM제조업 지수는 매월 1영업일에 발표되는 지표이며, 모든 제조업 지표에 선행
- 실제 ISM제조업 지수에 시차를 두고 실제 제조업 주문과 생산이 움직이는 경향

ISM 제조업 지수와 미국 핵심 자본재 주문

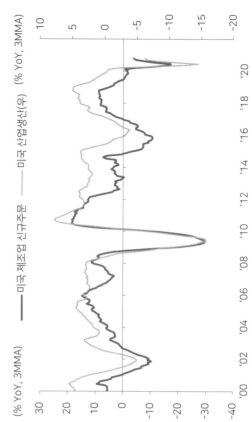

자료 : 미국 공급관리협회, US Census Bureau, 메리츠증권 리서치센터

미국 제조업 신규주문과 산업생산

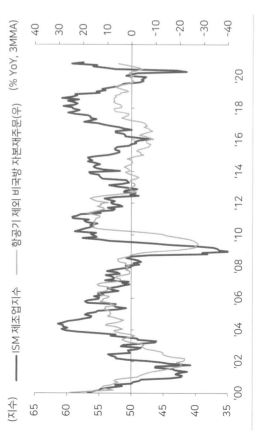

자료 : US Census Bureau, Federal Reserve, 메리츠증권 리서치센터

ISM 제조업 지수를 중요하게 보는 이유 (2)

핵심 경제지표의 이해

- ISM제조업 지수는 한국 수출에 3~6개월 선행

- ISM제조업 지수는 글로벌 제조업 PMI와도 동행하는 흐름
  - 공급체인을 통해 전세계 제조업이 연결되어 있기 때문

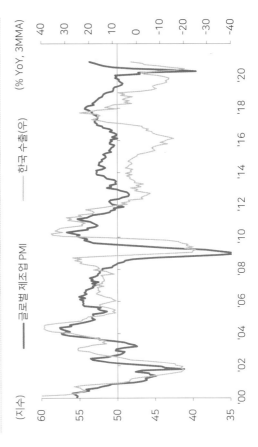

미국 ISM제조업 지수와 한국 수출

(지수)   ISM 제조업지수   한국 수출(우)   (% YoY, 3MMA)

65 — 35, 60 — 55, 50, 45, 40 — 35

'00 '02 '04 '06 '08 '10 '12 '14 '16 '18 '20

40 30 20 10 0 -10 -20 -30 -40

자료: 미국 공급관리협회, 한국 산업통상자원부, 메리츠증권 리서치센터

글로벌 제조업 PMI와 한국 수출

(지수)   글로벌 제조업 PMI   한국 수출(우)   (% YoY, 3MMA)

60 55 50 45 40 35

'00 '02 '04 '06 '08 '10 '12 '14 '16 '18 '20

40 30 20 10 0 -10 -20 -30 -40

자료: Bloomberg, 한국 산업통상자원부, 메리츠증권 리서치센터

한국 수출을 보는 여러 가지 기준

핵심 경제지표의 이해

- 한국 수출이 비단 우리나라 뿐 아니라 글로벌 관점에서 중요한 이유: 매월 1일 발표
  - 전세계 교역 데이터 중 가장 먼저 발표되기에 글로벌 교역흐름을 파악하는 데 유용이

- 통관기준 수출액이 기준이지만, 조업일수와 불규칙적인 선박인도에 따라 변동성이 큰 폭
  - 기초적인 수출의 움직임을 파악하기 위해서는,
  1) 조업일수 (평일 1일, 토요일 0.5일, 일요일 0일) 로 나눈 일평균 수출액 흐름 모니터링
  2) 선박인도의 불규칙성까지 제외한 선박제외 일평균 수출을 보는 것이 중요

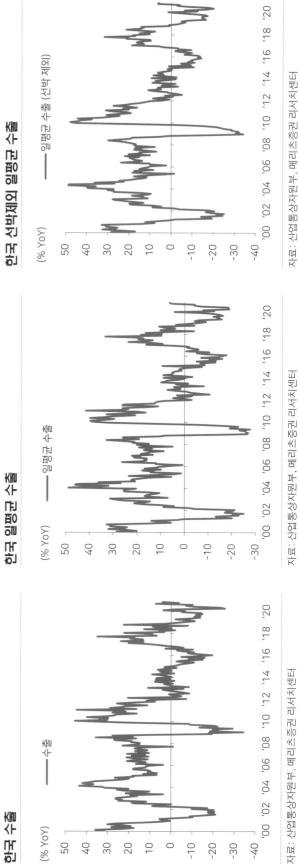

한국 수출

(% YoY) ── 수출

자료: 산업통상자원부, 메리츠증권 리서치센터

한국 일평균 수출

(% YoY) ── 일평균 수출

자료: 산업통상자원부, 메리츠증권 리서치센터

한국 선박제외 일평균 수출

(% YoY) ── 일평균 수출 (선박 제외)

자료: 산업통상자원부, 메리츠증권 리서치센터

수출 잠정 실적으로도 흐름 파악이 가능

핵심 경제지표의 이해

■ 매월 10일, 20일까지의 잠정 수출실적으로도 단기간내 수출 흐름을 파악 가능
- 단, 전년동기대비 조업일수 차이가 크기에 일평균 수출 기준으로 판단할 것을 권고

12월 1~10일 수출입실적

< 12월(1일~10일) 수출입실적 (통관기준 잠정치) >

(단위 : 백만 달러, %)

구분	2019년 당 월 (12.1.-10.)	2019년 연간누계 (1.1.-12.10.)	2020년 전 월 (11.1.-10.)	2020년 당 월 (12.1.-10.)	2020년 연간누계 (1.1.-12.10.)
수 출	12,854 (7.6)	509,418 (△10.4)	14,126 (20.5)	16,306 (26.9)	477,750 (△6.2)
수 입	14,291 (7.9)	473,946 (△6.0)	13,354 (8.2)	15,413 (7.9)	438,177 (△7.5)
무역수지	-1,437	35,472	772	894	39,572

※ 조업일수('19) 7.5일 ('20) 8.5일 교역 시 일평균수출액('19.12) 17.1, ('2012) 19.2 억 달러 11.9% 증가

|2| 수출현황

○ (주요 품목) 전년 동기 대비 반도체(52.1%), 승용차(22.4%), 무선통신기기(59.6%), 자동차 부품(34.0%) 등 증가, 석유제품(△36.8%) 은 감소

○ (주요 국가) 중국(12.1%), 미국(23.1%), EU(45.6%), 베트남(51.5%), 일본(22.5%) 등은 증가, 중동(△33.6%), 싱가포르(△25.1%) 등은 감소

자료: 관세청, "2020년 12월(1~10일) 수출입실적" 보도자료 발췌, 메리츠증권 리서치센터

한국 수출의 지역별, 품목별 구성

핵심 경제지표의 이해

- 지역별로는 DM보다 EM 의존적
- 주력 품목은 IT, 자동차, 기계, 석유화학 등 중공업 중심

한국 수출의 지역별, 품목별 구성

(% YoY)		비중 (%, '20.1~11월)	4월	5월	6월	7월	8월	9월	10월	11월	YTD
총론	전체	-	(25.6)	(23.8)	(10.9)	(7.1)	(10.3)	7.3	(3.8)	4.0	(7.1)
	일평균	-	(18.8)	(18.4)	(18.5)	(7.1)	(4.2)	(4.4)	5.4	6.3	(7.0)
	선박제외 일평균	-	(16.5)	(20.1)	(17.8)	(8.0)	(3.0)	(4.0)	6.3	5.7	(6.9)
지역별	미국	14.5	(14.3)	(29.4)	(8.2)	7.9	(0.5)	23.0	3.3	6.8	0.1
	EU	10.1	(20.0)	(22.6)	(17.1)	(11.2)	(3.2)	15.2	9.4	24.6	(3.6)
	일본	4.9	(12.8)	(30.2)	(18.2)	(21.5)	(21.4)	(6.7)	(18.7)	(12.0)	(12.9)
	중국	26.0	(18.3)	(2.5)	9.7	2.5	(3.1)	7.3	(5.8)	1.0	(3.3)
	ASEAN	17.3	(33.5)	(30.0)	(11.1)	(14.7)	(17.9)	3.9	(6.3)	6.4	(8.6)
	중동	2.9	(20.6)	(25.6)	(21.9)	(24.8)	(20.4)	(9.4)	(19.1)	(21.0)	(15.1)
	중남미	3.8	(54.4)	(53.9)	(49.1)	(18.7)	(33.4)	(27.7)	(17.8)	5.3	(29.3)
주력 품목	반도체	19.4	(14.9)	7.0	(0.0)	5.5	2.7	11.8	10.4	16.4	3.5
	평판디스플레이	3.4	(39.2)	(29.7)	(16.0)	(28.4)	(23.0)	(1.9)	5.2	21.4	(15.8)
	무선통신기기	2.5	(33.4)	(22.4)	(11.6)	4.4	(32.4)	(12.9)	(11.8)	20.2	(9.9)
	가전	1.4	(32.2)	(38.8)	(5.2)	5.9	14.9	30.1	14.5	20.3	(1.4)
	컴퓨터	2.7	99.3	82.6	91.5	76.8	105.1	59.1	5.3	5.6	62.0
	자동차	7.3	(36.3)	(54.3)	(33.3)	(4.3)	(12.8)	23.2	5.0	2.1	(14.0)
	자동차 부품	3.6	(49.6)	(66.9)	(45.1)	(27.8)	(27.0)	9.2	(9.9)	6.5	(20.3)
	선박	3.7	(60.9)	35.3	(27.9)	17.3	(34.8)	(4.0)	(22.4)	32.6	(10.0)
	일반기계	9.4	(19.9)	(27.8)	(7.3)	(15.6)	(11.9)	0.6	(10.9)	(7.0)	(9.4)
	철강제품	5.2	(24.3)	(34.8)	(20.5)	(18.8)	(19.1)	1.3	(6.9)	(4.6)	(15.0)
	석유화학	7.0	(33.9)	(34.3)	(11.5)	(21.1)	(21.9)	(6.4)	(14.1)	(8.3)	(17.6)
	석유제품	4.9	(56.5)	(68.9)	(48.3)	(42.5)	(44.9)	(43.3)	(50.5)	(50.6)	(39.8)
	섬유류	2.2	(35.7)	(43.7)	(22.4)	(15.3)	(17.0)	11.3	(15.8)	(6.3)	(14.5)
유망 품목	OLED	2.1	(25.1)	(4.1)	13.2	(28.9)	(19.0)	3.3	22.8	46.2	2.3
	SSD	2.0	254.1	162.9	160.2	124.7	167.1	98.5	11.7	7.2	111.8
	MCP	4.3	(9.4)	44.9	(4.4)	9.7	0.6	14.8	21.9	27.7	12.6
	바이오	2.7	31.3	64.0	58.1	51.4	58.7	78.8	47.4	78.5	52.8
	이차전지	1.5	(10.9)	(10.4)	1.4	(3.7)	(1.1)	21.0	6.8	19.8	2.2
	화장품	1.5	(2.3)	(2.9)	16.7	15.3	10.8	47.3	15.7	25.3	17.0

자료: 산업통상자원부, 메리츠증권 리서치센터

미국 물가지표

핵심 경제지표의 이해

■ 미국 소비자가 체감하는 물가의 종류는 크게 두 가지
  - 노동통계국이 집계하는 소비자물가지수 : 351개의 세부항목 있으며, 기초 데이터로 8만 여개 데이터 수집
  - 경제분석국이 집계하는 개인소비지출 디플레이터 (즉, PCE 물가)
  : 명목 개인소비지출 / 실질 개인소비지출로 계산

■ 변동성이 큰 식료품과 에너지를 제외한 물가를 핵심물가라 함
  - PCE/CPI 구성의 차이가 상승률 수준의 차이를 만들어냄 : CPI는 주거비 비중이 크며, PCE는 헬스케어 및
    기타 서비스 비중이 큼
  - 미국 연준이 통화정책의 기준으로 삼는 것은 PCE 물가

Core PCE와 Core CPI 상승률

(% YoY)

—— Core PCE   —— Core CPI

자료: 미국 노동통계국, 미국 경제분석국, 메리츠증권 리서치센터

PCE 물가와 CPI (소비자물가)의 구성 비중 비교

(2018년 기준, %)	CPI 구성비	PCE 구성비
음식료	14.3	13.3
주택	33.3	15.9
주택 이외 주거비	8.9	6.5
의복	3.0	2.8
교통비	16.3	9.5
헬스케어	8.7	20.5
여가	5.7	9.4
교육&통신	6.6	3.8
기타	3.2	18.2

자료: 미국 노동통계국, 미국 경제분석국, 메리츠증권 리서치센터 추정

미국 물가와 통화정책

핵심 경제지표의 이해

- 90년대 초반까지는 노동시장 개선에 따른 임금 상승이 실제 수요측 물가압력을 자극했던 시기
  - 물가가 필요 이상으로 높아질 경우 연준은 긴축을 인플레 억제에 나섰음 = Inflation fighter

- 90년대 중반 이후 임금 상승에도 불구하고 물가 상승이 제한적. 때때로 역의 상관관계 지님
  - 1995~2000년은 IT 붐에 의한 생산성 혁명 (제품 생산단가의 하락이 소비자물가 하락을 유발)
  - 2003~2007년은 글로벌 아웃소싱의 극대화
  - 2017년 이후는 플랫폼 기업의 가세로 인한 유통마진 축소

- 오히려 지금은 중앙은행이 필립스 곡선의 평탄화와 영구적 디플레 가능성을 우려하는 상황

시간당 평균임금과 핵심소비자 물가

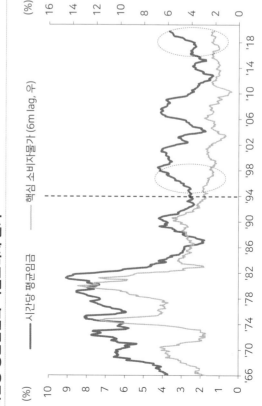

자료: 미국 노동통계국, 미국 경제분석국, 메리츠증권 리서치센터

PCE 물가와 CPI (소비자물가)의 구성 비중 비교

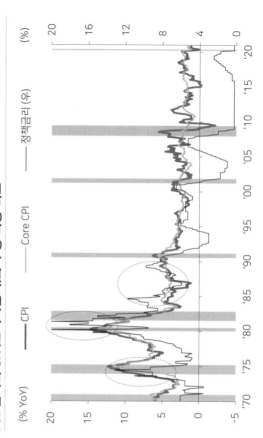

자료: 미국 노동통계국, Federal Reserve, 메리츠증권 리서치센터

연준 장기목표/통화정책 전략 변화의 배경

핵심 경제지표의 이해

■ 배경
- 필립스 곡선의 평탄화: 노동시장 과열 (=자연실업률 밑도는 실업률) 현실화되더라도 물가압력 미미
- 심지어, 경기 호황기에도 PCE 물가상승률이 지속적으로 2%를 밑돌며, 기대인플레 하락 고착화 우려

■ 수정 전략
- 노동시장 과열 용인: 자연실업률>실업률 상태는 문제 없음. 오로지 자연실업률 미달 상태만 고려
- 평균물가목표제(AIT) 도입: 장기 평균 2% 물가, 당분간은 2% 웃도는 물가 용인
  ① 장기 물가상승률 2%가 되어야 당기에 성장 유인 발생
  ② 기대인플레가 하락한 상태에 머물러 있다면, 장기금리 상승 제약 → Fed 금리인상 여력 제약

필립스 곡선의 평탄화

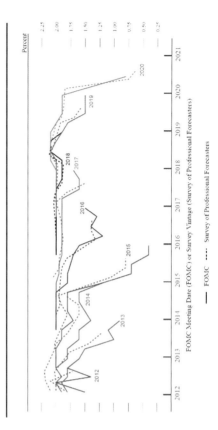

PCE 물가지수 상승률: 장기간 2% 달성 무산

자료: J. Powell (2020. 8), "New Economic Challenges and the Fed's Monetary Policy Review"

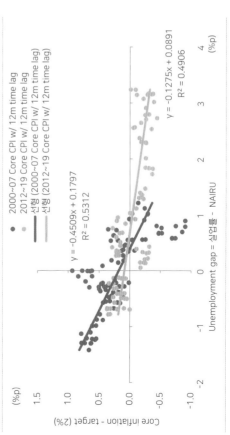

자료: US BLS, US CBO, 메리츠증권 리서치센터 추정

Part III

1

환율의 이해: "상대적 희소성"

환율이란 무엇인가?

1. 기본 개념

■ 환율이란 무엇인가?

- 환율은 "교환비율" 의 약자이다
- 구체적으로는 A국가 돈과 B국가 돈의 교환비율이다 (예: 원화와 달러화의 교환비율)

■ 어떻게 표시하는가?

- 원/달러 = **How many Korean won needed to get ONE unit of US DOLLAR**
- 국제적으로는 "USDKRW" 라고 쓴다(뒤집어 쓴다), 아니면 KRW1,100/USD 라고 쓰기도 한다.
- 예외적인 경우는 유로, 파운드이다
  이들 나라의 경우는 달러/유로(EURUSD), 달러/파운드(GBPUSD) 라는 표기를 쓰는데,
  How many dollars needed to get ONE EURO (or) How many dollars needed to get ONE POUND

■ 환율이 올랐다? 내렸다? vs. 원화 값이 올랐다? 내렸다?

- 원/달러 "환율" 의 상승 (예: 1,000원/달러 → 1,100원/달러) = 달러대비 원화가치 하락 = 평가 절하
- 원/달러 "환율" 의 하락 (예: 1,100원/달러 → 1,000원/달러) = 달러대비 원화가치 상승 = 평가 절상
- 환율의 상승/하락으로 이야기 하는 것보다는 달러대비 원화 값의 상승/하락으로 설명하길 바란다
- 원화 가치의 상승 추세를 다른 말로 원화 강세, 반대의 경우를 원화 약세라고 한다.

■ 절상률과 절하률

- 통화 가치가 어느 정도 상승/하락했는 지는 절상률/절하률로 측정한다
- 원화의 절상률과 절하률은 달러가 아닌 "원화" 의 관점에서 접근해야 한다.
- 만약 "1달러=1,000원" → "1달러=800원" 으로 환율이 떨어졌다면 1원의 가치가 1/1,000달러에서
  1/800달러로 변동한 것이므로 절상률은 25%가 되다 (환율 상승률: 틀린 개념임)

① 올바른 계산방법 : 절상률 = $\dfrac{1/800 - 1/1,000}{1/1,000} \times 100 = 25\%$

② 잘못된 계산방법 : 절상률 = $\dfrac{800 - 1,000}{1,000} \times 100 = -20\%$

환율 결정 요인 (1): 국제수지

2. 환율 결정 요인

- 달러가 유입되는 경로 = 그래서 원화 buy/달러 sell 환전수요가 발생하는 경로
  - 상품 수출(대금 수령), 해외건설, 로열티 수령, 외국인 관광객 유입, 외국인 투자 확대, 해외 차입
- 달러가 유출되는 경로 = 그래서 원화 sell/달러 buy 환전수요가 발생하는 경로
  - 상품 수입(대금 지급), 해외여행, 로열티 지급, 해외투자자 배당지급, 외국인 투자유출, 해외 대출
- 이러한 대외거래 전반의 "수지"(balance) 개념을 국제수지 (Balance of Payments) 라고 함
  - 즉, 국제거래의 결과로 발생한 외화의 얼마큼 차이를 의미하는 것임

대외거래=달러 수급에 따른 환율 변동

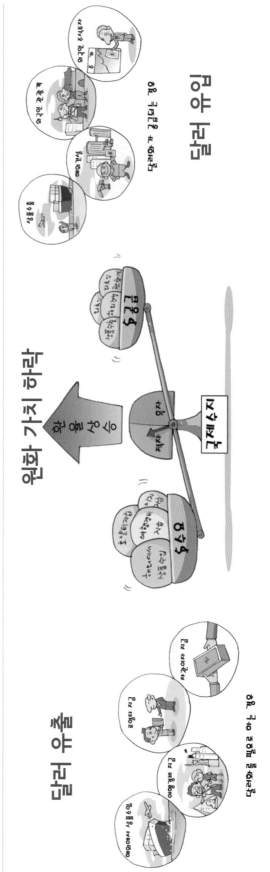

원화 가치 하락

달러 유입

달러 유출

자료 : 한국은행 경제교육 "환율은 왜 변동하는가", (2019년 2월 홈페이지 방문), 메리츠증권 리서치센터

국제수지의 종류 = 국제거래의 종류

2. 환율 결정 요인

■ 경상수지 (Current account)
- 상품수지: 상품(제화)의 수출과 수입
- 서비스수지: 서비스의 수출과 수입
  (예) 가공서비스, 운송, 여행, 건설, 보험/금융서비스, 통신/정보 서비스, 지식재산권, 문화/여가 등
- 본원소득수지: 급료 및 임금 + 투자소득
  (예) 외국인 근로자 임금 지급, 외국인 투자자의 일반배당/재투자수익 + 증권투자 배당/이자수익
- 이전소득수지: 개인 혹은 일반정부의 단순 이전 (송금 등)

■ 금융계정 (Financial account)
- 직접투자수지: 지분투자/수익재투자, 채무상품에 대한 투자
- 증권투자수지: 주식/채권투자
- 파생상품: 선도/옵션 거래 등
- 기타투자: 무역신용(Trade credit), 현금 및 예금, 대출 및 차입

한국 연간 국제수지

(십억달러)	'00	'01	'02	'03	'04	'05	'06	'07	'08	'09	'10	'11	'12	'13	'14	'15	'16	'17	'18
경상수지(A)	10.2	2.2	4.1	11.3	29.3	12.2	2.1	10.5	1.8	33.1	28.0	16.6	48.8	77.3	83.0	105.1	97.9	75.2	76.4
상품수지	15.4	9.4	14.4	22.1	39.2	32.5	24.5	32.4	11.7	48.1	47.9	28.0	48.6	80.3	86.1	120.3	116.5	113.6	111.9
서비스수지	(0.8)	(2.3)	(5.8)	(4.8)	(5.1)	(9.0)	(13.0)	(13.0)	(6.3)	(9.3)	(14.0)	(12.1)	(5.1)	(6.3)	(3.3)	(14.6)	(17.3)	(36.7)	(29.7)
본원소득수지	(4.2)	(3.7)	(2.4)	(2.8)	(1.8)	(8.0)	(5.0)	(4.5)	(2.4)	(3.4)	(0.7)	5.4	10.7	7.5	5.2	4.5	4.6	5.3	2.8
이전소득수지	(0.2)	(1.3)	(2.1)	(3.2)	(3.0)	(3.3)	(4.4)	(4.4)	(1.3)	(2.2)	(5.3)	(4.7)	(5.5)	(4.2)	(5.0)	(5.0)	(5.8)	(7.0)	(8.5)
금융계정 (B=1+2+3+4)	14.6	(0.5)	5.5	7.9	0.6	2.2	9.2	12.9	21.2	47.7	3.8	6.9	40.5	70.8	76.1	87.1	99.1	96.6	55.6
1. 직접투자 수지 (In-Out)	6.7	3.8	2.0	2.0	6.1	5.3	(3.4)	(13.0)	(8.3)	(8.4)	(18.7)	(19.9)	(21.1)	(15.6)	(18.7)	(19.6)	(17.8)	(16.2)	(24.4)
외국인의 직접투자(in)	11.5	6.5	5.5	7.0	13.3	13.6	9.2	8.8	11.2	9.0	9.5	9.8	9.5	12.8	9.3	4.1	12.1	17.9	14.5
내국인의 해외투자(out)	4.8	2.7	3.4	5.0	7.2	8.3	12.6	21.8	19.5	17.4	28.2	29.6	30.6	28.3	28.0	23.7	29.9	34.1	38.9
2. 증권투자 수지 (In-Out)	12.2	6.7	0.3	17.3	6.6	(3.5)	(23.4)	(27.1)	(2.4)	51.2	42.4	13.1	6.7	(9.3)	(30.6)	(49.5)	(67.0)	(57.9)	(43.9)
외국인의 국내 증권투자(in)	12.7	12.2	5.4	22.7	18.4	14.1	7.9	29.4	(25.9)	49.8	43.6	17.3	32.8	18.1	9.2	(7.7)	(3.8)	17.5	21.1
내국인의 해외 증권투자(out)	0.5	5.5	5.0	5.4	11.8	17.6	31.3	56.4	(23.5)	1.4	1.3	4.1	26.1	27.5	39.8	41.9	63.2	75.3	65.0
3. 기타투자 수지 (In-Out)	(4.4)	(11.1)	3.5	(10.7)	(10.1)	(2.2)	36.4	32.6	(24.8)	1.8	(19.0)	(1.2)	(23.5)	(41.5)	(23.0)	(19.8)	(10.9)	(14.3)	14.0
외국인의 국내 기타투자(in) (예금, 국내차입 등)	(1.4)	(17.7)	2.5	(5.3)	(1.6)	2.7	44.0	47.6	(11.8)	(3.0)	(9.0)	18.4	(18.2)	(8.0)	11.1	(9.1)	(0.7)	1.4	6.6
내국인의 대외 기타투자(out) (해외예금, 해외대출 등)	3.0	(6.6)	(1.0)	5.4	8.4	4.9	7.6	14.9	13.0	(4.8)	10.0	19.6	5.3	33.5	34.0	10.7	10.2	15.7	7.4
4. 파생상품 수지	0.2	0.1	(0.4)	0.6	(2.0)	(1.8)	(0.5)	(5.4)	(14.4)	3.1	(0.8)	1.0	(2.6)	(4.4)	(3.8)	1.8	(3.4)	(8.3)	(1.3)

자료: 한국은행 경제통계시스템, 메리츠증권 리서치센터

한국 국제수지와 환율

2. 환율 결정 요인

- 외환시장 완전 자유화가 시행된 2000년 이후 원/달러 환율은 경상수지와 자본수지를 합한 국제수지에 연동하여 주로 움직여 왔음
  - 2016년 이후 상관관계 약화. 이는 국내 경상/자본계정 통한 유출입 보다는 Global risk-on/off리는 원화 결정변수의 영향력이 더욱 커졌기 때문으로 판단

- 경상수지 흑자폭 축소라는 단일 요인으로 원화의 약세 요인이 될 수 있음. 그러나 이것 만으로 원화의 움직임이 결정되진 않음
  - 경상흑자폭 축소에도 외국인 국내투자 증가나 내국인 해외투자 감소 등이 수반될 경우 있기 때문
  - 2015년 사례: 사상 최대 경상흑자(1,051억 달러)에도 불구하고 원화는 달러대비 6.2% 절하

한국 국제수지(경상+자본수지)와 월평균 원/달러

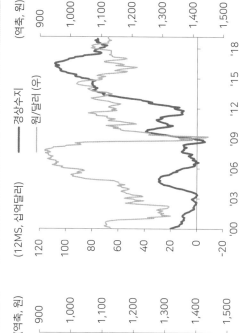

자료: 한국은행, 메리츠증권 리서치센터

한국 경상수지와 월평균 원/달러

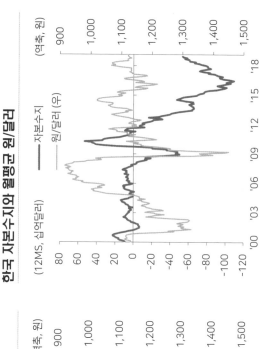

자료: 한국은행, 메리츠증권 리서치센터

한국 자본수지와 월평균 원/달러

자료: 한국은행, 메리츠증권 리서치센터

(참고) 외국인 수급: 증권투자 내 지분증권 순유출입 의미

2. 환율 결정 요인

- 증시가 외국인 투자자에게 완전히 개방된 2000년 이후 KOSPI와 외국인 누적 순매수 간의 상관계수는 0.161: 이는 2004~2007년 외국인 순매도 속 국내 직립식 펀드 등 기관자금 영향로 강화된 인한 역상관관계에 있었던 기간 때문

- 2008년 금융위기 이후 상관계수는 0.915로 크게 높아짐. 외국인의 국내 증시 영향력 제차 강화
  - 원/달러 환율과의 상관계수는 동 기간 중 −0.453; 환율 전망이 적지 않은 영향을 미침을 보여 줌

KOSPI와 외국인 누적 순매수

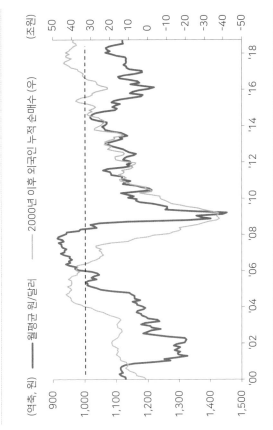

자료: KRX, 메리츠증권 리서치센터

원/달러 환율과 외국인 누적 순매수

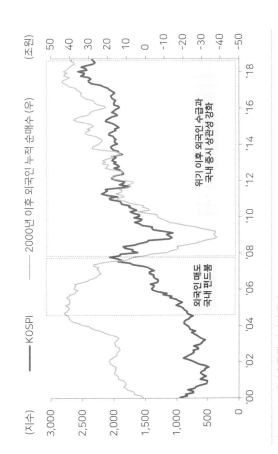

자료: KRX, 한국은행, 메리츠증권 리서치센터

환율 결정 요인 (2): 통화정책 (금리차)

2. 환율 결정 요인

■ 통화정책 (혹은 기대)이 반영되는 경로
- 금리인상(통화정책 긴축)시 1) 시중금리 동반 상승(에 따른 금리매력 부각), 2) 통화량 증가세 둔화에
  따른 자국 통화의 희소성 부각, 3) 통화긴축에 따른 물가상승세 둔화 → 자국 통화 강세

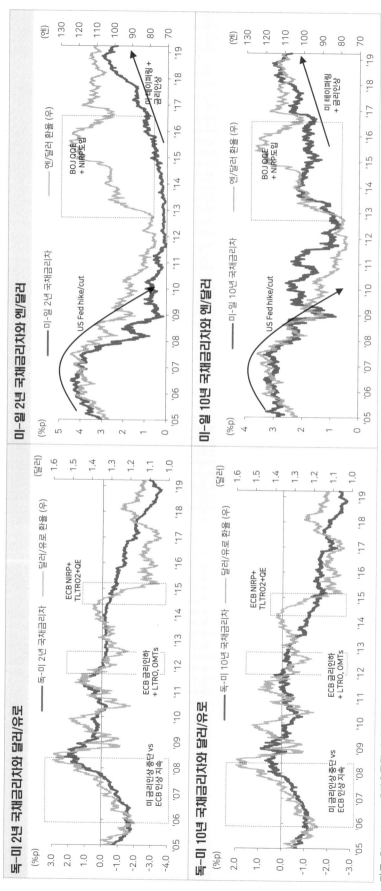

독-미 2년 국채금리차와 달러/유로

미-일 2년 국채금리차와 엔/달러

독-미 10년 국채금리차와 달러/유로

미-일 10년 국채금리차와 엔/달러

자료: Bloomberg, 메리츠증권 리서치센터

환율 결정 요인 (2): 통화정책 (금리차)

2. 환율 결정 요인

- 중국의 경우에도 금리차와 환율이 상관관계 높음

- '18.4분기: Hawkish Fed + 무역분쟁 격화 우려 + 중국 경기하방 압력 심화와 금융시스템 불안
  - 이러한 환경 하에서 중국인민은행이 완화적 통화정책 대응은 중국 국채금리의 하락으로 연결
  - 이는 미국 국채와의 금리차 축소로 연결되면서 위안화 약세를 심화시키는 요인으로 작용

- '19년: 미 연준 금리인상 속도조절 가능성 제기되며 미국 국채금리 큰 폭 하락 → PBOC 대응 여력 제고
  - 연초 이후 미국과의 무역협상 재개로 경기하방 우려 진정에 일조
  - 재정정책과 함께 사용되는 완화적 통화정책: 경기개선 기대로 연결되며 중국 국채금리 상승 유발

중국과 미국의 5년물 국채금리와 양국간 금리차

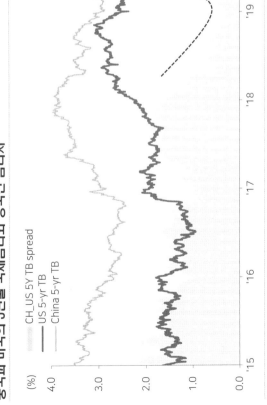

CH_US 5Y TB spread
US 5-yr TB
China 5-yr TB

자료: Bloomberg, National Interbank Funding Center, 메리츠증권 리서치센터

중·미 금리차와 위안/달러 환율

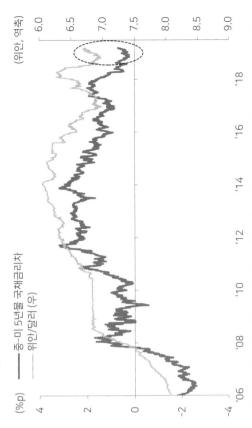

중·미 5년물 국채금리차
위안/달러 (우)

자료: Bloomberg, National Interbank Funding Center, 메리츠증권 리서치센터

환율 결정 요인 (2): 통화정책의 결과로 나타나는 통화량 변화

2. 환율 결정 요인

■ 통화량 자체가 환율결정의 중기 변수가 되는 경우도 있음

■ 엔/달러의 장기 트렌드를 설명할 때 사용되는 Soros chart가 대표적인 사례
  - Soros Chart: 일본 본원통화/미국 본원통화 비율을 의미
  - 일본은 비전통통화정책을 다른 선진국에 비해 먼저 시행
  - 일본/미국 본원통화의 상대 비율을 하락 하락 = 엔화의 희소성 감소 = 엔화 강세

Soros Chart: 일본 본원통화/미국 본원통화 비율 vs 엔/달러

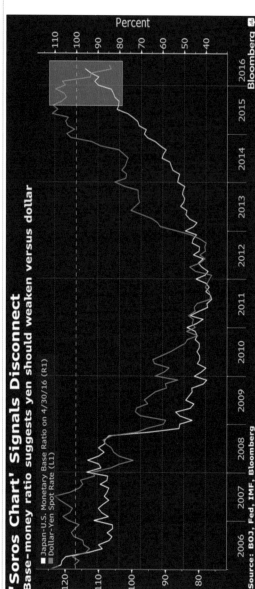

Source: BOJ, Fed, IMF, Bloomberg

자료: Bloomberg, 메리츠증권 리서치센터

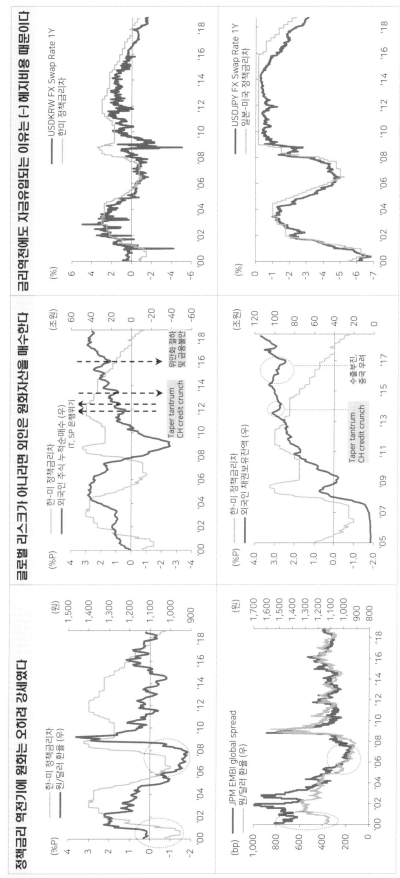

원화의 경우, 통화정책/금리차의 설명력은 떨어짐

기초
거시경제

2. 환율 결정 요인

■ 우리나라와 같은 소규모 개방경제국의 환율은 국내요인보다는 해외요인에 의해 영향을 많이 받음
　－ 원화 환율은 국내에서 통제할 수 있는 것이 아니라 외생변수(exogeneous condition)적 성격이 강함

자료 : Bloomberg, 금융감독원, 메리츠종권 리서치센터

환율 결정 요인 (3): 물가(+생산성)

2. 환율 결정 요인

- **근본적인 요인: 해당국가와 상대국의 "물가수준" 변동**
  - 통화가치는 재화, 서비스, 자본 등에 대한 구매력에 적도이므로 결국 환율은 상대 물가수준으로 가늠되는 상대적 구매력에 의해 결정되기 때문
  - 재화의 물가가 상승한다 = 통화의 가치가 하락하려한다

- **장기 환율결정 요인 중 하나는 생산성의 변화**
  - 한 나라의 생산성이 다른 나라보다 더 빠른 속도로 향상(약화)될 경우 자국통화는 절상(절하)
  - 생산성이 개선될 경우 제화생산 비용이 절감되어 저렴하게 제화를 공급 가능; 물가 하락 요인

- **Quiz: 아래 차트들의 시사점은 무엇일까?**

미국과 일본의 소비자물가 지수 추이

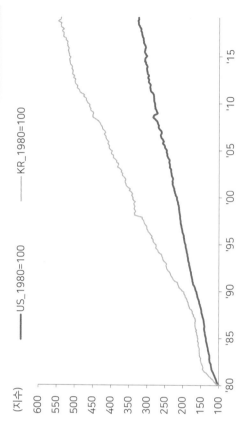

자료: 미국 노동통계국, 일본 통계청, 메리츠증권 리서치센터

미국과 한국의 소비자물가 지수 추이

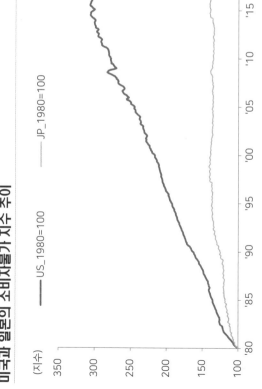

자료: 미국 노동통계국, 한국 통계청, 메리츠증권 리서치센터

환율 결정 요인 (3): 물가

2. 환율 결정 요인

▪ 장기 추세에서 미국 물가상승폭 > 일본 물가상승폭 = 엔화의 달러대비 추세적 강세

▪ 장기 추세에서 한국 물가상승폭 > 미국 물가상승폭 = 원화의 달러대비 추세적 약세

장기 원/달러 환율

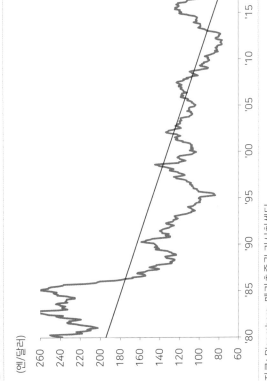

자료: Bloomberg, 메리츠증권 리서치센터

장기 엔/달러 환율

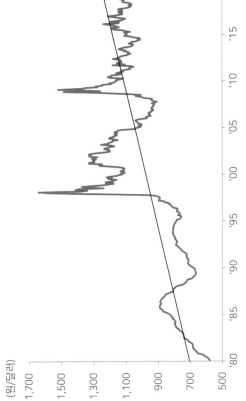

자료: Bloomberg, 메리츠증권 리서치센터

환율 결정 요인 (4): 위험선호와 정치 이슈(지정학적 리스크)

2. 환율 결정 요인

■ **Risk preference**

- 한국 원화는 Global risk appetite을 반영하는 전형적인 지표
- 반면, 엔화의 경우 금 가격과의 상관성 높음 → 안전자산 통화
  금융시장 안전자산 선호 부각시 강세되는 자산군: 엔화, 스위스 프랑, 금, 미 국채

■ **지정학적 위험을 비롯한 각종 뉴스: 시장참가자들의 기대변화를 통해 단기 환율변동에 영향**

- 2010년 5월 천안함 침몰조사 결과 발표 후 지정학적 위험 부각으로 원화 약세
- 2010년 11월 연평도 포격, 2017년 8월의 Fire and Fury 발언 당시도 같은 움직임
- 한국 고유 요인(지정학적 위험)에 따른 환율 변동은 JPM EMBI spread와의 괴리 확대로 판단

JPM EMBI global spread와 원/달러

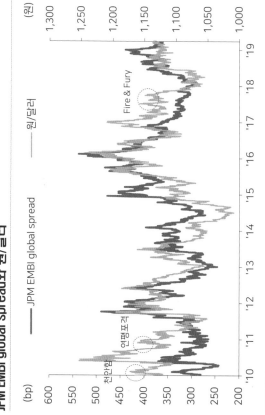

자료: Bloomberg, 메리츠증권 리서치센터

달러 대비 엔화가치와 금 가격

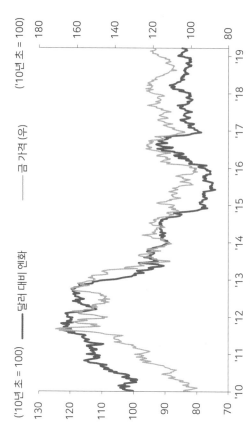

자료: Bloomberg, 메리츠증권 리서치센터

환율 결정 요인 (5): 역내 환율의 동조화

2. 환율 결정 요인

- 교역상대국 중 수출경쟁관계에 있는 국가의 통화가 절하되는 경우
  - 자국의 수출경쟁력 약화 → 외환공급 감소 기대 형성 → 자국의 통화도 동반 절하

- Global supply chain의 영향을 받는 국가의 통화가 절하되는 경우
  - 상대국 구매력 약화 → 자국의 최종재/중간재 수출 약화 → 외환공급 감소 기대 형성
    → 자국 통화의 동반 절하

- 우리나라와 중국의 관계는 두 가지 경우 모두에 해당

중국 위안화 블록: 아시아 신흥국

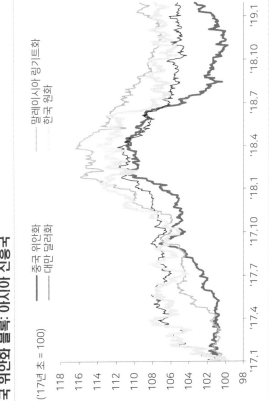

(17년 초 = 100)

중국 위안화 — 말레이시아 링기트화
대만 달러화 — 한국 원화

'17.1 '17.4 '17.7 '17.10 '18.1 '18.4 '18.7 '18.10 '19.1

자료: Bloomberg, 메리츠증권 리서치센터

유로화 블록: 유로존과 동유럽

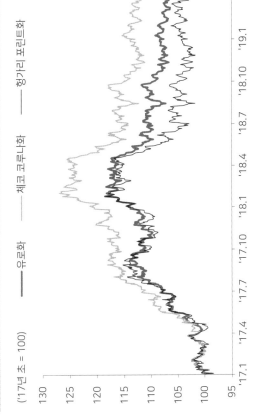

(17년 초 = 100)

유로화 — 체코 코루나화 — 헝가리 포린트화

'17.1 '17.4 '17.7 '17.10 '18.1 '18.4 '18.7 '18.10 '19.1

자료: Bloomberg, 메리츠증권 리서치센터

경제적 영향?

2. 환율 결정 요인

- 원화 절상시 경제적 영향: 물가 하락(수입물가 부담 경감), 수입수요 증가, 외채 상환부담 감소
  원화 절하시 경제적 영향: 물가 상승(수입물가 부담 상승), 외채 상환부담 증가

- 원화 약세/강세가 수출입에 미치는 영향은 일방향으로 판단 어려움
  - 이론적으로 원화가 약세이면 수출이 증가하고 수입이 감소하며 경상수지 개선
    → 가격 경쟁력이라는 factor 만을 고려하면 그러함
    → 추가적으로 생각해야 하는 문제: 원화 강세기에 수출 Q 증가, 약세기에 수출 Q 감소
    → 역내 통화와의 동조화. 원화 약세기에 위안화 약세면 영향은 반감
    → 국내 수출품의 비가격 경쟁력 (환율과 무관한 것들): 반도체 등

  - 원화 약세에 따른 경상수지 개선을 얘기하려면 실질실효환율 기준 저평가 심화를 상정해야 함
    → 1998년, 2009년 원화의 나홀로 약세에 따른 경상수지 개선 효과 있었음

- 기업 측면에서는 해외매출이 원화로 환산되어 재무제표에 계상될 때의 효과가 달라질 수 있음
  - 이 때는 원화 약세가 유리

환율지수 (1): 실효환율

3. FX indices / valuation

- 지금까지는 일국/상대국 간 환율에 대해 살펴 보았음 (bilateral exchange rates)
  - Bilateral FX rate은 환율등락이 개별 국가 요인에 의해 결정될 수 있음
  - 예를 들면 일국이 다자 대상 수출 가격 경쟁력을 측정하는 데에는 부적합할 수 있음
- Multilateral FX rate을 실효환율(Effective exchange rate)이라 함
  - 일반적으로는 일국의 교역가중 환율(Trade-weighted)로써 측정
- 우리가 알고 있는 실효환율이 예는 달러화 지수. 여러 가지 지수가 있으며 각 통화 비중 상이
  - DXY 내 유로화 비중은 57.6%, 반면 Broad Index 내 비중은 18.6%에 불과

달러화 지수: DXY vs FRB Broad Dollar Index

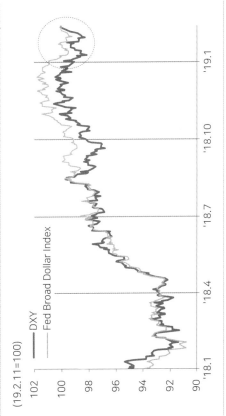

자료: Bloomberg, Federal Reserve, 메리츠증권 리서치센터

주요 달러화 지수의 통화별 구성비 및 연초 이후 해당 통화 절상률

지역	Broad Dollar	인덱스 내 비중 (%)	
		Major Currencies	DXY
European Union	18.62	38.53	57.6
China	16.17	28.05	9.1
Canada	13.55		
Mexico	13.29		
Japan	6.39	13.23	13.6
United Kingdom	5.14	10.64	11.9
Korea	3.41		
India	2.73		
Switzerland	2.66	5.49	3.6
Brazil	2.01		
Taiwan	1.95		
Singapore	1.61		
Hong Kong	1.50		
Australia	1.43	2.96	
Sweden	0.53	1.09	4.2

자료: Bloomberg, Federal Reserve, 메리츠증권 리서치센터

환율지수 (2): 실질 환율 = 구매력 기준 환율

3. FX indices / valuation

- 명목 환율이 반대되는 개념으로 물가상승분을 차감한 실질 환율이 개념도 있음
  - 다른 말로도는 구매력(Purchase power parity) 기준 환율이라 하며, 일물일가의 원칙과 유사

- 원/달러의 실질환율 = (원화/한국 CPI) / (달러화/미국 CPI) = 원/달러 * 미국 물가/한국 물가
  - 엔화 실질환율 = 엔/달러 * (미국 물가/일본 물가)

- 물가를 차감한 엔화 실질환율은 일정 범위 내에서 등락함. 현재는 현저한 저평가 상태

엔화 실질환율

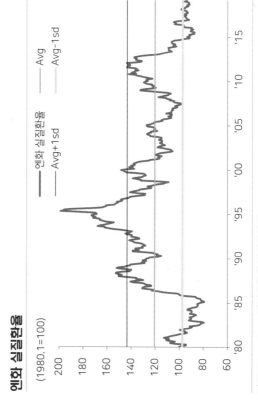

(1980.1=100)

자료: Bloomberg, 메리츠증권 리서치센터

엔/달러 환율과 PPP기준 역사적 평균

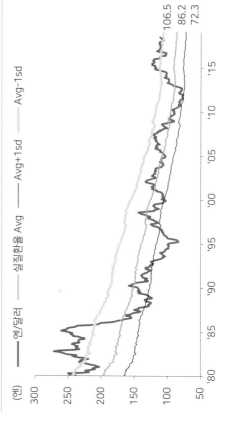

자료: Bloomberg, 메리츠증권 리서치센터

환율지수 (2): 실질환율 – PPP기준 원/달러

3. FX indices / valuation

■ 원화 실질환율 = 원/달러 * (미국 물가/한국 물가)

- 원화 실질환율 = 원/달러 * (미국 물가/한국 물가)
- 물가를 차감한 원화 실질환율은 역사적 저평가 상태

원화 실질환율

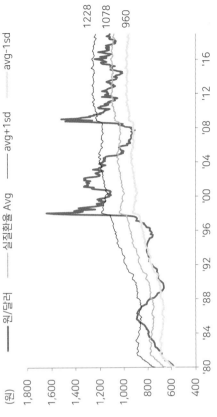

원/달러 환율과 PPP기준 역사적 평균

자료: Bloomberg, 한국 통계청, 미국 노동통계국, 메리츠증권 리서치센터

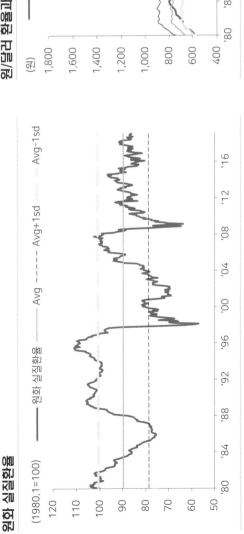

원화 실질환율

자료: Bloomberg, 한국 통계청, 미국 노동통계국, 메리츠증권 리서치센터

환율 지수 (3): 실질실효환율

3. FX indices / valuation

- 앞서의 무역가중치와 물가 차이를 모두 고려한 환율을 Real Effective Exchange Rate
  (실질실효환율) 이라 함. 대체로 통화의 고평가/저평가 여부는 실질실효환율의 역사적 평균과 비교

$$= NEER / \{(KO\ CPI) / \sum_{j=1}^{n} Trade\ weight\ inflation\} = \sum_{j=1}^{n} Trade\ weight * \left\{ NER * \frac{Foreign_{prices}}{Domestic_{prices}} \right\}$$

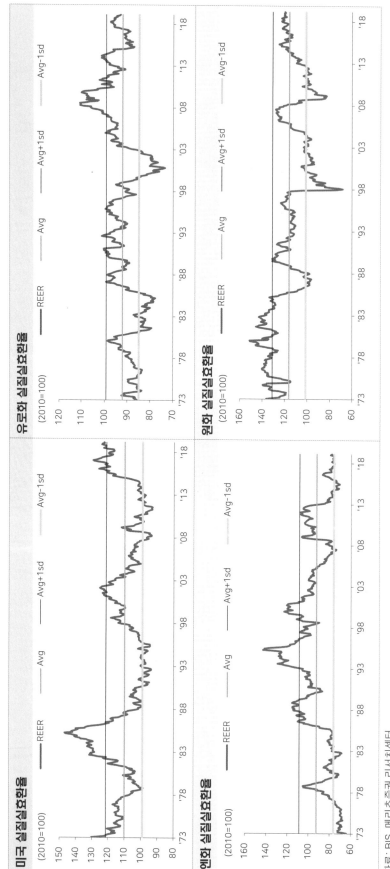

미국 실질실효환율

유로화 실질실효환율

엔화 실질실효환율

원화 실질실효환율

자료: BIS, 메리츠종권 리서치센터

원화의 실질실효환율

3. FX indices / valuation

- 원화의 실질실효환율은 1980년 이후 역사적 평균대비로는 5.5% 고평가
  - 2000년 이후 대비로는 5.0% 고평가 (11월 기준. 10월 말 기준 밸류에이션 당시 7.8% 고평가)

- 원화가 달러대비 절상되어도 실질실효환율이 고평가 정도가 좋아질 수 있는데, 이는
  - 1) 우리나라 교역국 통화의 달러대비 절상폭이 더 크거나, 2) 한국 물가상승률 < 교역국 물가상승률일 때

- 금융위기 이후 외화안정성 확보 위한 안전판 마련으로, 2010년 이후 원화의 실질실효환율은 역사적 평균과 +1표준편차 수준에서 등락해 왔음

한국 원화의 실질실효환율 추이 [1980~]

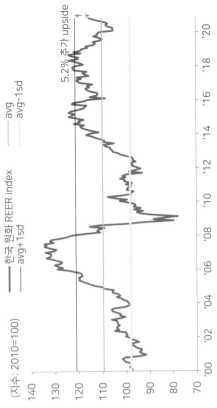

(지수: 2010=100)

주 : 한국의 18개 주요 교역상대국 대상 / 11월 27일 종가(1,103원) 기준 Valuation
자료 : 메리츠증권 리서치센터 추정

한국 원화의 실질실효환율 추이 [2000~]

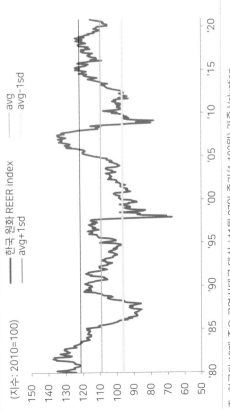

(지수: 2010=100)

주 : 한국의 18개 주요 교역상대국 대상 / 11월 27일 종가(1,103원) 기준 Valuation
자료 : 메리츠증권 리서치센터 추정

경상수지와 외채의존도

4. 대외안정성과 환율

- 대외 건전성 판단에 있어서 제일 중요한 것은 경상수지의 흑자/적자 여부

- 경상적자는 왜 대외 취약성 요인인가?
  Let's look at a simple equation: 1) Y=C+S+T, 2) Y=C+I+G+(X-M)
  정리하고 이항하면, **(X-M)=(S-I)+(T-G)**. (X-M)<0 means S<I or T<G

- 국내 저축대비 투자 많다 = 해외 차입으로 자금 충당. 국내 세수대비 지출 많다 = 적자국채 발행 (해외채 발행)
  → 경상적자국은 해외 차입에 의존해 경제가 굴러가는 경우가 많음. 글로벌 유동성 여건에 취약함을 의미

신흥국 취약성 순위

	취약성 순위	경상수지/GDP (2018E, %)	대외채무/GDP (2017A, %)	정부의 효율성 (2016, WB)	인플레이션율 (2Q18/2Q17, %)
터키	1	-5.4	53.4	0.05	12.8
아르헨티나	2	-5.1	36.8	0.18	27.8
콜롬비아	3	-2.6	40.3	0.02	3.2
남아공	4	-2.9	49.6	0.27	4.5
멕시코	5	-1.9	38.2	0.14	4.6
인도네시아	6	-1.9	34.8	0.01	3.3
브라질	7	-1.6	32.5	-0.18	3.3
인도	8	-2.3	19.6	0.10	4.8
필리핀	8	-0.5	23.3	-0.01	4.8
러시아	10	-4.5	33.9	-0.22	2.4
폴란드	11	-0.9	72.3	0.69	1.8
칠레	12	-1.8	65.5	1.02	2.1
페루	13	-0.7	31.4	-0.17	1.0
말레이시아	14	2.4	68.9	0.88	1.3
사우디아라비아	15	5.4	21.7	0.24	2.3
중국	16	1.2	13.0	0.36	1.8
태국	16	9.3	32.8	0.34	1.3
한국	18	5.5	27.2	1.07	1.5
대만	18	13.6	31.4	1.37	1.7

자료: Bloomberg Economics. 각 항목의 원자료는 IMF, World Bank, 각국 통계청임

일국의 외환위기 전염: 일단 경상적자국은 취약하다는 인식 있음

4, 대외안정성과 환율

■ 금융시장 경로를 통한 파급 때문임
- 터키 위기발발 당시 대외건전성 취약국(경상적자국) CDS premium 상승과 통화가치 절하 발생
- 반면, 중국, 태국, 한국 등 경상흑자 국가군 CDS premium은 상당히 안정적

CDS premium 추이: 경상적자 + 외채의존형 국가군

CDS premium 추이: 경상흑자 국가군

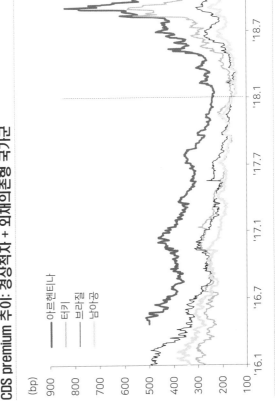

신흥국 통화 시사점: 경상흑자/적자 여부에 따른 통화가치 차별화

4. 대외안정성과 환율

- EM 내 경상수지 흑자/적자 여부에 따른 통화가치 차별화 예상

- 2000년 이후 경상흑자 유지해 온 아시아 신흥국 통화가치 큰 변동 없는 반면, 경상적자 누증된 라틴 아메리카나 동유럽 통화가치는 과거 수준으로 복원되지 못하였다는 경험을 상기할 필요

주요 지역별 경상수지 추이

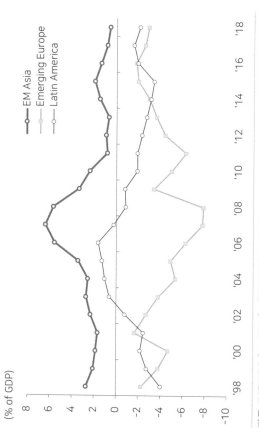

자료 : IMF WEO (Apr 2018), 메리츠증권 리서치센터

지역별 통화지수 추이 (달러화 대비)

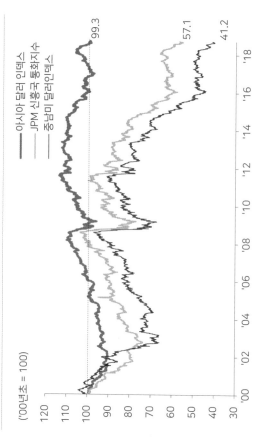

자료 : Bloomberg, 메리츠증권 리서치센터

EM 전반적 대외건전성은 과거 위기 대비 제고된 상태

4. 대외안정성과 환율

- 아르헨티나, 터키 제외시 대부분 국가들의 대외안정성은 과거 위기수준 대비 크게 안정
- Taper tantrum 당시에 비해서도 Fragile 5의 경상적자<3% of GDP, 물가 역시 크게 안정화

주요 신흥국 대외안정성 지표

지표	국가	1980	1981	1982	1983	1984	1994	1995	1996	1997	1998	2012	2013	2014	2015	2016	2017
경상수지/GDP (%)	아르헨티나	(1.1)	(3.1)	(3.2)	(2.2)	(2.0)	(3.9)	(1.8)	(2.4)	(3.9)	(4.5)	(0.4)	(2.1)	(1.6)	(2.7)	(2.7)	(4.8)
	터키	(3.2)	(1.9)	(1.1)	(2.3)	(1.7)	1.5	(1.0)	(1.0)	(1.0)	0.7	(5.5)	(6.7)	(4.7)	(3.7)	(3.8)	(5.5)
	브라질	(8.8)	(7.0)	(9.1)	(4.8)	0.0	(0.3)	(2.4)	(2.8)	(3.5)	(3.9)	(3.0)	(3.0)	(4.2)	(3.3)	(1.3)	(0.5)
	인도	(1.5)	(1.6)	(1.7)	(1.4)	(1.1)	(1.0)	(1.6)	(1.1)	(1.3)	(0.9)	(4.8)	(1.7)	(1.3)	(1.1)	(0.7)	(2.0)
	인도네시아	2.9	(0.5)	(4.7)	(6.5)	(2.1)	(1.4)	(2.8)	(2.7)	(1.5)	3.5	(2.7)	(3.2)	(3.1)	(2.0)	(1.8)	(1.7)
	멕시코	(5.4)	(6.2)	(0.8)	7.8	5.5	(8.1)	(0.5)	(0.6)	(1.5)	(3.0)	(1.5)	(2.4)	(1.8)	(2.5)	(2.1)	(1.6)
	러시아	-	-	-	-	-	2.6	2.1	2.6	(0.0)	0.1	3.2	1.5	2.8	5.0	2.0	2.6
	한국	(10.5)	(8.9)	(7.1)	(4.0)	(1.8)	(1.0)	(1.8)	(4.0)	(1.8)	10.7	4.2	6.2	6.0	7.7	7.0	5.1
	말레이시아	(1.0)	(9.2)	(12.4)	(10.8)	(4.5)	(5.7)	(9.1)	(4.1)	(5.5)	12.3	5.2	3.5	4.4	3.0	2.4	3.0
	중국	-	-	2.0	1.4	0.6	1.4	0.2	0.8	3.8	3.1	2.5	1.5	2.3	2.7	1.8	1.3
단기외채/외환보유액 (%)	아르헨티나	171.4	499.7	686.7	760.5	863.0	52.0	155.3	132.7	144.4	126.4	68.7	146.9	108.8	288.9	141.0	169.7
	터키	232.3	237.5	164.0	182.0	256.7	157.1	125.1	104.2	95.0	106.8	104.2	122.0	128.3	115.2	111.9	142.7
	브라질	195.9	204.5	437.7	312.6	91.9	82.9	60.2	59.8	66.8	67.1	8.7	9.3	16.0	14.7	15.7	13.9
	인도	17.6	32.3	52.7	64.8	60.9	18.5	23.4	28.3	18.3	14.5	31.3	31.3	26.5	23.2	23.3	23.8
	인도네시아	42.7	53.9	86.2	96.4	94.5	147.4	175.6	167.2	188.9	85.5	39.2	46.4	41.1	36.3	36.1	37.6
	멕시코	424.0	507.1	1578.9	213.9	80.8	610.5	218.8	152.8	96.6	82.6	45.5	51.4	46.9	39.3	30.3	29.6
	러시아	-	-	-	-	-	151.6	60.2	79.1	34.1	122.5	15.2	16.7	16.0	11.4	12.0	11.9
	한국	115.3	123.1	147.3	152.9	149.4	140.9	157.0	211.4	286.1	69.1	39.1	32.3	32.0	28.3	28.2	29.8
	말레이시아	30.2	38.7	44.7	78.2	66.5	24.2	30.4	40.8	71.5	33.0	66.3	59.1	68.5	80.2	87.0	90.6
	중국	-	-	19.4	25.8	31.5	32.6	29.4	23.6	21.9	11.6	23.7	28.0	32.0	24.1	25.9	31.9
외환보유액/수입 (배)	아르헨티나	7.9	4.4	6.0	6.9	7.0	8.6	10.0	9.7	8.9	9.3	7.6	5.0	5.8	5.1	7.7	9.8
	터키	-	-	2.3	2.8	2.9	7.3	8.5	7.8	7.1	6.7	6.0	7.0	7.1	7.0	7.4	7.8
	브라질	3.0	3.4	2.1	3.0	8.6	12.8	11.4	12.2	9.2	8.4	18.9	17.0	18.0	23.5	30.2	28.1
	인도	5.9	4.1	3.5	4.5	4.8	10.9	7.5	7.9	8.1	8.5	7.3	7.6	8.4	10.8	12.1	11.3
	인도네시아	7.2	5.5	3.0	3.5	4.9	4.9	4.4	5.4	5.0	10.3	7.1	6.4	7.5	8.9	10.3	9.7
	멕시코	2.1	2.1	1.1	4.6	5.7	1.0	2.8	2.6	3.2	3.1	5.4	5.7	5.9	5.4	5.5	5.0
	러시아	-	-	-	-	-	2.0	4.5	4.1	4.1	3.4	20.4	19.4	16.1	24.2	24.9	23.0
	한국	3.5	3.2	3.5	3.2	3.0	3.0	2.9	2.7	1.7	6.7	7.6	8.1	8.3	10.1	11.0	9.8
	말레이시아	5.0	4.3	3.7	3.5	3.2	5.1	3.7	4.1	3.2	5.3	8.5	7.9	6.7	6.5	6.4	5.9
	중국	1.9	3.1	7.5	8.7	8.2	5.6	6.9	9.3	12.1	12.8	22.1	23.7	23.7	25.5	23.4	21.2
소비자물가 (전년대비, %)	아르헨티나	-	-	-	-	-	-	-	-	-	0.9	10.0	10.6	-	-	-	25.7
	터키	110.6	36.4	31.1	31.3	48.4	104.5	89.6	80.2	85.7	84.7	8.9	7.5	8.9	7.7	7.8	11.1
	브라질	90.2	101.7	100.6	135.0	192.1	2,075.8	66.0	15.8	6.9	3.2	5.4	6.2	6.3	9.0	8.7	3.4
	인도	11.3	12.7	7.7	12.6	6.5	10.3	10.0	9.4	6.8	13.1	10.0	9.4	5.8	4.9	4.5	3.6
	인도네시아	18.0	12.2	9.5	11.8	10.3	8.5	9.4	8.4	6.2	58.0	4.0	6.4	6.4	6.4	3.5	3.8
	멕시코	26.5	27.9	59.2	101.8	65.4	7.0	35.1	34.4	20.6	15.9	4.1	3.8	4.0	2.7	2.8	6.0
	러시아	-	-	-	-	-	307.6	197.5	47.7	14.8	27.7	5.1	6.8	7.8	15.5	7.1	3.7

자료: IMF, World Bank, 한국개발원, 메리츠증권 리서치센터

한국도 외채 위기를 겪은 바 있음

4. 대외안정성과 환율

■ 한국은 경상흑자 구조 정착, 외환위기/금융위기 거치는 과정에서의 외환건전성 제고

  - 한국의 총외채/GDP와 단기외채/외환보유액 비율은 각각 27.3%와 31.3%

  - 외환위기 당시 단기외채/외환보유액 비율 286%, 금융위기 당시 총외채/GDP>40%에 비해 매우 안정

■ 한국 원화의 급등락은 은행부문의 단기외채 급증과 위기 이후 급격한 deleveraging 과정에서 비롯

  - 1997년은 종금사 단기외채 차입-장기 대출 행태에 따른 maturity mismatch 문제

  - 2007년은 조선수주 및 해외증권투자 급증에 따른 환헤지 수요증당 과정에서 단기외채 크게 증가

■ 단기외채 급증과 글로벌 신용경색이 맞물리는 구간이 아니라면 한국의 외환건전성 의심할 이유 없음

은행 단기외채 누계와 원/달러 현율

자료: 한국은행, 메리츠증권 리서치센터

한국 외채통계

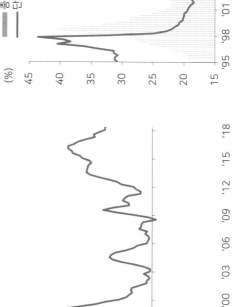

자료: 한국은행, 메리츠증권 리서치센터

한국: GDP대비 경상수지

자료: 한국은행, 메리츠증권 리서치센터

외채위기의 교훈: 외환건전성 규제 강화

4. 대외안정성과 환율

- 한국의 외환건전성 규제는 두 차례의 외환위기가 남긴 교훈
- 단기차입 역제를 위한 각종 건전성 제도 도입
- 최근과 같은 금융/외환시장 불안 상황에서는 규제완화를 통한 달러화 조달/확보 수단으로도 사용 중

금융 위기 이후 한국의 외환건전성 규제 모음

항목	내용
외환파생상품 포지션 규제 ('10.10월 도입)	통화관련 파생금융거래(통화선도/선물/스왑/옵션) 및 신용/기타 파생거래 총 통화거래 (통화별 외환파생매입초과 포지션-외환파생매가 포지션) / 전월말 자기자본 * 100 (%) '10.10월 도입: 국내은행 50%, 외은지점 250% '11.7월: 국내은행 40%, 외은지점 200% (단기차입 재급증 대응) '13.1월: 국내은행 30%, 외은지점 150% (선진국 QE 등 유동성 유입 증가 대응) '16.7월: 국내은행 40%, 외은지점 200% '20.3월: 국내은행 50%, 외은지점 250% (외화유입/시중 외화자금 공급확대 목적)
외환건전성부담금 ('11.8월 도입)	은행이 비예금성 외화부채 전액에 대해 만기에 따라('15.2월 개편) 0.1% 부과 기존 은행에만 부과했던 부담금을 제2금융권까지 확대 장기 외화부채에 대해서는 만기 1년 이상 0.02%, 3년 이상 0.03% 할인 적용
국내인 채권투자 과세 ('11.1월 부활)	'11.1월부터 탄력세율 부활(0~14%) '09.5월 당시 외국인 국내채권 투자시 이자(14%), 양도소득(20%) 과세 면제
외화 LCR 모니터링 ('15.7월 도입)	향후 30일간 고유동성 외화자산/순외화유출 비율 모니터링 지도비율 상향: '15년 40% → 16년 50% → 17년 60% → 18년 70% → 19년 80% - 20.2월말 국내은행 외화 LCR 비율 128.3% 16.6월 외화LCR규제도입으로 여유자금비율/외화안전자산 보유비율 등 기존 규제 일부 폐지
외화대출 용도제한 ('07년 8월 도입)	'07.8월 외화대출 용도를 해외 사용자금 및 제조업체 국내 시설자금으로 제한 '09년 비제조업 국내 시설자금 외화대출 일시 허용 '10.7월 외화대출을 해외사용 용도로만 제한

자료: 한국은행, 기획재정부, 메리츠증권 리서치센터

외화 유동성이 문제될 때 발생하는 일들

4. 대외안정성과 환율

- 외국인 주식 순매도
- 원화 약세기에 채권선물 순매도 (원래 채권선물 매도 = 안전자산 선호 = 원화 강세기)
- 스왑베이시스 (IRS-CRS) (-) 확대

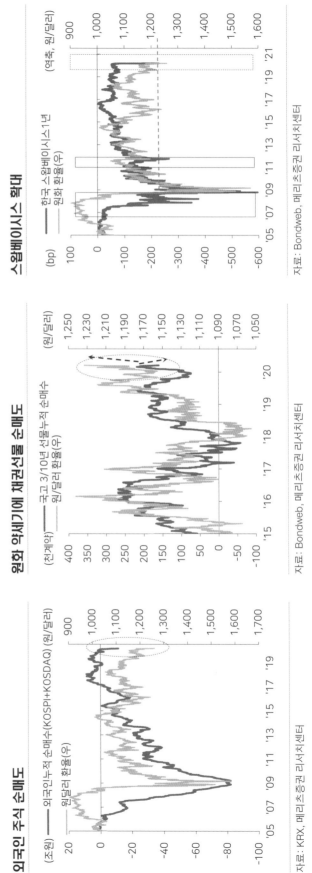

스왑베이시스 확대

자료: Bondweb, 메리츠증권 리서치센터

원화 약세기에 채권선물 순매도

자료: Bondweb, 메리츠증권 리서치센터

외국인 주식 순매도

자료: KRX, 메리츠증권 리서치센터

달러 자금 경색 완화 위해 해야 하는 것들

4. 대외안정성과 환율

- 해외: 미국 달러화 자금시장 안정 노력 (회사채, CP, MMF 등)
- 국내: 스왑라인 체결을 비롯한 금융위기 당시의 정책조합 검토/도입 필요

한국의 통화스왑 현황 (2020년 3월 현재)

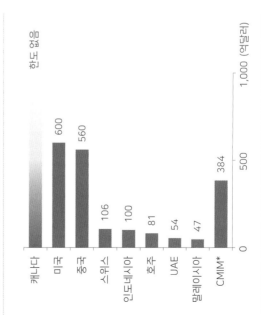

주: * 치앙마이 이니셔티브 (다자간 통화스와프)
자료: 한국은행, 메리츠증권 리서치센터

금융위기 당시 외화유동성 대응책 (정부/한국은행의 지원 유동성 규모)

금액	내용
690억 달러	• 정부 외화유동성 공급: 총 350억 달러
	- 경쟁입찰 무담보대출 140억 달러, 수출환어음 재할인 50억 달러
	• 스왑시장 공급 100억 달러, 수출입금융지원 60억 달러
	• 한국은행 외화유동성 공급: 총 200억 달러
	- 경쟁입찰방식 스왑거래 100억 달러, 중소기업 수출금융지원 100억 달러
	• 은행 대외차입 지급보증: 140억 달러
22.3조원	• 한은 총액한도대출 증액: 2.5조원
	• 한은 환매조건부채권 매입: 2조원
	• 정부/한은 채권안정펀드: 10조원
	• 국책은행 증자: 1.3조원
	• 신보/기보 출연: 0.5조원, 보증 확대: 6조원
300억 달러	• 한국은행-미 연준 통화스와프

자료: 매일경제신문, 메리츠증권 리서치센터

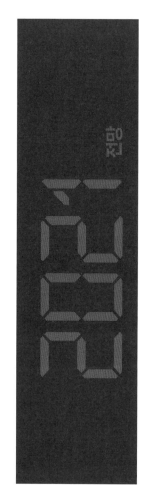

2021
전망

경제

2021년 글로벌 경제전망
Rebuilding: "再建"

Part I

2021년 글로벌 경제전망

세계 경제: 2020년 -3.3%에서 2021년 5.7%로 회복

1. Global view

- 경기충격은 대부분 2Q20에 집중. 3Q 경기가 빠르게 회복되며 '20년 역성장 폭은 기존 예상대비 작음
- 기본 가정 ① 백신 개발 본격화(21년 상반기), 상용화(21년 하반기 가정)로 COVID19의 부정적 영향 축소
  ② 추가 재정자극: 미국 2조 달러 내외 추가 부양법안 통과, EU 공동기금 21년부터 집행 개시 가정
  ③ 경기/유동성 peak인 21년 하반기 이후부터 민간 자생적 회복력 점차 복원
- 전망의 리스크는 성장 위험보다 하방 위험이 우위: COVID19의 재확산 위험이 상존하기 때문

글로벌 경제전망 요약

(% YoY)		금융위기와 재정위기			저성장 고착화/제조업 과잉시대					Goldilocks & Trade War			COVID19 & Aftermath		
	2008	2009	2010	2011	2012	2013	2014	2015	2016	2017	2018	2019	2020E	2021E	2022E
GDP growth															
Global (PPP, IMF-based)	3.0	(0.1)	5.4	4.2	3.5	3.4	3.6	3.5	3.2	3.7	3.6	2.9	(3.3)	5.7	3.2
DM	0.1	(3.4)	3.1	1.7	1.2	1.3	2.0	2.1	1.7	2.5	2.3	1.7	(4.5)	5.3	2.9
US	(0.3)	(2.8)	2.5	1.6	2.2	1.7	2.4	2.6	1.6	2.4	2.9	2.3	(3.5)	4.8	2.4
Eurozone	0.4	(4.5)	2.0	1.7	(0.8)	(0.2)	1.4	2.0	1.9	2.5	1.9	1.2	(6.5)	6.1	2.5
Japan	(1.1)	(5.4)	4.2	(0.1)	1.5	2.0	0.3	1.3	0.6	1.9	0.3	0.7	(5.5)	3.4	1.5
EM	5.7	2.9	7.4	6.3	5.4	5.1	4.7	4.3	4.3	4.7	4.5	3.7	(2.6)	5.9	3.5
China	9.8	9.3	10.7	9.6	7.8	7.8	7.3	6.9	6.7	6.8	6.6	6.1	2.4	8.0	5.4
Korea	2.8	0.7	6.5	3.7	2.3	2.9	3.3	2.8	2.9	3.1	2.7	2.0	(1.0)	3.1	2.3
CPI growth															
Global	6.3	2.8	3.7	5.0	4.1	3.7	3.2	2.8	2.8	3.2	3.6	3.4	2.7	3.0	3.2
US	3.8	(0.4)	1.6	3.2	2.1	1.5	1.6	0.1	1.3	2.1	2.4	1.8	1.2	1.9	2.1
Eurozone	3.3	0.3	1.6	2.7	2.5	1.3	0.4	0.0	0.2	1.5	1.8	1.2	0.3	1.0	1.4
Japan	1.4	(1.4)	(0.7)	(0.3)	(0.1)	0.3	2.8	0.8	(0.1)	0.5	1.0	0.5	0.2	0.5	0.8
China	5.9	(0.7)	3.3	5.4	2.7	2.6	2.0	1.4	2.0	1.6	2.1	2.9	2.8	1.9	1.8
Korea	4.7	2.8	2.9	4.0	2.2	1.3	1.3	0.7	1.0	1.9	1.5	0.4	0.6	1.1	1.1
Central bank rates (%, end)															
FFR target (upper bound)	0.25	0.25	0.25	0.25	0.25	0.25	0.25	0.50	0.75	1.50	2.50	1.75	0.25	0.25	0.25
ECB deposit rate	2.00	0.25	0.25	0.25	0.00	0.00	(0.20)	(0.30)	(0.40)	(0.40)	(0.40)	(0.50)	(0.50)	(0.50)	(0.50)
BOJ call/policy rate	0.10	0.10	0.10	0.10	0.10	0.10	0.10	0.10	0.10	0.10	0.10	0.10	0.10	0.10	0.10
BOK base rate	3.00	2.00	2.50	3.25	2.75	2.50	2.00	1.50	1.25	1.50	1.75	1.25	0.50	0.50	0.50
FX/Oil (EoP)															
USD/EUR	1.39	1.43	1.34	1.30	1.32	1.38	1.21	1.09	1.05	1.20	1.15	1.12	1.20	1.23	1.25
JPY/USD	91	93	81	77	86	105	120	120	117	113	110	109	104	104	105
CNY/USD	6.82	6.83	6.59	6.29	6.23	6.05	6.20	6.49	6.95	6.51	6.88	6.96	6.65	6.45	6.20
KRW/USD	1,260	1,164	1,135	1,152	1,071	1,055	1,099	1,173	1,208	1,071	1,116	1,156	1,130	1,080	1,060
Oil (WTI, USD/bbl)	39.2	79.3	91.3	99.0	91.9	98.6	53.8	37.2	53.7	60.4	45.4	61.1	43.0	47.0	45.0

자료: IMF, 각국 중앙은행 및 통계청, Bloomberg, 메리츠증권 리서치센터

더블딥 부재를 상정할 경우, 2Q21 성장률 크게 오를 것

1. Global view

- 더블딥이 부재할 가능성
  - 3~4월에 비해 제한적인 영역의 봉쇄 적용 중 + 봉쇄의 대상은 다른 활동으로 대체 가능
- 기저효과를 감안하면 2Q21 성장률 크게 오를 것

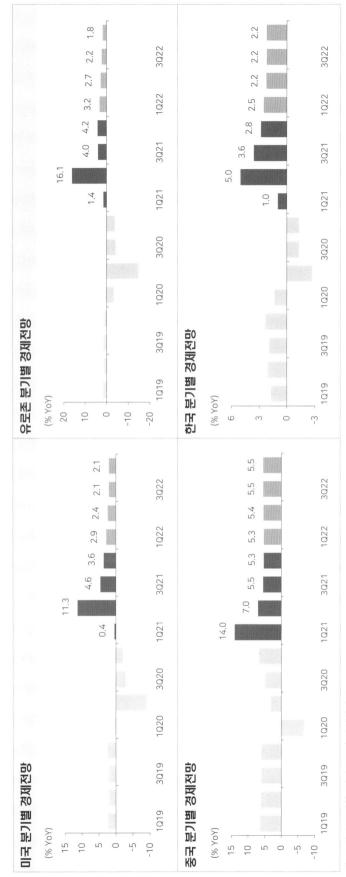

미국 분기별 경제전망

유로존 분기별 경제전망

중국 분기별 경제전망

한국 분기별 경제전망

자료: 각국 통계청, 메리츠증권 리서치센터

중기 회복 경로에는 여전히 크게 못미침: 정책의 힘이 여전히 필요

1. Global view

- 2021년 글로벌 GDP성장률이 6%에 근접해도 중기 성장경로에는 여전히 못미침

- CoVID-19가 없었다면 글로벌 GDP 연간 3% 내외 성장
  - CoVID와 봉쇄로 인한 침체(-3.3%) 이후 회복(+5.7%)으로 올해/내년 평균 성장률은 1.2% 수준에 불과

- 3Q의 빠른 회복 이후 앞으로의 회복 속도는 느릴 것
  - 아직은 부양의 힘이 필요하며, COVID19가 쉽게 진정되지 못하는 나라일수록 더욱 그러할 것

미국과 유로존의 실질 GDP궤적과 전망

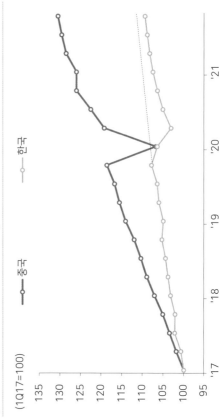

자료: 메리츠증권 리서치센터 추정

중국과 한국의 실질 GDP궤적과 전망

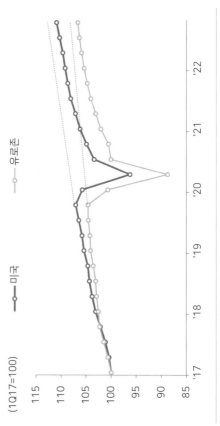

자료: 메리츠증권 리서치센터 추정

지역별 여건에 따라 정책대응의 색깔도 다르다

1. Global view

- COVID19의 전개방향에 따라 경기회복의 궤적도 지역별로 상이

- 중국은 2nd wave 없이 곧바로 회복: 자생적 회복과 정책 정상화를 도모할 수 있는 국면으로 이행
  - 통화/부동산 정책은 이미 중립기조로 전환
  - 이미 시행된 통화정책이 시차를 두고 경기지극하는 힘 + 4Q 재정지출 확대로 경기전작

- 미국은 부문 봉쇄(주점/음식점 등) 지속되는 가운데 2nd wave를 맞고 있음
  - 경기회복 지연에 대응한 추가부양 필요성 대두: 1조 달러 내외 부양법안 논의 중

- 유로존은 바이러스 급증으로 봉쇄가 미국보다 강한 상황
  - 각국 재량적 재정정책 + EU공동기금 + ECB 추가 통화정책(PEPP, TLTRO) 대응

COVID19 이후 상이한 회복경로

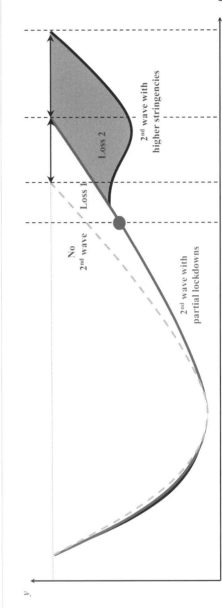

자료: 메리츠증권 리서치센터

제조업은 지역을 불문하고 이미 회복

1. Global view

- 제조업 여건은 지역을 막론하고 모두 양호: 제조업 지수 공히 확장 국면 진입, 회복 속도도 빠름
  - 제조업은 COVID-19 관련 봉쇄에서 자유로움
  - 제조업은 B2C 못지 않게 B2B 거래가 많음: 데이터 경제, 비대면 경제 구축 위한 투자 수요 확대

주요국 제조업 구매관리자지수 추이

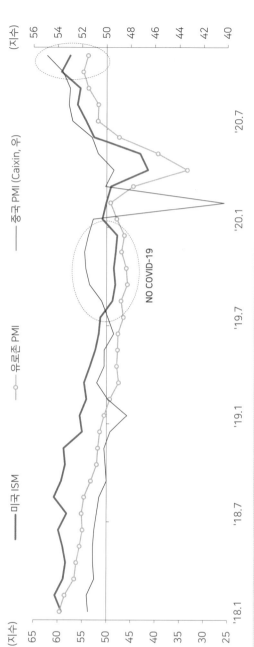

자료: Institute for Supply Management, Markit, Caixin, 메리츠증권 리서치센터

제조업 주문은 어디에서 놀고 있는가?

1. Global view

- 미국은 컴퓨터/통신 등 정보기술 주도. 뒤이어 1차 금속/기계/전기장비 등이 완만한 회복 중
- 독일도 컴퓨터/전자 주도하는 가운데, 자동차, 1차 금속/기계 등이 회복을 견인
- 1) 비대면 경제 활성화, 데이터 투자 + 2) 설비투자 수요 가세
    - 전자는 CoVID-19 종식 여부와 무관하게 연장될 흐름으로 판단

미국 제조업 주문

(% YoY)

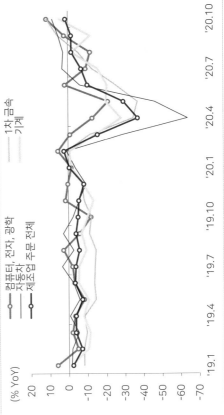

컴퓨터/통신
기계
제조업 주문 전체
1차 금속 및 가공
전기장비/가전

자료 : US Census Bureau, 메리츠증권 리서치센터

독일 제조업 주문

(% YoY)

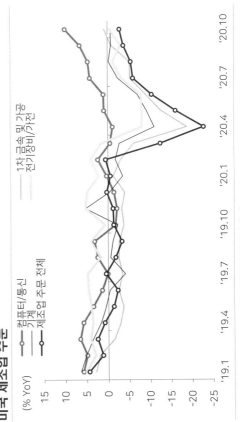

컴퓨터, 전자, 광학
자동차
제조업 주문 전체
1차 금속
기계

자료 : 독일 통계청, 메리츠증권 리서치센터

소비도 재화 중심 회복 중

1. Global view

- 소비회복의 특징: 재화소비는 CoVID-19 이전 수준을 이미 상회. 반면 서비스소비는 부진
  - 일시적이라 보기 어려움: 서비스 소비 일부가 재화 소비로 대체되는 것이기 때문 (영화관 방문 vs 홈씨어터)
  - 재화(즉, 교역재) 주도의 소비회복이 이루어질 가능성 높다는 것도 글로벌 교역여건에는 긍정적
- 미국 개인소비지출을 분해해 보면, 재화 소비는 '19/12월 대비 +7.9%, 서비스 소비는 -5.0%

미국: 재화 소매판매 vs 외식서비스

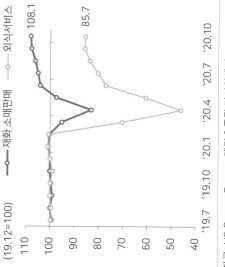

자료: US Census Bureau, 메리츠증권 리서치센터

독일: 재화 소매판매 vs 호텔/레스토랑

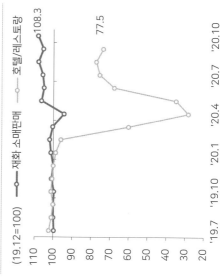

자료: 독일 통계청, 메리츠증권 리서치센터

중국: 재화 소매판매 vs 외식서비스

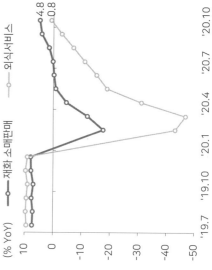

자료: 중국 국가 통계국, 메리츠증권 리서치센터

Vaccine 개발 소식은 희망적이나…

1. Global view

- 백신이 개발되었기에 앞서 언급한 흐름이 거의 마무리 단계라는 시각이 있음

- 백신 접종이 1회에 그치지 않을 가능성 (여러 차례 접종)

- COVID-19에 대한 대중의 수용성: Nature의 10.20일 조사에 따르면 평균 71%가 백신에 호의적
  - Pew Research(12.3일) 조사: 미국 성인 60% 접종 의향 있다고 조사됨
  이는 9월 51%에 비해서는 높은 수준이나, 여전히 안전성에 대한 의구심이 있음을 시사하는 것

- 따라서 수 분기 동안은 기존 글로벌 경기회복 패턴 연장에 무게를 두고 있음

화이자 백신 접종과정: 2회 접종

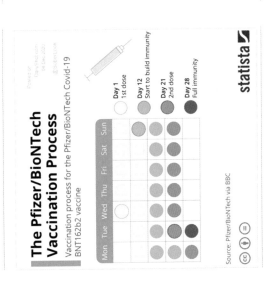

자료: Statista, 메리츠증권 리서치센터

CoVID-19 백신에 대한 국가별 수용 여부 조사 [Acceptance]

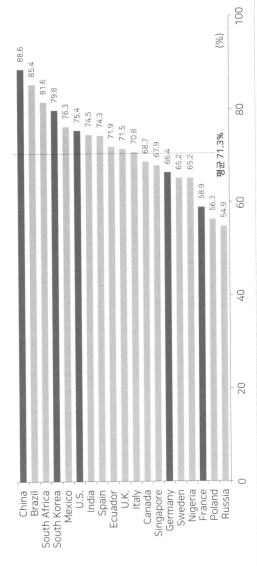

자료: Jeffrey V. Lazarus et al. (2020.10.20). "A global survey of potential acceptance of a COVID-19 vaccine" Nature medicine

정책대응 (1): 통화정책은 할 일을 '거의' 다 했다

1. Global view

■ 선진국 중앙은행의 과감한 금리인하와 대차대조표 팽창은 시중금리를 0%에 수렴시켰음
   - 현재 대차대조표 팽창 속도는 다소 둔화; 시중금리도 바닥 형성

■ 앞으로 통화정책의 역할은 장기간 완화기조를 유지하며 경기와 교역 회복을 촉진하는 데 집중할 필요

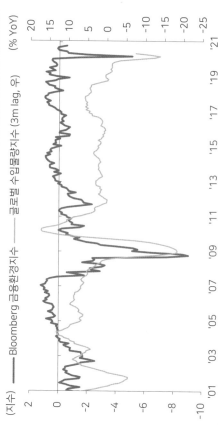

주요 선진국 중앙은행 대차대조표와 GDP가중평균 국제 10년 수익률

자료: FRB, ECB, BOJ, Bloomberg, 메리츠증권 리서치센터

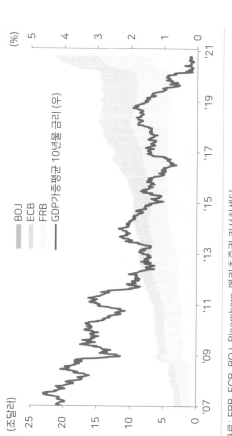

Bloomberg 금융환경지수와 글로벌 수입물량지수

자료: CPB, Bloomberg, 메리츠증권 리서치센터

정책대응 (2): 지금은 재정이 나서야 할 때

1. Global view

- 현재는 재정의 효과가 가장 크게 부각될 수 있는 국면
- IMF (2014), "Fiscal multipliers: Size, Determinants, and Use in Macroeconomic Projections"
    - 경기확장보다는 침보, 회복일 때보다는 침체에 재정승수가 더욱 큼
    - 금리가 Zero-lower bound일 때가 그렇지 않은 것에 비해 재정지출승수가 3~4배 높음
- 정책수단은 법인세 인하, 정부투자 증가가 효과가 큼. 유럽의 경우 정부투자 효과가 미국보다 큼
    - 정리하면 침체기 / Zero-lower bound 환경에서 법인세 인하와 정부투자가 가장 효과적이라는 것
- 바이든 당선자의 10년간 1.6조 달러 인프라 투자 공약, 트럼프 대통령의 1조 달러 인프라 패키지 제시(6월), 유럽 공동기금 설립과 Green New Deal 투자 확대, 한국의 디지털/그린 뉴딜 등이 모두 여기에 해당
    - 국가별로 재정을 써야 한다는 것, 정부주도 투자를 해야 한다는 것에 대한 강한 공감대 형성

국별별 재정승수

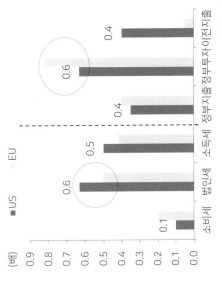

자료: IMF(2014), "Fiscal Multipliers", 메리츠증권 리서치센터

재정지출승수: ZLB vs No ZLB

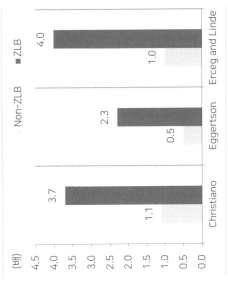

자료: IMF(2014), "Fiscal Multipliers", 메리츠증권 리서치센터

정책수단별 재정승수 (세금은 감세의 경우)

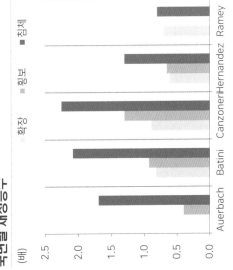

자료: IMF(2014), "Fiscal Multipliers", 메리츠증권 리서치센터

Part II

지역별 현황과 대응: 한국이 두드러질 이유는?

2024 전망, 경제

미국 COVID19 재확산: 3~4월과 달리 더블딥 가능성 낮다

2. 지역별 현황과 대응

■ 미국의 경우 6~7월에 이어, 10월 들어 재차 COVID19 확산 추세
  - 과거 바이러스 확산이 극심했던 동부 연안(3~4월), 텍사스/캘리포니아(6~7월)가 아닌 기타지역이 진앙지

■ 현재 바이러스 확산되는 지역을 중심으로 진행되는 봉쇄 조치
  - 일부 쇼핑몰, 실내 운영되는 식당/주점, 나이트클럽, 영화관/놀이공원, 운동시설 등 + 한시적 야간통금
  - 3~4월과 현재의 봉쇄 영역 차이가 바이러스 재확산에도 불구하고 경기회복을 유발하는 요인이 되고 있음
  - 3~4월은 조업장 폐쇄, 재택 강제 (음식료 구매 이외 출입금지)
  - 봉쇄조치는 다른 활동으로 대체 가능: Home cooking, Home theater 등
  - 근로를 위한 이동은 대부분 가능. 그리고 수 개월간 대응 과정에서 재택근무 환경이 정립되어 생산활동 지속
  - 제조업은 지역별 봉쇄조치에서 자유로움

주[State]별 신규확진지수

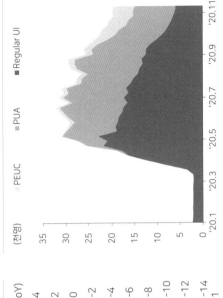

(천명)
Group 4 ● Group 3 ● Group 2 ● Group 1

Group 1: CA, TX, FL, AZ (6~7월 진앙지)
Group 2: AL, LA, NV, NC, MS, OH, SC, TN (6~7월 일간 전망 이상)
Group 3: NY, NJ, DE, IL, MI, PA, RI, MA, NE, CT, DC (3~4월 급증)
Group 4: States excl. Group 1-3 (현재 급증 지역)

자료: CEIC, 메리츠증권 리서치센터

미국 COVID New cases vs NY Fed 경제활동지수

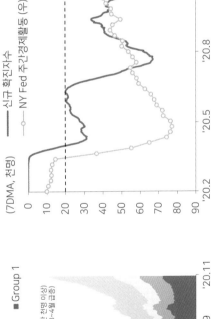

(7DMA, 천명)   (% YoY)

신규 확진지수
NY Fed 주간경제활동 (우)

자료: CEIC, New York Fed, 메리츠 리서치

Continuous Claims 하락, PEUC는 급증

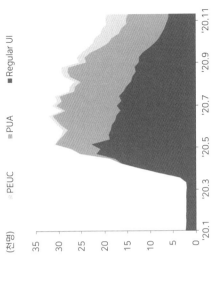

(천명)
PEUC ● PUA ● Regular UI

자료: US Dept of Labor, 메리츠증권 리서치센터

미국: 추가적인 부양이 필요한 이유는?

2. 지역별 현황과 대응

- 미국 소비의 빠른 반등에는 개인가처분소득 팽창이 한 몫하고 있음
  - 3월 CARES Act로 지급된 이전소득이 효과가 9월까지도 가처분소득을 위기 이전 대비 높게 유지하는 동인
  - 당장 부양법안/추가 지원금 없어도 가계소비 지탱 가능: 9월 저축률 13.6% vs 2010년대 평균 7.3%
  - 가처분소득의 증가 외에도 모기지/학자금 상환 유예 등 부채부담 경감도 소비 회복에 기여

- 노동시장 이외에도 경제의 여러 곳에서 취약성 부각 중: 취약계층에 대한 선별적 보호 강화 필요성
  - 7~8월 대기업 파산신청 244% YoY, 3~8월 영업중단 중 영구폐업 비율 61% (Jefferies, Yelp.com)
  - 30일 이상 모기지 연체건수 106만 건중 정부 납부유예 프로그램 대상자 68만 명 (Black Knight)

- 공화당(백악관)과 민주당 간의 간극 축소(1.8조 vs 2.2조, 최초는 1조 vs 3.4조 달러)
  - 재난지원금 2차 지급을 포함한 대부분 항목에 대한 지원 의지 있으나 디테일에 의견: 대선 후 합의 유력

미국 개인 가처분소득 분해

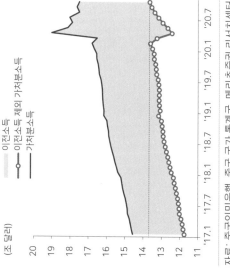

(조 달러)

이전소득
이전소득 제외 가처분소득
가처분소득

'17.1 '17.7 '18.1 '18.7 '19.1 '19.7 '20.1 '20.7

자료: 중국인민은행, 중국 국가통계국, 메리츠증권 리서치센터

미국 개인순저축률

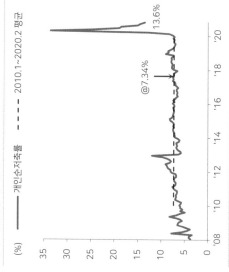

(%)

개인순저축률 ---- 2010.1~2020.2 평균

13.6%
@7.34%

'08 '10 '12 '14 '16 '18 '20

가장 최근의 부양논의

(십억달러)	공화당	초당파·중도층
계	571	908
소기업 지원	335	288
실업보험*	14	180
지방정부 보조금	0	160
교육 보조금	105	82
공공보건	47	51
주택지원	0	25
교통/통신	0	55
농가	20	26
기타	50	41

주: * 공화당은 1개월치 PUA, PEUC / 초당파는 4개월치의
PEUC와 3개월치의 PUA 증액을 주장
자료: Washington Post (12월 3일), 국제금융센터

주: * 당해년 조당재원 기준
자료: 중국인민은행, 중국 국가통계국, 메리츠증권 리서치센터

유럽: 8월 이후 강력한 2nd wave 출현으로 일부 lockdown 재개

2. 지역별 현황과 대응

■ 8월 이후 스페인, 프랑스 중심으로 신규확진자수 급증한 이후 유럽 내 COVID19 진정되지 않고 있음
- 절대 확진자수는 프랑스(일간 4만명), 이탈리아(2.1만 명), 스페인(1.5만 명) 순이나,
  인구대비 확진자수의 경우 체코, 벨기에, 룩셈부르크 등이 훨씬 심각

■ 주요국은 재봉쇄에 돌입: 프랑스를 제외하고는 제한적 봉쇄 돌입
- 프랑스: 필수품 구매, 병원, 운동 이외 목적으로 바깥 출입금지 + 비필수 사업장 영업중단 vs 학교는 open
- 독일: 1) 주점/Gym/영화관/호텔 영업중단, 2) 음식점 Takeout, 3) 업장은 거리두기 전제로 전체로 영업허용
- 이탈리아: 음식점/주점은 18시까지 영업 이후 Takeout 전환, 2) Gym, 수영장, 영화관 영업중단
- 스페인: 전국적 야간통금 (23~06시)

■ 미국과 마찬가지로 일부 사업장 제외하면 경제활동 제재하면 경제활동 가능하며, 일부 제약된 경제활동 대체 가능하기에
  서비스업의 활동 위축이 나타나더라도 3~4월에 비해서는 미미한 수준일 가능성

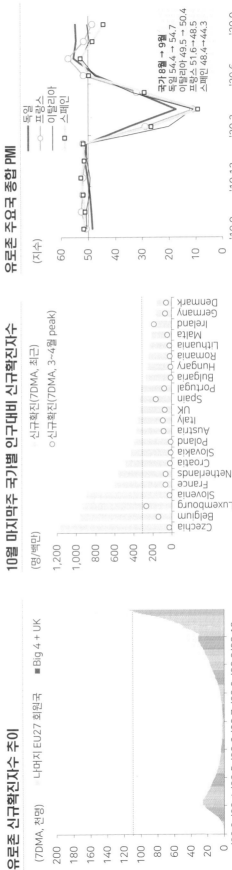

유로존 신규확진자수 추이

(7DMA, 천명) 나머지 EU27 회원국 ■ Big 4 + UK

자료: ECDC, 메리츠증권 리서치센터

10월 마지막주 국가별 인구대비 신규확진자수

(명/백만) 신규확진(7DMA, 최근) ○ 신규확진(7DMA, 3~4월 peak)

자료: ECDC, 메리츠증권 리서치센터

유로존 주요국 종합 PMI

(지수) 독일 프랑스 이탈리아 스페인

국가 8월 → 9월
독일 54.4 → 54.7
이탈리아 49.5 → 50.4
프랑스 51.6→48.5
스페인 48.4→44.3

자료: Markit, 메리츠증권 리서치센터

유럽: 재정/통화정책에 걸친 적극적 부양에 나서야 하는 상황

2. 지역별 현황과 대응

- COVID19에 따른 경기침체가 심화되면서 유로존은 재정적자 용인에 적극적
  - '20년 유로존 재정적자/GDP = 10.1% (2020년 10월 IMF 추계, vs 4월 -7.5%), '21년 5.0%
  - 최근 부분적 락다운 재개로 프랑스, 스페인, 독일 자체적인 추가 경기부양책 발표

- EU공동기금 통한 추가 부양의지: 2021~22년 재정적자 확대 요인 + 역내 divergence 축소
  - 공동기금은 역내에서 1인당 GDP가 높거나 재정포지션이 우수한 나라들이 상환이 필요 없는 보조금 형태로
    인당 GDP낮고 재정부실한 국가를 지원하는 것: 이탈리아, 스페인, 폴란드, 프랑스, 그리스 등이 수혜국
  - 재정통합이 시발점이라는 점에서 유로존 결속 강화 및 유로화 안정 요인으로 작용

- 통화정책 가세: ECB, 12월 회의에서 PEPP 규모 확대/편입 자산 다변화 가능성 높아져
  - 기존 PEPP한도 1.35조 유로 (현재 617b 소진). 여기에서 추가 2,500~5,000억 유로 증액 예상

재정적자 확대와 각국별 추가 경기부양책 동원

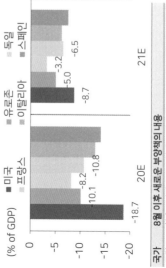

국가	8월 이후 새로운 부양책내용
프랑스	향후 2년간 1,000억 유로에 준하는 추가부양 대책 발표 이 중 400억 유로 내외는 EU공동기금 통해 조성
스페인	향후 3년간 디지털, 그린 등에 720억 유로 추가 지출 단기 실업수당 지급기간 연장(12개월 → 24개월), 정책금융 통한 신용보증 제한 증액(7,570억 유로)
독일	2021년 연방정부 예산에서 기초재정적자 용인 가능성

자료: IMF Fiscal Monitor(Oct 2020), 메리츠증권 리서치센터

EU공동기금 통한 추가 부양의지

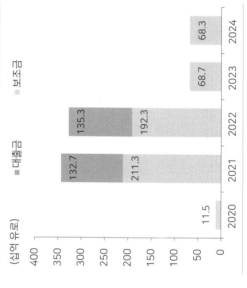

주: 명목 가격, 유럽 공동기금 및 '20년 EU 개정 예산안 포함
자료: 유럽 집행위원회, Bruegels.com(6.10), 메리츠 리서치

향후 12개월간 ECB 자산매입 규모 계산

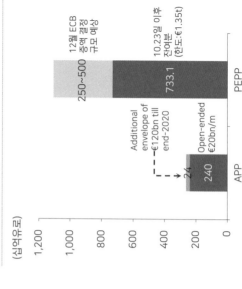

자료: ECB, 메리츠증권 리서치센터

중국: 통화정책 중립 기조 전환 후 유지; 부동산은 건전성 관리 모드

2. 지역별 현황과 대응

■ 중국은 CoVID-19 이전 성장률로 이미 복귀 (9월 실물지표로 추정시 6.0% 성장에 상응)
  - 상황이 이렇다 보니, 주요 선진국과 달리 중국은 모든 정책이 부양기조일 필요가 없어졌음

■ 통화정책 기조 정상화: 완화에서 중립으로 선회 – 동 기조가 내년까지 연장될 것으로 예상
  - 총사회융자 및 기업신용 증가율은 12.3%와 9.5%에서 향보, M2 증가율 6월 peak out (@11.0%)
  - 경기자극 효과 지속: Credit impulse가 통행지수에 6개월 선행. 최소 내년 1분기까지는 모멘텀 확대 가능

■ 통화정책 기조변화와 더불어 부동산 위험(레버리지) 관리 착수
  - 위험의 기준: 부채/자산>70%, 순부채/자본>100%, 현금/단기부채비율<100%
  - 하반기 토지구매와 주택착공 증가세 둔화/위축으로 연결

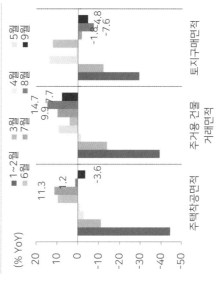

중국 주거용 건설투자 지표: 2H20 들어 약화

자료: 중국 국가 통계국, 메리츠증권 리서치센터

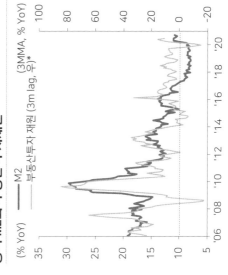

중국 M2와 부동산 투자재원

주: * 당해년 조달재원 기준
자료: 중국인민은행, 중국 국가 통계국, 메리츠증권 리서치센터

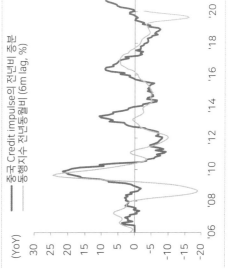

중국 Credit impulse와 통행지수 변동

자료: 중국인민은행, 중국 국가 통계국, 메리츠증권 리서치센터

중국: 중장기적인 재정운용 고민 – 인프라는 민간재원 활용 가능성

2. 지역별 현황과 대응

- '20년만 보면, 유일하게 부양기조에 머물러 있는 정책부야는 재정
  - 4Q20 중 대규모 지출확대 예상. 3Q까지의 누적 재정적자 5.1%, 연간 목표는 6.5%
  - 세입 증감률 목표(-5.3%)는 충족(1~9월 -5.2%). 지출은 목표(3.2%)에 미달(-1.7%)
  - 하반기 회복 견인했던 사회안전망/고용 관련 예산집행이 4분기에도 재정자극의 골자일 것
- 중장기적으로는 안정적인 재정포지션을 고민하게 될 것으로 예상
  - 중국은 중앙/지방정부 예산대비 재정 재정적자가 '15년 이후 3%를 초과, 계속 확대. '18~19년 들어 더욱 증가
- '21년 이후 14-5규획 적용시의 예산문제 부각될 수 있음
  - 정부 스탠스는 재정율 복지지출에 주로 사용하며 인프라에 대한 적극적 재정투임은 지제
  - 인프라 투자의 경우 민-관 합작의 형태로 민간이 주도할 가능성 높아
  - 중국인민은행에 예치 중인 GDP대비 4.7% 규모의 정부예금 재활용 방안도 생각해 봐야 할 것

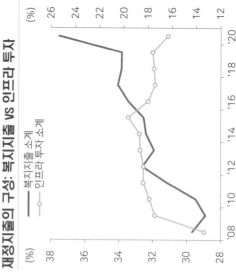

재정지출의 구성: 복지지출 vs 인프라 투자

자료: 중국 재정부, 메리츠증권 리서치센터

재정: 실적 및 계획

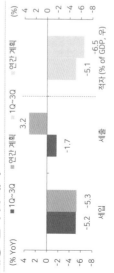

비중(%)		지출 증가율 (% YoY)		
	1H20	1Q20	2Q20	3Q20
전체	100	(5.7)	(5.8)	6.7
교육	18.2	(7.1)	(8.0)	11.1
과학기술	4.2	(26.4)	(2.3)	10.3
문화,스포츠,미디어	1.8	(8.9)	(1.6)	4.4
사회안전망/고용	16.7	(0.7)	4.8	26.6
보건	9.7	4.8	(4.7)	15.7
환경보호	3.3	(15.2)	(15.5)	(15.1)
도시/동촌 지역사회	14.9	(23.6)	(35.0)	(34.0)
농업 및 관계	10.1	(3.6)	17.1	13.6
운송	6.3	(16.5)	(9.2)	30.8

자료: 중국 재정부, 메리츠증권 리서치센터

중국 재정수지

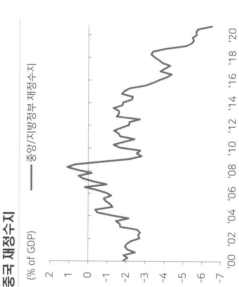

자료: 중국 재정부, 메리츠증권 리서치센터

신흥국에 대한 견해: 취약성 존재 여부에 따라 차별화된다

2. 지역별 현황과 대응

■ 리스크 요인 점검 결과, 아시아 주요 신흥국은 상대적으로 안정적. 중남미 국가들이 다수 위험 요인에 노출
 - 이미 정부부채 문제가 큰 브라질, 아르헨티나는 전염병에 의한 지출확대와 금리인상 문제로 리스크 가중
 - 칠레, 콜롬비아도 경상수지 적자 및 대외부채 문제로 리스크 부각될 가능성

■ 유럽 및 아프리카 일부 신흥국에서도 차별화 심화
 - 대외부채 문제로 어려움 겪는 터키의 여행산업 충격에 의한 경상수지 적자 확대로 환율 방어 어려움 심화
 - 현재 부각되지 않고 있으나 남아공 등 일부 신흥국에서도 리스크 확대 가능성 유의

신흥국 리스크 요인

	COVID19 통제 위험	정부부채 문제	금리 인상	경상수지	여행산업	대외부채
한국						
중국						
대만						
인도	△	△		△		
브라질	△	△	△			△
아르헨티나	△	△	△			△
멕시코	△					
칠레	△			△		△
콜롬비아	△		△	△		△
페루	△		△			
인도네시아				△		
말레이시아					△	△
태국				△	△	
필리핀					△	
폴란드					△	
터키		△	△	△	△	△
러시아			△	△		
남아공		△		△	△	△
사우디				△		

자료: 메리츠증권 리서치센터

한국: 2020년 -1.0%에서 2021년 3.1%로 개선

2. 지역별 현황과 대응

- 한국경제는 '20년 -1.0%에서 '21년 3.1%로 개선
  - 내수와 수출을 포괄하는 최종수요의 동반 성장; 내수는 민간소비/건설투자/설비투자 동반 회복
  - '21년 내수성장기여도(재고 제외)는 3.5%p로 '20년 -0.9%p에 비해 크게 높아질 것
  - 분기별 성장률은 2Q21(5%)까지 가속화되는 그림, 이 과정에서 정부 재정자극 힘은 반감

- 기준금리는 최소 연말까지 동결 예상: 1) (-) GDP gap, 2) 1%대 소비자물가, 3) 선진국 중앙은행 ZIRP 유지

- (참고) 한국 경제의 양호한 대외안정성은 여타 EM대비 차별화시키는 요인으로 작용
  1) 재정건전성 (국가채무비율<60%), 2) 경상흑자국, 3) 단기외채 위험 없음
  4) COVID19 충격이 주요국 대비 크지 않았고 대규모 lockdown도 없었음

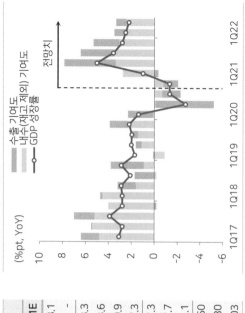

GDP성장률과 최종수요 기여도

(%pt, YoY)

범례: 수출 기여도, 내수(재고 제외) 기여도, GDP 성장률

자료: 한국은행, 메리츠증권 리서치센터 추정

한국 경제전망 요약

(% YoY)	Quarterly					Annual		
	3Q20	4Q20E	1Q21E	2Q21E	3Q21E	4Q21E	2019	2020E	2021E
GDP	(1.3)	(1.3)	1.0	5.0	3.6	2.8	2.0	(1.0)	3.1
(q-q)	1.9	1.3	1.0	0.7	0.5	0.5	-	-	-
민간소비	(4.5)	(4.2)	3.6	3.2	3.9	2.6	1.7	(4.4)	3.3
정부지출	4.5	4.8	3.3	3.7	3.7	3.7	6.6	5.6	3.6
건설투자	(1.6)	(1.3)	(1.8)	1.2	1.3	2.4	(2.5)	0.1	0.9
설비투자	9.1	4.3	5.1	9.2	7.3	7.5	(7.5)	6.1	7.3
수출금액 (BoP)	(3.5)	(1.0)	0.0	18.0	7.0	6.0	(10.3)	(7.6)	7.3
수입금액 (BoP)	(9.3)	(4.6)	1.5	12.0	9.9	8.2	(6.0)	(8.3)	7.7
소비자물가	0.6	0.7	0.6	1.5	1.1	1.1	0.4	0.6	1.1
기준금리 (기말)	0.50	0.50	0.50	0.50	0.50	0.50	1.25	0.50	0.50
원/달러 환율 (기말)	1,170	1,130	1,115	1,100	1,090	1,080	1,156	1,130	1,080
원/달러 환율 (평균)	1,188	1,140	1,123	1,108	1,095	1,085	1,166	1,185	1,103

자료: 한국은행, 통계청, 메리츠증권 리서치센터 추정

한국 수출 회복: 글로벌 제조업 여건 개선과 단가 상승

2. 지역별 현황과 대응

- 대외여건 호전이 국내 수출회복의 주된 동력; 일평균 수출은 이미 '20.10월 (+) 전환
  - 글로벌 제조업 영향의 빠른 회복; 봉쇄에서도 자유로운 뿐 아니라 B2B business도 다양
  - 현재 제조업이 수요 우위 환경으로 공급이 수요를 따라가야 하는 환경임을 고려시 PMI도 추가 개선 여지
  - → 한국 수출은 PMI에 2~3개월 가량 후행하여 개선 전망

- 단가 요인도 우호적: 원자재 가격 상승은 국내 IT제외 수출물가 상승 요인
  - 반도체도 조정 사이클을 끝내고 2Q 이후로는 가격 상승 예상

선박제외 일평균 수출

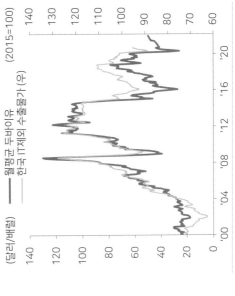

(% YoY) 일평균 수출 (선박 제외)

자료: 산업통상자원부, 한국무역협회, 메리츠증권 리서치센터

글로벌 제조업 PMI와 한국 일평균 수출물량

(지수) —— JPM Global Mfg PMI   (3MMA, % YoY)
한국 일평균 수출물량(2m lag, 우)

자료: Bloomberg, 한국은행, 메리츠증권 리서치센터

월평균 두바이유와 한국 IT제외 수출 물가

(달러/배럴) —— 월평균 두바이유   (2015=100)
한국 IT제외 수출물가 (우)

자료: Refinitiv, 한국은행, 메리츠증권 리서치센터

한국 수출 회복 = 기업실적 개선 = 주가 상승

2. 지역별 현황과 대응

- 한국 KOSPI가 레벨업 될 때는 기업실적이 늘어날 때
- 한국 기업실적의 흐름은 일평균 수출과 강하게 동행
- 통념과는 달리, 원화 강세기에 기업실적 개선이 이루어짐
  - 후술하겠지만, 원화 강세기에 글로벌 경기여건이 양호하고 위험선호가 부각되기 때문

한국 기업실적과 코스피

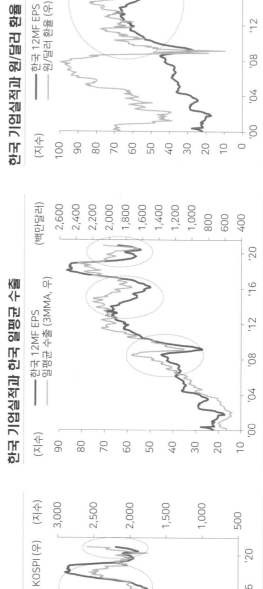

자료: Refinitiv, I/B/E/S, 메리츠증권 리서치센터

한국 기업실적과 한국 일평균 수출

자료: Refinitiv, I/B/E/S, 한국무역협회, 메리츠증권 리서치센터

한국 기업실적과 원/달러 환율

자료: Refinitiv, I/B/E/S, 메리츠증권 리서치센터

한국 수출 개선 주도 품목: 반도체, 자동차 + 철강, 기계

2. 지역별 현황과 대응

- 국가별/품목별 일평균 수출이 기조적 흐름을 잘 나타냄
  - 일평균 수출 증가율이 고공행진해 온 품목은 컴퓨터 등 비대면 경제와 관련된 것. 8월 이후 가전 가세
  - 일평균 수출 증가율이 점차 개선되어 (+) 전환한 품목은 반도체, 자동차, 철강
  - 기계, 자동차 부품 등이 다음 후보군이며, Cycle이 나중에 올라올 업종은 화학/정유 > 조선 순으로 판단
- 전형적인 경기회복의 초기(early cycle)에서 나타나는 움직임

2020년 연초 이후 한국 일평균 수출 증감률

(% YoY)	YTD Wgt (%)	1월	2월	3월	4월	5월	6월	7월	8월	9월	10월	YTD
일평균		4.2	(12.5)	(7.8)	(18.8)	(18.4)	(18.5)	(7.1)	(4.1)	(4.1)	5.6	(8.2)
선박제외 일평균		1.3	(12.6)	(6.5)	(16.5)	(20.1)	(17.7)	(8.0)	(2.9)	(3.6)	6.4	(8.1)
국가별 일평균												
미국	14.5	3.2	(8.0)	8.1	(6.5)	(24.5)	(16.1)	7.9	6.2	9.8	13.1	(1.0)
EU	10.0	(6.5)	(16.5)	2.3	(12.8)	(17.2)	(24.1)	(11.2)	3.7	2.9	19.9	(6.1)
중국	26.0	(0.7)	(21.8)	(12.8)	(10.9)	4.3	0.4	2.5	3.5	(3.5)	3.3	(13.2)
일본	5.0	3.8	(16.7)	3.0	(4.9)	(25.3)	(25.1)	(21.5)	(16.1)	(16.5)	(10.8)	(3.7)
ASEAN	17.3	21.9	(10.8)	(10.1)	(27.5)	(25.1)	(18.5)	(14.7)	(12.3)	(7.1)	3.2	(9.9)
중동	2.9	0.8	(15.5)	1.0	(13.4)	(20.4)	(28.6)	(24.8)	(14.9)	(19.2)	(11.5)	(14.6)
라틴아메리카	3.7	(22.5)	(6.2)	(30.6)	(50.3)	(50.6)	(53.4)	(18.7)	(28.9)	(35.5)	(9.9)	(31.9)
인도	2.3	(3.9)	(3.4)	(16.4)	(56.2)	(70.0)	(58.0)	(42.4)	(28.6)	(14.2)	2.8	(26.5)
CIS	2.3	17.1	(5.3)	(11.9)	(36.9)	(30.7)	(11.2)	(20.6)	(20.5)	(25.6)	10.6	(14.2)
품목별 일평균												
반도체	19.5	7.8	(7.7)	(8.8)	(7.2)	14.5	(8.5)	5.5	9.7	(0.4)	20.9	2.0
평판디스플레이	3.4	(18.3)	(34.0)	(18.2)	(33.6)	(24.8)	(23.1)	(28.4)	(17.7)	(12.5)	15.2	(19.1)
무선통신기기	2.5	(14.3)	(8.9)	6.1	(27.4)	(17.0)	(19.2)	4.4	(27.8)	(22.4)	(3.2)	(13.4)
가전	1.4	(9.2)	(13.8)	(6.6)	(26.0)	(34.5)	(13.2)	5.9	22.7	15.9	25.6	(3.6)
컴퓨터	2.7	60.5	59.6	70.7	117.4	95.3	75.2	76.8	119.0	41.8	15.3	68.9
자동차	7.2	(13.2)	(29.6)	(3.4)	(30.5)	(51.1)	(39.0)	(4.3)	(6.8)	9.8	15.9	(15.8)
자동차 부품	3.5	(5.3)	(7.1)	(5.8)	(45.0)	(64.6)	(49.7)	(27.8)	(22.0)	(2.7)	(0.7)	(22.7)
선박	3.8	77.0	(8.0)	(35.7)	(57.3)	44.7	(34.1)	17.3	(30.4)	(14.4)	(14.6)	(11.5)
일반기계	9.4	6.1	(6.5)	(10.2)	(12.6)	(22.8)	(15.2)	(15.6)	(5.9)	(10.4)	(2.1)	(9.7)
철강제품	5.3	(7.6)	(24.0)	(12.6)	(17.4)	(30.2)	(27.3)	(18.8)	(13.6)	(9.7)	2.1	(16.2)
석유화학	7.0	(7.4)	(23.9)	(16.2)	(27.9)	(29.7)	(19.1)	(21.1)	(16.6)	(16.6)	(6.0)	(18.5)
석유제품	5.0	4.8	(20.7)	(16.9)	(52.6)	(66.8)	(52.7)	(42.5)	(41.1)	(49.5)	(45.3)	(38.7)
석유류	2.2	(2.1)	0.8	(14.7)	(29.8)	(39.7)	(29.0)	(15.3)	(11.3)	(0.8)	(7.7)	(15.4)

자료: 산업통상자원부, 한국무역협회, 메리츠증권 리서치센터

Part III
금융시장 전망

2021 전망 경제

환율: 경기역행적 성격의 달러화는 약세 지속

FX

- 달러화는 전형적인 경기역행적(counter-cyclical) 통화이자 안전자산의 행태를 보여 옴
  - 2~8월 이후 달러 약세 흐름 하에 간헐적인 강세 유발 요인은:
    1) 국제유가(-) 기록, 2) 독일 현재 PSPP 부분 위헌, 3) 코로나 확산 등 경기회복 제약 요인들

- 중기적인 관점에서 약세 연장을 예상하는 이유
  - 주요국 정책대응, 백신/치료제 개발 등으로 완만한 경기회복 가시화: 이러한 기대감 높아질수록 약달러 지속

2월 말 이후 달러화 지수 [DXY] 추이

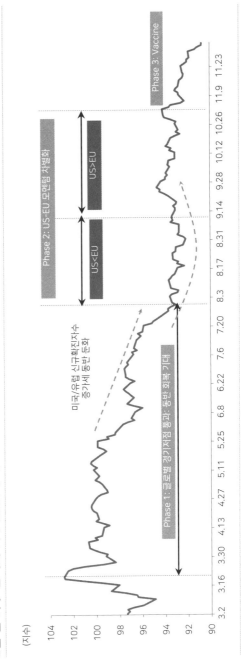

(지수)

자료: Bloomberg, 메리츠증권 리서치센터

위안화 강세 압력, 더욱 부각될 전망

FX

- 위안화는 8월 이후 글로벌 달러화 약세에 본격적으로 동참
  - 그간 소외는 미–중 갈등이 무역문제로 변질 것이라는 우려 때문: 8월 11일 커들로우 위안장 발언이 변곡점
  - 여기에, 중국 인민은행 통화정책 기조 변화와 경기회복에 따른 중–미 금리차 확대도 위안화 강세에 일조

- 최근 중국의 자본시장 개방 행보가 빨라지고 있음도 '21년 위안화 강세 연장 환경을 조성
  - 중국 채권시장, 3대 글로벌 채권지수에 모두 편입
  - 금융당국은 QFII/RQFII (외인적격투자자 제도)를 간소화하는 한편, 투자대상 상품 범위를 확대
    (같은 방식을 후강통/선강통을 통한 본토 투자에 확대할 가능성 제기)
  - 중국 정부가 시장의 힘에 의해 결정된 위안화 강세를 그대로 용인

2019년 하반기 이후 위안화

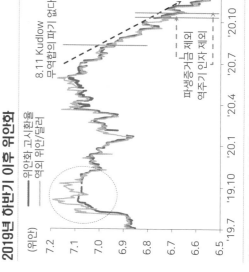

자료: Bloomberg, 메리츠증권 리서치센터

중–미 금리차와 위안/달러 환율

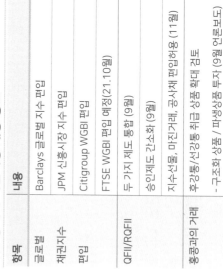

자료: Bloomberg, 메리츠증권 리서치센터

최근 중국의 자본시장 개방 행보

항목	내용
글로벌 채권지수 편입	Barclays 글로벌 지수 편입
	JPM 신흥시장 지수 편입
	Citigroup WGBI 편입
	FTSE WGBI 편입 예정(21.10월)
QFII/RQFII	두 가지 제도 통합 (9월)
	승인제도 간소화 (9월)
	지수선물, 마진거래, 공사채 편입허용 (11월)
홍콩과의 거래	후강통/선강통 취급 상품 확대 검토
	- 구조화 상품 / 파생상품 투자 (9월 언론보도)

자료: SCMP 등 언론 종합, 메리츠증권 리서치센터

국내 수급도 원화 강세를 지지

FX

- 수출 증가에 따른 무역수지/상품수지 개선 (불황형 흑자 X)

- 해외 증권투자 확대에 따른 투자소득도 소득수지 흑자 전환에 일조

- 외국인의 KOSPI 순매수 전환도 원/달러 환율 하락 지지할 요인
  - 10월까지 27조원 순매도 이후 11월 한달간 7.3조원 순매수: 추가 매수여력 존재

한국 무역수지와 상품수지

(3MMA, 십억달러)

무역수지
상품수지(BoP)

자료: 산업통상자원부, 한국은행, 메리츠증권 리서치센터

한국 경상수지 분해

(12MMS, 십억달러)

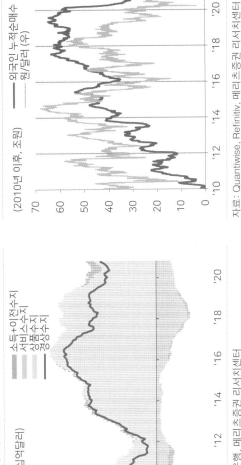

소득+이전수지
서비스수지
상품수지
경상수지

자료: 한국은행, 메리츠증권 리서치센터

외국인 KOSPI 누적 순매수와 원/달러

(2010년 이후, 조원)   (억축. 원)

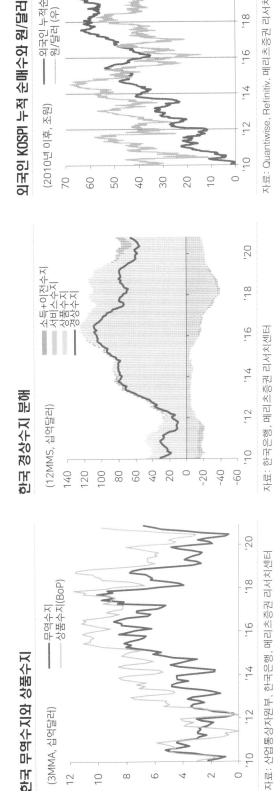

외국인 누적순매수
원/달러 (우)

자료: Quantiwise, Refinitiv, 메리츠증권 리서치센터

원/달러환율:'21년 말 1,050원 수준 열어둘 필요

FX

- 원화는 2000년 이후 장기간 JPMorgan EMBI global spread와 동행해 왔음
  - EMBI spread = 신흥국 국채와 미 국채 금리차를 의미. 금리차 축소는 신흥국으로의 자금 유입을 시사
    = Global risk-on

- 당사의 원/달러 환율 견해도, 내년 말 실질실효환율의 역사적 평균('00년 이후) 대비 1표준편차 수준 수렴
  - 10월 말 기준 원화 실질실효환율 역사적 평균대비 고평가 정도 7.8%
  - → 11월 말 기준 5.0%로 축소하여 추가 절상여력 발생
  - 내년 말 1,050원 수준까지 열어둘 필요

JPM EMBI Global Spread vs 원/달러

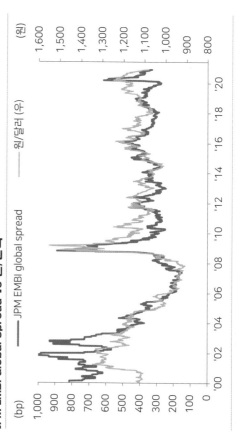

자료: Bloomberg, 메리츠증권 리서치센터

한국 원화의 실질실효환율 장기 추이

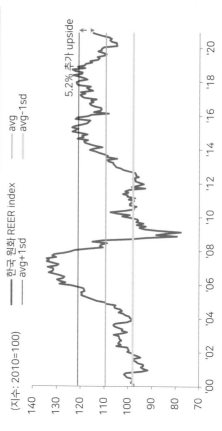

주: 한국의 18개 주요 교역상대국 대상 / 11월 27일 종가(1,103원) 기준 Valuation
자료: 메리츠증권 리서치센터 추정

'21년 미 국채 10년 상단 1.2%, 장기 상단 2% 이하

채권/인플레

- 미국채 단기선도금리와 장기선도금리의 10년 이후 기대 값을 활용하여 향후 미국금리 경로 추정

- 2021년 상반기까지 경기안정화 기대 반영 시 단기선도금리 반영된 1.2%까지 미국채 10년 금리상승
  → 단기선도금리 기대경로까지 미국채10년 올라도 실물경제 미치는 부담 크지 않을 것으로 판단

- 이후 장기선도금리는 현재 1.8% 내외 등락으로 실제 금리인상 단행 이후에도 미국채 10년 금리가 2.0%
  넘는 것이 어렵다는 정도로 추정, 내년 상반기 확보된 미국금리 수준에서 채권매수 가능 판단

단기선도금리 기준 미국채10년 1.2% 내외, 2021년 현실적 눈높이 판단

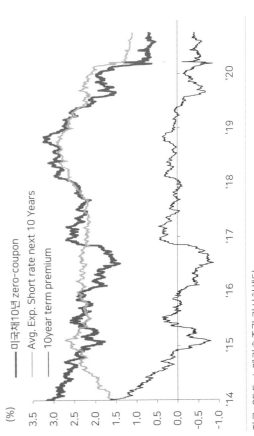

자료: SF Fed, 메리츠증권 리서치센터

중장기적인 미국채10년은 1.7~1.9% 정도에서 맴돌 것으로 판단

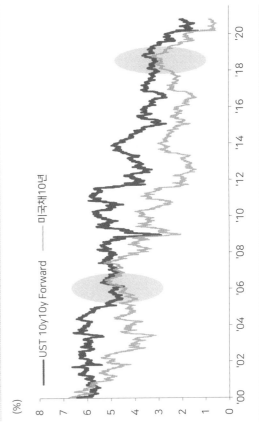

자료: Bloomberg, 메리츠증권 리서치센터

인플레 정상화 요인 (1): 의류/운송 물가복원 및 주거비 상승

재권/인플레

■ COVID-19의 영향은 의류 및 운송서비스 물가를 크게 하락시킴
- 9월 기준 미국 Core CPI 상승률은 1.7%, 이들 두 항목 제외시는 2.5%

■ 향후 정상화 동인
- 구매력 지지 위한 추가 부양책 고려시 의류 등 필수소비재 수요 추가 개선 가능
- 거리두기 차원의 중고차 수요 확대 뿐 아니라 관련 정비수요 증가가 운송서비스 물가도 상승시킬 가능성
- 주택가격 상승에 후행한 주거비 물가의 점진적 상승(CPI 내 비중 33%, 시차상관계수 33%)
: PCE 물가상승 동인으로도 작용할 전망

■ Trimmed mean(상/하위 변동성 높은 16% 제외) 물가인 2.4% 내외로 장기간 수렴 가능하다는 판단

미국 핵심소비자물가와 기조적 물가압력(Trimmed mean CPI)

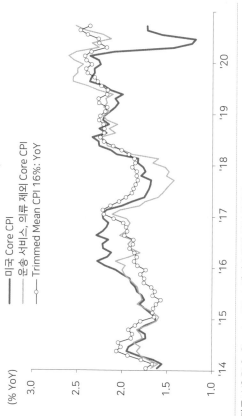

미국 Core CPI
운송 서비스, 의류 제외 Core CPI
Trimmed Mean CPI 16%: YoY

자료: US BLS, Cleveland Fed, 메리츠증권 리서치센터

케이스 실러 주택가격지수와 미국 주택임대료 물가

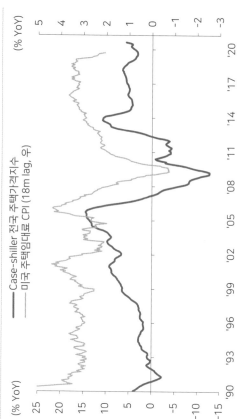

Case-shiller 전국 주택가격지수
미국 주택임대료 CPI (18m lag, 우)

자료: Standard and Poors, US BLS, 메리츠증권 리서치센터

인플레 정상화 요인 (2): 달러 약세와 수입물가 압력 확대

채권/인플레

- 달러 약세 장기화되는 시차를 두고 수입물가 상승 압력으로 작용하여 소비자물가 정상화에 일조
- 실제로 달러 약세 전환(4월) 이후 3개월 시차를 두고 7월부터 수입물가 전년대비 (+) 전환

미국 달러화 명목실효환율과 실질실효환율 추이

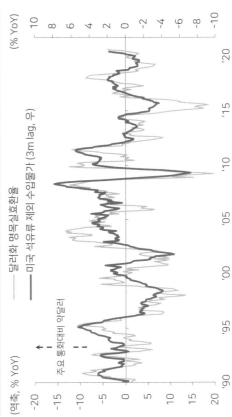

자료 : BIS Exchange Rates, 메리츠증권 리서치센터

달러화 명목실효환율과 미국 석유류 제외 수입물가

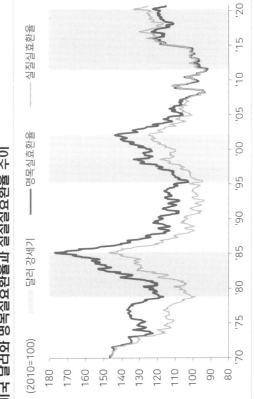

자료 : BIS, US BLS, 메리츠증권 리서치센터

인플레이션 정상화, 많은 구조적 제약을 돌파해야 한다

채권/인플레

■ 상존한 정상화 요인에도 불구하고 많은 구조적 제약요인들이 상존해 있음

- 특히, 금융위기 이후 선진국 물가의 디스인플레이션에는 구조적 요인들이 상당 부분 작용해 있음

■ 구조적 요인들의 예

- 필립스 곡선 평탄화: 노동시장 개선 및 과열에도 불구하고 물가상승 압력 크지 않음
  이 마저도 서비스 물가에 한정적으로 작용하는 모습
- 재화 물가는 상시적 디플레 압력에 노출: 규모의 경제를 지닌 온라인 판매사업자의 약진이 무점포 판매
  물가의 항구적 하락을 견인, 전체 재화 물가를 끌어내리고 있음
- 일부 사업의 독점 경화 등으로 경제의 역동성이 저하된 것도 물가 정상화를 제약하는 구조적 요인 중 하나

선진국 CPI 기여도: 경기 vs 비경기 요인

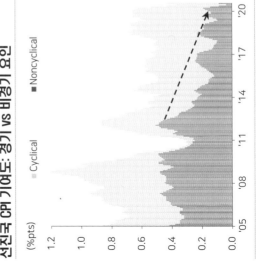

자료: IMF WEO (Oct 2020), 메리츠증권 리서치센터

필립스 곡선의 평탄화

자료: US BLS, 메리츠증권 리서치센터 추정

온라인 약진 = 재화 물가의 구조한 하방 압력

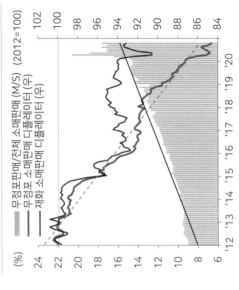

자료: US BEA, Census Bureau, 메리츠증권 리서치센터

MV ≠ PY: V(화폐 유통속도)의 하락

저권/인플레

- 미국의 막대한 통화량 팽창이 물가 급등으로 연결될 것이라는 우려 존재하나, 가능성은 낮다는 판단

- 1980년대 이후 화폐유통속도 (명목 GDP / 통화량 비율)은 계속 하락
  - M2 뿐 아니라, MZM(단기자금: 현금+요구불/저축성 예금+MMF) 기준으로도 하락 지속

- V의 하락은 금융연관비율의 상승과도 유관
  - 통화량 증가가 실물 경제로 유입되다면 명목 GDP 진작 요인이지만, 이보다는 금융시장으로 더 많이 유입되어 자산가격 상승과 금융자산 규모의 팽창을 야기
  - 미국 내수부문 금융자산 총계를 명목 GDP로 나눈 금융연관비율은 1981년 말 3.1배에서 2019년 말 5.9배,
    2020년 2분기에는 6.7배까지 급증

미국 화폐유통속도 (NGDP / MZM) vs 미 국채 10년물 수익률

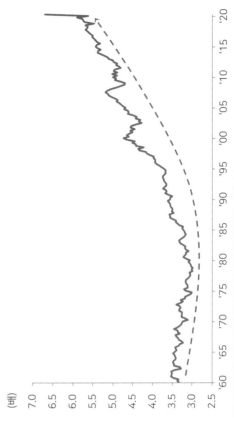

미국 금융연관비율의 상승

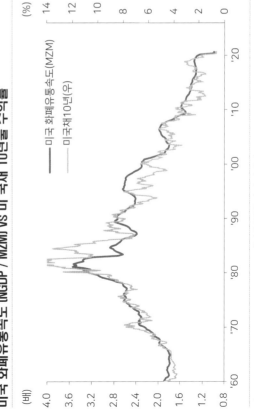

주: GDP대비 미국 내수부문 (가계, 기업, 정부)의 금융자산 합계
자료: US BEA, 메리츠증권 리서치센터

자료: Federal Reserve, Bloomberg, 메리츠증권 리서치센터

인플레 조성 위한 연준의 노력은 지속되어야 한다: 대칭성 명제 폐기

채권/인플레

- 따라서 인플레 오버슈팅을 위한 연준의 노력은 지속되어야 함. 이러한 노력의 일환이 대칭적 물가목표 폐기

- 평균물가 목표제가 도입되면서 기존의 "대칭적 물가 목표"는 폐기된 이유
  - 평균물가 목표제 하에서 대칭성 명제가 섞여있다면 문제가 발생할 수 있기 때문

- 예를 들어, Fed가 4년간 평균 2%를 목표했다고 가정
  - 과거 2년간 물가가 목표를 하회(1.6%) → 강력한 통화완화로 인플레 오버슈팅 (후반부 2년 2.4%)
  → 대칭성 명제 유효하다면 그 이후 2년은 다시 1.6% 타겟팅 해야함. 불필요한 긴축 필요성 발생

- Fed가 채택한 것은, "비대칭적 평균물가 목표제 (Asymmetric Average Inflation Targeting)
  - 물가가 2%를 밑도는 환경에서는 완화적인 통화정책을 통해 인플레이션 압력 제고
  - 물가가 2%를 웃도더라도 반드시 긴축적인 기조로 선회할 필요가 없도록 장치 마련
  - 상황에 따라 "평균 2%" 에 해당되는 구간을 자의적으로 설정할 수 있어 Fed의 재량이 크게 부각

대칭적 물가 목표제 하에서 평균물가 목표제가 도입된 경우

자료: 메리츠증권 리서치센터

비대칭적 물가 목표제 하에서 평균물가 목표제가 도입된 경우

자료: 메리츠증권 리서치센터

인플레 만들기 위한 연준의 노력: 어떻게 할 것인가

재권/인플레

- 목표 달성 방안에 대한 구체성을 결여; 결정에 앞서 참고한 Working Paper 들을 통해 방향 가늠 가능
  - FRB Working Paper, "Monetary Policy Tradeoffs and the Federal Reserve's Dual Mandate"

- 논문의 권고 사항을 Fed가 그대로 이행할 경우의 시사점
  - AIT 도입 초반부에는 완화기조 (즉, 제로금리) 를 강조
  - 단, 금리인상의 종착점(r*)은 2.5% 이하로 설정될 가능성: **장기간 "완화기조" 유지 = 위험자산 긍정적**
    (참고) r* = 중립금리 = 경기를 부양시키거나 둔화시키지 않는 정책수준을 의미
  - 일정 조건이 충족될 경우 금리인상에 나설 것
    → 조건의 명시/구체화 문제는 "포워드 가이던스" 의 강화/구체화와 밀접한 관계

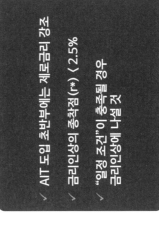

Likely action plan

✓ AIT 도입 초반부에는 제로금리 강조

✓ 금리인상의 종착점(r*) < 2.5%

✓ "일정 조건"이 충족될 경우
　 금리인상에 나설 것

Fed Staff Working Paper에서의 정책 권고 및 Fed의 예상 Action Plan

Recommendations

실업률이 높고, 필립스 곡선 평탄화된 환경에서는
적정 r*보다 낮은 r*를 타겟팅할 것

자연실업률(u*)이 낮은 상황에서 통화정책은
완전고용보다 인플레이션 boosting에 집중할 것

경기주체들이 자물가에 대한 작정적 기대로 일관한다면
그렇지 않은 경우에 비해 강력한 완화정책 실시

제로금리 장기화에 대한 부작용이 우려될 경우
완화 정도를 소폭 조정하는 것이 바람직

자료: FRB Working Paper, "Monetary Policy Tradeoffs and the Federal Reserve's Dual Mandate", 메리츠증권 리서치센터

연준의 유동성 '회수'는 없다

인플레 위험과 연준

■ 연준은 COVID19에 대응하여 자산을 빠르게 팽창시킴 ('20.10월 말 자산 7.1조 달러, '19년말 대비 +76%)

■ 자산이 급격히 팽창하더라도, 연준은 인위적으로 "유동성 회수"에 나서지 않을 것
 - 전년대비 자산규모 줄었던 사례는 106년 중 5차례에 불과 (1920년, 1930년, 1949년, 2017~18년)
 - 이 때는 만기가 도래한 채권을 재투자하지 않으면서(runoff) 자산규모를 조정한 것임

■ 연준 자산규모의 정상화는 "총량의 축소"가 아니라, 국가채무와 마찬가지로 "GDP대비 비율이 하락"을 의미

연준 자산 총계

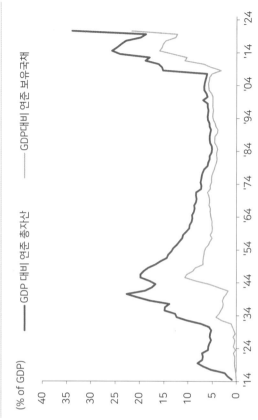

(log scale, 십억달러)

자료 : St. Louis Fed, Federal Reserve, 메리츠증권 리서치센터

GDP대비 연준 총자산과 연준 보유국채 비율

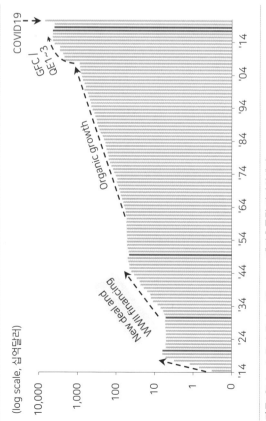

(% of GDP)

——— GDP 대비 연준 총자산   ——— GDP대비 연준 보유국채

자료 : St. Louis Fed, Federal Reserve, 메리츠증권 리서치센터

Appendix
경제전망의 기타 이슈들

Biden 경제정책 기대의 배경은 추가 확장 재정에 있음

1. 미 대선 이후의 세상

- 바이든의 재정정책 (Wharton 연구논문, 9월 14일)
  - 법인세, 소득세 등을 통해 향후 10년간 3.4조 달러 증세
  - 다른 한편에서 교육(+1.9조), 인프라/R&D(+1.6조), 헬스케어(+1.6조) 등 10년간 5.3조 추가 지출

- 바이든의 추가 확장재정/느슨한 재정규율 적용 등으로 Blue Wave (민주당 스윕) 시, 다른 시나리오에 비해 GDP성장률, 재정적자 높은 것으로 추정 (Moody's, 9월 24일)

  - 실제 어떤 형식으로 적용될 지 여부는 불확실

바이든 행정부 하에서 향후 10년간 재정수지 변화

(십억달러)

	2021~2030
Total Tax (A)	**3,375**
Corporate	1,439
Payroll	993
Individual Income²	944
Total Spending (B)	**5,370**
Education	1,930
Infrastructure and R&D	1,601
Housing	650
Social Security Benefits	291
Healthcare – Prescription Drugs	(1,253)
Healthcare – Other New Spending	1,605
Paid Leave	547
Balance (A-B)	**(1,995)**

자료: PWBM Analysis of The Biden Platform, Wharton School (9월 14일)

대선/총선 시나리오별 향후 4년간 미국 경제 흐름

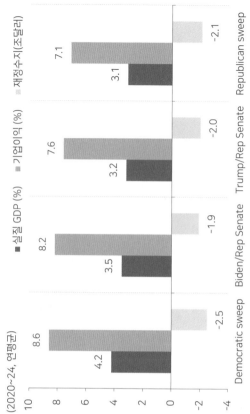

자료: Moody's Analytics (9월 24일), 메리츠증권 리서치센터

다른 한편에서는 바이든 증세 정책의 부작용 동반 가능성 추시

1. 미 대선 이후의 세상

- Tax foundation에 따르면, 바이든 증세가 장기 GDP를 1.47% 끌어내릴 것으로 추정
  - 조세가 경제주체 선택에 왜곡을 가져오기 때문
  - 특히 법인세 인상(-0.97%)과 기업최소부세(-0.21%p)의 영향이 가장 부정적일 것으로 추산

- 법인세 인상이 부정적인 이유는, 기업이 노동공급의 비탄력성을 악용하여 부담을 노동자에게 전가하기 때문
  - 이 때문에, 상기한 수단에 의한 분배가 단기(2021)에는 저소득층 중심으로 크게 개선되지만, 장기에는 모두에게 부정적이게 되는 것임 (Tax foundation 일반균형 모형 참고)

- 주지할 사실은, 감세가 세수의 절대적인 감소를 야기하지 않을 수 있다는 것
  - 2018년 법인세 중심의 감세가 법인세수의 감소를 가져왔으나, 경제성장을 유도하여 과세표준 규모를 키웠고, 전체 세수의 큰 변동을 가져 오지 않았음

바이든 조세 프로그램별 GDP성장기여도 추정

세부항목	GDP 성장기여도
고소득자(>40만$) 사회보장세 12.4% 부과	-0.18%
백만달러 이상 자본이득세 39.6% 부과	-0.02%
40만달러 이상 소득자 공제혜택 제한	-0.09%
법인세 인상(21%~28%)	-0.97%
기업최소장부세 (장부상이익>1억인 기업과세)	-0.21%
Total	-1.47%

자료: Tax Foundation, "Details of Democratic Presidential Nominee Joe Biden's Tax Proposals (9월 29일)"

바이든 플랜의 분배효과 추정

소득분위	2021	2030	장기
1분위	10.8	-0.2	-1.1
2분위	3.6	-0.2	-1.1
3분위	1.4	-0.3	-1.2
4분위	0.6	-0.5	-1.3
5분위	-3.5	-2.6	-3.4
80%~90%	0.1	-0.6	-1.4
90%~95%	-0.2	-0.7	-1.5
95%~99%	-1.3	-1.1	-2.0
99%~100%	-9.9	-6.5	-7.6
Total	-1.0	-1.7	-2.5

자료: Tax Foundation General Equilibrium Model (2020)

미국 연도별 세입: 전체 vs 개인소득세, 법인세

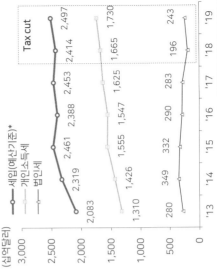

(십억달러)

범례: 세입(예산기준)*, 개인소득세, 법인세

세입(예산기준)*: 2,083, 2,319, 2,461, 2,388, 2,453, 2,414, 2,497

개인소득세: 1,310, 1,426, 1,555, 1,547, 1,625, 1,665, 1,730

법인세: 280, 349, 332, 290, 283, 196, 243

Tax cut

주: * 관세 (Customs duties) 제외 규모
자료: Bureau of Fiscal Service, 메리츠증권 리서치센터

강의자료 (전망 40)

미국의 대중국 기술 견제 확대

2. 기술 전쟁

- 미국은 이미 데이터 분석, 마이크로프로세서, AI 등 첨단기술 분야에 대한 대중 기술수출 규제를 적용해 왔음
  - 중국의 제조2025 영역을 집중적으로 견제하는 차원으로 이해

- 최근에 와서는 5G/반도체, SNS, 온라인/모바일 결제 시스템에 이르는 범위에서 대중 견제를 확대
  - 본질은 데이터에 있다는 판단
    ① 5G와 반도체는 데이터의 이동망과 프로세싱 능력과 유관
    ② SNS와 결제시스템은 개인행동 데이터 수집의 수단

- 구조적 사안이기에 미국 대선 결과와 무관하게 방향이 지속될 수 있는 부분

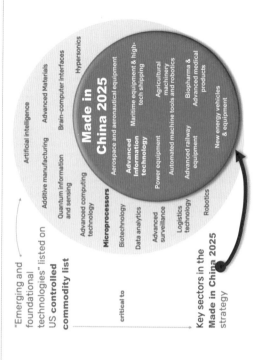

자료 : Federal Register(2018), Himrich Foundation의 그림을 TechNode가 재구성

최근 기술 문제 관련된 미국의 대중 견제

5G/Chips Huawei SMIC	- 제3국의 미국의 장비/소프트웨어/설계 사용하여 생산한 반도체 제품을 화웨이에 공급시 미국 정부 승인 필요 - 미국 기업이 SMIC에 반도체 기술/장비 수출시 라이선스 허가 필요 - 화웨이향 반도체 공급 차단. 화웨이에게 TSMC 대안이었던 SMIC 제재는 추가적인 타격 목적
SNS ByteDance (Tiktok) Tencent (WeChat)	- 미국 내 중국 소셜 미디어 틱톡, 위챗 사용 전면 금지 - 표면적으로는 미국 소비자 개인정보 유출 방지 - 미국 기업이 틱톡과 위챗을 인수하지 않으면 미국 내에서 서비스 불가능 - 틱톡과 위챗이 미국 기업에 대한 매각 압력
Payments ANT (Alipay) Tencent (WeChat Pay)	- 미국 중국 전자결제 서비스 알리페이와 위챗페이 제재 방법 논의, 유력방안은 재무부 특별지정제재자(SDN) 등록 - 중국 핀테크 시스템 확산에 대한 미국 국가 안보 위협 - 앤트 IPO 견제 등 중국 IT 기업 글로벌 시장 진출/성장 저지 (앤트그룹 기업가치 2,500억 달러 추정, 상장 차질)

자료 : Bloomberg 등 주요 언론 보도, 메리츠증권 리서치센터 정리

데이터 싸움이 격해지는 이유: IoT 확보

2. 기술 전쟁

- 데이터 수집과 처리에 대한 싸움이 격해지는 것은 IoT의 선점과도 연관이 있음
  - IoT는 모든 디바이스의 연결을 도모하고, 이를 통한 데이터를 축적, 가공, 컨트롤하는 프로세스를 의미

- 데이터 축적을 통해 소비자의 필요에 알맞은 제화와 서비스를 개발/보급 가능
  - 데이터의 격차가 심해질 수록 디바이스의 격차, 더 나아가 경제력 차이도 심해질 개연성
  - IoT 지출규모에서 미국과 중국이 연간 2,000억 달러로 타국대비 높은 규모를 지향하는 것도 같은 맥락

- 더욱 크게 본다면 데이터 컨트롤을 통한 감시(surveillance), 안보(security) 문제로도 확대 가능

사물인터넷 (Internet of Things; IoT) 표준모형

자료: IoT World Forum (www.iotwf.com)

국가별 IoT 지출 규모 (2019년)

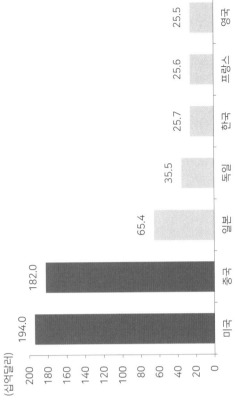

자료: IDC, Statista, 메리츠증권 리서치센터

미-중 이외 지역은 '선택'의 문제에 봉착할 가능성

경제전망-Rebuilding

2. 기술 전쟁

- 분쟁은 미국과 중국만의 문제이기 보다는 글로벌 문제: (예) 화웨이 5G 모바일 네트워크의 국가별 채택 여부
  - 올해 1월에서 7월까지의 기간 중 화웨이 네트워크 규제를 가하거나 사용 가능성이 낮아진 국가 수 증가
    → 미국/호주가 이미 화웨이 장비 금지한 가운데, 프랑스(금지)와 인도(채택 가능성 낮음)의 태도 변화
  - 중국, 러시아, 터키, 사우디, 남아공, 인도네시아는 화웨이 장비 도입 결정

- 향후 '누구의 편에 서느냐'를 두고 나머지 국가가 선택을 강요 받을 가능성
  - 이로 인해 양분될 경우 Absolutism(절대주의)으로 인한 신냉전(New cold war)에 가까워질 위험 상존
  - 금융시장 관점에서는 1) 신냉전형 금본 2) 미국/중국 한 쪽으로 exposure가 쏠려 있는 기업의 위험성 증대
  - 글로벌 시장 내 독점/과점력 지니고 있는 기업이 safe bet: 한국 입장에서는 반도체 등이 해당

각국 화웨이에 대한 포지션

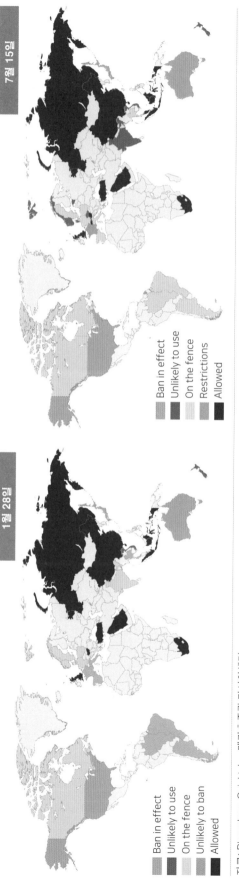

자료: Bloomberg Quicktake, 메리츠증권 리서치센터

최근 Big tech가 문제되는 이유는 이들 기업으로의 경제력 집중 때문

3. Antitrust

- 플랫폼의 순기능: 1) 오픈 인터넷이 경제적 기회, 자본 투자, 교육 접근성 향상에 기여
  2) 온라인 플랫폼(Big tech)은 통신, 정보, 상품 및 서비스의 교류 기반 인프라로 경제와 사회에서 주요 역할
- 반면, 특정 소수 기업에 대한 경제력 집중 문제 발생 우려: "향후 10년 이내 세계 생산의 30% 집중"
  - 소셜 네트워킹, 일반 온라인 검색 및 온라인 광고시장은 1~2개 회사가 지배
  - 미 하원 법사위원회에 따르면, 1) Big tech 기업들은 유통 핵심 채널에 대한 통제권을 장악하고 게이트키퍼 역할을 하고 있으며, 2) 시장 지배력 확보 위해 초기/잠재적 경쟁자를 합병해 왔음
- 잠재 위험: 1) 저널리즘의 편향(구글, 페이스북), 2) 프라이버시 문제(개인정보), 3) 정치/경제적 자유 문제
  - 해결을 위한 경쟁 촉진, 독점금지별 강화 및 독점 감시 기능 강화를 주장

미 하원 법사위원회 보고서: Big tech에 대한 문제점 진단과 제안

	문제점	경제력 집중	저널리즘 편향	프라이버시/자유 침해
하원 대응	경쟁 촉진		지배적 플랫폼의 차별적 서비스 제공 금지 다양한 네트워크와 플랫폼간 호환성/정보 이동성 도모 지배적 플랫폼 인수합병 제한 (presumptive prohibition) 뉴스 제공자가 준법 활동을 위한 일부 법적 보호(Safe-Harbor) 제공 우월적 협상력의 남용 금지	
	독점 금지법 강화		Clayton Act 7조 강화 - 결합/합병 행위 관련 법 적용의 수정 필요 - 자사우대 (self-preferencing) 기준 명기, 초기경쟁자 보호 　- 수직적 합병에 대한 별도 강화/보안 Sherman Act 2조 강화: 시장지배력 남용금지 위한 규제 - 규제의 영역: 가격 통한 포식적 행위, 독점적 레버리지, 　협상 거부, 비경쟁적 자사우대와 상품 디자인 등	
	반독점 감시 및 제재 기능 강화		독점금지법 시행에 의한 감독권 회복 연방 반독점 기관의 기능 강화 - 불공정 경쟁에 대한 인사처벌/기타 조치 발동 - 집단소송/반독점 소송 어렵게 만드는 조항의 제거 - 시장집중도에 대한 정기적 데이터 수집 - 정기적인 합병 소급 검토	

자료: "Investigation of Competition in Digital markets", 미 하원 법사위원회, 메리츠증권 리서치센터 정리

M&A에 대한 진영간의 입장 차이: 결국은 정치의 문제일 수 있어

3. Antitrust

- M&A/기업분할에 대한 민주당 입장은 강경(미 하원, "Investigation of Competition in Digital markets")
  - 민주당은 Big tech의 인수합병을 반경쟁적이라고 가정(presume)하는 사전금지제 도입 주장
  - 또한 특정 인수합병이 반경쟁적이지 않다는 것을 회사가 입증하도록 입증 책임 부여 주장
- 반면, 공화당의 경우 1) 입증책임을 일률적으로 회사에 지우거나, 2) 수직 인수합병을 일률적으로 반경쟁적이라 지적하는 것은 불합리하며 비효율적이라 주장
- 우리의 견해
  - Trump 27/바이든 정부 출범 직후부터 이 문제가 수면 위로 부상할 가능성은 낮음 (미국경제 복원 최우선)
  - 집권 후반부에서는 문제가 대두될 가능성이 있으며, Blue Wave일 경우 민주당 색깔 드러날 개연성
  - → 이러한 환경은 주도주 측면에서 불편할 수 있음

M&A 규제 및 기업분할에 대한 양당의 입장

		민주	공화
인수합병 규제	입증 책임	▪ 현재까지 반독점법인 Clayton Acts와 Shermen Acts에 의한 판례는 규제당국에 입증책임 가짐 (해당 기업이 인수합병이 반경쟁적임을 증명) ▪ 빅테크 회사들이 인수합병시 해당 기업에게 입증책임 지우도록 함 (인수합병이 반경쟁적이지 않음을 기업이 증명)	▪ 입증책임을 규제당국에게 지우는 것이 부담이라는 점 동의 ▪ 그러나 인수합병 입증책임을 빅테크 회사들에 일률적으로 지우는 것에 대해 회의적
	수직 인수합병 (vertical M&As)	▪ 독과점 플랫폼 기업의 수직통합 인수합병은 반경쟁적이라고 가정하는 사전금지제 추진	▪ 플랫폼 기업의 수직적 인수합병을 일률적으로 반경쟁적이라 볼 수 없음 시사 ▪ 엄격한 수직통합 규제는 벤처 캐피탈 투자와 혁신적인 스타트업의 성장 저해 우려
	경쟁기업의 스타트업 인수	▪ 인수기업이 40% 이상의 시장점유율을 갖고 피인수기업이 25%이상의 시장점유율을 가질 시 인수합병 금지 추진 ▪ 잠정적 경쟁기업, 스타트업에 대한 빅테크 기업의 인수합병 사전 금지 추진	▪ 인수합병 기업들이 시장점유율을 단편일률적으로 해석하는 입장에 회의적 ▪ 빅테크 기업에 팔기 위해 혁신적 개발 시도하는 스타트업 경쟁력 저하할 우려
클래스-스티컬 on big-tech		▪ 빅테크 기업의 구조적 분할 및 데이터 판매 사업 분리	▪ 사업 분할과 같은 과도한 규제 반대

자료: US House of Representatives, House Judiciary Committee, 메리츠증권 리서치센터 정리

퀀트

퀀트
Analyst 강봉주

퀀트 투자 기초

Part I 퀀트가 설명하는 투자 지표 해석

Part II 퀀트 투자 방법론

Part III 투자 근본 개념 돌아보기, 심리적 오류

기초
퀀트

Part I

퀀트가 설명하는 투자 지표 해석

증권분석과 기본적 분석의 의미

퀀트가 설명하는 투자 지표 해석

[증권분석 (security analysis)]

- 개별증권의 투자에 대한 유용한 자료와 정보를 수집하고 분석하는 것

- 기본적 분석(fundamental analysis)과 기술적 분석(technical analysis)으로 구분

[기본적 분석]

- 주식의 내재적 가치를 분석하여 미래의 주가를 예측하는 방법

- 주식의 내재가치를 결정하는 경제정보와 재무정보 분석을 이용해 투자종목 선택

기본적 분석의 틀

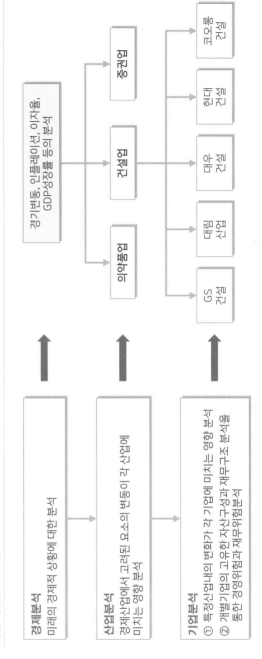

경제분석
미래의 경제적 상황에 대한 분석

산업분석
경제산업에서 고려된 요소의 변동이 각 산업에 미치는 영향 분석

기업분석
① 특정산업내의 변화가 각 기업에 미치는 영향 분석
② 개별기업의 고유한 자산구성과 재무구조 분석을 통한 경영위험과 재무위험분석

경기변동, 인플레이션, 이자율, GDP성장률 등의 분석

의약품업 · 건설업 · 증권업

GS건설 · 대림산업 · 대우건설 · 현대건설 · 교오룡건설

자료 : 메리츠증권 리서치센터

기본적 분석과 기술적 분석

퀀트가 설명하는 투자 지표 해석

- **기본적 분석**: 주가는 기업의 가치를 반영한다는 개념을 근거로 기업의 내재가치를 분석해서 현재의 주가와 비교하여 투자에 활용, 주가는 기업의 미래 현금흐름(배당, 세후순이익 등)의 현재 가치로 가정하며 주로 재무재표의 지표를 통해 기업의 적정 가치 추정

- **기술적 분석**: 주가는 투자자들의 매수, 매도 주문 행위에 따라 결정된다는 개념에서 출발, 주가, 거래량 및 이에 파생된 추세, 가격패턴, 투자자 심리 구조를 활용하며 주가의 확률적 방향성 예측

기본적 분석 vs 기술적 분석

구분	기본적 분석	기술적 분석
목표	좋은 종목 선정 → 저평가 종목	매매시점 포착
분석대상	내재가치 (Value)	가격 (Price)
활용수단	재무재표	가격, 거래량
정보	공개된 재무재표, 회사의 IR 등 공시 자료, 회사의 재무전망	가격, 거래량에서 파악된 투자자 심리, 가격의 추세, 과매수(도) 수준 등
특징	시장변화 원인 파악	시장변화 방향 파악

자료: 메리츠증권 리서치센터

질적 분석과 양적 분석, 재무제표 기본 구조

퀀트가 설명하는 투자 지표 해석

- **질적 분석**: 기업마다 갖는 질적인 특성 즉, 기업의 역사, 경영자 자질과 능력, 제품 내용, 신상품 개발, 신규사업 진출 등을 분석. 대체로 기업의 경쟁력이나 성장성 위주의 평가

- **양적 분석**: 개별기업의 영업실적이나 재무상태 등 재무자료를 중심으로 분석. 개별기업이 미래에 실현할 것으로 예상되는 현금흐름(이익, 배당 등)을 추정해 기업의 가치를 평가

- **기업가치평가**: 현금흐름할인법 / 상대가치법 존재

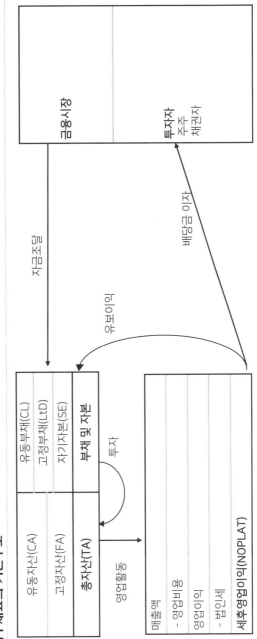

재무제표의 기본구조

자료 : 메리츠증권 리서치센터

기업분석 – 재무비율분석 (수익성)

퀄트가 설명하는 투자 지표 해석

- 기업이 보유하고 있는 자산으로 얼마의 수익을 올릴 수 있는지의 여부를 알아보는 것이 중요
- 자본을 투입하여 얼마의 잉여가치를 창출하는지를 평가하는 데 수익성 관련 비율을 측정하게 됨

수익성 관련 비율

지표	목적	산식
총자본이익률 (ROI)	기업 생산활동에 투입된 자본이 효율적 운영여부 측정	당기순이익 / 투자자본
자기자본이익률 (ROE)	타인자본을 제외한 순수 자기자본이 효율적 운영여부 측정	당기순이익 / 납입자본
영업이익률 (OPM)	영업활동의 수익성 측정	영업이익 / 매출액
순이익률 (NPM)	매출액 중 주주에게 제공 가능한 금액이 차지하는 비중 측정	순이익 / 매출액

자료 : 메리츠증권 리서치센터

기업분석 – 재무비율분석 (안정성)

퀀트가 설명하는 투자 지표 해석

- 기업의 성장에는 한계가 있기 때문에, 향후 도래할 위험에 대해 지속 경영 가능 여부를 측정

- 안정성 분석의 목적은 "유동성 위험"과 "부도 위험"을 측정하는 것

안정성 관련 비율

지표	목적	산식
유동비율	단기 유동성 위험을 측정	유동자산 / 유동부채
부채비율	회사의 원금상환능력을 측정	타인자본 / 자본총계
고정비율	자본의 유동성을 측정	비유동자산 / 자기자본
이자보상비율	회사의 이자지급능력을 측정	영업이익 / 이자비용

자료 : 메리츠증권 리서치센터

기업분석 – 재무비율분석 (활동성)

퀀트가 설명하는 투자 지표 해석

- 기업의 투자 자산의 효율적 운용 여부를 평가
- 활동성 비율을 이용하여 특정 자산에 대한 투자 집약도와 투자 소요액 계산 가능

활동성 관련 비율

지표	목적	산식
총자산 회전율	자산 이용의 효율성을 측정	매출액 / 총자산
고정자산 회전율	고정자산에 투하된 기업자본의 효율적 운용 여부를 측정	매출액 / 고정자산
재고자산 회전율	재고자산을 매출로 전환하는 속도로 운전자본 관리효율을 측정	매출액 / 재고자산

자료 : 메리츠증권 리서치센터

기업분석 – 재무비율분석 (성장성)

퀀트가 설명하는 투자 지표 해석

■ 기업의 경영규모 및 경영성과의 향상 정도를 측정, 주로 비교 기준치와의 상대평가를 통해 비교 평가 시행

1) 기업 자체 비교: 당기와 전기의 비교를 통해 경영실적을 측정

2) 동종 기업 (peer group)과의 비교: 기업이 속한 산업 내에서의 상대 평가를 통해 경영실적을 측정

성장성 관련 비율

지표	목적	산식
매출액 증가율	기업의 외형적 성장세를 측정	(당기 매출액 / 전기 매출액 – 1) * 100
총자산 증가율	기업의 외형적 규모의 성장세를 측정	(당기 총자산 / 전기 총자산 – 1) * 100
영업이익 증가율	기업이 매출 및 비용관리를 통해 창출하는 영업이익의 증감을 측정	(당기 영업이익 / 전기 영업이익 – 1) * 100

자료: 메리츠증권 리서치센터

기업분석 – 시장가치 비율분석

퀀트가 설명하는 투자 지표 해석

- 시장가치비율분석은 기업의 주가와 주당이익, 장부가치 등을 결합하여 시장가치 측면에서 접근하는 재무비율분석의 또 다른 접근 방법

- 시장에서 평가된 주가를 사용하여 기업의 가치를 판단하기 때문에 투자자의 시각에서 기업의 경영성과를 바라보는 것

- 주로 분모에 단기간(1년)의 이익이나 장부 가치를 이용하는 것이 통상적이나, 기업의 장기 성장성이나 자산가치가 반영되기 어려운 단점 존재

시장가치 비율분석

지표	목적	산식
주당순이익 (EPS)	기업의 수익에 대한 주주의 몫을 나타내는 지표	당기순이익 / 발행주식수
주가수익비율 (PER)	자산이 창출하는 이익의 배수로서 자산의 가치를 평가	주가 / 주당순이익
주가순자산비율 (PBR)	기업의 청산가치를 측정하는 지표	주가 / BPS
주가현금흐름비율 (PCR)	기업의 자금조달능력이나 순수영업성과를 측정	주가 / 주당현금흐름
주가매출액비율 (PSR)	자산이 창출하는 매출액으로 자산을 평가	주가 / 주당매출액

자료 : 메리츠증권 리서치센터

펀더멘탈 모니터링_수익률, 변동성, 수익률 상관계수

펀드가 설명하는 투자 지표 해석

국가별 수익률

국가	수익률 (%)							변동성 (%)		한국과 수익률 상관계수	
	1주	1개월	3개월	6개월	연초 이후	52주 최저가 대비	52주 최고가 대비	현재	3년 평균	현재	3년 평균
World	(0.5)	3.3	10.1	20.0	9.9	57.2	(0.6)	27.1	14.1	89.5	73.3
선진시장	(0.6)	3.0	9.8	19.6	9.3	57.2	(0.8)	28.8	14.8	88.6	69.7
신흥시장	0.4	5.3	12.1	22.8	13.8	56.5	0.0	21.0	13.2	89.6	84.5
유럽	(0.6)	1.2	6.0	10.6	(5.6)	37.9	(8.5)	27.2	14.7	81.2	67.1
APx Japan	0.3	4.6	12.1	21.7	13.7	53.6	(0.2)	20.8	13.2	89.3	84.6
한국	1.5	13.8	19.3	29.5	28.0	86.5	0.0	28.8	17.5	0.0	0.0
미국	(0.8)	3.3	10.9	24.1	16.1	67.9	(1.1)	34.5	18.5	84.9	63.5
영국	(0.1)	2.5	8.4	6.8	(14.7)	28.8	(16.2)	29.3	15.3	80.7	58.3
독일	(1.1)	0.5	(0.7)	7.6	(4.3)	51.6	(7.6)	31.5	17.7	83.3	67.2
프랑스	(1.8)	1.0	9.4	14.8	(6.7)	47.6	(9.5)	32.2	16.8	81.2	67.3
일본	0.3	3.5	9.7	13.0	4.9	44.0	(0.2)	22.2	16.0	73.1	66.7
대만	1.6	9.3	14.7	30.5	24.9	70.5	(0.9)	22.6	16.1	86.1	74.1
중국	(1.1)	1.1	8.6	23.4	22.7	50.2	(3.3)	24.0	19.6	66.2	70.2
홍콩	0.1	2.0	7.9	13.6	(0.5)	34.3	(5.4)	24.2	17.1	78.5	69.3
인도	1.9	6.2	14.1	33.7	12.9	76.5	(0.0)	30.1	16.7	76.0	46.9

주 : MSCI 지수 기준, 변동성은 주간 1년 수익률 기준
자료: Refinitiv, 메리츠증권 리서치센터

Forward vs Trailing

퀀트가 설명하는 투자 지표 해석

- Forward 12개월 : 오늘이 속한 월의 익월부터 향후 12개월

- 오늘이 속한 월의 익월부터 FY1(당해연도)의 향후 남은 개월수(n)를 FY1 재무연월 데이터에 월할 계산하고, FY1 재무연월 데이터에 월할 계산시 12개월중 남은 개월수(12-n)를 FY2 재무연월 데이터에 월할 계산하여 계산

- (계산 예시) 오늘이 2015년 4월 16일일 경우, EPS(Fwd.12M) = (2015AS*8/12) +(2016AS* 4/12)

- Trailing 12개월 : 오늘이 속한 월부터 이전 12개월

- (계산 예시) 오늘이 2015년 4월 16일일 경우, EPS(Trailing.12M) = (2015AS*4/12) +(2014AS*8/12)

12개월 Forward, Trailing 계산방식 예시

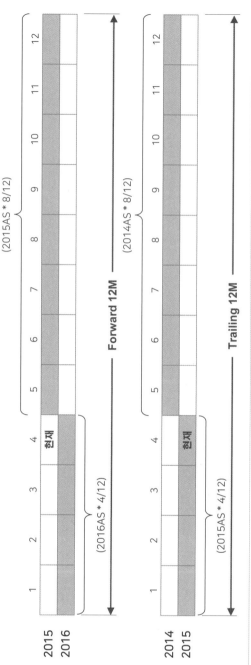

자료 : 메리츠증권 리서치센터

12M Forward EPS, PER_한국

퀀트가 설명하는 투자 지표 해석

- 주가는 장기적으로 이익 전망치와 선행, 동행
- 이익 전망치 자체보다 증시 참여자들의 이익 전망치의 변화의 방향이 중요
- 이익 전망치(컨센서스)는 증권사의 애널리스트들의 전망치의 평균을 이용하여 계산하는 것이 일반적
- 증시 상승, 하락, 횡보 국면에서 주가, 이익 전망치, PER의 방향성의 패턴을 파악하고 인지하는 것이 중요

12M Fwd EPS VS 코스피_2006년 이후

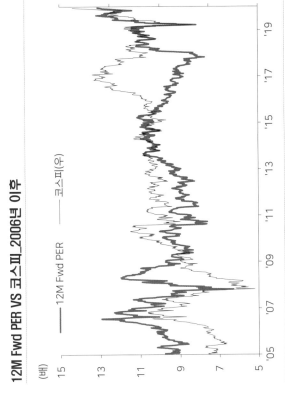

자료 : Fnguide, 메리츠증권 리서치센터

12M Fwd PER VS 코스피_2006년 이후

자료 : Fnguide, 메리츠증권 리서치센터

주가지수 vs PER_미국, 한국

펀드가 설명하는 투자 지표 해석

- 이론적으로는 PER = 배당성향/(투자자의 기대수익률 – 장기 성장률)로 표현

- 실질적으로는 금리, 유동성, 투자자 심리, 이익 전망치 변화 등 수많은 요인에 의해 변동

- 미국 증시의 장기 강세장 국면에서 PER의 단편적인 설명력 감소, FANG으로 대표되는 기술 기업들이 무형자산(네트워크 가치, 특허권, 브랜드 가치, 연구개발 능력 등)이 회계적으로 'E(이익)'에 충분히 반영되고 있지 못하다는 의견 부상

12M Fwd EPS VS 코스피_2006년 이후

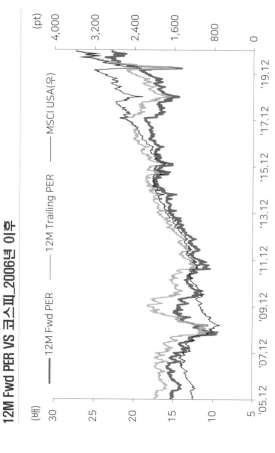

자료: Bloomberg, 메리츠증권 리서치센터

12M Fwd PER VS 코스피_2006년 이후

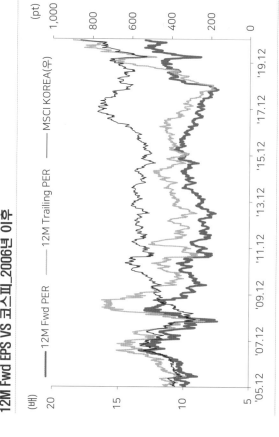

자료: Bloomberg, 메리츠증권 리서치센터

펀더멘탈 모니터링_밸류에이션

트렌드가 설명하는 투자 지표 해석

- 기본 투자 지표들에 대한 국가간 비교, 시계열 비교 등에 대한 모니터링 중요
- 국가별 산업 구조, 자본 시장 개방 정도, 배당 등에 따라 기본적 지표의 차이 요인 존재

밸류에이션

국가	PER (x)				PBR (x)				ROE (%)			배당수익률 (%)
	2019	2020	2021	12M Fwd	2019	2020	2021	12M Fwd	2019	2020	2021	2019
World	21.1	25.0	19.7	19.7	2.68	2.61	2.47	2.47	12.7	10.4	12.6	2.3
선진시장	21.5	26.0	20.7	20.7	2.83	2.77	2.64	2.64	13.2	10.7	12.8	2.3
신흥시장	18.8	19.7	14.8	14.9	1.96	1.86	1.72	1.72	10.5	9.5	11.6	2.5
유럽	16.0	23.4	17.1	17.1	1.83	1.84	1.77	1.77	11.4	7.9	10.4	2.8
APx Japan	17.2	23.6	18.5	18.3	1.69	1.68	1.61	1.60	9.8	7.1	8.7	3.1
한국	23.2	18.5	13.1	13.1	1.27	1.23	1.14	1.14	5.5	6.7	8.7	1.8
미국	24.6	27.7	23.1	23.0	4.26	4.12	3.87	3.85	17.3	14.9	16.7	2.0
영국	12.4	20.1	14.4	14.4	1.59	1.64	1.58	1.58	12.8	8.2	11.0	4.0
독일	16.8	22.3	15.8	15.7	1.53	1.57	1.48	1.48	9.1	7.0	9.4	2.7
프랑스	16.0	29.7	18.0	17.9	1.60	1.63	1.59	1.59	10.0	5.5	8.8	1.9
일본	22.0	23.4	17.0	18.1	1.45	1.39	1.32	1.34	6.6	5.9	7.8	2.1
대만	23.7	19.4	17.6	17.6	2.54	2.46	2.30	2.30	10.7	12.3	13.0	2.8
중국	17.9	17.7	14.9	15.0	2.20	2.04	1.85	1.86	12.3	11.5	12.4	2.3
홍콩	15.9	21.7	16.5	16.5	1.25	1.20	1.15	1.15	7.9	5.5	7.0	2.9
인도	51.3	29.8	21.6	23.2	3.51	3.18	2.89	2.95	6.8	10.7	13.4	1.3

자료: Refinitiv, 메리츠증권 리서치센터

펀더멘탈 모니터링_이익

켄트가 설명하는 투자 지표 해석

이익

업종	EPS 증가율 (%)					2020 EPS 전망치 변화율 (%)		2021 EPS 전망치 변화율 (%)		EPS 추정치 분산도	EPS 순상향 추정치 비율 (%) 12M Fwd	EPS 순상향 회사수 비율 (%) 12M Fwd
	2019	2020	2021	12M Fwd	장기성장률	1개월	3개월	1개월	3개월			
World	(2.7)	(15.4)	27.0	25.9	15.5	1.2	4.3	0.8	1.9	3.3	3.1	19.5
선진시장	(2.4)	(17.2)	25.8	24.6	14.9	1.2	4.7	0.7	1.6	3.1	3.6	24.1
신흥시장	(4.8)	(4.6)	33.4	33.1	21.0	1.6	2.6	1.3	3.0	11.0	2.3	14.1
유럽	(2.2)	(31.4)	37.1	36.5	6.6	0.6	2.3	0.5	0.4	13.3	3.2	17.2
APx Japan	(2.0)	(27.2)	27.4	23.4	7.5	0.3	(1.6)	0.6	2.8	3.4	0.6	6.3
한국	(45.3)	23.8	41.3	41.3	34.4	0.8	6.1	0.8	4.6	9.6	4.2	24.2
미국	1.6	(11.0)	19.9	19.7	18.1	1.1	6.8	0.6	2.3	11.8	3.7	30.6
영국	(4.0)	(38.3)	39.7	38.1	5.4	(1.1)	0.3	1.4	3.0	17.6	4.6	26.4
독일	(10.6)	(23.9)	41.4	41.1	6.2	0.5	4.4	(0.5)	(1.5)	8.6	2.4	(10.0)
프랑스	(3.3)	(46.0)	65.2	65.6	3.5	1.3	(2.0)	0.4	(1.4)	14.8	1.7	18.9
일본	(28.6)	(6.0)	38.0	28.7	13.1	2.3	(0.3)	1.1	(0.3)	9.7	5.4	26.5
대만	(6.5)	19.2	13.2	13.2	17.1	2.6	6.4	2.3	6.1	3.1	7.2	51.9
중국	28.8	2.1	18.3	18.5	23.4	1.7	0.9	0.5	(0.1)	0.7	0.1	5.2
홍콩	1.3	(26.9)	31.9	30.4	9.7	1.0	(1.9)	(1.0)	(2.6)	106.6	(0.2)	(21.6)
인도	(44.8)	72.3	37.9	43.5	19.6	3.7	9.2	1.6	3.9	9.1	3.3	42.6

자료: Refinitiv, 메리츠증권 리서치센터

펀더멘탈 모니터링_PER 밴드, ROE vs PBR

밸류가 설명하는 투자 지표 해석

- 밸류에이션은 시계열 상의 범위, 국가간 비교, 절대 수치, 이익의 변화 등과 함께 종합적인 이해 필요

- ROE, PBR 간의 기본적인 상관관계 존재, 한국 ROE 2021년 ROE 8.7% 전망

국가별 ROE vs PBR

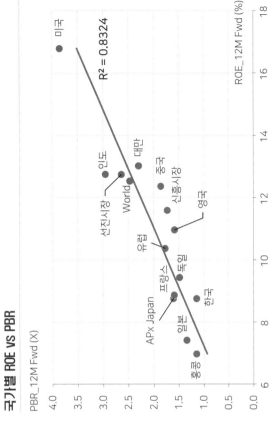

자료 : Refinitiv, 메리츠증권 리서치센터

국가별 최근 5년 PER Band

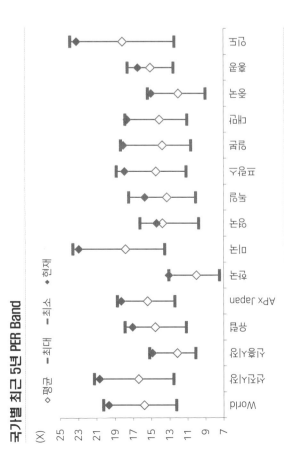

자료 : Refinitiv, 메리츠증권 리서치센터

펀더멘탈 모니터링_EPS revision(이익 전망치 순상향 비율)

펀드가 설명하는 투자 지표 해석

- 국가별 EPS 순상향 추정치 비율은 12M Fwd EPS 기준으로
  '(EPS 상향조정된 추정치 수 - EPS 하향조정된 추정치 수) / (EPS 추정치 전체 수)'로 계산

- 국가별 EPS 순상향 회사수 비율은 12M Fwd EPS 기준으로
  '(EPS 상향조정된 종목수 - EPS 하향조정된 종목수) / (EPS 추정치가 있는 전체 종목수)'로 계산

국가별 EPS 순상향 추정치 비율_최근 12주

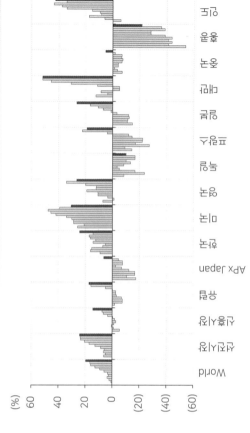

자료: Refinitiv, 메리츠증권 리서치센터

국가별 EPS 순상향 회사수 비율_최근 12주

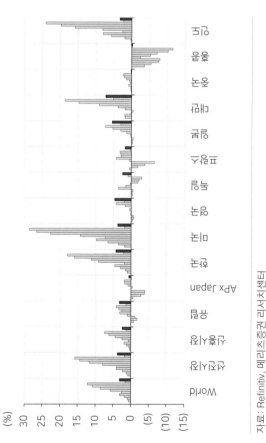

자료: Refinitiv, 메리츠증권 리서치센터

펀더멘탈 모니터링_업종별 데이터

퀀트가 설명하는 투자 지표 해석

업종별 변동성, 상관계수, 베타, 수급, 대차잔고 등

업종	시총 비중 (%)	변동성 (Weekly 1년)		KOSPI와 수익률 상관계수 (Weekly 1년)		베타 (Weekly 1년)		외국인 지분율 (%)		외국인 순매수/시가총액 (%)		기관 순매수/시가총액 (%)		대차잔고/상장주식수 증감 (%)	
		3년 평균	현재	3년 평균	현재	3년 평균	현재	1개월전	현재	1개월	1주	1개월	1주	1개월열전대비	1주전대비
KOSPI	n/a	19.42	30.3	n/a	n/a	n/a	n/a	36.0	36.3	(0.0)	(0.1)	(0.2)	(0.0)	(0.26)	(0.04)
에너지	2.0	28.2	49.9	0.6	0.8	0.9	1.3	32.9	32.7	0.2	0.3	0.7	0.1	(0.20)	(0.10)
화학	6.2	29.2	48.3	0.8	0.8	1.2	1.3	28.8	30.0	0.9	(0.1)	(0.7)	(0.2)	(0.32)	(0.05)
비철금속	0.9	23.4	36.6	0.7	0.9	0.9	1.1	15.5	14.9	0.0	(0.1)	(0.5)	(0.1)	0.27	0.36
철강	1.9	29.9	43.4	0.8	0.9	1.2	1.2	38.9	38.8	0.1	(0.0)	0.1	(0.0)	0.01	0.13
건설	2.2	28.8	38.2	0.7	0.9	1.1	1.1	14.5	14.5	(0.1)	(0.2)	0.7	0.4	(0.43)	(0.08)
기계	1.3	34.3	48.2	0.7	0.8	1.3	1.3	10.7	11.2	0.8	0.1	(0.5)	0.0	(0.26)	(0.02)
조선	1.0	36.7	51.6	0.6	0.8	1.1	1.4	13.9	13.7	0.4	0.2	(0.1)	0.1	(0.91)	(0.32)
상사,자본재	4.1	23.5	38.7	0.8	0.9	1.0	1.2	20.9	20.6	0.0	0.0	0.1	0.2	(0.20)	(0.05)
운송	2.2	28.7	42.7	0.7	0.8	1.0	1.1	17.0	17.2	(0.2)	0.0	(0.6)	0.1	0.43	0.04
자동차	6.7	29.8	47.5	0.7	0.9	1.0	1.3	33.1	32.8	0.0	(0.2)	(0.5)	(0.3)	(0.28)	(0.08)
화장품,의류	3.9	23.3	30.8	0.7	0.8	0.8	0.8	33.2	33.1	0.3	0.2	(0.4)	0.1	(0.20)	(0.01)
호텔,레저	0.7	27.8	42.4	0.7	0.8	1.0	1.2	17.2	16.5	(0.3)	0.2	0.3	0.2	(0.12)	0.20
미디어,교육	0.8	23.7	40.6	0.7	0.9	0.9	1.2	11.9	11.4	0.1	(0.1)	0.2	0.1	(0.10)	(0.04)
소매(유통)	1.0	23.1	33.8	0.7	0.8	0.8	0.8	21.7	21.2	(0.1)	0.1	(0.9)	(0.1)	0.05	0.39
필수소비재	2.4	15.5	24.4	0.6	0.8	0.5	0.7	21.5	21.1	(0.3)	(0.0)	(0.9)	(0.0)	(0.24)	(0.06)
건강관리	9.2	29.1	39.2	0.6	0.7	1.0	0.9	12.3	12.5	0.2	(0.2)	0.1	0.2	(0.09)	0.10
은행	4.1	25.5	41.0	0.6	0.8	0.8	1.1	45.8	45.6	(0.0)	0.1	(0.4)	(0.1)	(0.41)	0.03
증권	1.6	31.1	47.6	0.8	0.9	1.3	1.4	18.8	18.7	(0.1)	0.1	0.2	(0.1)	(0.17)	(0.05)
보험	2.2	26.4	46.0	0.6	0.8	0.8	1.2	25.4	23.8	(0.4)	0.0	(0.4)	(0.1)	(0.38)	(0.08)
소프트웨어	7.1	21.9	28.8	0.6	0.6	0.7	0.5	38.8	38.8	0.1	(0.2)	(0.2)	0.0	(0.35)	(0.18)
IT하드웨어	1.3	35.1	38.2	0.7	0.9	1.4	1.1	26.1	26.1	0.3	0.1	(0.2)	0.0	(0.15)	0.07
반도체	30.7	28.4	33.1	0.8	0.9	1.3	1.0	58.0	57.6	(0.3)	(0.3)	(0.2)	(0.1)	(0.43)	(0.12)
IT가전	3.1	30.3	44.7	0.7	0.8	1.2	1.2	38.6	38.9	0.4	0.3	(0.1)	0.1	(0.30)	(0.01)
디스플레이	0.3	36.5	45.7	0.7	0.8	1.3	1.2	20.9	21.9	1.2	(0.0)	(0.1)	0.4	(1.33)	(0.12)
통신서비스	1.7	20.1	27.7	0.4	0.8	0.4	0.7	35.4	35.3	(0.1)	0.1	(0.1)	0.1	(0.35)	(0.07)
유틸리티	1.3	24.3	33.8	0.5	0.8	0.6	0.8	13.4	13.6	0.1	0.2	0.2	0.4	(0.11)	(0.08)

자료: Fnguide, 메리츠증권 리서치센터

펀더멘탈 모니터링_업종별 밸류에이션

펀트가 설명하는 투자 지표 해석

업종별 밸류에이션

업종	PER (x)				PBR (x)			EV/EBITDA (x)			ROE (%)			배당수익률 Trailing (%)
	2019	2020	2021	12MFwd	2019	2020	2021	2019	2020	2021	2019	2020	2021	
KOSPI	25.4	18.9	13.1	13.1	1.16	1.12	1.05	9.2	8.0	6.4	4.6	5.9	8.0	1.6
에너지	39.5	적자	20.8	20.8	0.83	0.92	0.90	10.8	1231.9	10.2	2.1	(8.5)	4.3	2.1
화학	70.2	26.2	16.9	16.9	1.74	1.86	1.69	14.1	11.8	8.8	2.5	7.1	10.0	0.7
비철금속	16.0	11.3	10.2	10.2	0.88	0.90	0.85	6.6	4.9	4.5	5.5	8.0	8.4	2.4
철강	18.6	21.9	11.3	11.3	0.47	0.47	0.46	5.9	6.2	5.0	2.5	2.1	4.1	2.7
건설	10.6	9.7	7.9	7.9	0.84	0.82	0.75	6.2	5.2	4.3	8.0	8.5	9.5	1.9
기계	적자	21.1	13.2	13.2	1.09	1.01	0.94	11.2	7.9	6.6	(0.9)	4.8	7.1	1.1
조선	적자	적자	59.7	59.7	0.79	0.81	0.79	110.5	22.0	14.5	(4.9)	(1.8)	1.3	0.1
상사,자본재	18.4	17.9	14.1	14.1	0.91	0.88	0.85	6.5	6.7	5.4	4.9	4.9	6.0	2.0
운송	적자	306.6	18.0	18.5	1.43	1.41	1.29	10.6	8.8	7.2	(5.4)	0.5	7.2	1.3
자동차	14.7	19.3	8.5	8.5	0.72	0.71	0.66	8.1	9.3	6.1	4.9	3.7	7.8	1.8
화장품,의류	27.2	25.1	18.8	18.8	2.07	2.51	2.27	9.9	10.1	8.3	7.6	10.0	12.1	0.9
호텔,레저	22.2	적자	42.0	42.0	1.82	2.16	2.18	9.5	적자	13.7	8.2	(13.0)	5.2	2.0
미디어,교육	적자	적자	26.1	26.1	1.88	2.13	2.03	13.8	14.6	8.2	(2.3)	(1.6)	7.8	1.4
소매(유통)	54.9	20.5	12.2	12.2	0.53	0.53	0.51	7.5	7.3	6.4	1.0	2.6	4.2	1.9
필수소비재	24.5	14.3	12.5	12.5	1.00	1.11	1.04	8.3	6.8	6.3	4.1	7.8	8.3	2.3
건강관리	187.3	76.1	61.7	61.7	7.50	7.39	6.65	69.4	50.9	40.0	4.0	9.7	10.8	0.1
은행	5.3	5.2	5.0	5.0	0.43	0.39	0.37	n/a	n/a	n/a	8.2	7.5	7.4	4.8
증권	7.3	6.4	6.7	6.7	0.68	0.69	0.64	n/a	n/a	n/a	9.4	10.8	9.5	3.1
보험	11.5	9.0	8.5	8.5	0.43	0.41	0.40	n/a	n/a	n/a	3.7	4.5	4.7	3.3
소프트웨어	68.6	43.1	29.2	29.2	4.48	4.22	3.73	24.5	21.3	16.7	6.5	9.8	12.8	0.3
IT하드웨어	27.7	18.0	13.1	13.1	1.60	1.65	1.48	7.9	6.9	5.7	5.8	9.2	11.3	0.7
반도체	22.2	16.7	12.7	12.7	1.73	1.61	1.47	7.2	5.9	4.9	7.8	9.7	11.6	1.7
IT가전	133.5	22.6	18.0	18.0	2.09	1.92	1.75	14.0	8.7	7.4	1.6	8.5	9.7	0.3
디스플레이	적자	적자	27.1	27.1	0.56	0.57	0.55	35.6	4.3	2.8	(24.8)	(5.2)	2.0	0.0
통신서비스	16.5	11.1	9.4	9.4	0.73	0.69	0.66	4.0	3.6	3.3	4.4	6.2	7.0	3.7
유틸리티	적자	11.0	9.2	9.2	0.28	0.26	0.26	9.1	6.3	6.1	(2.0)	2.4	2.8	1.0

자료: Fnguide, 메리츠증권 리서치센터

펀더멘탈 모니터링_업종별 이익전망치 변화

퀀트가 설명하는 투자 지표 해석

업종별 이익전망치 변화

업종	매출액 전망치 변화율 (%)				영업이익 전망치 변화율 (%)				순이익 전망치 변화율 (%)			
	2020		2021		2020		2021		2020		2021	
	1개월	3개월	1개월	3개월	1개월	3개월	1개월	3개월	1개월	3개월	1개월	3개월
KOSPI	(0.2)	0.1	(0.1)	0.2	0.3	4.8	0.9	4.6	0.8	4.8	0.6	4.6
에너지	(0.6)	(5.1)	(0.6)	(7.9)	적자지속	적자지속	4.9	(22.5)	적자지속	적자지속	3.7	(23.3)
화학	0.3	(1.1)	0.3	1.8	2.1	17.9	0.9	21.5	2.1	15.8	1.3	27.1
비철금속	(0.6)	0.9	(0.6)	0.4	(2.1)	5.5	(1.8)	1.5	(2.4)	0.5	(1.7)	(1.4)
철강	0.3	0.7	1.2	1.8	3.5	18.1	7.6	14.8	8.1	42.5	9.6	23.4
건설	(0.1)	(1.6)	0.2	(0.7)	0.8	0.3	0.5	1.4	1.0	(5.1)	0.2	1.6
기계	0.3	0.4	0.2	0.6	1.9	7.9	1.6	4.9	6.8	3.6	1.8	4.6
조선	(0.8)	(4.1)	(0.5)	(4.4)	(7.2)	(32.0)	(2.2)	(21.1)	적자지속	적자지속	(4.3)	(32.7)
상사,자본재	(0.7)	(0.2)	(0.2)	0.5	1.6	0.7	(0.6)	(1.3)	3.8	3.1	(4.3)	(10.3)
운송	(0.6)	(2.9)	(0.1)	(3.1)	(7.1)	(14.3)	(3.2)	(5.1)	적자지속	적자지속	(9.2)	(10.9)
자동차	0.2	3.0	0.3	4.6	(0.5)	(3.7)	2.0	23.5	(1.0)	(10.6)	2.2	20.2
화장품,의류	(0.0)	(1.0)	(0.2)	(1.5)	3.5	4.2	1.1	0.6	2.7	1.8	0.9	(0.3)
호텔,레저	(0.7)	(3.4)	(1.5)	(10.3)	적자지속	적자지속	(6.3)	(30.8)	적자지속	적자지속	(10.1)	(32.6)
미디어,교육	0.3	(2.2)	(0.0)	1.4	16.0	(16.4)	5.2	12.5	1.4	적자지속	5.0	10.4
소매(유통)	0.6	0.6	0.5	0.5	4.7	5.5	2.3	1.3	1.4	(0.0)	1.3	(1.0)
필수소비재	0.3	(0.1)	0.6	(0.4)	0.4	1.8	(0.0)	1.1	1.4	(9.0)	(1.2)	(6.7)
건강관리	(0.1)	1.8	0.1	3.6	(0.4)	2.8	0.1	11.6	(1.3)	3.7	(1.3)	8.1
은행	n/a	n/a	n/a	n/a	0.4	3.4	0.5	3.5	0.8	6.2	0.9	4.2
증권	n/a	n/a	n/a	n/a	5.9	20.2	5.3	12.7	5.0	23.4	4.1	14.3
보험	n/a	n/a	n/a	n/a	6.2	8.7	3.8	4.8	2.5	3.0	3.1	3.4
소프트웨어	0.0	(4.6)	(0.4)	(3.7)	(0.5)	0.9	(1.2)	(2.0)	0.5	(5.1)	(1.2)	5.2
IT하드웨어	0.2	2.5	(0.1)	2.2	(0.7)	8.8	0.2	10.1	(1.0)	6.0	0.2	11.3
반도체	(0.2)	1.6	(0.6)	(0.4)	(0.5)	9.5	0.2	3.0	(0.5)	8.9	0.2	2.9
IT가전	0.1	3.0	0.0	4.3	1.1	16.3	0.4	11.7	1.5	22.7	1.4	18.3
디스플레이	(0.1)	2.0	0.1	4.2	적자지속	적자지속	4.7	28.9	적자지속	적자지속	1.4	34.5
통신서비스	0.0	(0.2)	(0.1)	(0.1)	0.2	0.6	0.4	0.6	0.3	2.6	1.5	1.2
유틸리티	(1.0)	(0.8)	(1.4)	(0.6)	(4.7)	(6.2)	2.7	1.5	(8.9)	(8.0)	(3.6)	(5.4)

자료: Fnguide, 메리츠증권 리서치센터

펀더멘탈 모니터링_업종별 이익증가율 및 마진율

펀드가 설명하는 투자 지표 해석

업종별 이익증가율 및 마진율

업종	매출액 증가율 (%)			영업이익 증가율 (%)			순이익 증가율 (%)		
	2019	2020	2021	2019	2020	2021	2019	2020	2021
KOSPI	1.0	(4.0)	9.2	(32.6)	6.2	38.9	(46.3)	30.5	45.3
에너지	(4.7)	(26.1)	11.6	(24.3)	적자전환	흑자전환	(75.1)	적자전환	흑자전환
화학	0.1	(5.3)	19.2	(39.6)	34.5	58.7	(77.2)	253.0	55.0
비철금속	(4.6)	2.2	5.9	(7.3)	13.5	5.5	1.9	9.8	11.5
철강	(0.9)	(10.6)	5.8	(33.8)	(34.1)	60.5	3.3	(22.5)	94.6
건설	(4.1)	3.4	7.0	(1.8)	3.4	13.3	(3.7)	16.7	23.2
기계	6.3	(2.2)	6.3	(9.2)	18.9	23.0	(78.3)	455.6	59.5
조선	11.8	(2.5)	1.1	(61.1)	158.5	286.7	적자지속	적자지속	흑자전환
상사,자본재	2.0	(8.8)	7.1	(9.2)	(27.8)	63.8	(55.6)	(3.1)	27.1
운송	7.0	(10.9)	10.6	(26.0)	36.4	66.1	적자전환	적자지속	흑자전환
자동차	8.0	(1.6)	13.1	36.0	(19.4)	97.8	49.1	(30.3)	126.4
화장품,의류	14.6	(7.1)	10.5	13.3	(13.9)	28.8	15.4	(5.6)	33.8
호텔,레저	12.3	(44.6)	36.0	15.7	적자전환	흑자전환	14.0	적자전환	흑자전환
미디어,교육	2.9	(17.0)	20.7	8.1	(68.5)	282.8	적자전환	적자전환	흑자전환
소매(유통)	8.0	1.0	6.4	(19.5)	(23.3)	56.4	(66.3)	179.3	68.2
필수소비재	8.3	3.9	4.8	9.0	19.0	8.0	(30.1)	79.3	14.9
건강관리	9.5	12.6	12.2	13.0	53.9	33.2	46.1	60.5	23.4
은행	n/a	n/a	n/a	5.0	(1.0)	3.6	4.5	1.1	1.8
증권	n/a	n/a	n/a	28.2	23.5	(3.8)	38.3	13.1	(4.9)
보험	n/a	n/a	n/a	(41.8)	(12.0)	6.9	(39.1)	36.2	5.7
소프트웨어	11.5	6.8	14.6	(3.1)	36.0	33.6	(19.2)	69.2	47.8
IT하드웨어	2.6	9.6	12.1	(4.1)	24.4	33.3	(4.0)	32.5	35.9
반도체	(9.3)	4.9	9.9	(61.5)	37.8	30.3	(60.2)	33.2	31.7
IT가전	2.6	2.3	10.0	(16.3)	34.4	22.9	(78.9)	491.1	25.8
디스플레이	(3.3)	2.6	9.0	적자전환	적자지속	흑자전환	적자지속	적자지속	흑자전환
통신서비스	4.6	2.5	4.2	(8.0)	16.1	11.2	(54.7)	45.7	18.8
유틸리티	(4.6)	(5.6)	0.6	(58.6)	767.4	7.1	적자지속	적자전환	19.8

자료: Fnguide, 메리츠증권 리서치센터

펀더멘탈 모니터링

펀트가 설명하는 투자 지표 해석

- 연간 및 분기 이익 전망치 변화와 주가와의 비교 중요
- 분기별 이익 추이, 마진율 변화 중요

업종합산 : 연간 및 분기 영업이익 전망치, 분기 이익 및 마진율

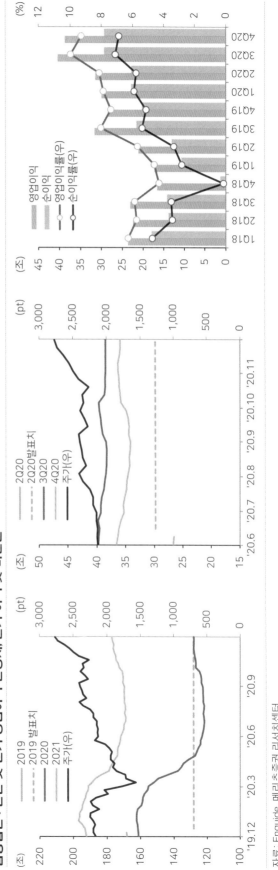

자료 : Fnguide, 메리츠증권 리서치센터

1

Part II

퀀트 투자 방법론

퀀트? 퀀트 투자의 기본 개념

퀀트 투자 방법론

- 퀀트는 '계량' 을 의미하는 Quantitative에서 나온 용어로 수학·통계에 기반해 투자모델을 만들거나 금융시장 변화를 분석하는 것을 의미

- 계량투자 모델 개발(스코어링 모델, 증시 국면 판단 모델, 거래비용 모델 등), 위험 관리, 통계적 차익거래, 파생상품 개발 등 수리, 통계 개념을 기초로 금융 시장에 참여

퀀트투자의 장점

1) **투자결정의 신속성** : 데이터 기반으로 발견한 확률, 통계적 우위(edge)를 바탕으로 거래 조건을 컴퓨터를 통해 사전적으로 결정 및 실행, 따라서 금융 자산의 가격이 특정 조건 도달 시 즉각적 판단 및 실행 가능

2) **넓은 분석범위** : 사람의 정보 처리 능력의 한계 때문에 시간과 인력의 제약으로 거래 대상이 되는 자산 유형, 시장, 종목이 소수로 제한됨, 퀀트 투자는 알고리즘에 의한 계산으로 활용하므로 투자 범위가 넓은 특징

3) **감정의 배제 (인간의 인지적 오류 극복 가능)** : 일반적인 투자방식은 투자자의 심리 상태에 크게 영향을 받고 공포와 탐욕으로 인해 비이성적인 투자판단을 내릴 수 있음. 반면, 퀀트 투자는 미리 정의된 프로그래밍을 통해 매매전략을 실행하기 때문에 주관적인 감정이 개입될 여지 최소화

4) **투자평가의 용이함 (가설과 사실을 검증을 통해 구분할 수 있는 능력 배양)** : 퀀트 투자는 다양한 시뮬레이션 기법을 통해 특정 투자 방식의 사전 평가, 결과에 대한 확률분포 예상 가능

5) **합리적인 리스크 관리** : 일반적인 투자는 투자자의 심리상태와 잘못된 투자전략의 영향으로 위험 관리가 어려울 수 있음. 반면 퀀트 투자는 다양한 경우에 대한 시뮬레이션을 통해 보다 합리적인 위험 관리 추구

퀀트 투자의 단점 및 위험

1) **모델 자체가 잘못 설계될 가능성** : 잘못된 모델에 의한 모델을 기계적으로 실행하는 것이 위험 가능성

2) **과거 패턴을 크게 벗어나는 극단적 상황에 대한 대응이 취약할 가능성** : 극단 시나리오 고려 필요

3) **지나친 모델 의존 위험** : 어차피 모델도 사람이 설계하는 것이며, 모델 사용자의 오류 가능성

퀀트의 유형

퀀트 투자 방법론

1) Front office/desk Quant

- 일반적 의미의 퀀트로 수학적 모형을 통해 투자자가 거래하는 투자 상품의 가치 분석 및 평가

2) Model Validating Quant

- 다른 퀀트가 설계한 모델의 검증 및 위험 분석

3) Research Quant

- 기본 알고리즘 개념, 금융시장의 패턴에 대한 연구 위주의 퀀트, 프로그래밍 보다는 수학, 통계 모델 작업

4) Quant Developer

- 투자 실행을 위한 프로그램 개발. 금융 시장에 대한 이해보다는 컴퓨터 전문가가 주로 담당

5) Statistical Arbitrage Quant

- 통계적 차익거래 : 방대한 데이터에서 패턴을 찾고, 거래 자동화 시스템 개발 등을 담당

6) Capital Quant

- 신용 관리 모델 및 은행의 자본 요구 조건 등의 모델 설계. 은행, 보험사에서 거시적 위험 관리

퀀터멘탈 투자의 부상 : 퀀트 + 펀더멘탈

퀀트 투자 방법론

- 10년 전부터 미국, 유럽을 중심으로 퀀트의 장점과 펀더멘탈 투자의 장점을 결합한 퀀터멘탈 투자 부상

- 해외 운용사를 중심으로 인력 구성, 투자 프로세스 등에 기본 철학으로 자리매김

- 데이터 증가, 컴퓨터 프로그래밍, 클라우드 등의 발전에 따라 가속화

퀀터멘탈이 주목받는 배경

1) 기존 액티브 투자의 성과 부진

2) 기존 퀀트 투자의 성과 부진

3) ETF등 패시브 펀드의 부상

4) 해외 투자 필요성 확대

5) 이용 가능한 데이터의 증가와 데이터 가격의 하락

6) AI, 머신러닝 분석 기술의 발전

7) 비용 절감 욕구 : 사람이 하는 작업의 일정부분을 Systems화 하는 것이 비용상 유리

퀀터멘탈 투자의 증가

퀀트 투자 방법론

- US, non-US 모두에서 퀀터멘탈 투자유형 펀드규모 증가

- 2008년 미국 금융위기 이후 퀀트 펀드, 펀더멘탈 펀드 모두 기존 투자 스타일의 업그레이드 필요성

- 퀀트 펀드는 AI, 머신러닝 도입을 통한 수익률 향상, 생존 모색

- 펀더멘탈 투자 펀드의 일부는 퀀터멘탈로의 전환을 통해 신기술 도입, 생존 모색

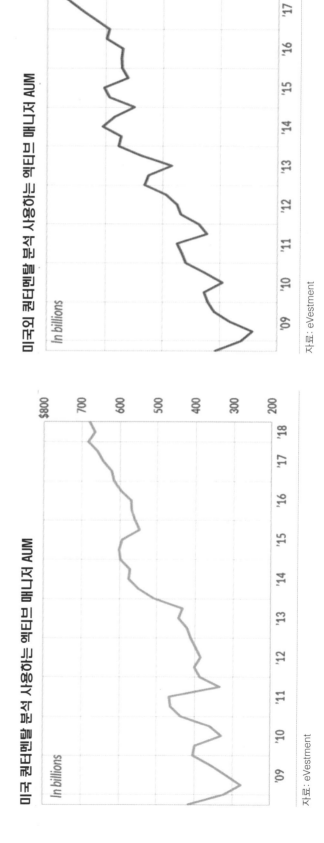

미국의 퀀터멘탈 분석 사용하는 액티브 매니저 AUM

자료 : eVestment

미국 퀀터멘탈 분석 사용하는 액티브 매니저 AUM

자료 : eVestment

펀더멘탈 투자 트렌드

펀트 투자 방법론

- 해외 대형 자산운용사는 기존의 비계량 투자(액티브 투자) 인력과 투자 프로세스를 점진적으로 계량화하는 장기 프로젝트 진행중

- 기존의 재무제표, 가격 데이터가 아닌 대체 데이터(웹 데이터, 센서, 인공위성 이미지 등)의 활용 활발

펀더멘탈 투자의 선봉장

글로벌 자산운용사 BlackRock

Larry Fink CEO

자료: Blackrock, 메리츠증권 리서치센터

대체 데이터 사용 및 분석 사례

인공위성 데이터

마트 주차장 영상 데이터

자료: CEUR, 메리츠증권 리서치센터

퀀트 투자의 유형_알고리즘 고빈도매매

퀀트 투자 방법론

- 이론 기반이 아닌 데이터 기반 거래의 극단화된 형태로 고빈도 매매 분야 성장

- 호가 체결창의 초단기적인 패턴들을 활용한 거래 기법

- 하루 1,000회 이상의 진입 및 청산, 호가 제출 직후 주문 취소율을 90% 이상에 달하는 등 가격 왜곡 가능성, 높은 수준의 규제 필요성 논쟁과 함께 성장

고빈도 매매(HFT)의 전략 유형

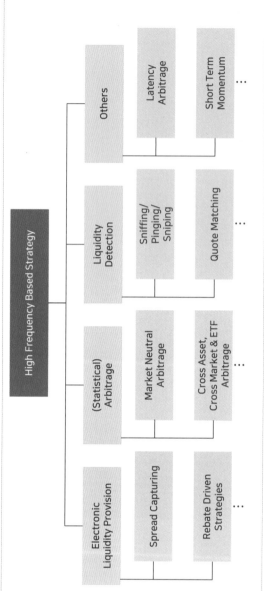

자료 : Deutshe Borse Group, 메리츠증권 리서치센터

퀀트 투자의 유형_차익 거래, 퀀트 헤지펀드

퀀트 투자 방법론

- 주문 속도 차이를 이용한 통계적 차익 거래 경쟁 활발
- 주로 단기 투자 영역에서 다양한 차익 거래 및 통계적 패턴 거래 활발
- 올바른 이해, 정당한 규제 필요성

다니엘 스파이바: 스프레드 네트웍스

자료: Zayo, 메리츠증권 리서치센터

제임스 사이먼스: 르네상스 테크놀로지

자료: Renaissance Technologies, 메리츠증권 리서치센터

알고리즘 투자 비중 증가

퀀트 투자 방법론

- 수리 통계 알고리즘을 사용하는 펀드 비중 크게 증가 : 해외 위주
- 거래비용이 작고, 레버리지가 가능한 파생상품의 경우 알고리즘 주문 비중이 80% 이상

헤지펀드 중 퀀트 펀드의 자산 규모 증가 추세

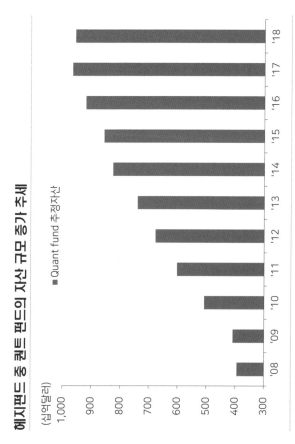

자료: HFR, 메리츠증권 리서치센터

시카고 상품 거래소의 자동 주문(Automated order) 비중

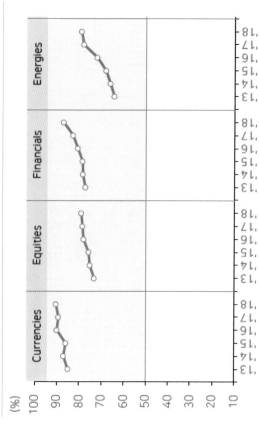

자료: CFTC Trade Capture Report Database, 메리츠증권 리서치센터

알고리즘 거래의 미국 내 경쟁 심화

퀀트 투자 방법론

- 이미 10년 전부터 미국 내의 알고리즘 거래 심화, 수익성 감소
- 신흥국의 거래 비용 감소, 자본 시장 개방에 따라 신흥국으로 확장 시도중

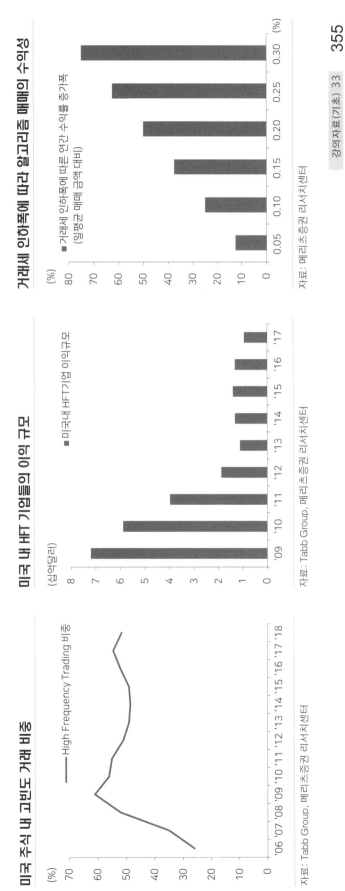

미국 주식 내 고빈도 거래 비중

(%)

—— High Frequency Trading 비중

'06 '07 '08 '09 '10 '11 '12 '13 '14 '15 '16 '17 '18

자료: Tabb Group, 메리츠증권 리서치센터

미국 내 HFT 기업들의 이익 규모

(십억달러)

■ 미국내 HFT기업 이익규모

'09 '10 '11 '12 '13 '14 '15 '16 '17

자료: Tabb Group, 메리츠증권 리서치센터

거래세 인하폭에 따라 알고리즘 매매의 수익성

(%)

■ 거래세 인하폭에 따른 연간 수익률 증가폭
(일평균 매매 금액 대비)

0.05 0.10 0.15 0.20 0.25 0.30 (%)

자료: 메리츠증권 리서치센터

퀀트 투자 방법론 예시 : 실적 발표 패턴 활용 모델

퀀트 투자 방법론

- 실적 발표 전후의 주가 패턴을 활용한 투자 모델 예시
- 투자자들의 확증 편향, 주가의 모멘텀 경향 때문에 실적 발표 이후에도 주가의 추세적 패턴 관찰
- 기관 투자자들의 매매 규모, 의사 결정의 지연 효과 때문에 패턴 지속

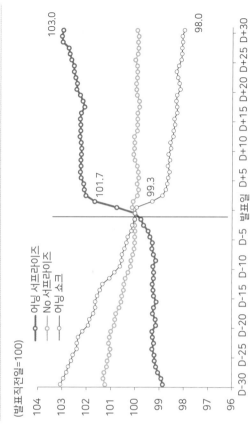

실적 발표 전후의 주가 반응에 대한 구분: 발표 이전, 직후, 2차 반응

(발표직전일=100)

주: 삼성전자 2018년4분기 실적발표 전후 주가반응 예시, Y축은 KOSPI 대비 초과수익률
자료: 메리츠증권 리서치센터

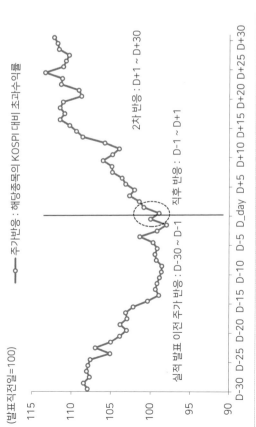

어닝 서프라이즈, 어닝 쇼크 종목들의 실적 발표 전후 주가 흐름

(발표직전일=100)

자료: 메리츠증권 리서치센터

퀀트 투자 방법 예시 : 실적 발표 패턴 활용 모델

퀀트 투자 방법론

■ 개념에 대한 이해, 통계적 검증을 기초로 확률적 모델 실행 가능 예시

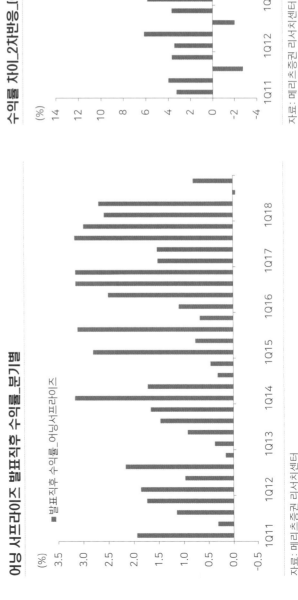

어닝 서프라이즈 발표직후 수익률_분기별

(%)

■ 발표직후 수익률_어닝서프라이즈

자료: 메리츠증권 리서치센터

수익률 차이_2차반응_[어닝 서프라이즈 – 어닝 쇼크]_분기별

(%)

■ 2차반응_수익률차이_[어닝서프 – 어닝쇼크]

자료: 메리츠증권 리서치센터

퀀트 투자 방법 예시 : 실적 발표 패턴 활용 모델

퀀트 투자 방법론

- 실적 발표 직후의 주가 반등을 통해 실적 기대치가 기존 주가에 얼마나 반영되었는지를 간접 추정
- 회사의 시가총액 규모, 베타의 크기에 따라 실적 발표에 대한 주가 반응이 폭이 다른 패턴을 활용

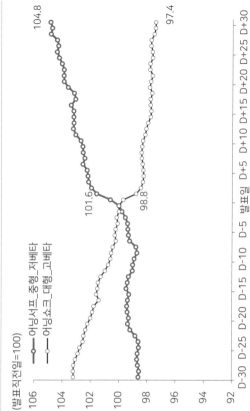

주가 서프라이즈, 주가 쇼크 종목들의 실적 발표 전후 주가 흐름

자료 : 메리츠증권 리서치센터

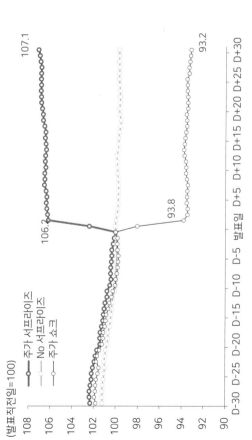

어닝서프라이즈_종형주&지베타, 어닝쇼크_대형주&고베타 종목의 주가 흐름

자료 : 메리츠증권 리서치센터

퀀트 투자의 개념 구조

Black Box

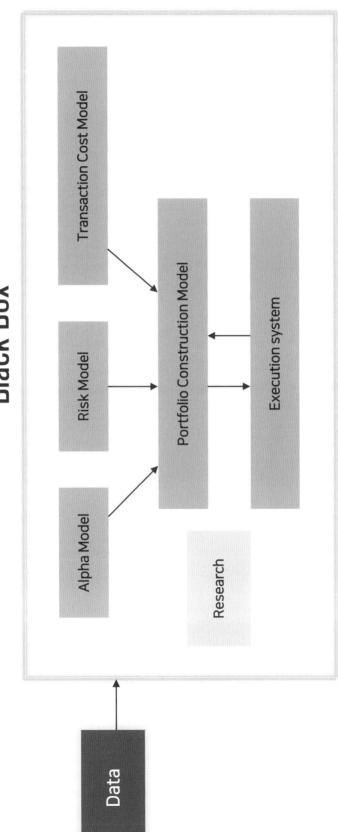

자료 : Insidethe Black Box

알파(초과 수익) 모델의 분류 : 데이터 유형, 투자 개념 및 기간별 분류

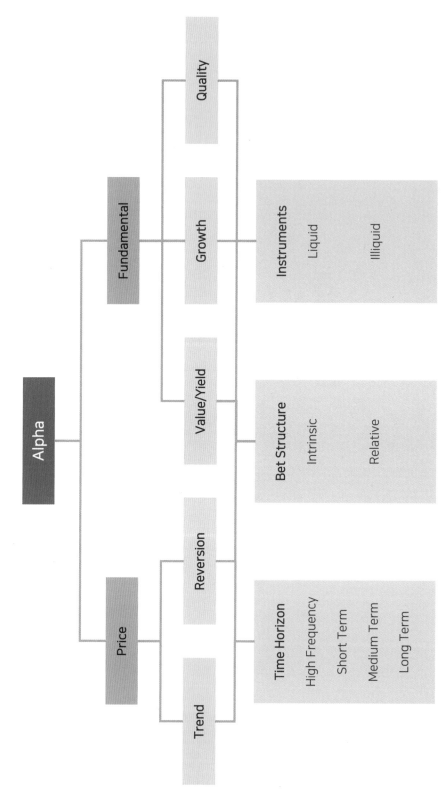

Alpha

- Price
  - Trend
  - Reversion
- Fundamental
  - Value/Yield
  - Growth
  - Quality

Bet Structure
- Intrinsic
- Relative

Instruments
- Liquid
- Illiquid

Time Horizon
- High Frequency
- Short Term
- Medium Term
- Long Term

자료 : Insidethe Black Box

퀀트 투자시스템 개발 과정 개요

트레이딩 시스템 개발 과정

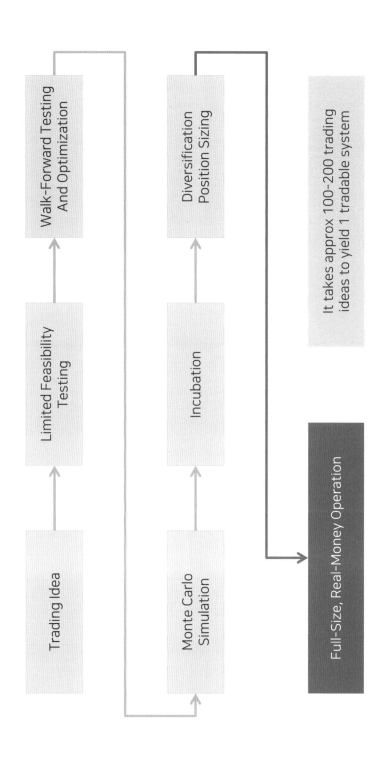

Trading Idea → Limited Feasibility Testing → Walk-Forward Testing And Optimization

Monte Carlo Simulation → Incubation → Diversification Position Sizing

Full-Size, Real-Money Operation

It takes approx 100~200 trading ideas to yield 1 tradable system

자료 : Building Winning Algorithmic Trading Systems, 메리츠종금권 리서치센터

퀀트 트레이딩 모델 성과 평가와 실행 이슈

트레이딩 시스템 플로우

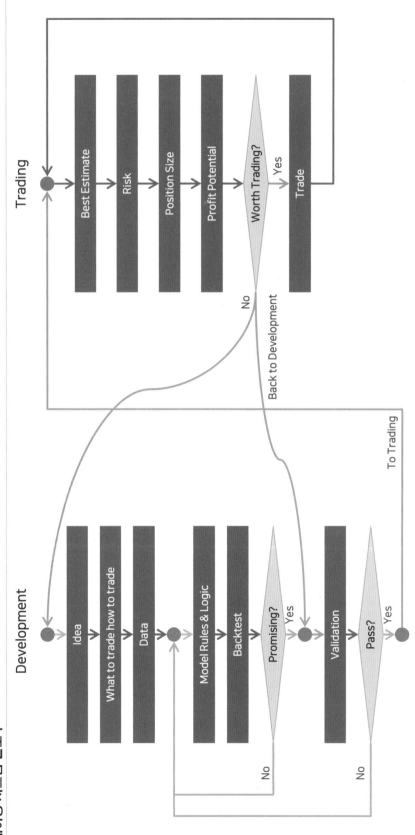

자료 : Building Winning Algorithmic Trading Systems, 메리츠증권 리서치센터

기초 레드

Part III

투자 근본 개념 돌아보기, 심리적 오류

투자의 근본 질문들?

투자 근본 개념 톺아보기, 심리적 오류

- 투자란 무엇인가?

- 투자는 누구나 할 수 있는가? 고도의 전문지식인가?

- 투자를 반드시 해야 하는가?

- 직접 투자 vs 간접 투자?

- 훌륭한 투자자가 되는 수련기간, 시행착오, 대가는?

- 투자는 기울어진 운동장? 개인과 기관의 유불리는?

- 투자는 사실 심리, 인지, 의사결정의 문제?

- 투자자 외부 지식 습득? vs 자기 내부의 심리구조 바로 알기?

- 투자의 책임은 누구인가, 투자자가 결정할 수 있는 것은, 가격? 매수, 매도?

- 인간 vs Ai의 대결?

투자의 원칙, 의사결정 구조의 확립, 투자자 심리구조 훈련이 중요

투자 근본 개념 돌아보기, 심리적 오류

**다음에 질문에 많이 해당될수록 시장, 종목에 대한 지식보다
투자 의사결정 과정에 대한 이해, 훈련 중요**

1. 보유 종목에서 이익 나고 있음에도, 조바심과 두려움 때문에 일찍 매도해서 큰 수익 놓쳤음

2. 손실에 대한 두려움 때문에 평소 생각해도 좋은 매수 기회에서 진입 안함

3. 손실 종목 너무 오래 보유해서 손실 확대, 손실 종목 추가 매수로 매수 단가 낮추다가 큰 손실

4. 아침(월초)이익 거래하다가 자신감이 과도해져서 과잉 거래하다가 저녁(월말)엔 손실로 전환

5. 평가 손실 생기면 공격적으로 심리 변화, 주가가 빠르게 움직이면 계획에 없던 투자 실행 후 후회

6. 손실 후 투자 규모 과도하게 크게 줄이거나 크게 늘리는 습관

7. 이익 나고 있는 보유 종목에서, 극도의 높은 수익 기대감으로 너무 오래 보유하다가 수익 크게 줄어듦

8. 매수할 좋은 상황을 인식했으나 그 직전의 손실 거래 탓으로 망설이다가 기회 놓침

9. 작은 규모의 이익을 오랫동안 힘들게 쌓고 나서, 큰 손실 몇 번으로 기존 이익을 대부분 손실로 마감

투자 이외의 분야엔 유리할 수 있으나 투자엔 불리한 사람의 인지 편견들

투자 근본 개념 돌아보기, 심리적 오류

- 대표성 편향
- 최근 효과
- 손실 회피 효과
- 확증 효과
- 사후 판단 효과
- 보유 효과
- 낙관 편향
- 밴드 웨건 효과
- 어려운 문제를 쉬운 문제로 바꾸어 판단하는 편향
- 그럴 듯한 설명(스토리)에 끌리는 효과
- 기분에 무의식적으로 영향받는 편향
- 비슷한 상황을 '무의식'적으로 회상해서 판단하는 편향
- '고통'스러운 상황이나 인식을 '무의식'적으로 피하는 편향

투자의 본질 들여다보기, 잘못된 투자 상식 바로 잡기

투자 근본 개념 들여다보기, 심리적 오류

- 투자는 자신의 성향에 맞아야 함(투자 대상, 투자 기간, 투자 방법론 등)

- '진입' 외에도 '매도(청산)', '투자 규모 조절'이 중요

- 과잉 매매 지양, 유리한 상황에 대한 인내심 중요

- 투자 자산, 투자 종목의 선정이 중요, 거래비용 낮추는 것이 중요

- 이익 종목은 길게, 손실 종목은 짧게

- 감정에 봉사하지 마라, 투자는 재미나 흥미가 아님, 좋은 거래는 오히려 지루

- 승률 낮아도 수익 가능

- 전체 종사의 방향이 중요

- 많은 수익 종목을 아는 것이 좋을까

- 결과보다 의사결정의 과정이 중요, 확률적 우위에 서야

- 곧짜 정보, 쉬운 정보를 경계하라

- 확률적 의사판단, 인지 훈련 중요

2021년 주식시장 전망
Restructuring Market

2021

전망편

핵심을 판단하는 기준: COVID19 보다는 Lockdown이 문제

Restructuring Market

- 대공황, 금융위기에 준하는 경기 및 주가 충격을 받았지만 현재는 약 6개월 만에 COVID19 이전 수준을 회복

- 문제는 충격의 발단이었던 COVID19는 여전히 확산 추세라는 점
  - 질병이 핵심 변수였다면 지금 시장의 빠른 반등은 설명하기 어려워

- 질병 보다는 그로 인한 Lockdown. 이로 인한 기업실적 급감 우려가 원인이 핵심일 것
  - 반대로 빠른 반등 등은 예상보다 양호한 기업실적이 배경이었을 가능성

주가 충격의 강도는 대공황, 금융위기 수준. 회복의 속도는 전례 없어

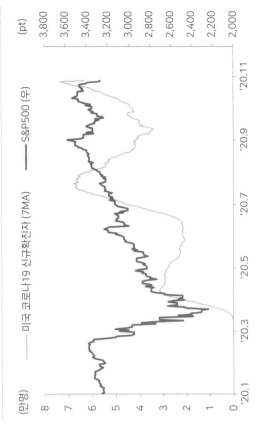

자료: Refinitiv, 메리츠증권 리서치센터

질병의 확산 자체가 원인은 아냐. COVID19 확산세도 주가는 반등

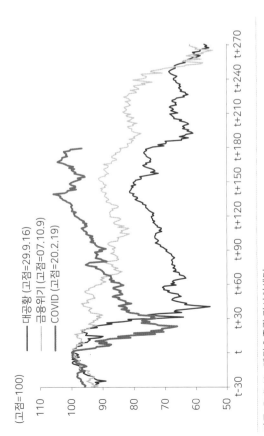

자료: Refinitiv, 메리츠증권 리서치센터

시장은 정직했다. 돈 버는 국가(기업)이 올랐다

Restructuring Market

- 기업실적이 핵심이었던 이유는 주가 차별화 흐름을 가장 잘 설명하고 있기 때문

- 한국은 주요국 중 COVID19 이전 수준의 실적 전망의 회복이 관찰된 반면 이외의 국가는 더딘 회복

- 미국 FAANG의 차별적인 주가 행보도 마찬가지. 쏠림이라는 수식어가 붙지만 실적이 차별화가 그 배경임

향후 12개월 EPS 전망 변화: COVID19이전 수준을 회복한 것은 한국

주: COVID19 이후 실적 전망 고점을 100으로 환산
자료: I/B/E/S, 메리츠증권 리서치센터

FAANG의 '이유 있는' 차별적 주가 흐름: 실적 개선이 압도적

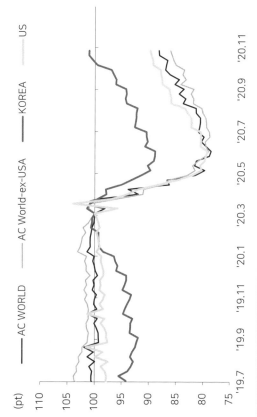

주: COVID19 이후 실적 전망 고점을 100으로 환산 / FAANG의 EPS는 통일 가중
자료: I/B/E/S, 메리츠증권 리서치센터

돈 버는 기업이 많은 국가일수록 성과도 우위

Restructuring Market

■ 개별 국가의 성과를 결정하는 것도 COVID19 확진자수 증감 보다는 양호한 이익을 창출하는 업종과 기업이 많은지[에] 있어

■ 돈 버는 Big Tech 기업이 많은 미국이 선전한 이유. 반면 영국, 브라질, 일본이 상대적으로 부진한 이유는 Big Tech 기업이 적고, 오히려 실적에 타격을 받은 에너지, 금융 비중이 높기 때문

미국 시가총액 Top 5 기업과 이외의 기업간 성과 격차 확대

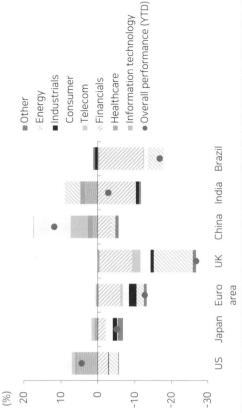

주 : 2020년 10월 말 기준
자료 : MSCI, IMF, 메리츠증권 리서치센터

국가별 성과 도해 : Tech가 많을 수록, 에너지 & 금융섹터가 적을수록 선전

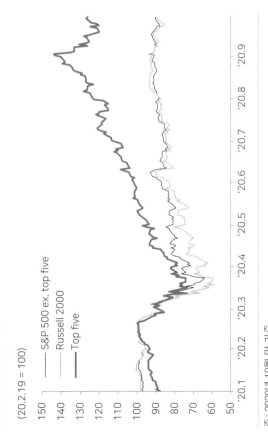

주 : 2020년 10월 말 기준
자료 : MSCI, IMF, 메리츠증권 리서치센터

우리는 어떠한가? 2020년은 복원, 2021년은 성장. 주요국 중 가장 높아

Restructuring Market

- 역설적으로 한국은 2019년 실적 부진이 주가의 빠른 회복에 도움
- COVID19에도 2020년은 실적 성장에 성공할 것으로 예상
- 2021년에는 주요국 중 가장 실적 성장이 클 것으로 전망
- 다른 국가에 비해 한국은 실적 정상화의 속도가 빨리 시작된 것

글로벌 주요 지역 연간 EPS 성장율 : 한국은 2020년 이후 3년 연속 실적 성장 예상

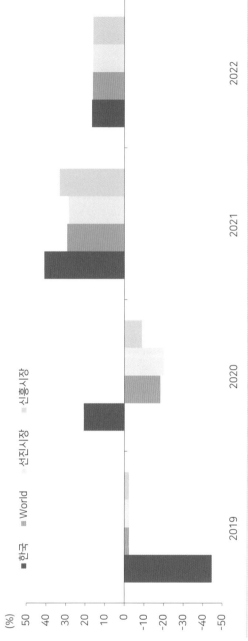

주: MSCI 기준
자료: Refinitiv, 메리츠증권 리서치센터

COVID19를 통한 관찰된 특징: 경쟁자간 격차 확대

Restructuring Market

- 위기는 경쟁자와의 격차를 확대하는 계기로도 작용. 국내 기업은 이번 위기를 통해서 경쟁자와 차별화
- 반도체의 경우 삼성전자의 선전이 돋보이고, 2차전지는 중국 기업의 강세 속 파나소닉의 소외가 특징. 전기차(자동차)의 경우 현대기아차의 압도적 우위로 표출

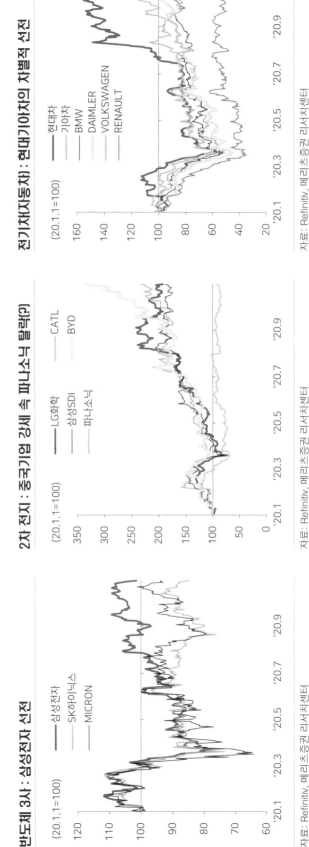

반도체 3사 : 삼성전자 선전
(20.1.1=100) 삼성전자 / SK하이닉스 / MICRON
자료: Refinitiv, 메리츠증권 리서치센터

2차 전지 : 중국기업 강세 속 파나소닉 탈락[?]
(20.1.1=100) LG화학 / 삼성SDI / 파나소닉 / CATL / BYD
자료: Refinitiv, 메리츠증권 리서치센터

전기차(자동차) : 현대기아차의 차별적 선전
(20.1.1=100) 현대차 / 기아차 / BMW / DAIMLER / VOLKSWAGEN / RENAULT
자료: Refinitiv, 메리츠증권 리서치센터

변화는 지속될까? 2021년은 Restructuring: 지금은 '가속화' 국면

Restructuring Market

- 이번 Cycle을 가장 잘 설명하는 것은 '기술'. 기술 침투의 역사가 이번에도 반복되고 있기 때문

- Carlota Perez(2016)에 따르면, 기술발전이 가장 가파르게 진행되는 시기에 사회는 가장 혼란스러움. 기존 패러다임과 새로운 패러다임의 충돌 때문

- COVID19가 아니었어도 산업은 양극화되고 구경제와 신경제로 구분 지어졌음. 이번에는 기술 침투의 초입에 발생한 경제적 '충격'으로 기술 Cycle이 가속화 되었다는 점이 특징

COVID19로 앞당겨진 기술혁명 Cycle

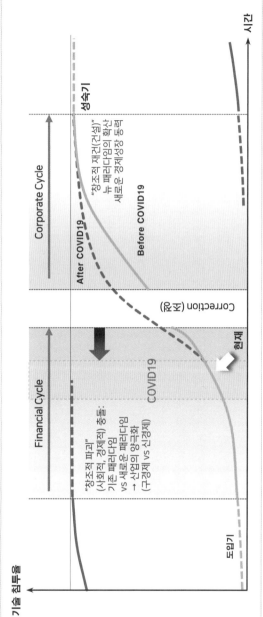

자료: Carlota Perez(2016), 메리츠증권 리서치센터

그리고 '파괴적(Disruptive)' 혁신의 확산

Restructuring Market

- 무엇보다 이번 기술 혁명의 특징은 새로운 산업의 탄생이 아닌 기존 산업의 효율화를 통해 대체하는 '파괴적 혁신 산업' 이 대부분이라는 점

- 플랫폼을 기반으로 기존 산업을 대체(효율화)하기 때문에 단기적인 경제적 boosting 효과는 크지 않음. 오히려 전통산업의 잠식효과가 존재
  1) 파괴적 혁신의 초임에서는 기존 주도 기업은 마진이 높은(?) High End 고객에만 집중
  2) 그 과정에서 신규 진입자는 Low End 고객을 중심으로 시장을 형성
  3) 효율성, 편리함을 바탕으로 신규 진입자가 High End 고객까지 흡수하는 수준으로 전개

파괴적 혁신의 개념 : 새로운 산업의 탄생이 아닌 기존 산업을 대체

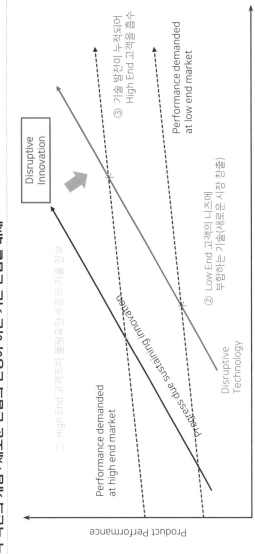

자료: Oxford Research, 메리츠증권 리서치센터

글로벌 주식시장 지형변화

Restructuring Market

■ S&P500의 경우 시장 전체에서 에너지 + 소재(화학 + 철강) 섹터의 비중은 4.6%로 1995년 이후 최저치. 반면, IT + 커뮤니케이션 서비스 + 헬스케어 비중은 52.7%으로 역사상 최고치 기록 중

■ 이론적으로 보면 시장 움직임의 절반 이상을 이들 섹터가 설명하고 있음
　- 유가 등 경기민감주가 미치는 영향은 5%로 낮아짐

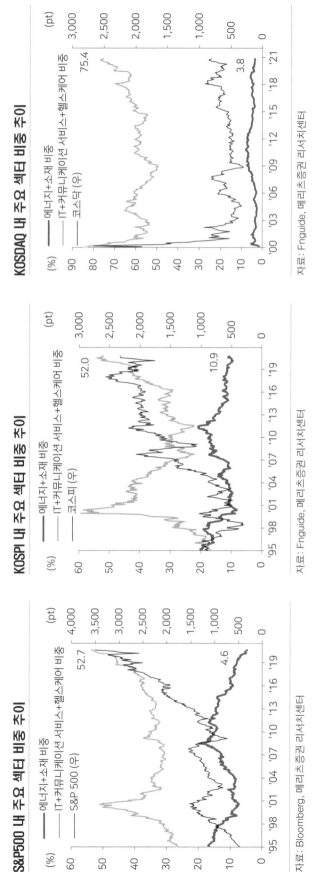

S&P500 내 주요 섹터 비중 추이

자료: Bloomberg, 메리츠증권 리서치센터

KOSPI 내 주요 섹터 비중 추이

자료: Fnguide, 메리츠증권 리서치센터

KOSDAQ 내 주요 섹터 비중 추이

자료: Fnguide, 메리츠증권 리서치센터

기술의 발전이 가속화 된다면 한국이 가장 유리한 산업 구조

Restructuring Market

- 글로벌 경기의 저성장 고착화, 연동성 약화로 국가간 성과(주식) 차이도 심화
- 지금은 GDP 성장률 보다는 해당 국가의 산업구조를 보고 의사결정을 해야하는 시대
- 미국: 성장섹터 주도국가(IT + 커뮤니케이션 + 헬스케어 섹터 비중 약 54%)
- 유럽: 소비재 섹터(필수소비재 14.5%)에 특화 / 일본: 선업재 / 대만: IT(반도체)

MSCI 각국 주가지수 내 섹터별 비중(2020년 9월 말 기준)

(%)	AC World	DM	EM	US	EUROPE	JAPAN	CHINA	KOREA	TAIWAN
IT	21.7	22.1	18.5	28.8	7.7	12.7	5.1	45.8	71.3
커뮤니케이션	9.3	8.9	12.7	10.7	4.0	10.3	20.6	9.8	2.8
헬스케어	12.6	13.8	4.3	14.1	16.3	11.7	5.3	6.7	-
소계	**43.6**	**44.7**	**35.5**	**53.5**	**28.0**	**34.7**	**31.1**	**62.3**	**74.1**
경기소비재	12.9	11.8	20.2	12.2	10.6	17.6	37.3	10.3	2.6
금융	12.5	11.9	17.2	9.4	14.0	8.6	13.3	7.5	13.3
산업재	9.6	10.4	4.4	8.1	14.3	20.6	4.6	6.0	1.5
소재	4.8	4.5	6.9	2.5	8.1	4.9	1.9	7.1	5.9
필수소비재	8.0	8.2	6.1	6.7	14.8	8.0	4.1	4.8	2.0
에너지	2.8	2.5	5.4	1.9	3.8	0.6	1.8	1.3	0.4
유틸리티	3.1	3.3	2.0	2.9	5.0	1.5	1.7	0.7	-
부동산	2.8	2.8	2.4	2.8	1.4	3.5	4.2	-	0.3

자료: MSCI, 메리츠증권 리서치센터

강의자료(전망) 170

Online is online!

Restructuring Market

■ 최근 발표된 주요국(미국, 한국, 중국)의 소매판매 데이터를 보면, COVID19는 온라인화율를 약 5년 가량 앞당긴 것으로 추정

■ 2015년 미국 소비시장의 온라인 침투율은 10%대에 안착한 이후 15% 수준(2019년)에 이르기까지 5년 가량 소요됐지만, 올해 4월 단숨에 15%에서 20%대로 급증(9월 기준 17%)

■ 한국과 중국도 상황은 유사
  - 한국은 작년말 17%에서 9월 21.5%, 중국은 작년말 23.4%에서 9월 26.8%를 기록, 온라인화 가속화 시사

소비시장 온라인 침투율(Penetration): 미국은 2월 14.9%에서 9월 17% 수준

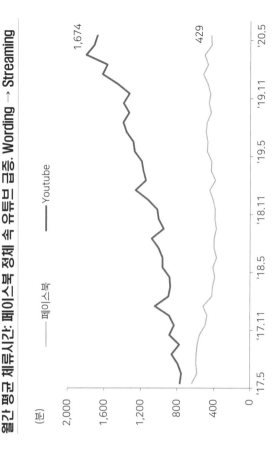

주: 중국은 연초 이후 누적(9월 기준)
자료: 중국 국가통계국, US Census Bureau, 한국 통계청, 메리츠증권 리서치센터

월간 평균 체류시간: 페이스북 정체 속 유튜브 급증. Wording → Streaming

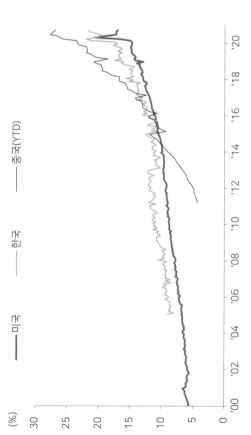

주: 월간 평균 체류시간은 1인 기준
자료: 와이즈앱, 메리츠증권 리서치센터

국가별 지형 변화: 일본, 자동화(기계)와 게임으로 중심축 변화

Restructuring Market

- 주요 선진국들도 주식시장의 지형변화는 마찬가지로 진행 중

- 일본의 경우 도요타자동차가 여전히 일본 주식시장(Topix 기준) 1위 기업
  - 그러나 시가총액 10위 이내에서 지형변화 활발
  - 스마트 팩토리 '키엔스', 제약 '주가이제약', 게임 '소니, 닌텐도' 중심

- 도요타자동차의 시가총액은 2015년 이후 박스권에 갇힘
  - 반면, 키엔스, 키엔스+주가이제약+소니 합산 시가총액은 이미 도요타자동차를 추월

일본 시가총액 상위 지형변화: 도요타자동차를 제외하면 물밑변화 활발

(십억 엔)

—— TOYOTA MOTOR　　　—— KEYENCE
—— CHUGAI PHARM.　　　—— SONY
—— SOFTBANK GROUP

자료: Refinitiv, 메리츠증권 리서치센터

TOPIX 지수 내 시가총액 순위 변화: 연초 대비 현재

기업명	시가총액 (십억 엔)	순위			업종
		연초	현재	변동	
도요타자동차	22,492	1	1	0	경기소비재
소프트뱅크 그룹	14,434	4	2	2	커뮤니케이션
NTT 도코모	12,550	3	3	0	커뮤니케이션
키엔스	11,832	6	4	2	IT
소니	11,097	5	5	0	경기소비재
일본전신전화(NTT)	8,629	2	6	-4	커뮤니케이션
패스트리테일링	7,756	11	7	4	경기소비재
닌텐도	7,650	13	8	5	커뮤니케이션
주가이제약	6,926	14	9	5	헬스케어
리쿠르트 홀딩스	6,872	10	10	0	산업재

주: 음영은 순위 상승 종목
자료: Bloomberg, 메리츠증권 리서치센터

캐나다: 신성장 동력의 부상, 온라인 플랫폼

Restructuring Market

- 주요 선진국 내 기업 중 단일 기업으로 가장 파괴적인 모습을 보인 것은 쇼피파이(Shopify)
- COVID19 이전 캐나다 대표기업(시가총액 기준 1위)은 은행주 '로열 뱅크 오브 캐나다'
  - 현재는 전자상거래 플랫폼 구축 서비스 업체인 '쇼피파이'가 1위
- 한편 세계 최대의 금광업체인 '배릭골드' 역시 주가 급등으로 시가총액 10위 이내로 진입

캐나다 주식시장 지형변화: 원자재 국가의 대장주는 '온라인플랫폼' 기업

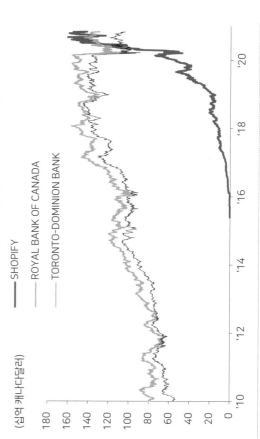

—— SHOPIFY
—— ROYAL BANK OF CANADA
—— TORONTO-DOMINION BANK

(십억 캐나다달러)

자료: Refinitiv, 메리츠증권 리서치센터

S&P/TSX 내 시가총액 순위 변화: 온라인 + 금

기업명	시가총액 (백만 CAD)	순위			업종
		연초	현재	변동	
쇼피파이	158,048	10	1	9	IT
로열 뱅크 오브 캐나다	132,245	1	2	-1	금융
토론토 도미니언 은행	106,661	2	3	-1	금융
캐네디언 내셔널 레일웨이	95,274	5	4	1	산업재
엔브리지	74,325	3	5	-2	에너지
뱅크 오브 노바스코샤	66,883	4	6	-2	금융
브룩필드 에셋 매니지먼트	63,158	6	7	-1	금융
배릭골드	62,037	18	8	10	소재
캐네디언 퍼시픽 레일웨이	53,423	17	9	8	산업재
톰슨 로이터	51,575	15	11	4	산업재

주: 음영은 순위 상승 종목
자료: Bloomberg, 메리츠증권 리서치센터

영국: 금융 → 제약으로, 시가총액 1, 3위 기업 모두 '바이오'

Restructuring Market

- 과거 영국 주식시장은 금융과 오일 메이저 중심. COVID19 이후 백신 개발 선두 주자인 '아스트라제네카'가 1위로 올라서고 기존 1위 기업인 HSBC Holdings는 2위로 하락
  - 기존 5위 기업이었던 로얄 더치 쉘은 10위까지 밀려남

- 금융, 에너지 등 전통산업은 위축되고 제약업종이 그 자리를 차지한 셈

FTSE100 지수 내 시가총액 순위 변화(지수 선정 기준)

기업명	시가총액 (백만 파운드)	*비중 (%)	순위			업종
			연초	현재	변동	
아스트라제네카	103,356	7.3	2	1	1	헬스케어
HSBC 홀딩스	65,991	4.6	1	2	-1	금융
글락소 스미스클라인	65,437	4.5	4	3	1	헬스케어
디아지오	58,213	4.0	6	4	2	필수소비재
브리티쉬 아메리칸 토바코	56,668	4.0	7	5	2	필수소비재
유니레버	116,871	3.4	9	6	3	필수소비재
리오 틴토	72,383	3.3	8	7	1	소재
레킷벤키저그룹	48,749	3.0	12	8	4	필수소비재
BP	39,208	2.7	3	9	-6	에너지
로얄 더치 쉘	71,545	2.3	5	10	-5	에너지

주: 음영은 순위 상승 종목, *FSTE 100은 지수 산출 시 투자가능성 가중치 적용
(유니레버의 경우 중복 상장으로 시가총액과 지수 내 비중 차이가 큼)
자료: Bloomberg, 메리츠증권 리서치센터

영국 주식시장 지형변화: 금융, 오일 메이저는 지고 제약이 부상 중

(섬위 유로)
— ASTRAZENECA
— ROYAL DUTCH SHELL A
— BRITISH AMERICAN TOBACCO
— HSBC HOLDINGS
— GLAXOSMITHKLINE

시가총액 1위:
HSBC HOLDINGS

자료: Refinitiv, 메리츠증권 리서치센터

독일: IT H/W에서 S/W + '수소'경제

Restructuring Market

- '기술'로 표현되는 독일 주식시장은 하드웨어가 아닌 소프트웨어를 중심으로 변화 중

- 2010년대 초반에는 지멘스(기계)가 중반에는 바이엘(제약)이 시가총액 1위 기업
  - 지금은 산업용 소프트웨어 업체인 SAP가 주식시장을 주도

- 기존 자동차 업계 강자인 폭스바겐, 다임러, BMW 등은 시가총액 순위가 밀려나고 있음

- 주식시장의 급격한 지형변화는 전세계적으로 관찰되는 공통된 현상

독일 주식시장 지형변화: 하드웨어에서 소프트웨어로 주도권 변화

자료: Refinitiv, 메리츠증권 리서치센터

DAX30 지수 내 시가총액 순위 변화

기업명	시가총액 (백만 유로)	순위			업종
		연초	현재	변동	
SAP	114,570	1	1	0	IT
Linde PLC	98,608	2	2	0	소재
지멘스	85,544	3	3	0	산업재
폭스바겐	66,231	5	4	1	경기소비재
알리안츠	62,768	4	5	-1	금융
도이치텔레콤	62,542	7	6	1	커뮤니케이션
머크	57,565	12	7	5	헬스케어
아디다스	51,868	9	8	1	경기소비재
다임러	47,314	10	10	0	경기소비재
도이체포스트	47,567	13	9	4	산업재

주: 음영은 순위 상승 종목
자료: Bloomberg, 메리츠증권 리서치센터

2021 KOSPI, COVID19 이전 추세로의 복귀 전망

Restructuring Market

- 2021년 KOSPI는 기술 침투 가속화, 기업실적 및 경기 정상화에 따른 상승 흐름 이어질 것으로 전망
  1) 1Q21: 정책(재정정책 등) 모멘텀 강화. 이로 인한 경기회복 자극 기대감에 주가 단기 오버 슈팅 국면
  2) 2Q21: 정책 모멘텀 소진 속 1Q21 기업실적 확인 심리에 따른 주가 횡보 국면
  3) 3Q21: 기업 실적 개선(상향) 확인, 밸류에이션 팽창 재개로 인한 주가 상승
  4) 4Q21: 2021년 대비 2022년 성장성 둔화 우려 속 주가는 단기 조정. 성장주 중심의 차별화 강화

2021년 KOSPI 동선: KOSPI는 COVID19 이전의 추세를 이어갈 전망. 기술 침투 가속화, 기업 실적 및 경기 정상화가 배경

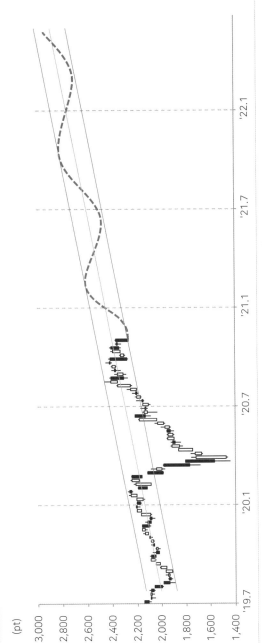

자료: Bloomberg, 메리츠증권 리서치센터

2021 연간 KOSPI 전망: 2,250 ~ 2,800pt

Restructuring Market

- 2020년 10월 말 기준 KOSPI 2,267pt, 12개월 예상 PER은 11.4배

- 코스피 적정가치 상단 기준선: 2021년 46%, 2022년 20% 초반의 추가 이익 성장 기대감으로 PER은 현재 대비 7.5% 상향(12.2배, 2020년 최대치 대비로는 8%하향), EPS 15% 상향 반영하면 KOSPI 2,800pt

- 코스피 저평가 기준선: 2021년 이익증가율이 30%에 그치며 EPS 변화율이 10%, PER이 현재 대비 10% 낮아진 10.2배 적용하여 KOSPI 2,250pt

- 코스피 저평가 기준선 2,250pt는 코스피 예상범위 하단이 아니라 저평가 매수 기준점이 이미
  - 즉, 2021년 연중 2,250pt를 단기간 하회할 경우 매수하기 유리한 기준점으로 평가

KOSPI 연간 시나리오: KOSPI = PER * EPS

		PER 변화율 (%)									
	(pt)	-10	-7.5	-5	-2.5	0	2.5	5	7.5	10	12.5	15
	-5	1,938	1,992	2,046	2,100	2,154	2,208	2,261	2,315	2,369	2,423	2,477
	0	2,040	2,097	2,154	2,210	2,267	2,324	2,381	2,437	2,494	2,551	2,607
	5	2,142	2,202	2,261	2,321	2,381	2,440	2,500	2,559	2,619	2,678	2,738
EPS 변화율 (%)	10	2,244	2,307	2,369	2,432	2,494	2,556	2,619	2,681	2,743	2,806	2,868
	15	2,347	2,412	2,477	2,542	2,607	2,672	2,738	2,803	2,868	2,933	2,998
	20	2,449	2,517	2,585	2,653	2,721	2,789	2,857	2,925	2,993	3,061	3,129
	25	2,551	2,621	2,692	2,763	2,834	2,905	2,976	3,046	3,117	3,188	3,259

주: 10월 30일 코스피 2,267.15pt기준
자료: 메리츠증권 리서치센터

2021년 코스피 전망 근거: PER 및 이익 전망치 변화

Restructuring Market

- 주가 = PER * EPS 관계에 의해 2021년 Δ주가 = Δ PER * Δ EPS(Δ : 변화율)

- 2021년은 큰 폭의 이익 증가에 의한 이익 정상화, PER 소폭 하향(2020년 PER 최대치 13.2배) 예상

- 하반기 PER 최대치는 2020년 13.2배 보다 1배 낮아진 12.2배 예상, 당사 2021년, 2022년 이익 전망 시나리오로 계산한 12개월 예상 EPS 변화율을 현재 대비 14.7% 상향 가능

- 보수적 시나리오로는 2021년, 2022년 이익 전망치가 낙관적 시나리오 대비 10%, 4% 낮아지고, 이에 따라 PER이 2배 더 낮아지는 10.2배 예상

PER 및 EPS 변화 시나리오_Good Case

		현재	메리츠전망
PER(배)		11.4	12.2
PER변화율(%)			7.4
순이익전망치(조원)	2020년	92	82
	2021년	134	120
	2022년	155	146
12개월예상순이익		127	146
EPS변화율(%)			14.7

주 : PER, EPS 모두 12개월 예상 기준
자료 : 메리츠증권 리서치센터

PER 및 EPS 변화 시나리오_Bad Case

		현재	메리츠전망
PER(배)		11.4	10.2
PER변화율(%)			-10.5
순이익전망치(조원)	2020년	92	82
	2021년	134	107
	2022년	155	140
12개월예상순이익		127	140
EPS변화율(%)			9.8

주 : PER, EPS 모두 12개월 예상 기준
자료 : 메리츠증권 리서치센터

강의자료 (전망) | 178

렌트

2021년 코스피 순이익 120조, 2020년 대비 46% 성장 전망

Restructuring Market

- 2021년 코스피 순이익은 컨센서스 기준 134조

- 과거 이익 증가 연도의 이익 전망치 대비 발표치 평균(-11%)를 적용하여 당사는 2021년 120조 순이익 전망

- 업종별로는 IT, 자동차를 중심으로 전반적인 이익 턴어라운드를 예상

- 2022년 이익 증가율 컨센서스는 16%로 2021~22년으로 지속될 이익 성장 기대감이 2021년 증시에 반영될 전망

연도별 순이익 및 코스피 범위

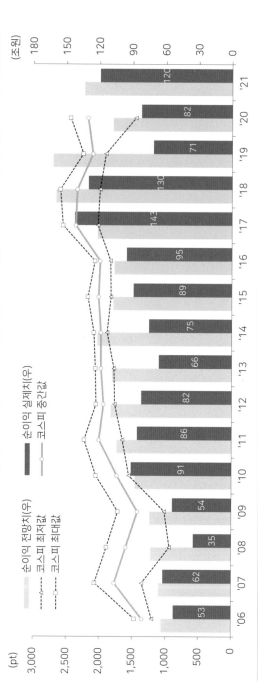

주: 1) 순이익 전망치는 증시 컨센서스를 의미. 당해년도 전망치는 전년도 10월 말 컨센서스 기준
2) 2020년, 2021년의 순이익 실제치 부분은 당사 전망치
자료: Fnguide, 메리츠증권 리서치센터

과거 이익 증가 연도의 이익 전망치 대비 실제치 괴리율은 -11%

Restructuring Market

- 이익 전망치와 실제 발표치 사이의 괴리율은 코스피 합산 기준으로 -10% 에서 -40%에 주로 분포

- 이익 증가율이 높았던 연도에 괴리율이 낮은 경향, 발표치가 전망치를 상회한 경우도 2006년 이후 2회 기록

- 2021년은 증시 컨센서스 기준 40%대의 이익 증가가 전망되며, 과거 이익 증가 연도의 이익 전망치 대비
  실제치 괴리율은 -11%

이익 증가율이 높았던 연도에 이익 전망치 대비 실제치 괴리율 낮아

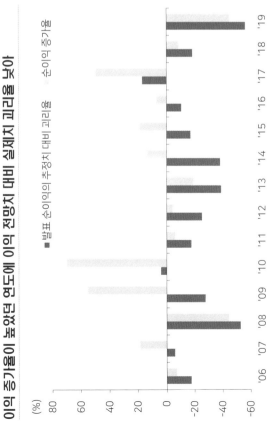

주: 매년 10월 말 기준의 다음 연도 추정치에 대한, 해당 연도 실제 순이익 괴리율을 표시
자료: Fnguide, 메리츠증권 리서치센터

업종별 이익 전망치 대비 실제치 괴리도 분포

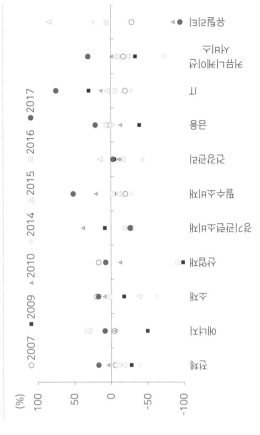

자료: Fnguide, 메리츠증권 리서치센터

업종별 이익 증가율 기여도: IT, 자동차, 에너지, 소재, 산업재

Restructuring Market

- 한국은 2019년 40%대의 큰 폭의 이익 감소에 대한 기저 효과로 2020년부터 대부분 업종이 이익 증가
- 2020년, 2021년 모두 IT가 한국 전체 이익 증가율에 크게 기여
- 2021년에는 자동차 업종이 2배 이상의 이익 성장이 기대돼 한국 전체 이익 증가에 크게 기여할 전망
- 2021년에는 에너지, 소재, 산업재 등 전통 경기 민감 업종의 이익 기여도도 높을 전망

코스피 업종별 2021년 순이익 증가율 기여도

자료: Fnguide, 메리츠증권 리서치센터

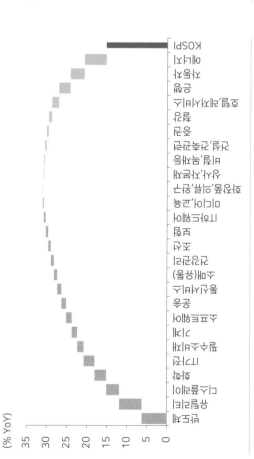

코스피 업종별 2020년 순이익 증가율 기여도

자료: Fnguide, 메리츠증권 리서치센터

업종별 이익 전망치 및 증가율

Restructuring Market

한국 세부 업종별 이익 전망치 및 증가율: 메리츠 투자전략팀 전망치

	순이익 (조원)			증가율 (%)	
	2019	2020	2021	2020	2021
코스피	**71.5**	**82.4**	**119.6**	**15.2**	**45.2**
반도체	23.7	28.2	37.2	18.8	32.1
은행	14.6	12.6	12.7	(13.7)	1.1
자동차	8.3	5.8	12.7	(30.2)	119.2
화학	1.7	3.9	5.5	122.7	42.7
상사,자본재	4.1	4.0	5.4	(3.0)	34.7
소프트웨어	2.0	3.0	4.5	50.2	51.9
보험	3.7	4.1	4.3	12.2	4.4
건설,건축관련	3.6	3.2	4.0	(8.9)	23.4
증권	4.0	3.6	3.5	(9.0)	(3.9)
화장품,의류,완구	2.6	2.5	3.4	(2.8)	34.7
통신서비스	1.9	2.7	3.4	39.0	25.8
필수소비재	2.0	3.2	3.3	56.4	2.7
IT가전	0.4	2.3	3.0	434.5	26.1
유틸리티	(1.8)	2.2	2.6	흑자전환	16.3
철강	1.9	1.3	2.6	(30.8)	91.0
에너지	0.8	(3.1)	1.8	적자전환	흑자전환
건강관리	1.0	1.5	1.8	52.7	17.2
IT하드웨어	0.9	1.2	1.6	39.7	35.3
소매(유통)	0.3	0.9	1.5	198.3	73.6
기계	(0.2)	0.8	1.3	흑자전환	67.0
운송	(1.6)	(0.8)	1.3	적자지속	흑자전환
비철,목재등	1.1	0.9	1.0	(13.6)	9.5
미디어,교육	(0.3)	(0.0)	0.5	적자지속	흑자전환
조선	(0.8)	(0.3)	0.4	적자지속	흑자전환
호텔,레저서비스	0.6	(0.7)	0.3	적자전환	흑자전환
디스플레이	(2.9)	(0.6)	0.2	적자지속	흑자전환

자료: 메리츠증권 리서치센터

업종별 이익 vs PER

Restructuring Market

- 연초 이후 업종별 12개월 예상 순이익 전망치 및 PER 변화율 차이 뚜렷

- 소프트웨어 및 건강관리 업종은 이익 전망치 상승폭 크고, 이에 따라 PER 상승

- 자동차, 반도체, 통신, 유틸리티 업종은 연초 대비 이익 전망치 상향폭에 비해 PER은 비슷하거나 오히려 낮아져 투자 매력도 증가

업종별 PER 변화율 vs 순이익 변화율_연초 이후

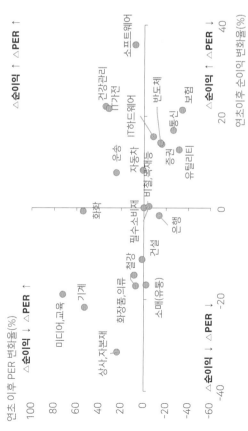

자료: Fnguide, 메리츠증권 리서치센터

업종별 2021년 순이익 증가율 vs 전망치 변화율

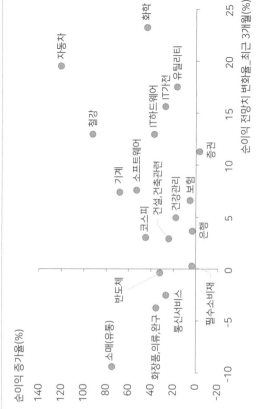

자료: Fnguide, 메리츠증권 리서치센터

과거 금융위기 전후 주가 복원의 4개 국면

Restructuring Market

- 금융위기와 유사한 주가 복원과정을 예상. 복원의 순서(1) 비관, 2) 희망, 3) 정상화, 그리고 4) 낙관임
  1) '비관'국면은 PER과 EPS가 동반 급락하는 시기
  2) '희망'국면은 EPS 하향조정은 기파르게 진행되지만 PER은 주가반등으로 빠르게 상승
  3) '정상화'국면은 EPS의 상향조정이 시작되지만 PER은 반대로 빠르게 하락하는 시기
  4) '낙관'국면은 PER과 EPS 모두 상승하는 시기

- 현재는 '정상화'국면의 초입으로 판단

미국 증시 금융위기 전후 주가 복원의 수순: 1) 비관, 2) 희망, 3) 정상화, 4) 낙관

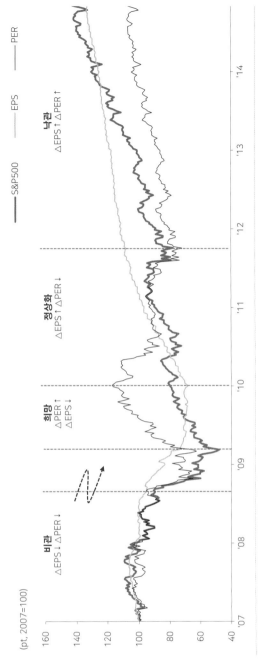

(pt, 2007=100)

―― S&P500 ―― EPS ―― PER

주: Trailing 기준
자료: Refinitiv, 메리츠증권 리서치센터

2021년은 이익 정상화 국면

Restructuring Market

- 2021년 한국 증시는 본격적인 이익회복 및 이익 전망치 상향이 지속되는 '정상화' 국면이 나타날 전망
- 과거 2009~2010년, 2016~2017년의 사례를 보면 이익정상화 국면에서 증시 추가 상승, PER하락
- 2020년 하반기는 코로나 급락 이후, 급격한 PER상승에 의해 빠른 주가 복원 진행
- 2021년에는 30~40% 이상의 높은 이익증가 예상, 2020년 주가 반등이 저금리 기조, 글로벌 경기부양 기대감 외에도, 디지털 경제, 플랫폼 경제, 2차전지 등 미래 기술혁명의 변화를 반영하고 있다는 판단
- 따라서 과거 정상화 국면에서 나타났던 PER 하락 대신, PER 수준 유지 또는 추가 상승도 가능할 전망

KOSPI vs EPS vs PER_2007년 이후

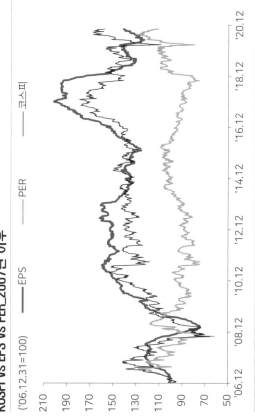

자료 : Fnguide, 메리츠증권 리서치센터

KOSPI vs EPS vs PER_2017년 이후

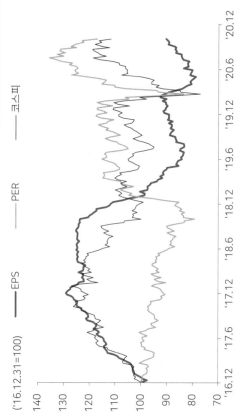

자료 : Fnguide, 메리츠증권 리서치센터

2020년 코스피 반등은 과거 대비 빠르고 크고 중간 조정폭은 작음

Restructuring Market

- 1990년 이후 30년 간의 코스피 주요 반등국면과 2020년 반등 비교시, 3월 반등은 속도가 빠르고 폭이 상당히 큼

- 반등국면에서 통상적으로 10% 전후의 중간 조정을 거치는 반면, 3월 이후 반등은 5% 전후의 작은 중간 조정

- 개인투자자 중심의 대기 매수세가 강했고 2021년에 대한 이익 턴어라운드 기대감이 그만큼 컸다는 의미

- 반면, 외국인 매수참여가 저조한 점, 차익실현에 대한 우려 존재

반등 이후 경과 일자별 주가 추이

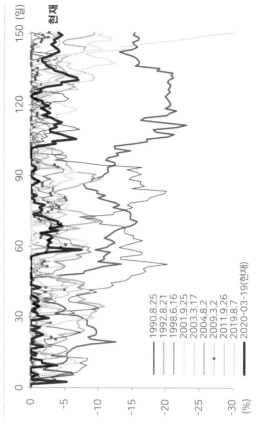

자료: Fnguide, 메리츠증권 리서치센터

반등 과정의 고점 대비 수익률 하락폭

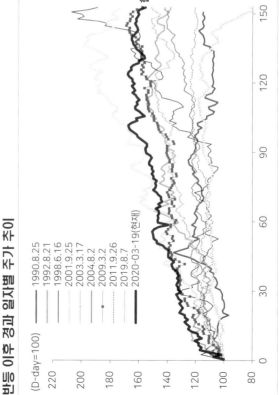

자료: Fnguide, 메리츠증권 리서치센터

이익전망치 상향 추세 과거 대비 우수: 추가 상향 전망

Restructuring Market

- 2018년 이후 나타난 한국기업 이익전망치 하향 국면은 과거 대비 하향 기간 길고 조정폭이 40% 전후로 큼

- 12개월 예상 EPS전망치는 6월 이후 반등, 과거 주요 반등 국면 대비 반등폭이 크고 2021~22년까지의 이익성장 예상에 따라 추가 상향 지속될 전망

- 반도체, 자동차를 중심으로 전반적인 엽종의 이익전망치 회복 양상

12M Fwd EPS 주요 하향국면

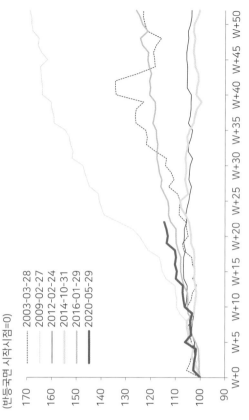

(하향국면 시작시점=0)

자료: Fnguide, 메리츠증권 리서치센터

12M Fwd EPS 주요 반등국면

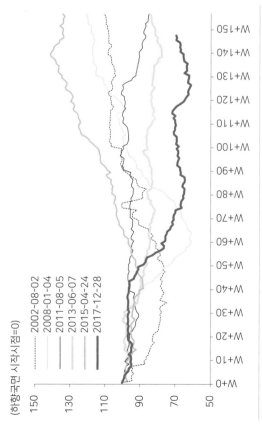

(반등국면 시작시점=0)

자료: Fnguide, 메리츠증권 리서치센터

IT, 자동차 등 이익 비중 상위 업종의 회복 전망

Restructuring Market

- 코로나 국면 이후 디지털, 플랫폼 경제 가속화로 반도체, 소프트웨어, 신재생에너지, 사물인터넷, 5G 등 일부 산업은 통상적인 경기회복 뿐 아니라 미래 성장추세가 가속화되는 기대감 형성

- IT, 자동차 업종의 이익회복 모멘텀 우수. 소재, 산업재, 경기방어 업종도 이익 증가 전망

업종별 이익 전망치 추이_2018년 이후

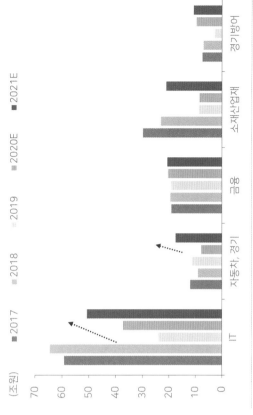

자료: Fnguide, 메리츠증권 리서치센터

업종별 순이익 추이

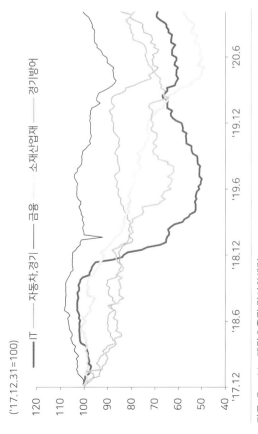

주: 2020년, 2021년 컨센서스 존재하는 종목합산기준
자료: Fnguide, 메리츠증권 리서치센터

강의자료 (전망) 188

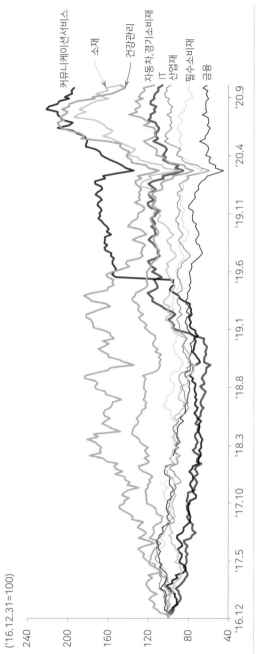

2020년 업종 전반적인 PER 상승, IT, 자동차 밸류에이션 매력

Restructuring Market

- 2020년 증시 회복 국면의 특징은 큰 폭의 PER상승
  - 2020년보다는 2021년 이후의 이익성장 기대감이 주가에 반영된 결과

- 2021년 40%전후의 높은 이익증가가 예상되며, 이익개선 여부에 따라 PER 부담은 빠르게 해소될 가능성

- IT, 자동차는 PER이 2019년 최대치 보다 낮은 상황, 이익개선 진행될수록 밸류에이션 매력 부각될 전망

- 커뮤니케이션 서비스, 건강관리, 소재, 산업재는 2020년에 큰 폭의 PER 멀티플 팽창

업종별 12개월 선행 PER 추이_2017년 이후

주: 순이익 전망치는 증시컨센서스를 의미.2020, 2021년의 순이익 실제치 부분은 당사전망치
자료: Fnguide, 메리츠증권 리서치센터

반도체, 자동차 이익전망치 추가 상향 전망, 코스피 2021년 이익 회복 주역

Restructuring Market

- 반도체, 자동차는 이익전망치 반등 시작됐으나 코로나 국면전에 비해 PER은 낮은 상황

- 2021년 순이익 증가율 컨센서스는 반도체 32%, 자동차 120%로 크게 높기 때문에 12개월 예상 이익 전망치가 매월 3~10% 증가할 전망

- 당사 기업분석팀에서는 해당업종의 이익전망치 추가 상향을 예상
  - 밸류에이션 매력 부각되고 코스피 전체 이익회복에도 크게 기여할 전망

반도체업종 순이익 전망치 vs PER 2011년 이후

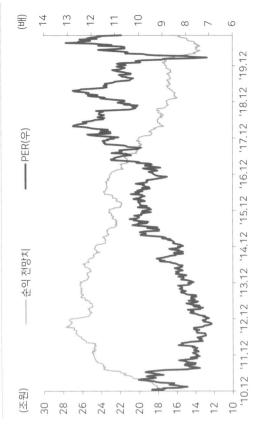

자료: Fnguide, 메리츠증권 리서치센터

자동차 등 경기소비재 업종 순이익 전망치 vs PER 2011년 이후

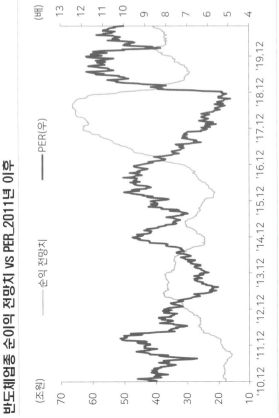

자료: Fnguide, 메리츠증권 리서치센터

미국, 신흥국 증시 반등폭 높아, 2021년 한국 EPS 증가율 주요국 대비 우수

Restructuring Market

- 미국, 신흥국 증시의 반등폭 크며 코로나 경기둔화 우려가 가장 큰 유럽은 상대적으로 부진
- 2021년도 이익증가율은 2020년 큰 폭의 역성장에 대한 기저효과로 유럽이 우수
- 한국은 2021년도 EPS증가율 40%로 주요국 대비 이익개선세 돋보이는 상황

주요국 연초 이후 연중저점 vs 현재주가

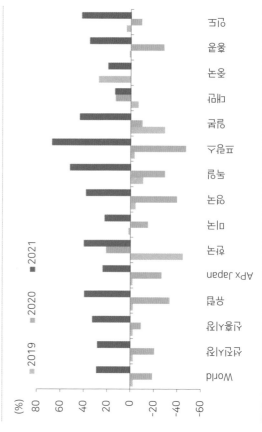

자료: Refinitiv, 메리츠증권 리서치센터

주요국 연간 EPS 증가율

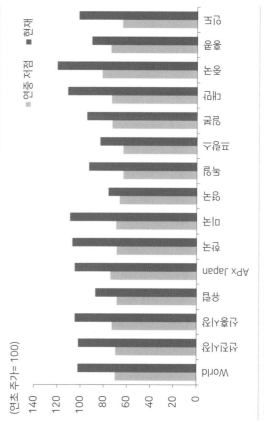

자료: Refinitiv, 메리츠증권 리서치센터

업종별 이익 증가율: 소재, 산업재, 경기소비재, IT, 통신서비스

Restructuring Market

- 미국은 2020년 15.5% 이익 감소 후 2021년 23% 이익 증가 전망
- 2020년 큰 폭의 역성장 예상되는 소재, 산업재, 경기소비재, 금융 등 2021년 턴어라운드 전망
- 한국은 '19년 역성장에 대한 기저효과로 '20년 20% 이익 성장, '21년 40%대로 큰 폭의 추가 이익 개선 전망
  - 소재, 산업재, 경기소비재, IT, 커뮤니케이션 서비스 업종을 중심으로 이익 성장 예상

업종별 EPS증가율_미국

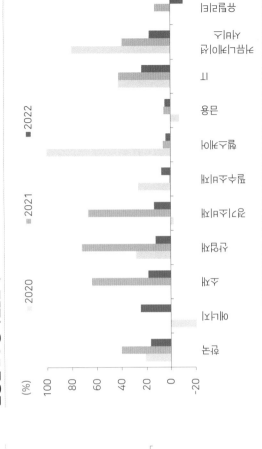

자료: Refinitiv, 메리츠증권 리서치센터

업종별 EPS 증가율_한국

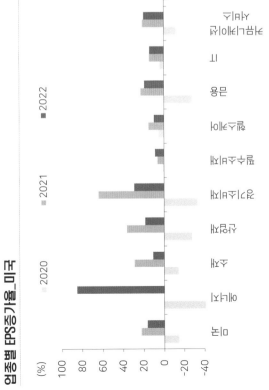

자료: Refinitiv, 메리츠증권 리서치센터

업종별 수익률 분해: 이익 변화 & PER 변화

Restructuring Market

- 미국 증시는 2020년에 코로나 경기 둔화로 이익 전망치 하향에도 불구하고 저금리 정책, 2021년 이후 이익 개선에 대한 기대감으로 증시 상승

- 미국 증시 상승 요인은 큰 폭의 PER 상승으로 설명. 특히, 경기소비재, IT, 커뮤니케이션 서비스 업종이 PER 상승 효과에 의해 큰 폭의 주가 상승

- 한국은 전체적으로 소폭의 이익 개선과 PER 개선이 동시에 나타남. IT, 헬스케어는 큰 폭의 이익 전망치 개선 나타났으나 PER은 오히려 하락, 에너지, 소재, 산업재 등 전통 경기민감 업종은 이익 전망치 하향, PER 상승

2020년 업종별 수익률 분해_이익 변화 & PER 변화_미국

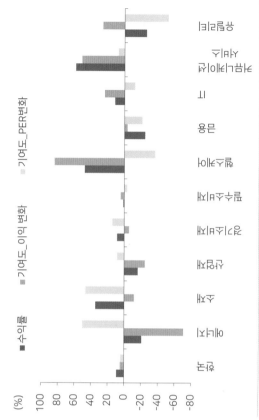

자료: Refinitiv, 메리츠증권 리서치센터

2020년 업종별 수익률 분해_이익 변화 & PER 변화_한국

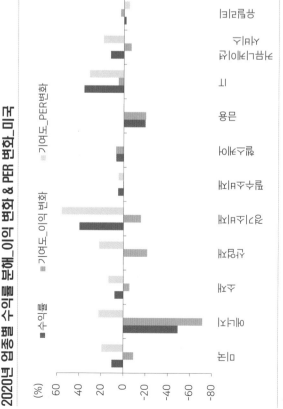

자료: Refinitiv, 메리츠증권 리서치센터

2020년 글로벌 증시 PER 크게 상승, 미국, 한국, 대만, 인도 이익개선 우수

Restructuring Market

- 글로벌 증시 대부분 2020년 증시 반등국면에서 PER 상승 하며 과거 5년 최대치 갱신

- 2021년 이후에는 이익 회복력에 따라 주가, PER 차별화 가능성

- 미국, 한국, 대만, 인도 등 이익 전망치 개선이 상대적으로 우수

국가별 최근 5년 PER Band

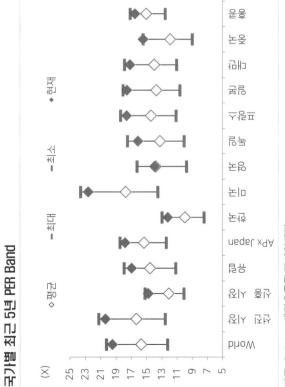

자료: Refinitiv, 메리츠증권 리서치센터

국가별 EPS 순상향 회사수 비율 최근 12주

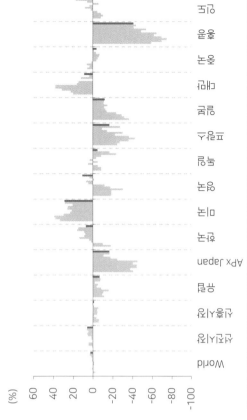

주: 파란색 막대는 최근1주
자료: Refinitiv, 메리츠증권 리서치센터

한국 증시의 이익전망치 하향폭은 글로벌 대비 우수, PER 상향폭은 낮음

Restructuring Market

- 코로나 국면에서 한국증시의 EPS 하향폭은 신흥국, 유럽, 미국에 비해 낮은 상황
- 한국은 2018~19년 반도체 등 주요업종의 큰 폭의 이익감소 이후 2020년부터 이익개선 사이클을 나타낼 전망
- 한국은 3월 이후 PER 상향폭이 주요국 대비 작은 상황, 현재 12개월 예상 PER 11.4배(10월말)

국가별 EPS 추이_2020년 이후

(′19.12.31=100)

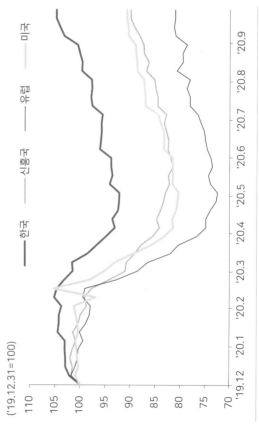

주: MSCI 기준
자료: Refinitiv, 메리츠증권 리서치센터

국가별 PER 추이_2020년 이후

(′19.12.31=100)

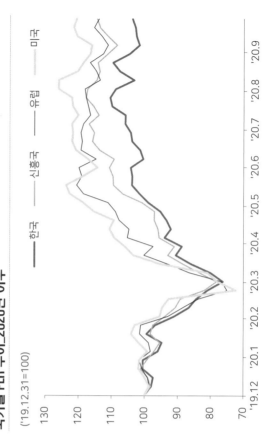

주: MSCI 기준
자료: Refinitiv, 메리츠증권 리서치센터

6월 이후 이익전망치 개선, PER 부담 완화

Restructuring Market

- 코스피 이익전망치는 2018년 이후 1년 반 동안 큰 폭의 하향국면 기록, 2019년 하반기 1차 반등

- 2020년 3월에 코로나 확산으로 이익전망치 다시 하락, 2020년 6월 이후 2차 반등

- 최근 12개월 예상 EPS는 2019년 하반기 수준까지 반등, 주가지수는 2020년 하반기보다 높은 상황이나 2021년 40% 이익성장 기대감을 반영, 2022년까지의 성장 경로기대

- 10월말 기준 PER 11.4배로 과거 5년 최대치(11.2배)를 소폭 상회. 향후 이익전망치 개선가시화 정도에 따라 PER 하향, 이익정상화 경로 예상

12개월 예상 EPS vs 코스피

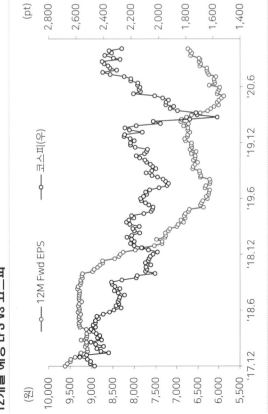

자료 : Fnguide, 메리츠증권 리서치센터

12개월 예상 PER vs 코스피

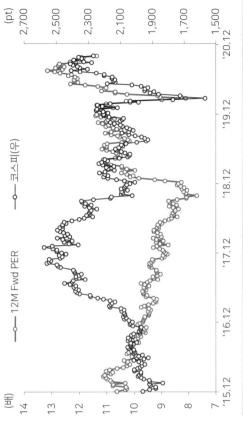

자료 : Fnguide, 메리츠증권 리서치센터

한국 업종별 PER과 이익증가율

Restructuring Market

- 2020년 업종 전반적인 PER 상승, 향후 이익전망치 변화에 따라 밸류에이션 매력 차별화 전망
- 2021년 이익증가율 상위: 소재, 산업재, 경기소비재, IT, 커뮤니케이션서비스, 소프트웨어
- 2021년 이익증가율 하위: 금융, 필수소비재

업종별 PER 평균 vs 현재, 2011년 이후

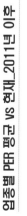
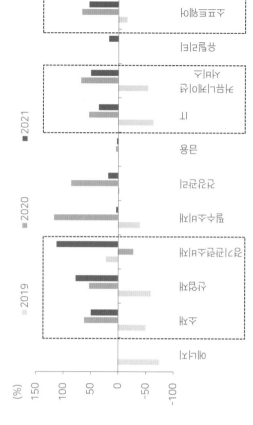

자료: Fnguide, 메리츠증권 리서치센터

업종별 순이익 증가율

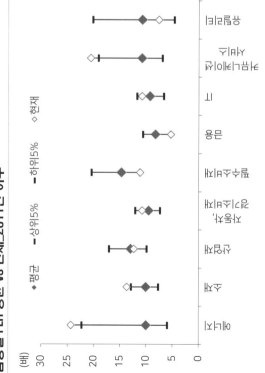

주: 에너지 업종은 2020년 적자전환, 2021년 흑자전환
유틸리티 업종은 2019년 적자지속, 2020년 흑자전환
자료:Fnguide, 메리츠증권 리서치센터

2020년 종목별 수익률 동조화 심화, 2021년에 개별 종목 장세 회귀전망

Restructuring Market

- 2020년 증시 급락국면에서 종목간 수익률 동조화 현상 극단화, 이후 하향 안정화 진행중

- 여전히 2010년대 평균 대비 매크로장세(베타)로 평가, 이후 엄종별 이익증가율, 이익전망치 추가 변화에 의해 개별종목 주가 차별화(펀더멘털, 알파국면)전망

- 2020년에 성장주, 가치주 PER 격차가 과거 대비 크게 증가
  - PER 상위 10%, 하위 10% 격차가 8월에 35배 까지 확대된 후 최근 30배 까지 하락

종목간 수익률 상관계수 평균치(Stock to Stock correlation)

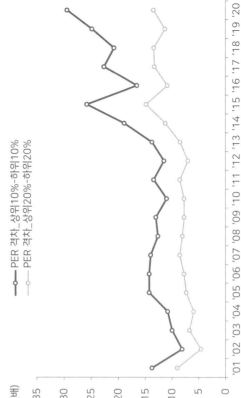

자료 : Fnguide, 메리츠증권 리서치센터

성장주 가치주 간의 PER 격차

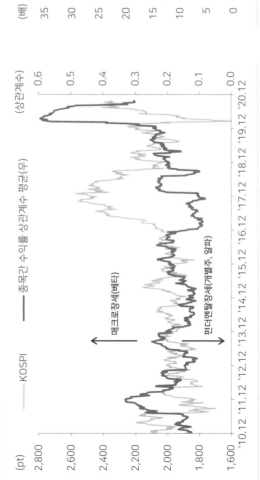

자료 : Fnguide, 메리츠증권 리서치센터

성장주 강세 추세 지속 전망

Restructuring Market

- 한국은 90년대 성장주 강세, 2000년대 가치주 강세, 2010년 이후 성장주 강세 국면 지속 중

- 글로벌 이익증가율 둔화, 저금리 고착화, 기존 가치주 업종들의 산업매력도 감소로 성장주에 유리한 국면

- 미국 중심으로 디지털, 데이터 혁신기업들의 성장세 지속 중, 2021년 이후에도 4차 산업 기술 혁신 진행, 디지털 플랫폼 기업 성장을 전제하면 성장주 강세의 지속을 전망

글로벌 성장주/가치주 상대지수

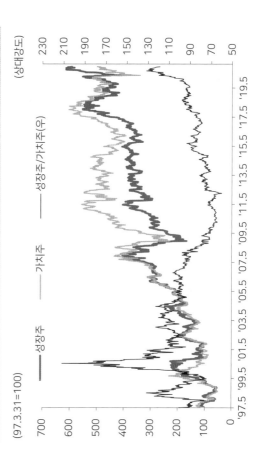

(97.3.31=100)

미국   한국   아시아(일본 제외)   신흥   유럽

자료 : Refinitiv, 메리츠증권 리서치센터

한국 성장주 vs 가치주

(97.3.31=100)

(상대강도)

성장주   가치주   성장주/가치주(우)

자료 : Refinitiv, 메리츠증권 리서치센터

과거의 성장주 상승패턴과 현재의 비교

Restructuring Market

- 2004년 이후 주가 상승률이 1~3년간 100% 이상이면서 당시 시장을 대표한 성장주 상승 사례 체크
- 상승 기간은 하락 이후 혹은 횡보 이후 추세적 상승이 시작된 후 주가 하락 전환(고점 대비 20% 주가 하락)까지의 기간
- 2020년 성장주이면서 증시 주도주였다고 할 수 있는 NAVER, 카카오, 엔씨소프트, 삼성바이오로직스 등 성장주는 PER 현재치 및 상승기간 동안의 PER 변화폭 측면에서 과거 대비 크게 상승
- 단기 속도 조절론으로 해석 가능, 한편 현재 성장주들의 플랫폼 경제, 추가 성장 잠재력, 무형 가치 등은 과거 사례보다 미래 성장 가치를 더 빨리 더 크게 반영할 가능성 존재

과거 및 현재 성장주 상승기간 종료 후 PER

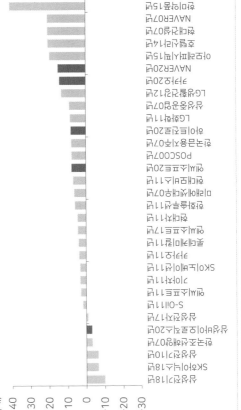

자료 : Fnguide, 메리츠증권 리서치센터

과거 및 현재 성장주 상승 기간의 PER 상승폭

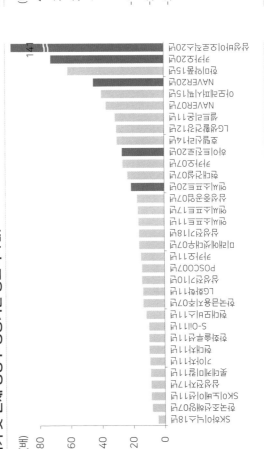

자료 : Fnguide, 메리츠증권 리서치센터

과거의 성장주 상승패턴과 현재의 비교

Restructuring Market

- 과거 성장주 상승 사례는 중앙값(median) 기준으로 상승기간 28개월, 절대수익률 372%, 코스피 대비 초과수익률 304%. PER은 11.1배에서 16.4배까지 상승, PBR은 1.1배에서 4.5배까지 상승

- 2020년 성장주들의 상승 기간은 10개월에서 26개월 사이에 분포하며 주가 상승률도 150% 전후로 과거 성장주 상승 사례의 중앙값 372% 대비 절반 수준

- 2021년에 이익 상승 추세에 대한 투자자들의 신뢰감 높아지며 주가 상승 가능성

과거 및 현재 성장주 상승기간 절대수익률

자료: Fnguide, 메리츠증권 리서치센터

과거 및 현재 성장주 상승월수

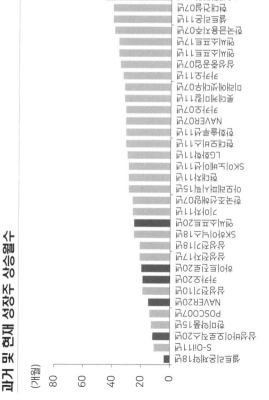

자료: Fnguide, 메리츠증권 리서치센터

국가별 밸류에이션, 이익증가율 체크

업종	PER(배)			PBR(배)			ROE(%)			배당수익률 Trailing(%)	EPS 증가율(%)		
	2019	2020	2021	2019	2020	2021	2019	2020	2021		2019	2020	2021
World	19.6	24.1	18.7	2.49	2.45	2.31	12.7	10.2	12.4	2.5	(2.5)	(18.6)	29.2
선진시장	20.0	25.2	19.6	2.63	2.60	2.47	13.1	10.3	12.6	2.5	(2.5)	(20.2)	28.5
신흥시장	17.0	18.7	14.1	1.81	1.75	1.61	10.7	9.4	11.5	2.7	(2.3)	(8.9)	32.8
유럽	15.0	22.5	16.1	1.69	1.72	1.65	11.3	7.6	10.2	3.0	(2.4)	(33.2)	39.8
APx Japan	15.9	21.6	17.5	1.55	1.53	1.48	9.7	7.1	8.5	3.6	(1.9)	(26.3)	23.9
한국	19.8	16.3	11.6	1.11	1.07	0.99	5.6	6.5	8.6	2.0	(44.7)	21.1	40.1
미국	23.0	27.0	22.1	3.98	3.88	3.66	17.3	14.4	16.6	2.1	1.6	(14.7)	22.4
영국	11.1	18.3	13.2	1.40	1.45	1.39	12.5	7.9	10.5	4.7	(4.3)	(39.3)	38.5
독일	16.3	23.3	15.3	1.48	1.49	1.41	9.1	6.4	9.2	2.8	(10.7)	(28.9)	52.2
프랑스	14.6	27.4	16.4	1.46	1.50	1.45	10.0	5.4	8.8	2.1	(3.4)	(46.8)	67.4
일본	20.0	22.2	15.4	1.30	1.26	1.20	6.5	5.7	7.8	2.4	(29.1)	(9.7)	43.8
대만	21.5	18.5	16.8	2.31	2.25	2.11	10.7	11.8	12.6	3.1	(6.7)	13.3	13.9
중국	17.8	17.8	14.9	2.15	2.02	1.84	12.1	11.3	12.3	2.5	27.6	0.1	19.7
홍콩	15.4	21.4	15.8	1.18	1.12	1.08	7.7	5.3	6.8	3.2	1.1	(28.0)	35.5
인도	26.1	28.8	20.2	3.23	2.96	2.69	12.4	10.3	13.3	1.3	3.9	(9.1)	42.3

주: IBES 컨센서스 기준
자료: Refinitiv, 메리츠증권 리서치센터

한국 업종별 밸류에이션, ROE 체크

업종	PER(배)				PBR(배)			EV/EBITDA(배)			ROE(%)			배당수익률 Trailing(%)
	2019	2020	2021	12M Fwd	2019	2020	2021	2019	2020	2021	2019	2020	2021	
KOSPI	20.8	15.6	10.8	11.4	0.94	0.91	0.86	7.8	6.8	5.4	4.5	5.8	8.0	1.9
에너지	28.4	적자	13.4	24.3	0.60	0.66	0.64	9.1	183.2	8.0	2.1	(8.4)	4.8	2.9
화학	56.6	22.0	15.3	16.1	1.40	1.50	1.40	11.8	10.1	7.8	2.5	6.8	9.2	0.9
비철금속	14.4	10.2	9.2	9.4	0.77	0.85	0.80	6.0	4.7	4.3	5.4	8.4	8.7	2.7
철강	13.9	17.5	9.1	9.9	0.35	0.35	0.34	5.0	5.3	4.3	2.5	2.0	3.7	3.7
건설	9.2	7.9	6.4	6.6	0.67	0.67	0.62	5.2	4.4	3.6	7.3	8.4	9.7	2.3
기계	적자	19.1	11.4	12.3	0.93	0.86	0.81	10.2	7.1	6.0	(0.9)	4.5	7.1	1.3
조선	적자	적자	35.0	51.8	0.57	0.56	0.55	60.3	17.0	10.7	(3.6)	(1.5)	1.6	0.1
상사,자본재	15.3	15.4	11.4	11.9	0.76	0.74	0.70	5.9	6.3	5.0	5.0	4.8	6.2	2.4
운송	적자	적자	19.2	27.6	1.23	1.28	1.22	10.5	9.2	7.4	(7.3)	(2.3)	6.4	1.7
자동차	12.4	16.3	7.4	8.1	0.61	0.60	0.56	7.3	8.3	5.5	4.9	3.7	7.6	2.1
화장품,의류	24.2	22.2	16.4	17.2	1.84	2.09	1.90	8.9	8.8	7.2	7.6	9.4	11.6	1.0
호텔,레저	18.6	적자	30.7	67.4	1.53	1.80	1.79	7.9	적자	10.5	8.2	(13.3)	5.8	2.4
미디어,교육	적자	적자	22.6	27.7	1.60	1.79	1.70	12.1	11.9	7.7	(2.3)	(0.8)	7.5	1.6
소매(유통)	47.9	18.7	10.7	11.5	0.46	0.47	0.46	7.1	6.9	5.9	1.0	2.5	4.3	2.2
필수소비재	23.5	11.4	11.0	11.1	0.93	0.99	0.93	7.7	6.0	5.5	4.0	8.7	8.4	2.4
건강관리	145.1	62.7	53.2	54.6	5.89	6.20	5.62	54.6	39.1	32.4	4.1	9.9	10.6	0.2
은행	4.6	4.5	4.4	4.4	0.37	0.34	0.32	n/a	n/a	n/a	8.1	7.5	7.3	5.6
증권	6.0	5.5	5.7	5.7	0.56	0.58	0.53	n/a	n/a	n/a	9.4	10.5	9.3	3.7
보험	10.1	8.1	7.7	7.8	0.38	0.37	0.35	n/a	n/a	n/a	3.7	4.6	4.5	3.8
소프트웨어	63.8	41.0	27.3	29.0	4.17	3.98	3.53	22.6	20.0	15.4	6.5	9.7	12.9	0.3
IT하드웨어	23.0	14.8	10.8	11.3	1.33	1.36	1.22	6.6	5.9	4.7	5.8	9.2	11.3	0.8
반도체	16.9	12.7	9.6	10.0	1.31	1.22	1.12	5.2	4.2	3.4	7.8	9.6	11.7	2.3
IT가전	109.7	19.8	15.6	16.2	1.72	1.58	1.44	11.8	7.5	6.3	1.6	8.0	9.2	0.4
디스플레이	적자	적자	23.3	58.3	0.47	0.47	0.46	33.5	4.0	2.7	(24.5)	(5.3)	2.0	0.0
통신서비스	14.6	10.4	8.2	8.5	0.64	0.61	0.59	3.7	3.3	3.1	4.4	5.9	7.2	4.2
유틸리티	적자	8.7	7.4	7.6	0.25	0.23	0.22	8.8	6.0	6.0	(2.1)	2.7	3.0	1.1

주: 시장 컨센서스 기준
자료: Fnguide, 메리츠증권 리서치센터

한국 업종별 이익 증가율 및 전망치 변화

업종	매출액 증가율(%)			영업이익 증가율(%)			순이익 증가율(%)			영업이익 전망치 변화율(%)	
	2019	2020	2021	2019	2020	2021	2019	2020	2021	2020	2021
업종전체	0.9	(3.8)	9.2	(32.5)	5.2	38.1	(46.4)	28.9	45.3	2.5	2.5
에너지	(4.7)	(24.3)	12.9	(24.3)	적자전환	흑자전환	(75.1)	적자전환	흑자전환	적자지속	(11.1)
화학	(0.2)	(5.6)	17.7	(39.7)	27.0	52.6	(77.2)	238.2	43.6	8.3	7.4
비철금속	(4.4)	3.5	6.3	(8.1)	17.3	6.5	8.4	16.6	10.2	8.0	4.7
철강	(0.9)	(11.0)	4.9	(33.8)	(36.4)	54.2	3.3	(28.4)	92.2	12.6	6.6
건설	(4.1)	3.4	6.2	(1.8)	2.9	12.9	(1.3)	15.2	24.2	(0.2)	0.8
기계	6.3	(2.2)	6.5	(9.2)	16.9	23.1	(78.3)	418.3	68.0	5.5	2.1
조선	11.8	1.1	0.7	(61.1)	149.0	358.9	적자지속	적자지속	흑자전환	(23.3)	(1.8)
상사,자본재	2.0	(8.5)	6.7	(9.2)	(27.9)	63.7	(55.6)	(6.5)	35.5	(1.6)	0.3
운송	3.2	(16.6)	12.4	(41.5)	44.0	90.5	적자지속	적자지속	흑자전환	5.1	1.5
자동차	7.8	(2.0)	12.9	35.5	(20.4)	94.3	48.6	(30.7)	120.5	(7.4)	15.8
화장품,의류	14.6	(6.9)	11.0	14.0	(17.6)	31.8	15.9	(8.9)	35.5	0.7	(0.1)
호텔,레저	12.3	(45.2)	45.6	15.7	적자전환	흑자전환	14.0	적자전환	흑자전환	적자지속	(22.0)
미디어,교육	2.9	(16.7)	19.9	8.1	(66.4)	245.8	적자전환	적자지속	흑자전환	(26.4)	(4.2)
소매(유통)	8.0	0.4	6.6	(19.7)	(29.6)	65.8	(67.4)	182.1	74.7	(1.5)	(1.4)
필수소비재	11.8	5.3	4.9	8.2	25.9	7.0	(47.3)	116.4	3.3	0.6	0.7
건강관리	10.3	12.3	11.2	13.0	56.9	26.1	50.5	63.5	17.9	(0.6)	0.6
은행	n/a	n/a	n/a	5.0	(1.7)	3.3	4.5	(0.1)	1.7	2.7	2.5
증권	n/a	n/a	n/a	32.3	13.6	(2.5)	43.3	5.2	(3.3)	8.7	6.0
보험	n/a	n/a	n/a	(41.8)	(17.6)	9.8	(39.1)	33.1	5.1	0.8	0.6
소프트웨어	11.4	7.2	14.5	(3.2)	36.3	34.1	(18.6)	63.6	52.8	1.1	(1.4)
IT하드웨어	2.3	9.3	12.2	(6.4)	29.1	32.4	(13.1)	48.0	36.1	7.5	7.5
반도체	(9.4)	4.7	10.7	(61.5)	37.3	30.9	(60.3)	32.9	32.1	6.0	1.4
IT가전	2.6	1.1	9.5	(16.3)	29.1	23.0	(78.9)	452.5	26.9	6.0	3.8
디스플레이	(3.3)	2.8	8.8	적자전환	적자지속	흑자전환	적자지속	적자지속	흑자전환	적자지속	26.3
통신서비스	4.6	2.6	4.0	(8.0)	15.4	10.4	(54.7)	37.7	26.6	(0.0)	(0.2)
유틸리티	(4.4)	(4.2)	2.1	(51.9)	698.3	(0.0)	적자지속	흑자전환	17.0	(1.2)	(0.4)

주: 시장 컨센서스 기준
자료: Fnguide, 메리츠증권 리서치센터

채권

기초

채권의 이해

재권분석
Analyst 윤여삼

Part I 채권의 역사 및 발전
Part II 채권시장 분석도구
Part III 금융시장과 채권

| 1강 주식투자 | 2강 투자전략 | 3강 거시경제 | 4강 퀀트 | 5강 채권 |

I. 채권의 역사 및 발전

1. 채권이란 무엇인가?

■ 채권(債券,Bond)이란 정부나 지방자치단체, 특수법인 및 민간기업 등이 비교적 장기로 불특정 다수로부터 자금을 조달하기 위하여 발행하는 유가증권

  ○ 발행자 입장에서 채권은 비교적 장기로 거액의 운영자금, 투자자금 등을 일시에 조달하기 위해 발행하는 일종의 채무증서 성격

  ○ 투자자 입장에서는 정해진 이자율에 따라 일정기간 동안의 이자와 만기 시 원금을 회수하는 확정이자부 유가증권

■ 채권이 금전대차 관계상의 차용증서, 은행 대출 등과 다른 것은 제도화된 발행시장과 유통시장을 기초로 한 유가증권

■ 쉽게 말해 주식을 제외한 대부분의 유가증권은 채권의 형태를 띄고 있다고 보면 맞음

  Ex) ELS나 ABS 혹은 CDO, CDS 등의 상품 등도 일종의 채권 혹은 광의의 Fixed Income 상품으로 볼 수 있음

2. 채권의 특성

1) 안정성: 채권의 발행주체가 정부, 공공단체, 특수법인, 금융기관 및 신용도 높은 기업으로 부도위험 낮음

2) 수익성: 채권을 보유함으로써 얻을 수 있는 수익, 자본(capital) 이득과 이자(interest) 소득으로 구성

3) 유동성: 채권은 어음, 수표와는 달리 채권유통시장에서 활발하게 거래되고 있어 언제든지 현금화가 가능.
예금처럼 해약에 따른 가치손실을 초래하지 않는 장점이 있음

I. 채권의 역사 및 발전

채권을 가장 싸게 살 수 있는 구간, 경기정점 논란이 확산되는 가운데 물가상승 공포가 확대되는 지점

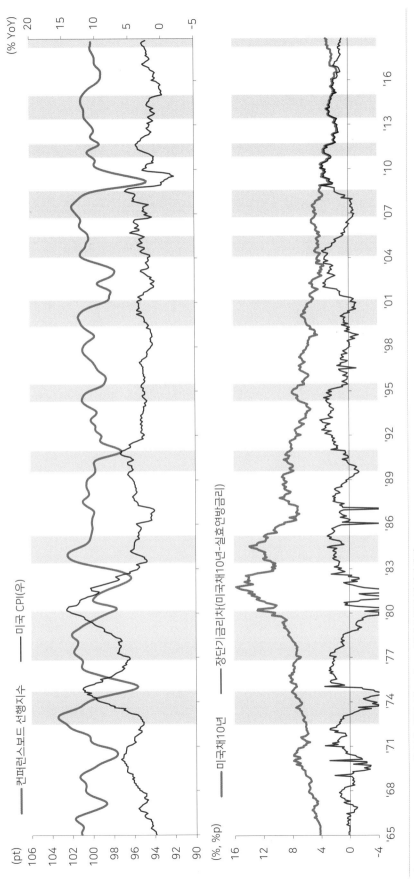

자료 : Conference Board, US BLS, FRB, Bloomberg, 메리츠증권 리서치센터

I. 채권의 역사 및 발전

금융시장에서 금리는 왜 중요한 역할을 하는 것일까?

- 금리는 자금을 빌려주는 투자자에게는 가치의 저장수단인 동시에 자금을 빌리는 조달자에게는 비용을 의미
- 금리방향성과 경제는 같은 방향성을 가지고 움직이며, 선진국을 중심으로 금리수준이 경제상황을 설명하는 근거가 됨

미국 장기성장추세와 미국채30년 금리의 높은 상관관계

(% YoY, %)

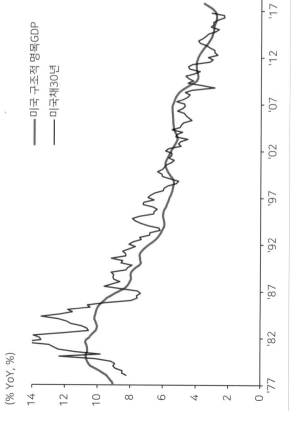

자료: US BEA, Bloomberg, 메리츠증권 리서치센터

일본의 장기성장추세와 일본장기평균금리 역시 높은 상관성

(% YoY)

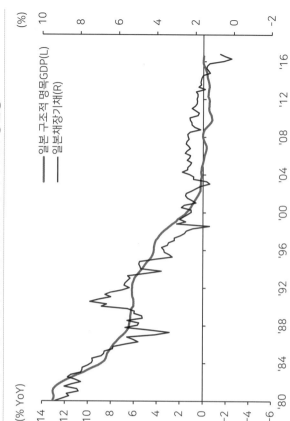

자료: 일본 내각부, Bloomberg, 메리츠증권 리서치센터

I. 채권의 역사 및 발전

글로벌 채권시장의 확대와 함께 중요한 투자처 역할을 하는 채권

- 글로벌 채권시장 잔액은 2020년 기준 100조 달러 규모로 주식시장 시가총액인 85조 달러보다 큰 시장
- 채권시장을 이해하면 자금시장 동향을 파악할 수 있고, 자금시장 동향은 전반적인 자산투자 이해에 도움

글로벌 채권시장 상장잔액 및 지역별 규모 비교

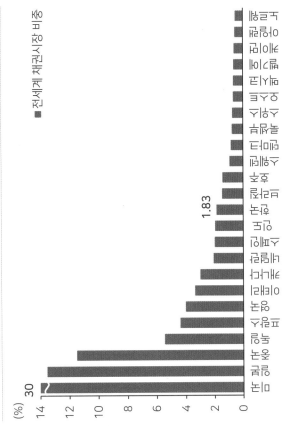

지역별
채권 잔액
(100조 달러)

북미
33.8%

한태평양
30.5%

서유럽
27.4%

동유럽
1.5%

중앙아시아
2.2%

아프리카/중동
1.5%

중미
0.8%

남미
2.3%

자료: Bloomberg

주요국 채권시장 비중, 한국은 2%로 세계 12위 규모의 시장

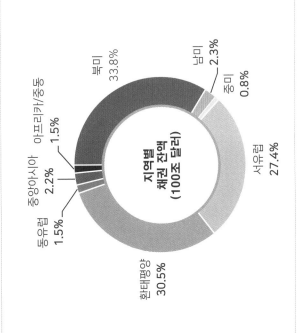

■ 전세계 채권시장 비중

(%)

자료: Bloomberg

I. 채권의 역사 및 발전

History of Interest Rate
(금리의 역사 I)

■ 채권 만기인 'Redemption'의 또 다른 의미는 구원 / 질문? 금리는 높은 것이 좋을까 낮은 것이 좋을까?

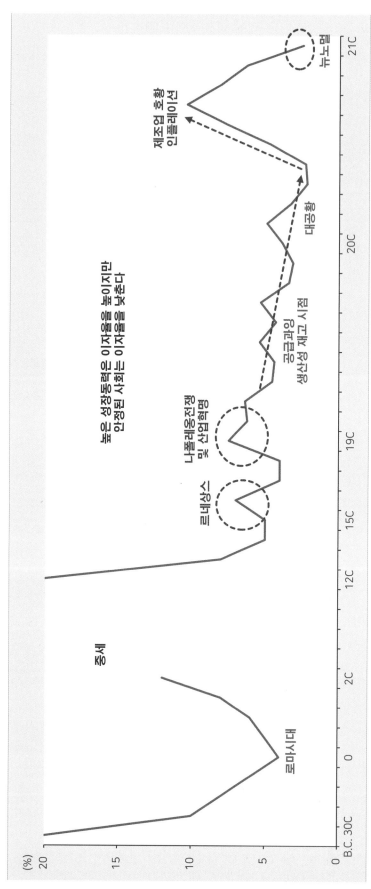

자료 : History of Interest Rate(2011)

I. 채권의 역사 및 발전

■ 본격적인 채권시대를 연 미국시장의 발달

History of Interest Rate
(금리의 역사 II)

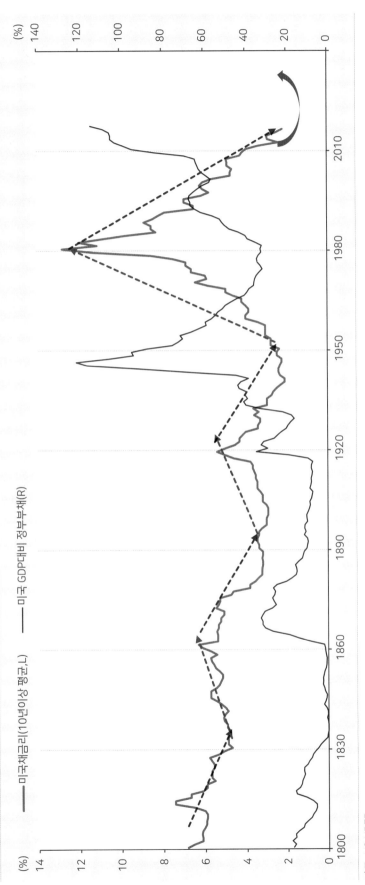

—— 미국채금리(10년이상 평균,L)　—— 미국 GDP대비 정부부채(R)

자료 : US NBER

I. 채권의 역사 및 발전

■ 한국 채권시장의 역사 – 1950년 건국국채부터 2016년 국고채 50년 물 발행

History of Interest Rate
(금리의 역사 III)

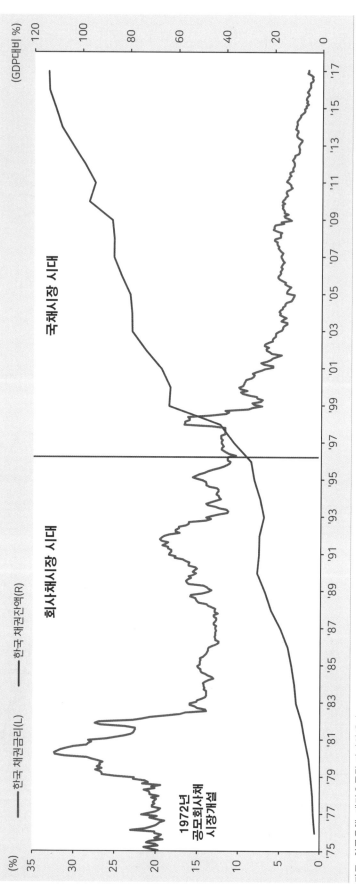

자료: 한국은행, 메리츠증권 리서치센터

II. 채권시장 분석도구

금리전망을 위해 파악해야 할 도구

- 시장금리가 채권가격을 결정하는 요인이라는 점에서 채권시장을 분석하기 위해서는 금리전망이 선행되어야 함

- 금리가 향후 하락이 예상되면 채권투자에 유리한 환경, 금리 상승이 예상되면 채권투자는 피해야 할 자산임

- 이러한 금리의 방향에 영향을 미치는 요인은 매우 다양한 것들이 있으나, 우리는 크게 5가지 정도로 구분

  1. 경제지표 (Macro)

  2. 물가지표 (Inflation)

  3. 통화정책 (Policy)

  4. 수급 (Demand & Supply)

  5. 대외여건

- 개별 분석요인마다 다양한 내용이 금리에 영향을 미치고 있으며, 이외에도 다양한 가격지표 참고하고 있음

II. 채권시장 분석도구 - 경제지표

**경제를 알면 금리, 금리를
알면 경제를 알 수 있음**

- 시장금리는 경제여건에 맞춰 움직이지만, 통화정책은 금리조정을 통해 경기여건을 통제하려고 함
- 경제전망을 통해 금리의 방향성을 예측하고 채권투자를 결정하는 동시에 금리움직임에 따라 경제방향성을 추정

IMF의 5년 이후 중기성장률 전망 하향조정이 금융위기 이후 현실 반영

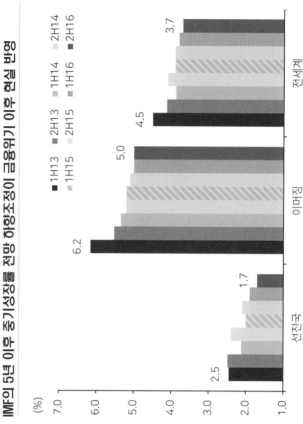

자료: IMF

미국의 고성장시대 올라간 금리와 저성장시대 떨어진 금리

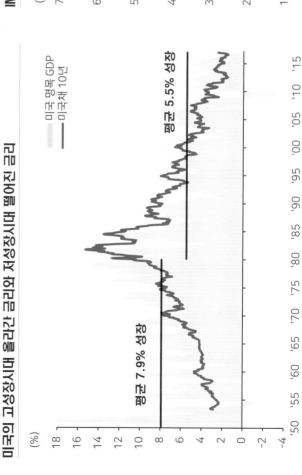

자료: US BEA, Bloomberg

II. 채권시장 분석도구 - 경제지표

금리전망의 기본, 성장률 분석

- GDP는 한 국가의 소비와 분배 관점에서 경제능력을 점검할 수 있는 기본 데이터라는 점에서 이해가 필요
- 케인즈 함수 Y = C + I + G + (X-M) 만 이해해도 한 국가의 경제를 알 수 있음

GDP는 한 국가의 경제여건을 총 반영하는 지표

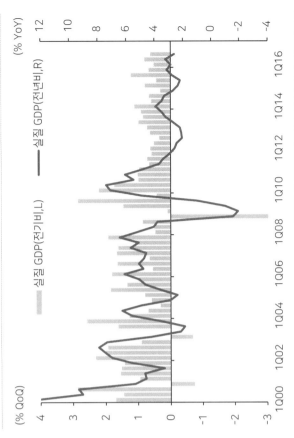

자료 : 한국은행, 금융투자협회

지표를 볼 때 전기대비와 전년대비의 차이점을 이해하는 것도 중요

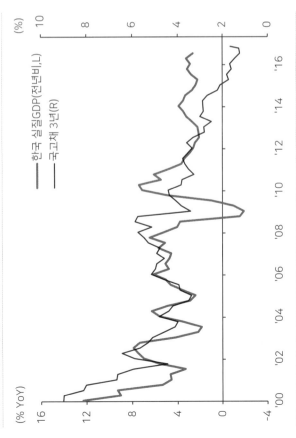

자료 : 한국은행

II. 채권시장 분석도구 - 경제지표

한국 성장률과 국고10년 금리의 관계

- 장기간 성장률 추세는 일종의 잠재성장률이 대용치로도 쓸 수 있으며 금리 방향성을 설명하는데도 유용
- 한국의 성장성을 감안하여 2017년 국고10년 금리 레인지는 1.70%~2.35% 정도로 추정할 수 있음

IMF 5년 이후 중기성장률 전망, 하향조정 지속

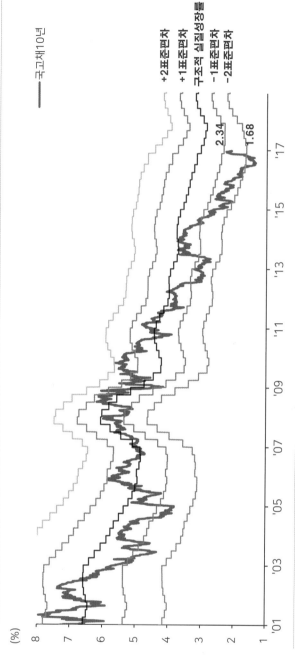

(%)

국고채10년

+2표준편차
+1표준편차
구조적 실질성장률
-1표준편차
-2표준편차

2.34
1.68

자료: BIS

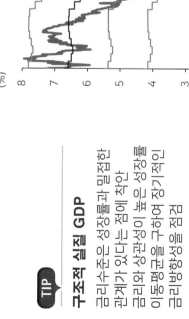

TIP

구조적 실질 GDP

금리수준은 성장률과 밀접한 관계가 있다는 점에 착안

금리와 상관성이 높은 성장률 이동평균을 구하여 장기적인 금리방향성을 점검

한국은 국고채10년 금리와 실질GDP 9년 이동평균이 설명력이 높으며 1STD(표준편차)가 금리의 상단과 하단 레인지를 결정하는 역할을 함

II. 채권시장 분석도구 - 경제지표

채권시장에 시사점이 있는 경제지표 사례

- 한 국가의 경제를 설명할 수 있는 지표는 매우 많음
- 어려운 국내 내수여건 중 소비는 소비성향을 통해 최근 경기개선 기대를 담고 있는 부분은 재고출하지수로 대표

- 현재 경제현상을 가장 잘 설명할 수 있는 트렌드 지표를 찾는 것이 중요

한국 내수경제가 어려운 이유는 가계가 돈을 쓰려고 하지 않기 때문

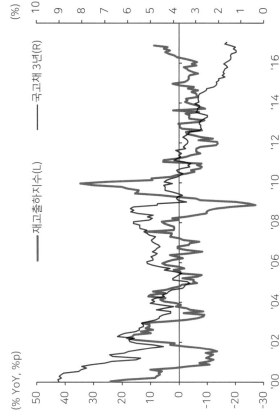

(% YoY)

자료 : 한국은행, 통계청

2016년 하반기 이후 국내내금리 상승의 요인 중 재고조정 기대

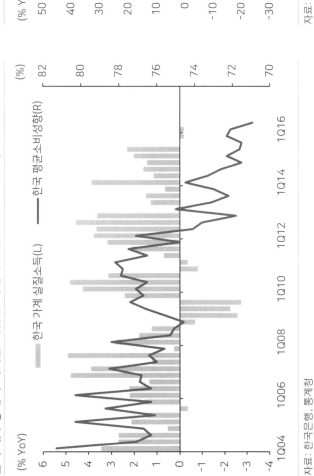

(% YoY, %p)

자료 : 통계청, 금융투자협회

II. 채권시장 분석도구 - 경제지표

한국 경제를 이해하기 위한 기본 경제지표

월간의 GDP라고 불리는 산업생산

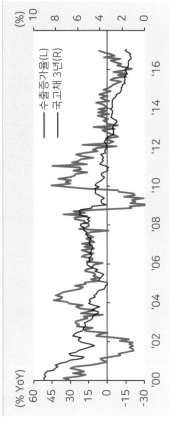

자료: 통계청, 금융투자협회

소비동향을 점검하는 소매판매

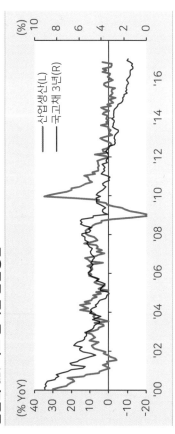

자료: 통계청, 금융투자협회

매월 1일 발표되는 한국 경제의 가늠자인 수출

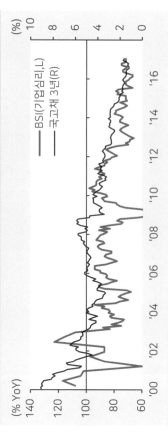

자료: 관세청, 금융투자협회

경제여건에 대한 절대적인 설명력이 높은 서베이 지표 BSI

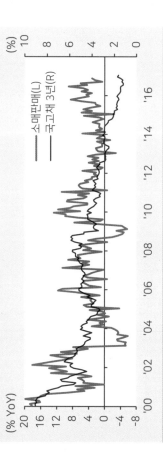

자료: 통계청, 금융투자협회

II. 채권시장 분석도구 - 물가

물가란?

- 물가지수는 경제 안정을 진단하는 온도계 역할을 함. 경기가 과열되면 물가가 올라가고, 너무 식으면 물가는 하락

- 물가의 변동요인으로는 수요(통화량, 소득, 기대인플레이션) 및 공급(생산원가, 세계화 등)

- 피셔 방정식: i (명목금리) = r (실질금리) + πe (기대인플레이션) ➔ 물가와 금리는 일정한 관계를 가짐

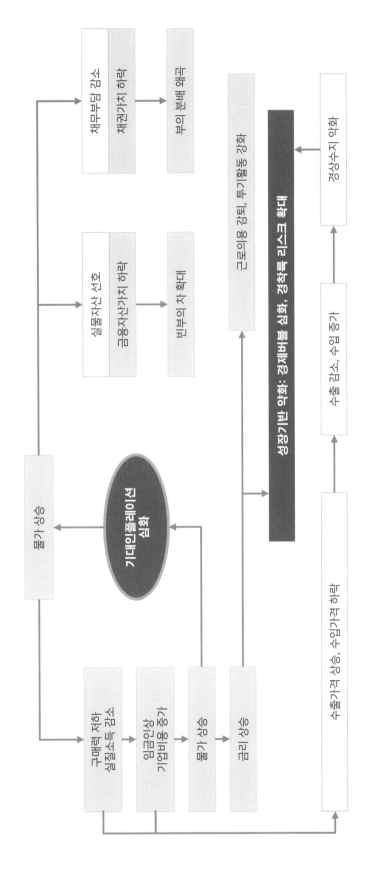

II. 채권시장 분석도구 - 물가

기초 채권

물가를 통한 실질가치는 금리의 하단 역할

- 만일 물가수준보다 낮은 금리를 받아야 한다면 실질가치 마이너스(-)를 의미, 금리형 상품투자는 구매력 측면에서 손실

- 선진국물가와 글로벌금리의 상관관계를 이해하면 채권투자에 성공했을 것이라고 세계적 운용사인 블랙록(Black Rock) 주장

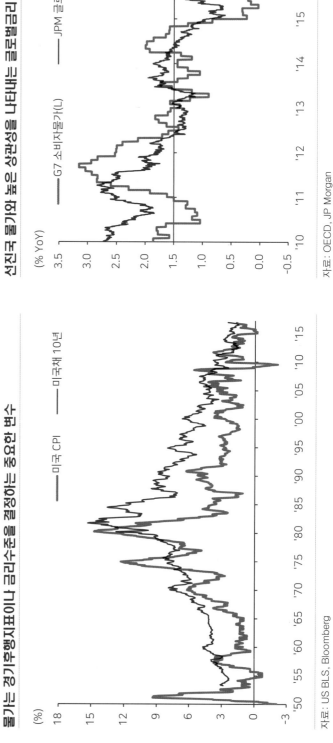

물가는 경기후행지표이나 금리수준을 결정하는 중요한 변수

자료: US BLS, Bloomberg

선진국 물가와 높은 상관성을 나타내는 글로벌금리

자료: OECD, JP Morgan

II. 채권시장 분석도구 – 물가

한국금리 하단 역할을 충실히 한 물가

- 국고3년 금리 물가보다 대부분 구간에서 높음. 실질금리 마이너스(-)는 경기가 매우 어려운 극단적인 상황에서 연출

- 물가전이 원자재 ➡ 수입물가 ➡ 생산자 ➡ 소비자; 인플레이션, 디플레이션, 스태그플레이션, 디스인플레이션 용어 정리

한국 소비자물가와 국고3년, 대부분 구간에서 금리가 물가보다 높음

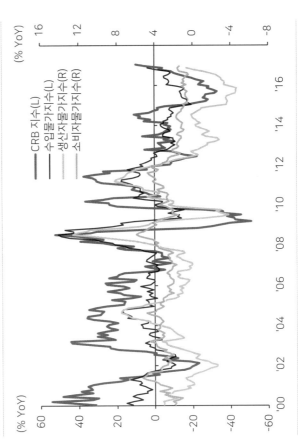

자료 : 금융투자협회, 통계청

물가의 전이는 원자재 ➡ 수입물가 ➡ 생산자 ➡ 소비자로 진입

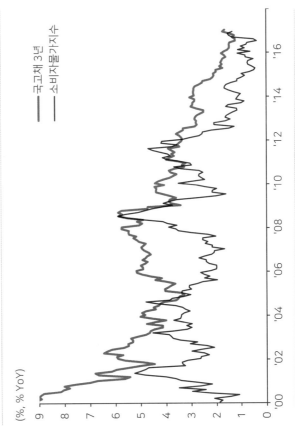

자료 : Bloomberg, 통계청, 한국은행

II. 채권시장 분석도구 - 물가

채권시장에 시사점이 있는 물가관련 사례

- 미국 트럼프 당선 이후 금리가 급등했지만 추가로 더 오르지 않는 이유는 중장기 인플레기대 타겟 부근까지 왔기 때문

- 기업들의 재고부담 감소로 생산자물가 개선되고 있지만 소비자물가로 전이가 무난할 수 있을지 확인 필요

미국 중장기 인플레이션 기대와 초장기 채권의 높은 상관관계

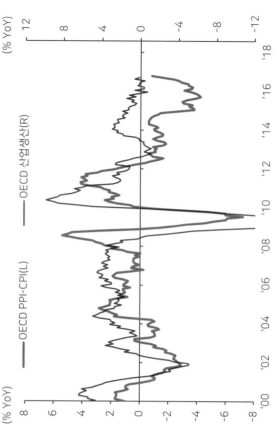

(%) ────미국채 30년(L) ────USD 5y5y Inflation swap(R) (%)

자료: Bloomberg

주요국 생산자물가과 소비자물가의 괴리는 산업갭으로 설명

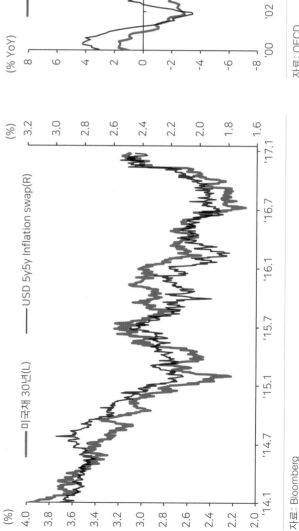

(% YoY) ────OECD PPI-CPI(L) ────OECD 산업생산(R) (% YoY)

자료: OECD

II. 채권시장 분석도구 - 통화정책

통화정책의 종류

- **통화량 목표제**
  - 통화지표(M1, M2, M3 등)를 중간목표로 정하여 달성하는 방식.
  통화량과 물가간의 안정적인 관계가 중장기적으로 지속될 것이라는 전제에 근거
  - 1980년대 들어 금융혁신의 급속한 진전 등으로 통화량이 불규칙하고,
  통화량과 물가간의 관계도 약화됨에 따라 선진 중앙은행들은 이를 포기

- **환율 목표제**
  - 환율을 일정수준에서 고정시키는 것이 목표 (ex. 고정환율제)
  - 환율 수준 유지를 위해 금리조정, 외환시장 개입의 두 가지 정책수단 활용 (최근 정부 유동성 공급정책 실시)

- **물가안정 목표제**
  - 중앙은행이 명시적인 중간목표 없이 일정기간 동안 모든 장기적으로 달성해야 할 물가 목표치를
  미리 제시하고 이에 맞추어 통화정책을 운영
  - 통화량, 금리, 환율 등 다양한 정보변수를 활용하여 장래의 인플레이션을 예측하고
  실제 물가상승률이 목표치에 수렴할 수 있도록 통화정책을 운영하며,
  이후 그 성과를 평가하고 시장의 기대와 반응을 반영하면서 정책방향을 수정

통화정책 수단

- 일반적으로 정책(기준)금리 조정, 공개시장조작, 재할인정책, 지급준비율정책, 금융중개지원 등이 있음
- 2008년 금융위기 이후 선진국들을 통해 다양한 통화정책 수단이 등장 - 국채 혹은 모기지, 회사채 등의 자산 매입을 통한
  유동성 공급방식의 양적완화(Quantitative Easing)와 제로&마이너스 정책금리, 헬리콥터 머니와 같은 비전통적 수단도 등장

II. 채권시장 분석도구 - 통화정책

통화정책의 전달 경로

▪ 금리 경로

정책금리 인하 ➡ 단기금리 하락 ➡ 장기 및 시중금리 하락 ➡ 투자 및 소비 증대 ➡ 총생산 증대, 물가 상승

1단계 금융시장　　　　　　　　　2단계 실물부문

▪ 자산가격 경로

Tobin의 q 이론 (q = 기업의 시장가치 / 기업의 실물자본 대체비용)

금리 인하 ➡ 주가 상승 ➡ q 상승 ➡ 투자 확대 ➡ 총생산 증대, 물가 상승

부의 효과(Wealth Effect)

금리 인하 ➡ 주가 상승, 부동산가격 상승 ➡ 긍정적 '부'의 효과 ➡ 민간소비 증가 ➡ 총생산 증대, 물가 상승

II. 채권시장 분석도구 - 통화정책

통화정책의 전달 경로

■ 환율 경로

금리 인하 ↑ 국내금리 하락 ↑ 환율 상승

    수출가격 하락, 수입가격 상승 ↑ 경상수지 개선

    수입가격 상승 ↑ 국내물가 상승

    외화채권 > 채무 ↑ 재무상태 개선

    외화채권 < 채무 ↑ 재무상태 악화

■ 신용 경로

금리 인하 ↑ 유동성 증가, 기업재무여건 개선 ↑ 은행대출 증가 ↑ 기업투자 및 민간소비 확대 ↑ 총생산 증대, 물가 상승

■ 기대 경로

금리 인하

    기대인플레이션 상승 ↑ 임금 및 상품가격 상승 ↑ 물가 상승

    경제심리 개선 ↑ 민간소비 및 기업투자 확대

II. 채권시장 분석도구 - 통화정책

경기와 물가를 고려한
통화정책 결정

- 글로벌 통화정책은 선제적인 경기판단과 후행적인 물가현상을 고려하여 기준금리를 수단으로 유동성을 조율

- 주요국 통화정책 회의는 채권시장에 가장 중요한 이벤트, 미국(FOMC), 유럽(ECB), 일본(BOJ), 한국(금통위)

미국 연방금리와 시장금리는 괴리(spread)는 있으나 방향은 같음

(%)

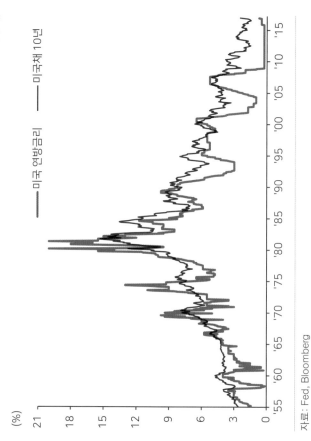

자료: Fed, Bloomberg

한국 기준금리와 시장금리 역시 중요한 판단점이 된다는 점은 명확

(%, % YoY)

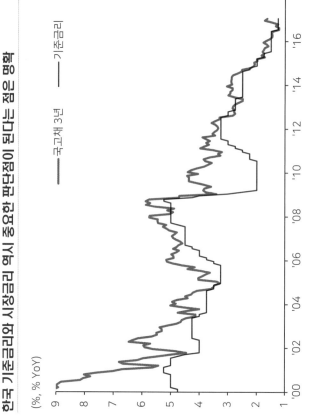

자료: 금융투자협회, 한국은행

II. 채권시장 분석도구 – 통화정책

한국 통화정책 결정 관련 사례

- 통화정책은 물가안정을 중시하나 금융위기 이후 경기개선 및 금융안정의 의무(mandate)도 중시

- 경기여건 안정을 위한 고용환경 고려, 물가 개선 등을 검토하여 통화정책 의사결정을 내림

한국 통화정책에 중요한 기준인 고용

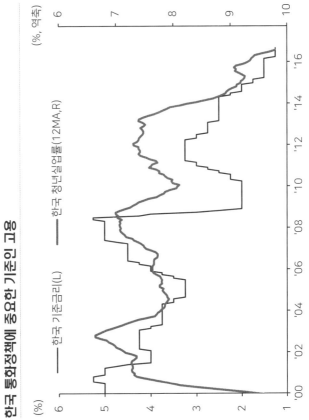

자료: 한국은행, 통계청

한국 금리인하는 최소한 물가 고점을 확인한 이후에 실시

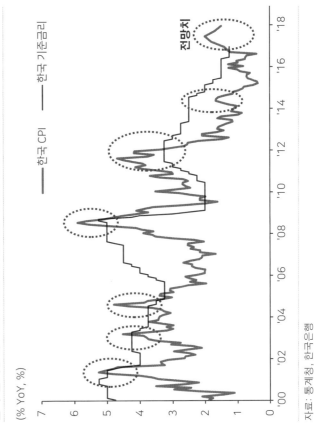

자료: 통계청, 한국은행

II. 채권시장 분석도구 - 통화정책

채권시장에 시사점이 있는 통화정책 사례

- 한국은행 통화정책 관련하여 경제주체들이 심리를 강조, 소비와 기업심리를 동시에 반영한 ESI는 통화정책 중요한 근거

- 분기말 FOMC에서 발표되는 연준인사들의 점도표 조정은 통화정책 기대를 좌우하는 중요한 이벤트

경제주체들의 심리와 통화정책 결정의 높은 상관관계

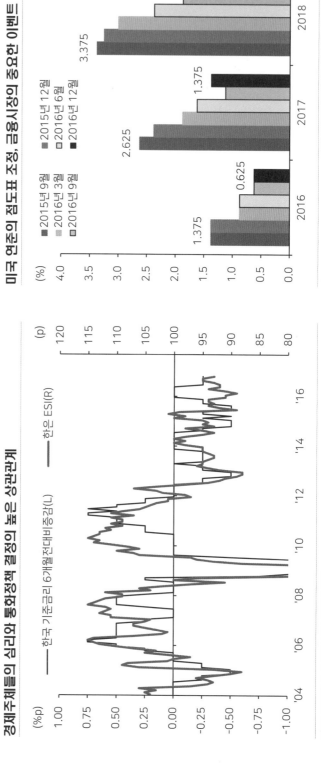

(%p)
한국 기준금리 6개월전대비증감(L) / 한은 ESI(R)

자료: 한국은행, 메리츠종권 리서치센터

미국 연준의 점도표 조정, 금융시장의 중요한 이벤트

(%)

2015년 9월
2016년 3월
2016년 9월
2015년 12월
2016년 6월
2016년 12월

2016: 1.375, 0.625
2017: 2.625, 1.375
2018: 3.375, 2.125
Longer Run: 3.5, 3.000

자료: Fed

II. 채권시장 분석도구 - 수급

채권시장 공급과 수요 파악이 중요

- 금융위기 초기 국면에서 정부국채 발행 물량 급증 부담이 있었지만 최근 채권순발행은 오히려 감소세로 전환
- 보험사와 연기금 등으로 자금유입이 지속적으로 증가하여 국내 채권수요가 공급물을 초과, 최근 해외채 투자 확대로 연결

2017년 채권 순공급량은 2016년보다도 14조원 감소

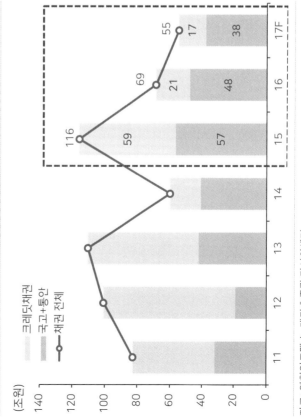

자료: 연합인포맥스, 메리츠종권 리서치센터

채권 공급량 감소대비 수요여력도 좋아들어 수급 분위기 올해와 유사

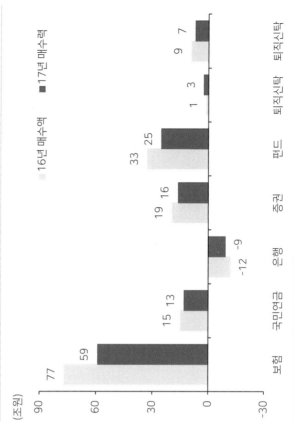

자료: 한국은행, 메리츠종권 리서치센터

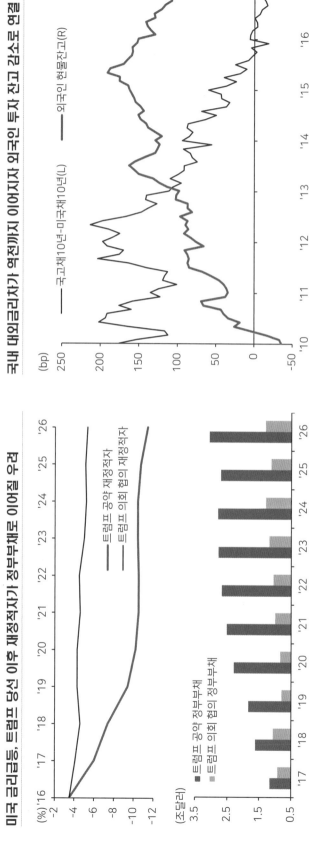

II. 채권시장 분석도구 - 수급

채권시장에 시사점이 있는 통화정책 사례

- 미국 트럼프 당선 이후 금리가 급등, 일부 경기개선 기대도 있지만 재정적자 확대에 따른 수급부담 우려도 반영
- 한국과 미국금리 역전 가능성 부각되면서 외국인 채권투자 자금 이탈 우려 확대, 국내 통화정책 완화에도 부담

미국 금리급등, 트럼프 당선 이후 재정적자가 정부부채로 이어질 우려

(%)'16 '17 '18 '19 '20 '21 '22 '23 '24 '25 '26
-2 -4 -6 -8 -10 -12

— 트럼프 공약 재정적자
— 트럼프 의회 협의 재정적자

(조달러)
3.5 2.5 1.5 0.5
'17 '18 '19 '20 '21 '22 '23 '24 '25 '26

■ 트럼프 공약 정부부채
■ 트럼프 의회 협의 정부부채

자료: Moody's

국내 대외금리차가 역전까지 이어지자 외국인 투자 잔고 감소로 연결

(bp)
250 200 150 100 50 0 -50
'10 '11 '12 '13 '14 '15 '16

(조원)
120 110 100 90 80 70 60

— 국고채10년-미국채10년(L)
— 외국인 현물잔고(R)

자료: Bloomberg, 연합인포맥스

II. 채권시장 분석도구 - 대외여건

소규모 개방경제인 한국, 채권시장도 대외여건 중요

- 세계화가 강화되고 금융시장 개방성이 높아짐에 따라 글로벌 경기와 금융시장 여건에 국내 금리 또한 상당한 영향

- 미국발 서브프라임 위기가 전세계 금융위기로 확산되었고, 이후 회복과정에서 국내금리는 글로벌금리와 연동.
  최근 미국 트럼프 당선에 따른 금융시장 변동성 확대 역시 금리급등과 주식강세의 유사한 형태로 국내에 유입되고 있음

- 글로벌 금리움직임에서 동일하게 적용. 미국의 양적완화로 연준이 미국채 매수에 나서자 미국금리가 하락.
  미국금리 하락으로 다른 국가의 높은 금리매력을 찾아 자금이 이동하면서, 이머징 국가들의 자산가격이 상승

- 반대로 미국경기 개선 및 금리인상 진행으로 미국금리가 상승하자 유럽, 이머징까지 동반해서 상승하는 것을 확인

- 실제 한국금리와 미국금리는 높은 상관성을 가지고 움직이고 있으며, '국내 유동성이 한국은행 통제보다
  선진국의 정책에 더 민감해지고 있다.'는 전임 한국은행 총재 발언에서도 확인

- 당사 채권분석 자료의 상당부분 글로벌 글로벌 금융시장 내용을 담고 있어, 채권분석을 위해서는
  글로벌 실물경제 및 금융시장 환경을 이해하는 것이 중요

II. 채권시장 분석도구 - 대외여건

글로벌 채권시장의 상관관계

미국금리가 글로벌금리 방향성을 결정

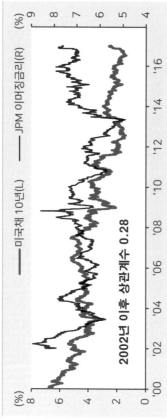

미국채 10년(L)
JPM 글로벌금리

2000년 이후 상관계수 0.96

자료: Bloomberg

이머징 금리는 미국금리와 상관관계가 낮아 상반된 투자가치 보임

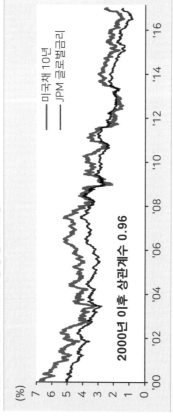

미국채 10년(L)
JPM 이머징금리(R)

2002년 이후 상관계수 0.28

자료: Bloomberg

미국금리와 독일금리 추이, 2014년 이후 상관성이 약화

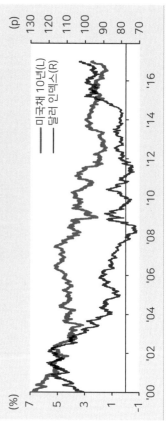

미국채 10년
독일채 10년

자료: Bloomberg

미국금리와 달러의 상관관계를 잘 해석해야 글로벌 자금시장 이해

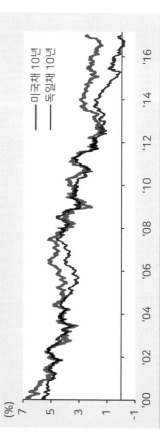

미국채 10년(L)
달러 인덱스(R)

자료: Bloomberg

II. 채권시장 분석도구 - 대외여건

글로벌 채권시장을 추종하는 한국 채권시장

글로벌금리 움직임이 결국 국내 금리에 큰 영향

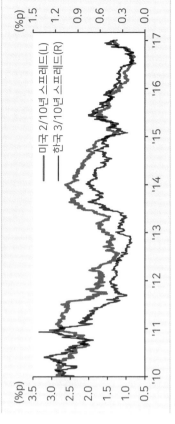

자료 : Bloomberg

장단기 스프레드에 반영되어 있는 채권시장 기대 또한 유사

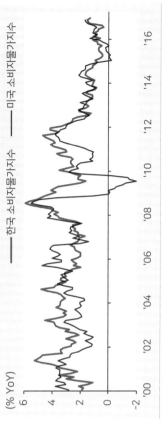

자료 : Bloomberg

한국경제와 미국경제 따로 떼어 놓고 볼 수는 없어

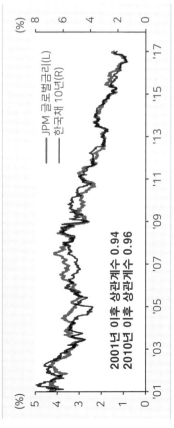

자료 : 한국은행, US BEA

물가의 경우 더욱 높은 상관관계, 통화정책 방향성도 고민

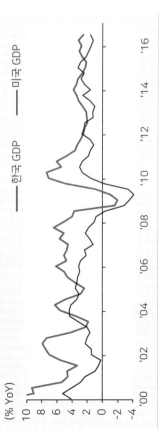

자료 : 통계청, US BLS

III. 금융시장과 채권

금리와 주가

- 장기 추세에서 주가와 금리의 유의미한 상관관계가 없는 것처럼 보이지만 추세는 성장성과 관련이 높음
- 단기적인 주가와 금리등락은 경제지표와 같은 방향, 금융위기 이후 유동성 공급국면에서 역사적인 패턴과 차이를 보임

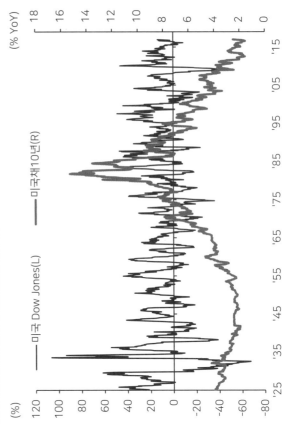

편더멘탈 국면에서는 주식과 채권 성과 반대, 유동성 국면에서는 같음

자료 : NBER, BofA Merrill Lynch.

종시와 금리, 상관관계가 없는 듯 보이지만 중요한 관계

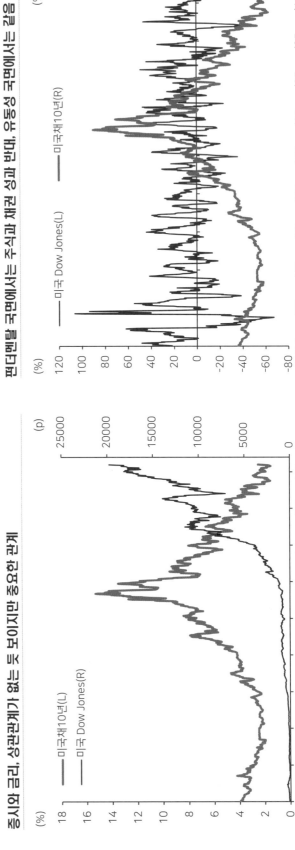

자료 : 금융투자협회

III. 금융시장과 채권

금리와 환율

- 환율은 이자율 평가이론에 따라 금리가 높은 국가로 자금이 이동하여 통화가치가 강해진다는 속성을 가짐
- 선진국 통화가치의 경우 설명이 되지만 이머징 금리는 신용리스크를 반영 금리가 오를 때 오히려 환율이 약세인 경우 발생

경제학에서 배운 금리와 환율의 관계가 현실에서 꼭 맞는 것은 아님

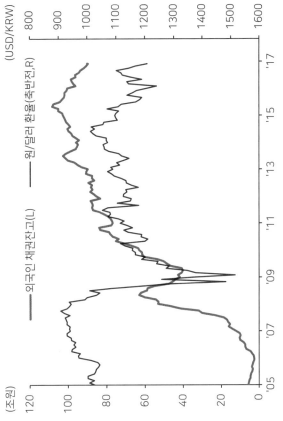

자료 : 금융투자협회, KRX

원화 가치와 외국인 현물 채권투자간에 상관관계 높음

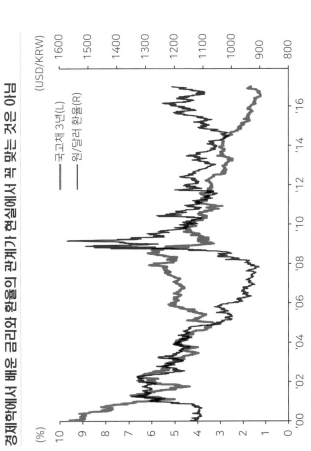

자료 : 연합인포맥스, KRX

III. 금융시장과 채권

금리와 원자재

- 유가를 비롯한 원자재 가격상승(하락)은 물가상승(하락)을 유발하여 금리상승(하락)으로 연결

- 금융위기 이후 금리 하락기에 유동성 유입으로 원자재 가격이 오르기도 했으나 실물경기 여건을 고려하면 역상관 맞음

유가를 중심으로 원자재 가격 물가를 거쳐 금리에 영향을 미쳐 금리에 반영

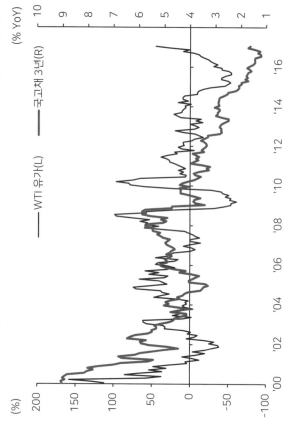

자료 : 금융투자협회, Bloomberg

일반적으로 유가상승률과 금리 방향성 높은 상관관계

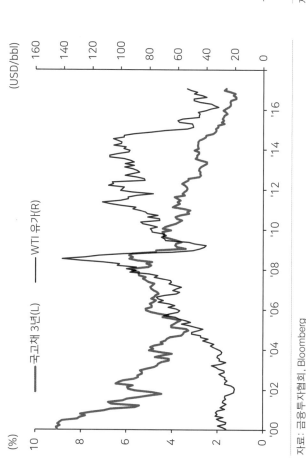

자료 : 금융투자협회, Bloomberg

III. 금융시장과 채권

금리와 부동산

- 부동산은 실물자산으로 실물경기에 대한 민감도가 높은데다 자금시장 수요를 가늠하는 중요한 지표
- 금리가 하락할 때 부동산 가격이 오르고, 금리가 오르면 떨어진다는 인식이 있지만 실물경기 여건이 더 중요

부동산은 높은 자금수요로 인해 금리방향성에 영향

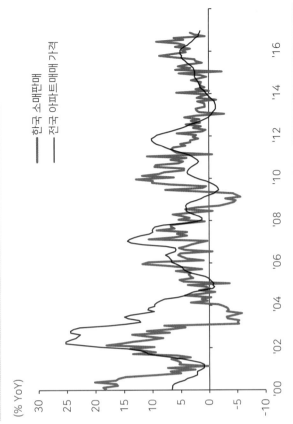

자료 : 금융투자협회, KB은행

부동산 가격이 민간소비에 영향을 미쳐 금리에도 중요한 변수

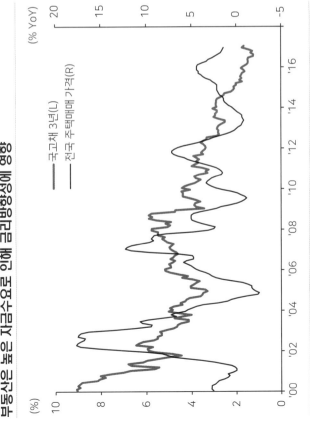

자료 : NBER, Bofa Merrill Lynch

III. 금융시장과 채권

금리와 자금시장

- 시중 유동성 여건은 채권시장과 밀접 - 자금공급은 N와 같은 유동성 공급, 자금수요는 채권과 대출로 가늠
- 자금수요가 유동성 공급을 초과하는 국면에서 돈의 가치인 금리상승, 반대로 잉여유동성이 넘을 경우 금리는 하락

자금공급은 유동성 지표, 자금수요는 채권 및 대출 증가로 판단

(% YoY)

— Lf(금융기관유동성) 증가율
— 채권잔액+은행대출 증가율

자료 : 한국은행

자금시장 과부족을 통해 채권시장 수급여건 점검

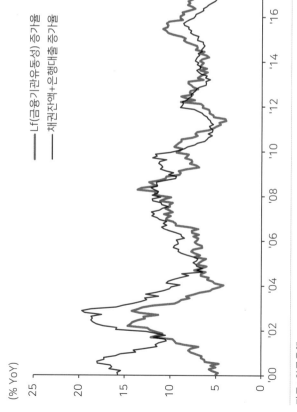

(% YoY)

— 자금수요-여유자금 증가율(L)
— 국고채 3년(R)

자료 : 한국은행, 금융투자협회, 메리츠증권 리서치센터

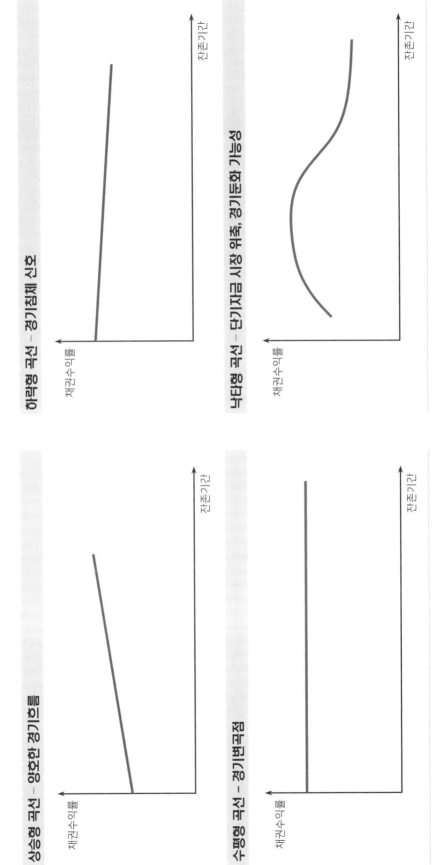

III. 금융시장과 채권

일드커브 형태와 경기전망

상승형 곡선 – 양호한 경기흐름

채권수익률 / 잔존기간

하락형 곡선 – 경기침체 신호

채권수익률 / 잔존기간

수평형 곡선 – 경기변곡점

채권수익률 / 잔존기간

낙타형 곡선 – 단기자금 시장 위축, 경기둔화 가능성

채권수익률 / 잔존기간

III. 금융시장과 채권

장단기 스프레드

- 장기금리는 경기지표와 물가에 대한 민감도가 높은 반면 단기금리는 통화정책만 보면 된다는 시장적 차이
- 이를 감안하여 장단기 스프레드는 경기여건과 같은 방향으로 움직이며 경기선행지표와 같은 역할을 할 수 있음

미국의 장단기 스프레드는 경기선행지수의 방향성을 예상하게 하는 현명한 이코노미스트

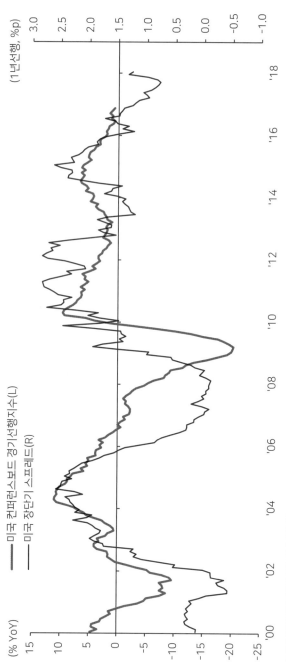

(% YoY)

— 미국 컨퍼런스보드 경기선행지수(L)
— 미국 장단기 스프레드(R)

(1년선행, %p)

자료: Conference Board, Bloomberg

III. 금융시장과 채권

신용 스프레드

- 신용스프레드는 기업이 부도위험에 따른 일종의 리스크 프리미엄, 신용스프레드 확대는 금융시장 여건 악화를 의미

- 장단기 스프레드와 달리 신용스프레드는 경기와 반대방향으로 적정수준 이상일 경우 위험자산 조정의 시그널

신용 리스크 지표가 올라갈 경우 위험자산에는 부정적인 신호가 될 수 있어

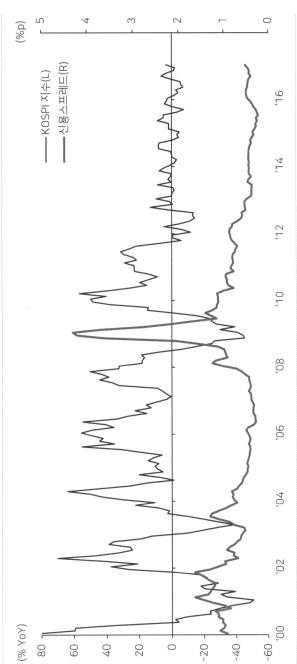

자료: 금융투자협회, 민평 3사

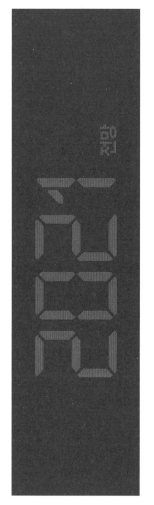

2025 연말

채권전략

The Carry

Summary

The Carry_금리바닥 확인 이후 소득 정상화, Carry 확보 활용

Part I

Good Bye 'V' Hello 'L', 완만한 오르막 길

- 2020년 역사적 경기충격 반작용으로 V자 반등 연출, 2021년까지 경제개선에 대한 기대는 유효
- 2021년 경제회복은 외형적으로 높은 성장이나 2020년의 충격을 메우는 과정, 체감 경기는 완만한 개선일 것

Part II

Inflation on New Normal, 저물가 지속

- 경기개선 경로와 유사하게 물가도 2020년 충격을 극복 정상화 과정 연출, 미국은 2% 내외 유럽과 한국은 1% 정도 예상
- 구조적으로 물가상승을 저해하는 요인은 여전히 상존, 장기적인 물가정책과 시장금리 부담요인 부담요인 아닐 것

Part III

Still Big Government, 통화보단 재정

- 재정정책: 경기침체기 승수효과 감안 확장적 재정기조 유지, 늘어나는 공급부담을 고려한 균형 정도 찾을 것
- 통화정책: 기준금리 현행 완화적 수준 유지, 추가인하 실시는 제한적일 것(호주&뉴질랜드 정도 고려). 채권매수 등 금리상승에 따른 부작용 최소화 노력 진행할 전망 → 주요국 금리정상화 기대 2023년 정도 고려 대상

Part IV

Market Stable, 시장금리 안정화

- 정책지원 → 자산가격 버블 논란, 그럼에도 완화적 금융환경은 위험선호를 지지하는 여건 유지시킬 것
- 단기적으로 미국채10년 1.2%까지 상단테스트 가능. 그렇지만 통화정책 정상화 기대까지 고려 중장기적 미국채 10년 1% 중후반 수준 상승에 그칠 것으로 보며 2021년 상반기까지 확보되는 금리는 매수구간으로 판단

Part V

국내 채권, 보유수익(carry)의 가치

- 국내 경제 주요국 중 빠른 회복 펀더멘탈 공급부담 노출로 국내금리 상대적 높은 수준 유지 중. 미국 중심 글로벌금리 상승에도 국내금리 민감도 낮추면서 보유수익 관점에서 채권투자 기회 있을 전망
- 국고10년 1.4~1.7% Range 제시, 상반기까지 상승압력 노출 이후에 하반기는 무난하게 등락하는 구간 예상

[Summary] 금리바닥 확인 이후 소폭 정상화, Carry 확보 활용

2020년 금리바닥 확인, 통화정책 정제기 진입으로 경기회복과 동시에 완만한 금리상승 예상

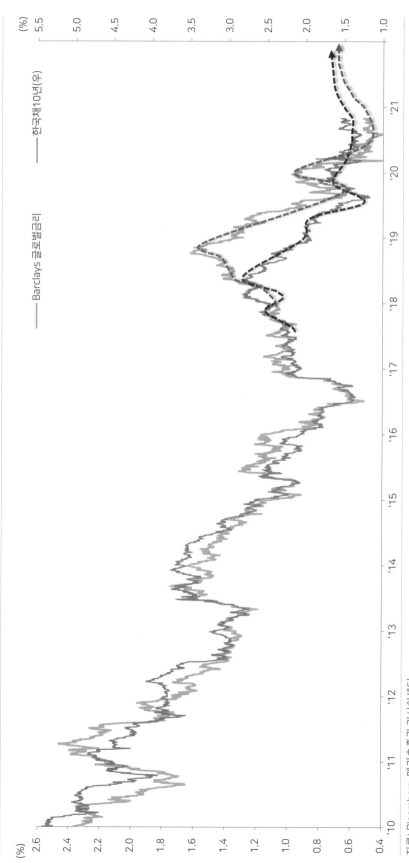

자료: Bloomberg, 메리츠증권 리서치센터

[Summary] 금리바닥 확인이 이후 소폭 정상화, Carry 확보 활용

2021년 금리상승은 정상화 이후 적정금리 찾기 과정

- 2020년 1분기 역사적 바닥까지 급락한 국내외 금리, 2분기부터 정책대응 반응하며 금리바닥 형성. 3분기 실물경기 개선 및 인플레기대 반영하며 한국과 미국금리 반등

- 2021년 상반기까지 추가적인 금리상승 예상 → 추세적인 상승이 아닌 정상화 과정으로 볼이 추가적인 통화완화 제한적인 반면 재정부담으로 인한 공급부담도 금리상승 견인

- 상반기까지 적정금리 확보 과정, 이후 2021년 연내 매우 완만한 금리흐름 경로 예상

주요 금리전망 테이블: 2021년 2분기까지 금리상단 테스트 진행, 이후 횡보 국면 예상

지표	20.4Q	21.1Q	21.2Q	21.3Q	21.4Q
기준금리	0.50	0.50	0.50	0.50	0.50
국고3년	0.94	0.98	1.02	1.05	1.05
국고5년	1.25	1.30	1.33	1.35	1.33
국고10년	1.56	1.60	1.65	1.66	1.63
국고30년	1.67	1.70	1.74	1.74	1.70
회사채AA-3년	1.51	1.53	1.55	1.56	1.55
미국 기준금리	0.25	0.25	0.25	0.25	0.25
미국채10년	0.88	1.00	1.10	1.15	1.17

주: 기준금리 기말 값, 나머지는 평균금리
자료: 메리츠증권 리서치센터

[Summary] 급리바닥 확인 이후 소폭 정상화, Carry 확보 활용

2020년 유동성과 정책시장
안전자산과 위험자산 공존

■ 2020년 1분기 금융시장 혼란 중 유동성 위기까지 경험, 정책지원으로 금융시장 성과 긍정적

■ 가장 부진한 유가는 실물경제 타격으로 원유수요 급감, 유럼 중시는 유로존 어려운 여건 감안 약세
반면 상반기 유동성 수혜로 금, 하반기 중국 경제회복에 따른 구리가격 강세

■ 전반적으로 안전자산과 위험자산 모두 유동성 수혜로 강세를 함께 시연한 한 해로 기록

2020년 COVID-19 충격에도 적극적 정책대응으로 금융시장 분위기 긍정적

주 : 10월 31일 기준이며 국내 채권은 KIS지수, 미국&독일 국채 Thomson Index, 이머징 채권 JP EMBI Index, 미국 IG와 HY는 Barclays Bond Index 사용
자료 : Refinitive, Bloomberg, 메리츠증권 리서치센터

[Summary] 글리바닥 확인 이후 소폭 정상화, Carry 확보 활용

양호한 경기모멘텀 향후
안전보다 위험선호 지지

- 2021년은 현재 개선 중인 실물경기 회복세가 지속될 것을 전제 하에 위험선호를 좀 더 긍정적일 전망

- 채권시장은 큰 폭의 약세보다는 추가적인 재정정책 대응 정도 감안한 성장+공급 부담 고려 반등 예상

- 글로벌 서프라이즈 지수 기준 경기모멘텀 정점은 지났지만 상반기까지도 양호한 흐름 이어질 것으로 기대

글로벌 경기모멘텀 고공행진, 안전자산보다 위험선호 유리할 공산

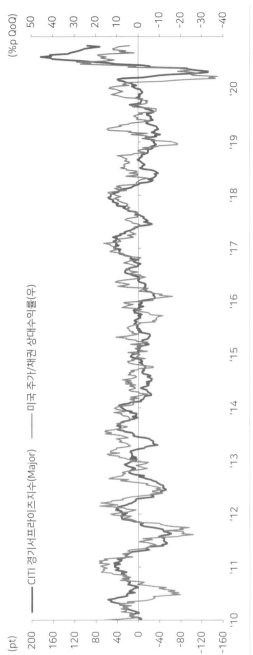

자료 : Refinitive, 메리츠증권 리서치센터

I. Good Bye 'V' Hello 'L', 완만한 오르막길

COVID-19 역사적인 위기
깊은 충격의 흔적

- 1930년 대공황, 2008년 금융위기 이후 2020년은 COVID-19의 해(年)로 기억될 것

- 글로벌 성장률 및 미국 성장률은 2차 대전 이후 가장 부진한 성장률 기록
  → 6월 IMF 전망보다 일부 상향 조정되었지만 전세계 -4.4%, 미국 -4.3%로 예상

- 역사적인 수준의 실물경제 타격을 반영하여 주요국 금리 역시 역사적으로 낮은 수준을 기록

미국 역사적인 성장률과 금리추세, 2020년 2차 대전 이후 가장 큰 성장률 하락폭 기록

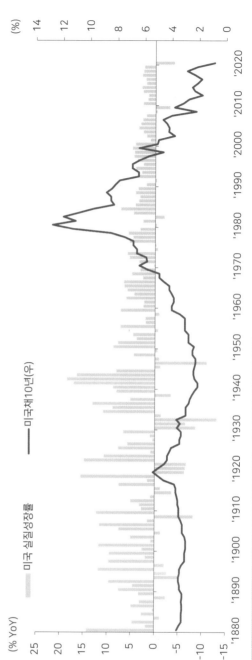

I. Good Bye 'V' Hello 'L', 완만한 오르막길

경제침체 구간 진입
높은 실업과 저물가 확인

- 미국 NBER은 올해 3월 COVID-19 확산 국면부터 미국경제 침체를 공식적으로 인정

- World Bank 추정 글로벌 경제침체의 강도는 대공황 당시보다도 이번 COVID-19 충격이 더 큰 것으로 판단

- 미국 실업률 14.7%와 물가 0%는 1950년대 이후로 가장 부진한 경기둥격으로 기록

경제침체 확률로는 대공황 당시보다도 이번 COVID-19 국면이 더 높음

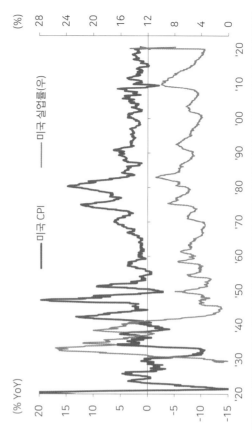

World Economy, 1871~2020
Percent of Economies in Recession

annual%

100%

Without the top
five recessions the
average = 47.6%

80%

1931 =
83.8%

1914= 1918=
70% 70%

60%

2020 est. 92.9%

avg. during rec
=54.3%

2009=
61.2%

40%

20%

0%

1871 1881 1891 1901 1911 1921 1931 1941 1951 1961 1971 1981 1991 2001 2011 2021

Sources: World Bank, Through 2020.

자료: World Bank, 메리츠증권 리서치센터

미국 실업률 14.7%까지 치솟고 물가는 0%대로 급락

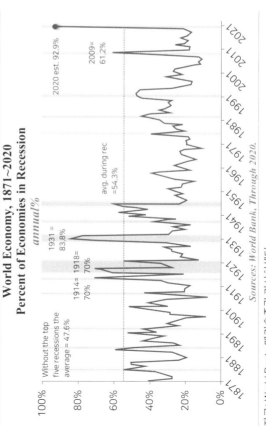

(% YoY)

(%)

20 — 28

15 — 24

미국 CPI — 20

미국 실업률(우) — 16

10

미국 실업률(우) — 12

5

0 — 8

-5 — 4

-10

-15 — 0

'20 '30 '40 '50 '60 '70 '80 '90 '00 '10 '20

자료: NBER, US BLS, 메리츠증권 리서치센터

I. Good Bye 'V' Hello 'L', 완만한 오르막 길

아직 진행 중인 전염병 공포
글로벌 3차 wave 우려

- 인류 역사에서 전염병이 확산한 경험은 이번이 처음은 아님
  → 1900년대 초반 스페인 독감 이후 실물경제 타격이 현실화된 펜데믹 상황은 100년만 임
- 올해 3~4월 공포 국면, 이후 6월~8월 미국과 이머징 확산, 10월부터 유럽 등 재확산의 부담

3월 초기 확산 공포국면, 7~8월 미국&이머징 확산, 10월 유럽 재확산

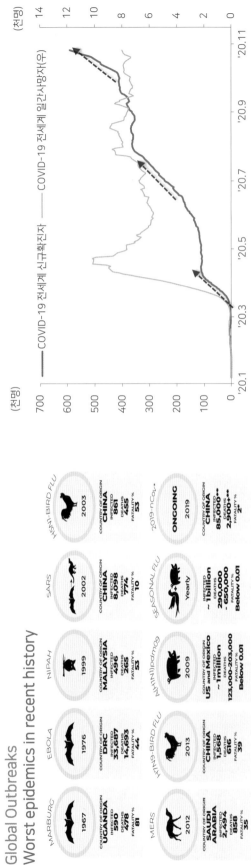

자료: WHO, 메리츠종권 리서치센터

Global Outbreaks
Worst epidemics in recent history

1950년대 이후 유행한 전염병 종류와 관련 내용

자료: WHO, 메리츠종권 리서치센터

I. Good Bye 'V' Hello 'L', 완만한 오르막 길

백신 개발을 위한 노력 지속
다만 안정화까지 시간 필요

- 전 인류적인 위기라는 점에서 백신과 치료제 개발에 관심이 집중
- 미국과 유럽, 중국 등 주요국의 백신 개발은 현재 가장 빠른 승인 과정을 통해 연내 긴급승인까지 기대
- 다만 신종백신 효능 및 부작용 염려, 백신 개발 이후에도 질병 통제가 쉽지 않을 수 있다는 우려 자극
- 연내 조기승인, 2021년 상반기 상용화, 2021년 하반기 배포 및 접단 면역 가능 정도가 합리적 기대

글로벌 백신개발을 위한 노력 진행, 연내 긴급승인 기대감 유효

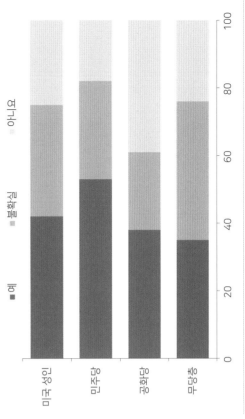

Coronavirus Vaccine Tracker

By Jonathan Corum, Sui-Lee Wee and Carl Zimmer Updated October 24, 2020

PHASE 1	PHASE 2	PHASE 3	LIMITED	APPROVED
33	14	12	6	0
Vaccines testing safety and dosage	Vaccines in expanded safety trials	Vaccines in large-scale efficacy tests	Vaccines approved for early or limited use	Vaccines approved for full use

자료 : NY Times, 메리츠증권 리서치센터

백신이 개발되면 효과가 있다고 생각하나요?

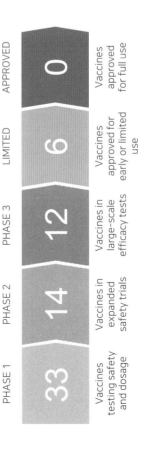

■예 ■불확실 ■아니요

미국 성인
민주당
공화당
무당층

자료 : YouGov Poll (7월 30일), 메리츠증권 리서치센터

I. Good Bye 'V' Hello 'L', 완만한 오르막길

불확실성이 짙은 시장
COVID, 대선, 인플레 주목

- COVID-19가 만들어낸 불확실성과 심리적 부분부터 파악하는 것이 중요
  → 대다수 여론조사에서 가장 중요한 변수는 COVID-19 & 백신 개발로 밝혀짐

- 6개월 이내 미국경제는 COVID-19와 대선결과에 대한 영향력이 클 것이며 금융시장 변수는 제한적일 전망

- 금리만 떼어 놓고 보면 백신개발 이후 내년까지 풀린 돈의 힘이 물가를 얼마나 끌어올릴 수 있을지 주목

향후 6개월 이내에 미국경제에 영향을 가장 크게 미칠 이슈

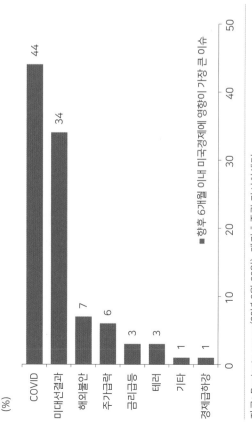

(%)

자료 : Bankrate survey (20년 9월 20일), 메리츠증권 리서치센터

미국금리 향후 상승한다면 원인은?

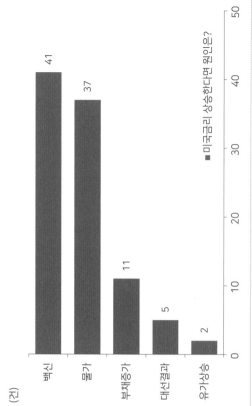

(건)

자료 : BofA GFMS (20년 10월 5일), 메리츠증권 리서치센터

I. Good Bye 'V' Hello 'L', 완만한 오르막길

이직 정상생활 멀었지만
이전보다 불안감은 통제 중

- 상기했듯이 백신이 개발되더라도 외식, 여행, 행사, 극장 등 일상의 복귀는 6개월 이상 걸릴 것
  → 제조업 중심 생산은 정상화되더라도 서비스업 개선은 시간이 걸릴 것으로 판단

- 그럼에도 3~4월 1차 COVID-19 충격보다 최근 2차 충격 발생에도 경제활동 통쇄와 위축 강도 제한적
  → 상대적 사망률 통제되며 정책당국 정책당국 실물경제 위축 정도 점검하며 대응 중

일상 관련 언제 정상적인 생활로 복귀할 수 있을까?

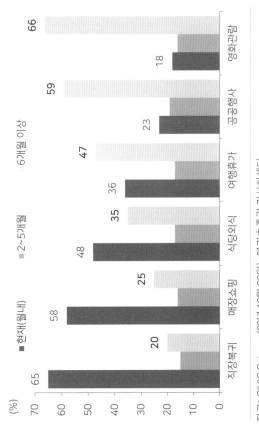

자료: CIVIC Science(20년 10월 20일), 메리츠증권 리서치센터

10월 이후 신규확진자 늘어도 3월보다 경제활동 위축 정도 제한적

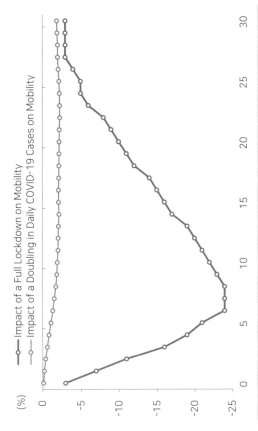

자료: IMF WEO(20.10), 메리츠증권 리서치센터

I. Good Bye 'V' Hello 'L' 완만한 오르막길

COVID-19의 딜레마
'건강 vs 경제' 균형 잡기

- 질병에 따른 정책당국의 초점이 '보건' vs '경제'에서 결과는 큰 차이를 나타냄
- 공포가 확산되는 초기 통제를 강하게 실시한 경우 단기적 충격 불가피 하나 공극적 사망률 관리되며 복원
  → 반면 초기 대응 미흡으로 사태가 확산될 경우 부작용이 더 크게 작용
- 그렇지만 학습효과로 최근에는 적절한 통제와 경제활동 유지로 균형을 찾으려는 시도 지속

경제봉쇄 사망률과 역상관, 적절할 정책대응 중요

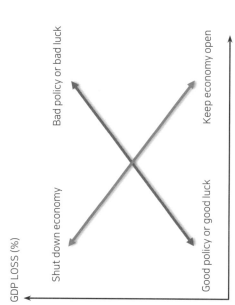

자료: Brookings Institute, 메리츠증권 리서치센터

적절한 정책대응으로 엇갈린 결과

자료: Brookings Institute, 메리츠증권 리서치센터

사망률과 경제활동의 위축은 결국 극 같은 방향

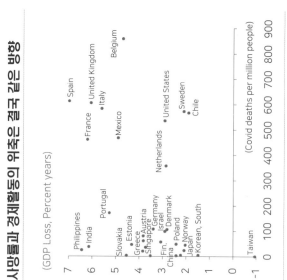

자료: Brookings Institute, 메리츠증권 리서치센터

I. Good Bye 'V' Hello 'L', 완만한 오르막길

최악은 지났지만 아직
일상으로 복귀는 요원

- COVID-19 관련 핵심은 공포가 올해 상반기 대비 낮아졌으나 일상으로 복귀는 아님
- Oxford Economics의 경제봉쇄 지수는 레벨은 낮아졌지만 여전히 일상의 반을 회복하지 못함
  → 경제봉쇄의 강도는 경제경로의 이탈을 야기할 수 있음
- 결국 아직 COVID-19 국면에서 실물경제는 단기충격을 극복해도 정상화까지 상당 시간이 걸림 문제

전세계 경제봉쇄지수는 3월보다 낮아졌지만 아직도 높은 수위

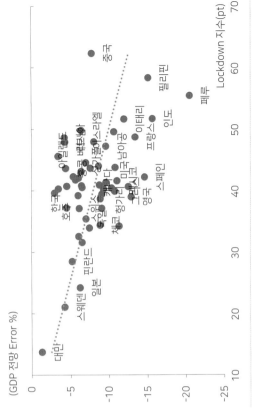

자료: Oxford Economics, 메리츠증권 리서치센터

경제봉쇄가 강할수록 예상한 것보다 경제위축 심화

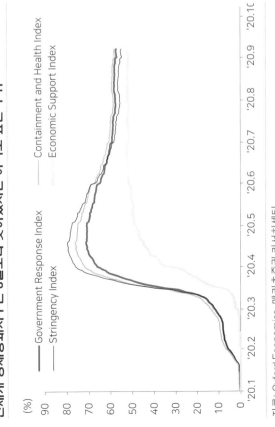

자료: IMF WEO(20.10), 메리츠증권 리서치센터

I. Good Bye 'V' Hello 'L', 완만한 오르막길

전염병이 심화시킨 구조적
문제 중 양극화 부각

- 전염병으로 발생한 '어쩔 수 없음'은 양극화 같은 구조적 문제를 더욱 악화시킴

- 실제 경제적 여유와 의료시설이 선진화가 도입된 선진국이 문제 극복에 긍정적이나 정책적 지원이 금융 경로 가치면서 자산가격 상승 등으로 양극화 문제는 더욱 심화

- IMF 분석에 따르면 IT 기술이 발전한 지역과 그렇지 않은 지역의 실업률 증가 격차에서도 차별화 확인

전염병으로 양극화 문제가 더욱 심화될 것이라는 IMF의 경고

1990년 이후 불평등지수(GINI) 변화

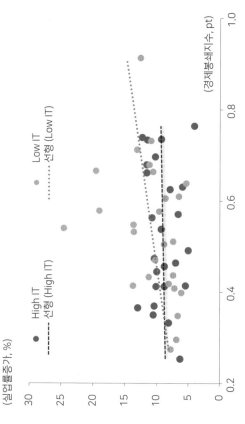

자료: IMF WEO(20.10), 메리츠증권 리서치센터

IT 기술이 발전한 지역은 상대적으로 실업률 증가폭도 적음

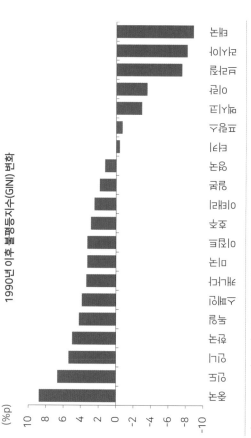

자료: IMF WEO(20.10), 메리츠증권 리서치센터

I. Good Bye 'V' Hello 'L', 완만한 오르막길

경제회복에도 복원 안 되는 영구적인 충격도 고려해야

- 사람같이 상처는 치료되나 흉터는 남는다는 것이 경제에도 적용 됨
  → 일시적인 충격은 정책대응으로 조기 복귀가 가능하나 고용과 일부 산업의 정리는 영구적 충격 유발

- 주요 중앙은행은 이번 COVID-19로 인해 잠재성장률이 하향조정 되었음을 대부분 인정

- GDP갭은 2023년까지 큰 폭으로 좁혀가겠으나 기저효과 감안 2021년 성장률 제외 이후 안정성 중요

일시적 충격을 극복하고 복원 중이나 영구적 충격 불가피

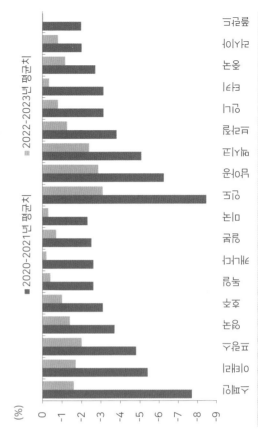

자료: IMF Fiscal Monitor(20.10), 메리츠증권 리서치센터

GDP 갭, 2023년까지 좁혀가는 방향이나 영구적 충격 점검

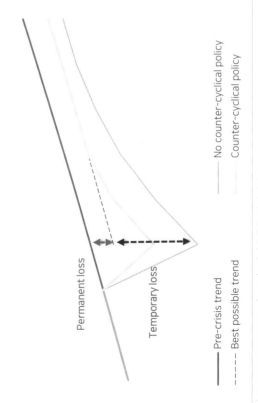

자료: IMF WEO(20.10), 메리츠증권 리서치센터

I. Good Bye 'V' Hello 'L', 완만한 오르막 길

경제회복 기울기 차별화
그러나 형태는 V → L?

- 2020년 단기충격 반작용 'V'자 반등, 다만 이후 기울기는 기존 경로 복귀 정도 가늠하며 'L'자 가까울 것

- 미국 훼손된 성장률 2021년 연말까지 회복한 이후 성장기울기 정상화
  유럽은 2022년까지도 훼손된 성장의 구멍이를 메워야 한다는 점에서 글로벌 경제 부담 요인
  중국은 빠른 반등 이후 기존의 성장경로 복원까지 가능할 것으로 보여 주목
  한국은 중국과 미국 사이에서 2021년 정상적 성장경로 회복이 가능할 것으로 기대

미국과 유럽 성장률 전망, 회복의 기울기 완만한 편

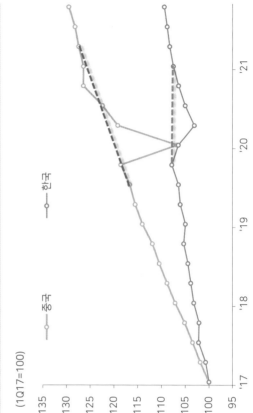

자료: US BEA, Eurostat, 메리츠증권 리서치센터

중국과 한국 성장률 전망, 회복 기울기 단기복원 후 완만해질 것

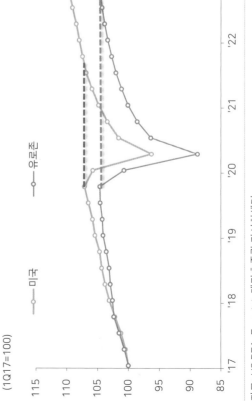

자료: 중국 통계국, 한국은행, 메리츠증권 리서치센터

I. Good Bye 'V' Hello 'L', 완만한 오르막 길

**단기충격을 극복한 이후
완만한 회복 정도의 기대**

- 2020년 주요국 마이너스 성장의 충격에서 2021년 복원, 글로벌 성장률 탄력은 무난해질 것
- 글로벌 recovery tracker 같은 지표 역시 빠른 반등 이후에 완만한 회복 정로를 반영 중
- 매크로는 '충격 → 회복 → 가속 → 안정화 → 횡보'의 과정 중 안정화와 횡보 국면으로 진입 예상

글로벌 경제회복 트래커 올해 7월 이후 기울기는 점차 완만해져

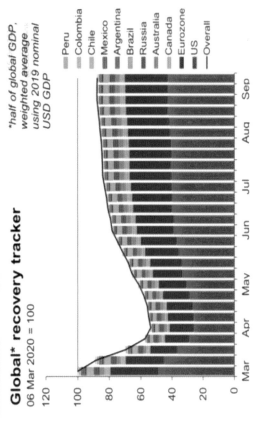

Global* recovery tracker
06 Mar 2020 = 100

*half of global GDP,
weighted average
using 2019 nominal
USD GDP

Peru
Colombia
Chile
Mexico
Argentina
Brazil
Russia
Australia
Canada
Eurozone
US
—Overall

자료: Oxford Economics, 메리츠증권 리서치센터

2020년 성장률 쇼크, 이내 복원되지만 이내 속도는 다시 완만해질 것

<3%
1 to 2%
4 to 5%
-3 to 0%
2 to 3%
>5%
0 to 1%
3 to 4%
성장률(우)

자료: IMF GFSR(20.10), 메리츠증권 리서치센터

I. Good Bye 'V' Hello 'L', 완만한 오르막길

대표적인 서베이 지표
PMI는 V자 회복의 증가

- IMF WEO에서 제공한 주요국 PMI는 이미 8월에 대부분 빠른 복원 정도를 나타냄
- 서베이 지표인 PMI가 단기 V자 반등의 증가로 볼 수 있겠으나 현 수준에서 추가 개선은 제한적

주요국 제조업 PMI 8월까지 빠른 속도로 회복

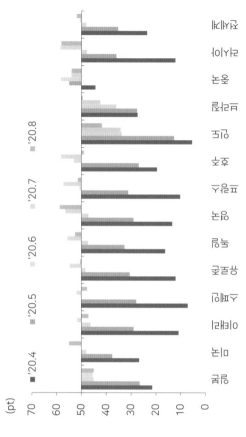

자료: IMF WEO(20.10), Markit, 메리츠증권 리서치센터

전염병에 민감한 서비스업도 선진국 중심으로 회복

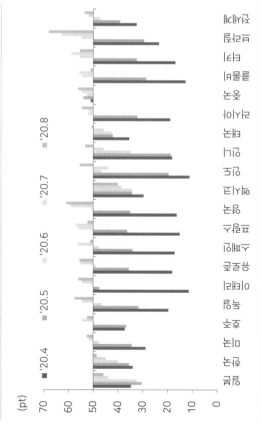

자료: IMF WEO(20.10), Markit, 메리츠증권 리서치센터

I. Good Bye 'V' Hello 'L', 완만한 오르막 길

센티먼트는 회복 이후
여건 유지가 중요

- 글로벌 전체 PMI는 현재 국면에서 정책적 지원과 전염병 통제 단계를 점검하며 추가상승 점검할 것
- 10월 미국 대선과 유럽 COVID-19 신규확진자 증가로 글로벌 금융환경 위축되는 등 점검해야 할 변수 상존

글로벌 PMI는 일단 적정선을 회복

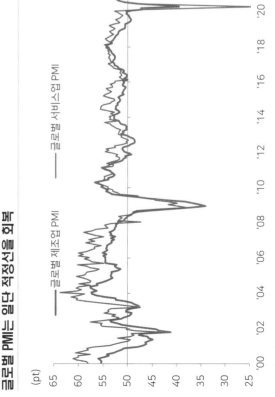

자료: Markit, 메리츠증권 리서치센터

금융시장환경이 위축되면 심리위축 부담, 불확실성 재료 해소 필요

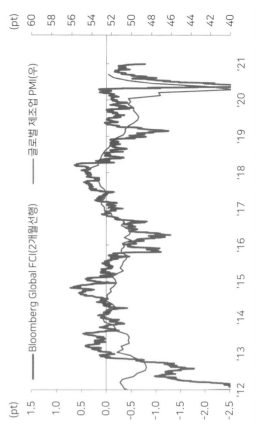

자료: Bloomberg, 메리츠증권 리서치센터

I. Good Bye 'V' Hello 'L' 완만한 오르막길

정책지원 및 美 미국 무역적자
글로벌 교역회복 일조

- PMI가 심리지표로 V자 회복을 입증했다면 실물지표 중에는 글로벌 교역이 빠른 속도로 개선
- CPB 글로벌 교역량은 미국의 막대한 무역적자와 동아시아 수출 증가를 기반으로 2008년보다 빠른 반등
- 단순히 재정정책을 통한 내수회복이 초점이 아닌 글로벌 교역개선까지 수반한 경기반등이 중요

2008년보다 빠른 속도로 교역량 개선, 향후 기울기가 중요

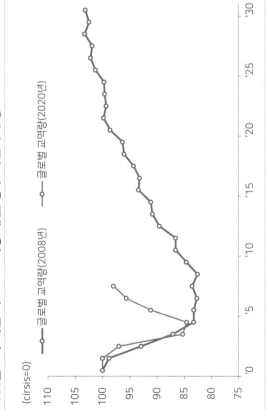

자료: CPB, 메리츠증권 리서치센터

美 미국 막대한 무역적자, 동아시아 제조업 국가 수출개선에 크게 일조

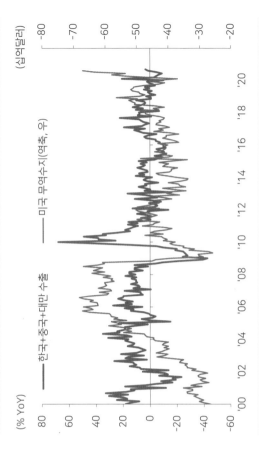

자료: Bloomberg, US Census Bureau, 메리츠증권 리서치센터

I. Good Bye 'V' Hello 'L', 완만한 오르막길

미국소비, 정책지원 빠른 개선대비 심리는 더뎌

- 미국 무역적자의 핵심은 정책이 지원한 소비지표의 실질적 반등임
- 글로벌 교역과 마찬가지로 미국 소매판매는 지수가 2008년 금융위기보다 매우 빠르게 회복
- 다만 정책이 끌어올린 소비는 심리개선까지 수반하지 못한데다 추가경기부양책 의존도도 높은 상황

미국 소매판매 정책지원으로 개선속도 빨라 글로벌 교역 개선 영향

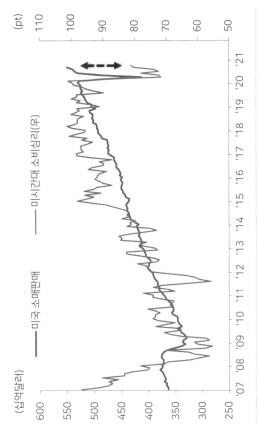

자료 : US Census Bureau, 메리츠증권 리서치센터

소매판매 개선보다 심리는 아직 위축된 수준에 머물고 있어

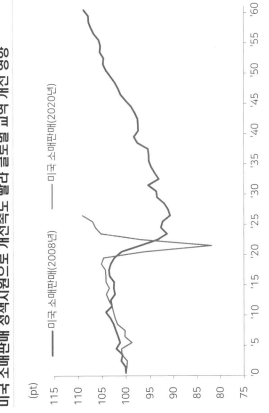

자료 : US Census Bureau, Refinitive, 메리츠증권 리서치센터

I. Good Bye 'V' Hello 'L' 완만한 오르막길

가장 양호한 중국경제
정책여력까지 남아있어

- COVID-19의 진원지라는 오명에도 중국경제는 2020년 가장 빠른 회복을 나타냄

- 대다수 중국 주요지표는 정상화 되었으며 교역확대를 통해 생산 및 제조업 강세 나타냄

- 특히 기존 계획한 확장적 재정정책 여력이 연내 남아있어 주요국 중 올해 유일한 플러스 성장 예상
  → 2021년에도 7%대 이상 성장률을 기록할 것으로 전망

중국 주요 경제지표, 전세계에서 가장 빠른 속도로 정상화

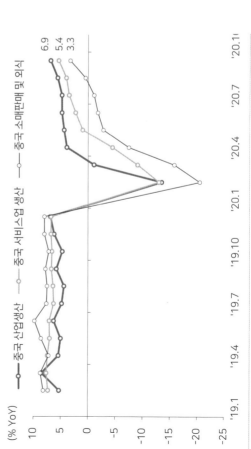

자료 : CEIC, 메리츠증권 리서치센터

중국 재정정책 계획보다 아직 1.4%p 정도 여력 남아 있는 상황

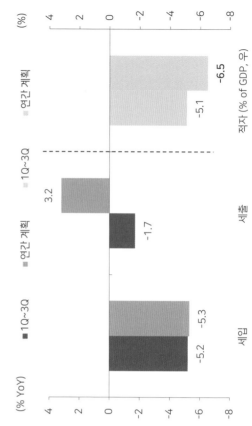

자료 : CEIC, 메리츠증권 리서치센터

I. Good Bye 'V' Hello 'L', 완만한 오르막길

유럽 전염병 통제 이후
서비스업 회복이 중요

- 가장 우려되는 유럽경제도 글로벌 회복 기조의 끝에서 개선되는 방향성은 유지할 전망

- 백신개발로 경제안전성을 가장 확보하는 지역이 유럽이 될 것으로 판단되며, 서비스업 개선 주목

- 유럽경제 회복 시점에서 동아시아를 제외한 이머징 투자에 대한 관심을 가지는 것도 중요한 포인트

중국 경제개선으로 유럽 제조업 경기회복 기대는 유효

(% YoY, pt YoY)

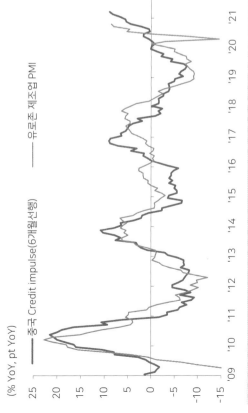

자료: CEIC, Markit, 메리츠증권 리서치센터

증가하는 신규 확진자, 다시 경제봉쇄 기로으로 서비스업 우려 상존

(pt)

(천명)

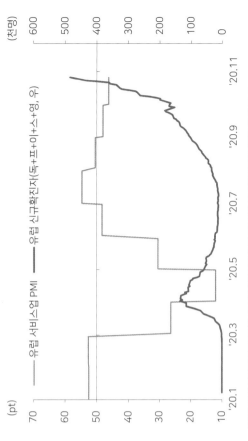

자료: Markit, WHO, 메리츠증권 리서치센터

II. Inflation on New Normal, 저물가 지속

글로벌 물가 내년 반등
그렇지만 지속성 낮을 것

■ 경기침체 국면 진입할 때 성장물가만큼 중요한 것이 물가 하락 부분

■ 글로벌 평균 물가는 COVID-19 충격으로 금융위기 이후 가장 낮은 수준 기록
  → 다만 선진국은 유가하락이 심화된 2015년 대비 올해 물가가 더 낮은 편 아님

■ 2021년 충격 복원 측면에서 선진국 중심 물가는 오르겠으나 이전대비 탄력은 낮을 것으로 전망

IMF 글로벌 물가전망, 선진국 회복에도 1%대 저물가인 반면 이머징 하락 지속

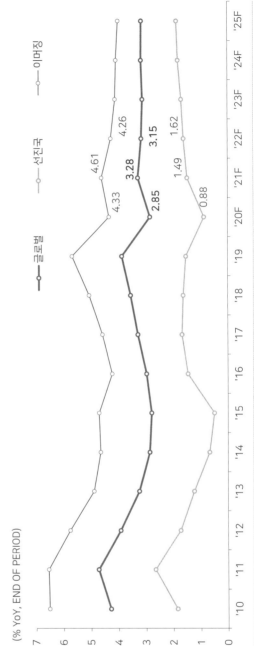

(% YoY, END OF PERIOD)

자료 : IMF WEO(20.10), 메리츠증권 리서치센터

II. Inflation on New Normal, 저물가 지속

정책적 노력 자체온증 탈피 2021년까지 반등 전망

- 선진국 이머징 공히 단기간 전염병 총격으로 물가 급격이 위축되있다가 3분기 이후 빠른 속도로 복원
- Bloomberg Consensus 기준 미국은 내년 2.0%, 유럽은 1%, 중국 또한 2% 정도 전망
- 실물경제와 마찬가지로 정상화 과정은 진행되나 이전의 양호했던 수준대비 낮은 편

2020년 2분기 물가급락 총격, 3분기 정책내응 효과 빠른 반등

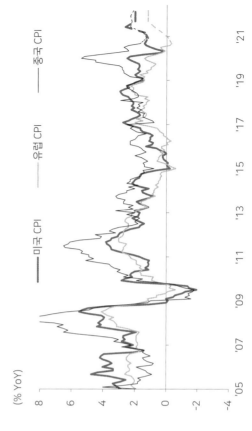

자료 : IMF Weo(20.10), 메리츠증권 리서치센터

주요국 물가전망 컨센서스, 2021년 일단은 상승 예상

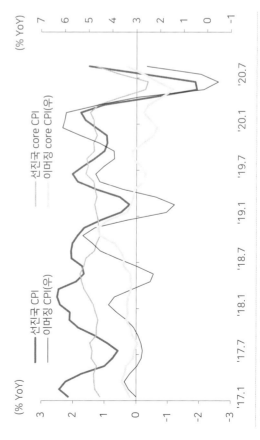

자료 : US BLS, Eurostat, 중국 통계국, Bloomberg Consensus, 메리츠증권 리서치센터

II. Inflation on New Normal, 저물가지속

원자재 가격에 반영된
물가 상승 전망의 경로

■ 기저효과 등을 감안할 때 2021년 2분기가 yoy로 물가가 가장 강한 시점으로 판단됨
  → 실제 유가급락에 따른 반작용을 감안할 때 내년 2분기 고점을 기록할 공산이 큼

■ 인플레이션 기대가 강한 국면에서 금과 주식의 상관관계가 양(+)의 영역, 아직 물가상승 압력 높은 구간

유가 여전히 정체 중이나 기저효과 감안할 때 2020년 2분기 물가상승 전인

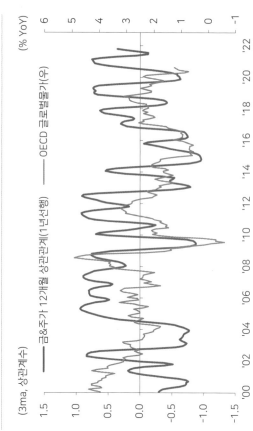

자료: Bloomberg, OECD, 메리츠증권 리서치센터

금과 주가 상관관계 높을 때 유동성 민감도 물가상승에 영향

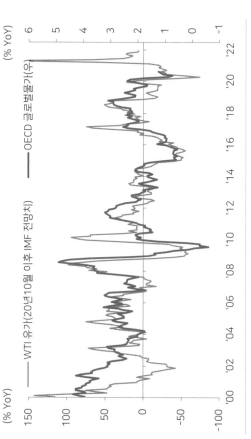

자료: Bloomberg, OECD, 메리츠증권 리서치센터

II. Inflation on New Normal, 저물가 지속

인플레기대의 회복
일단 물가는 오를 거다

- 물가채에 반영된 인플레기대는 미국 기준 이미 1% 후반 정도까지 복원된 상황
  → 미국 근원물가는 올해 1% 후반 정도로 전염병 충격은 넘어서는 수준까지 기대

- 중장기 인플레기대는 미국은 완화적 유동성과 달러약세를 기반으로 2%를 넘어서 COVID-19 이전보다 높음.
  반면 유럽은 독일의 부가가치세 인하와 전염병 통제 우려, 더딘 실물경제 회복 등으로 최근 반락

미국 근원물가보다 선행하는 BEI 기존 연내 추가 물가상승 예상

(%, % YoY)

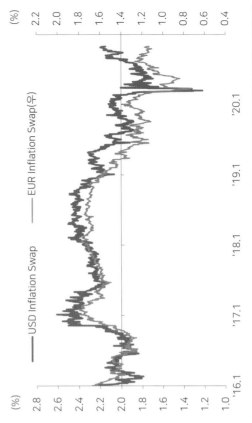

자료 : Bloomberg, US BEA, 메리츠증권 리서치센터

중장기 인플레기대, 미국은 up인 반면 유럽은 down

(%)

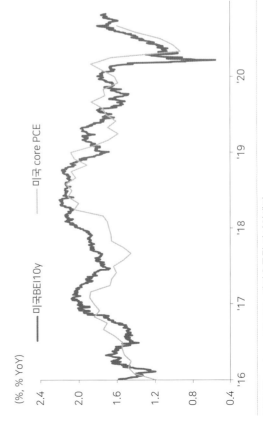

자료 : Bloomberg, 메리츠증권 리서치센터

II. Inflation on New Normal, 저물가 지속

막대하게 풀린 돈은 가치가 하락할 것이라는 기대 지속

- 실물경제 회복이 더딤에도 물가상승에 대한 기대는 풍부한 유동성 환경에서 영향
- 글로벌 M2 증가율은 2008년 금융위기 수준까지 확대되며 금융안정과 물가상승 견인기대 자극
  → 풍부한 유동성은 돈의 가치 하락으로 연결되어 인플레이션 발생

글로벌 유동성 증가율 vs 글로벌 물가, 상관관계상 물가상승 기대 합리적

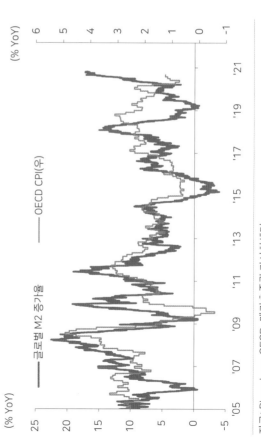

자료 : Bloomberg, OECD, 메리츠증권 리서치센터

미국 M2 증가율 역사적 비교할 수 없는 팽창, 돈의 가치 하락 인플레 가능?

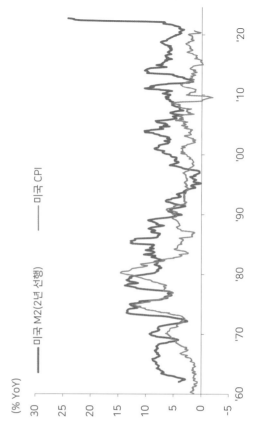

자료 : FRB, US BLS, 메리츠증권 리서치센터

II. Inflation on New Normal, 저물가 지속

물가가 오를 것이라는
서베이 결과도 상당수

- 서베이 조사 경우 3월 이후 주요국 정책대응이 물가하락을 방어할 것이라는 기대 자극

- 미국 컨퍼런스보드 소비심리 문항 중 물가전망 부분이 2분기 큰 폭으로 급증
  → 이후 실제 물가회복 정도를 점검하면서 레벨은 낮아지고 있으나 여전히 높은 수준

- 마이너스까지 하락하여 가장 저물가 부담이 큰 유럽도 소매판매 서베이는 개선 방향성 지시

다소 하락했음에도 물가가 오를 것이라는 미국 소비심리 조사

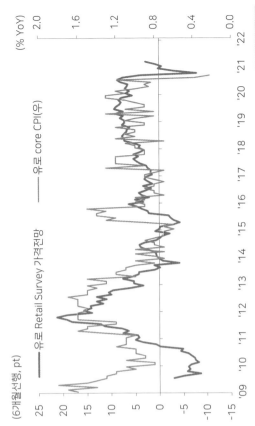

자료 : Conference Board, US BLS, 메리츠증권 리서치센터

낮아진 유럽물가 소매영 물가기대는 살아나며 개선될 여지

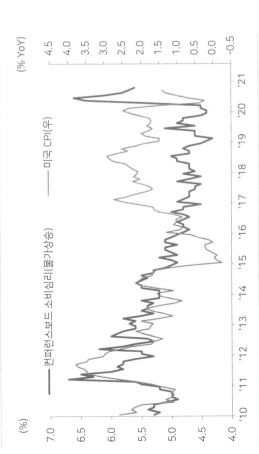

자료 : Euro Retail Survey, Eurostat, 메리츠증권 리서치센터

II. Inflation on New Normal, 저물가 지속

COVID-19 물가기여도 변화
실제 물가보다 저평가

- 3~4월 전염병으로 소비위축이 심화되자 물가에 미치는 기여도에도 영향을 미침
- 실제 소비위축 부분을 감안하여 소비자물가를 재산정할 경우 4월 미국 물가는 yoy 0.35% 아닌 1.06%
- 전염병의 충격으로 기존 우리가 생활하는 물가의 민감도가 저평가되었을 가능성도 생각해볼 문제

4월 COVID-19 확산 국면 품목별 물가기여도 변화

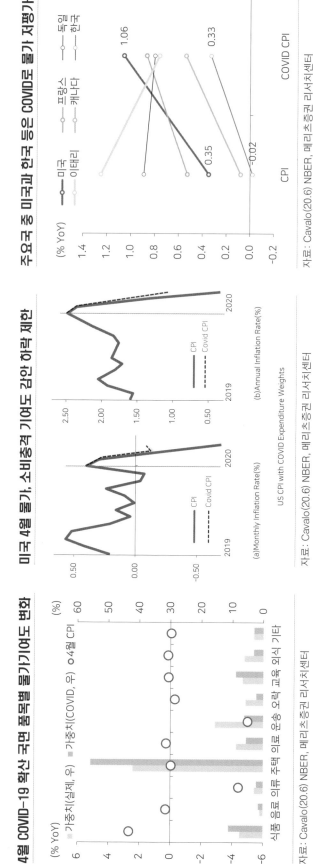

(% YoY)

■ 가중치(실제, 우) ○ 가중치(COVID, 우) ○ 4월 CPI

식품 음료 의료 주택 운송 오락 교육 외식 기타

자료 : Cavalo(20.6) NBER, 메리츠증권 리서치센터

미국 4월 물가, 소비충격 기여도 감안 하락 제한

(a)Monthly Inflation Rate(%)

CPI
Covid CPI

2019   2020

(b)Annual Inflation Rate(%)

CPI
Covid CPI

2019   2020

US CPI with COVID Expenditure Weights

자료 : Cavalo(20.6) NBER, 메리츠증권 리서치센터

주요국 중 미국과 한국 등은 COVID로 물가 저평가

미국   프랑스   독일
이태리   캐나다   한국

(% YoY)

1.06

0.33

0.35

-0.02

CPI   COVID CPI

자료 : Cavalo(20.6) NBER, 메리츠증권 리서치센터

II. Inflation on New Normal, 저물가 지속

마이너스 금리 물가채 매력 증대, 정책지원까지 가세

- 글로벌 마이너스 금리는 정부는 정책이 물가상승을 의도한 완화적 정책으로 풀이
  → 마이너스 채권 비중이 높아질수록 물가채 매수세가 늘어나는 것이 일반적인 상황

- 연준 또한 향후 물가상승 헷지 수단 및 실질금리 하락을 통한 정책지급을 강화하기 위해 물가채 편입 증대

정책의도로 금리가 마이너스까지 기록하면 물가상승 기대 높이는 경향

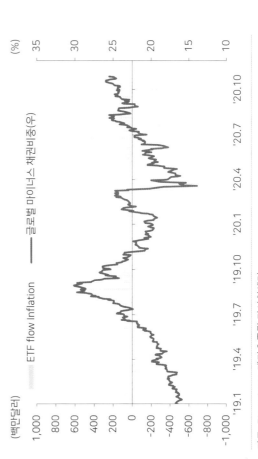

자료 : Bloomberg, 메리츠증권 리서치센터

연준 물가채 보유비중 증대, 실질금리 하락 및 인플레기대 자극

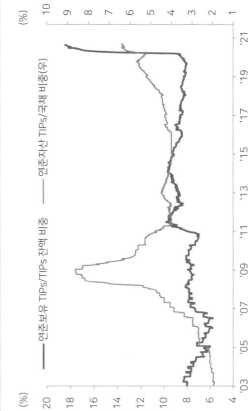

자료 : FRB, Bloomberg, 메리츠증권 리서치센터

II. Inflation on New Normal, 저물가지속

물가상승 장기화 낸망(1)
누워버린 필립스 곡선

- 2021년 상반기까지 주요국 물가상승 전망은 유효하나 이후 추세는 밋밋할 것
- 장기적인 저물가 기조 유지의 핵심 배경 중 '필립스 커브 평탄화'는 가장 유력한 기준
- 2005년 이후 미국 중심 선진국 실물경제 탄력은 낮아지자 실업률이 하락해도 임금이 오르지 않는 현상 심화
  → 기술발전 및 대체수단 보급으로 생산수단 중 인적노동력 협상력 낮아지며 제품원가 절감

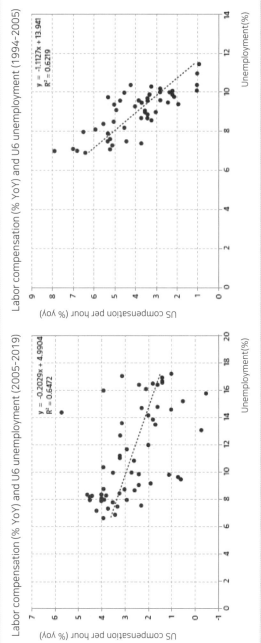

미국 필립스곡선, COVID-19 충격 이전부터 평탄화 심화된 것에 대한 고민 확대

자료: Robeco 제인용, US BLS, 메리츠증권 리서치센터

강의자료(전망) 36   482

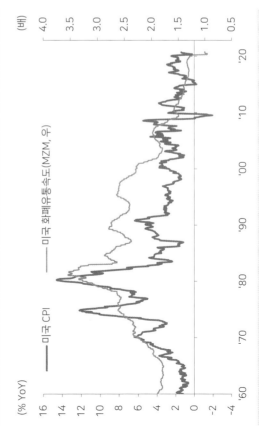

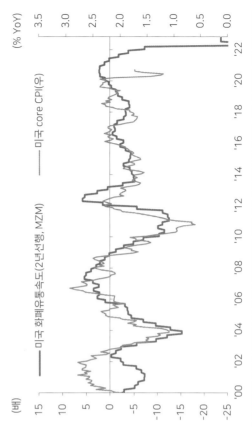

II. Inflation on New Normal, 저물가 지속

물가상승 장기화 난망 (2)
유동성 → 실물자금 약화

■ 상기한 내용 종 중부한 유동성이 도의 가치를 하락시켜 인플레기대를 자극할 수 있다고 주장
→ 그렇지만 유동성 투입대비 실물경제의 민감도를 나타내는 화폐유통속도는 지속적으로 하락

■ 유동성이 실물경제보다는 금융시장으로 흘러 들어가면서 직접투자 확대보다 금융 등 간접투자 증대

미국 화폐유통속도 감소는 유동성의 성장기여도 낮아진 것을 의미

(% YoY)

미국 CPI ─── 미국 화폐유통속도(MZM, 우)

(배)

자료: US BLS, FRB, 메리츠증권 리서치센터

우행적인 근원물가는 향후에도 회복 속도가 매우 완만할 전망

(배)

미국 화폐유통속도(2년선행, MZM) ─── 미국 core CPI(우)

(% YoY)

자료: US BLS, FRB, 메리츠증권 리서치센터

II. Inflation on New Normal, 저물가지속

물가상승 장기화 낸망(3)
실물경제 탄력지체 둔화

■ 선진국 경제성숙화 진행되면서 성장성도 낮아지고 그 변동성도 줄어드는 경향 심화

■ 장기성장추세와 물가레벨이 함께 낮아지는 현상 확인되며 표준편차도 비슷한 경향
→ 일시적 경제충격으로 물가변동성이 높아날 수 있으나 균형점에 큰 변화 야기할 정도 아님

미국 성장률 장기추세 레벨 낮아지면서 물가도 하락

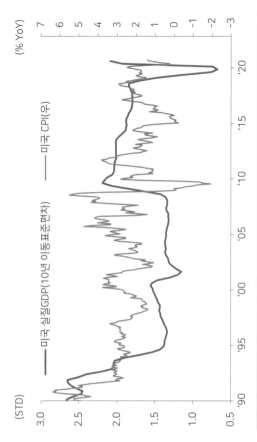

자료: US BEA, US BLS, 메리츠증권 리서치센터

미국 성장률의 표준편차와 물가의 상관관계도 점검

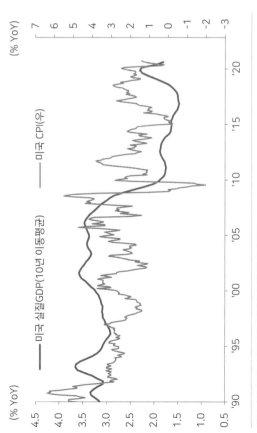

자료: US BEA, US BLS, 메리츠증권 리서치센터

II. Inflation on New Normal, 저물가 지속

물가상승 장기화 낙망(4)
아마존 효과, 가격의 효율성

- 기술발전은 필립스 커브 뿐만 아니라 운송&보관, 규모의 경제 등을 통해 가격 효율성을 높임

- 아마존 효과(Amazon effect)로 대변되는 기술혁신이 제품 단기를 낮춘다는 연구는 다양하게 진행
  → 2016년 Black Rock은 정보 1GB의 가치가 1950년 이후 급격하게 낮아지는 과정을 통해 저물가를 설명

- 실제 금융위기 이후 장기간 공산품 물가는 낮게 유지, COVID-19로 일시적 반등 유발되었으나 지속성 약할 것

1GB 정보의 가격은 점점 하락하면서 기술반전이 물가하락 견인

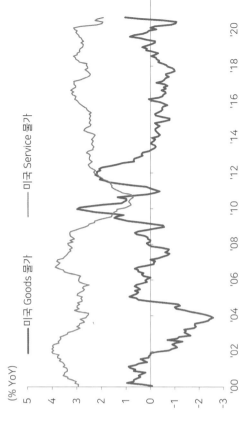

Sources: KPCB, Deloitte, Statistic Brain Research Institute, Frictionless Data
Notes: Global compute cost trends reflects the dollar cost per one million transistors.

자료: Black Rock, 메리츠증권 리서치센터

COVID-19 로 일시적 공산품 가격상승, 기반 환경 제조품 가격효율성 증대

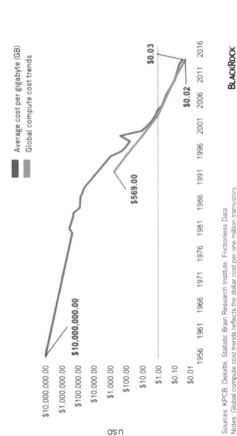

자료: US BLS, 메리츠증권 리서치센터

II. Inflation on New Normal, 저물가 지속

**옵션가격에 반영된 미국과
유럽의 향후 물가 전망**

- IMF는 미국 인플레이션 관련 옵션(option) 투자에 반영된 향후 5년 이내 변동성 추정

- 미국은 올해 COVID-19 확산 국면에서 1% 이하 확률이 80%까지 급증했다가 20%대로 하락
  → 1~3%로 무난한 물가(확률)이 70% 수준으로 무난한 경로 예상

- 유럽은 여전히 저물가에 대한 우려가 높게 깔리면서 70% 내외 수준의 저물가 확률을 반영 중

옵션에 내재된 향후 5년 이내 미국 물가 전망의 확률

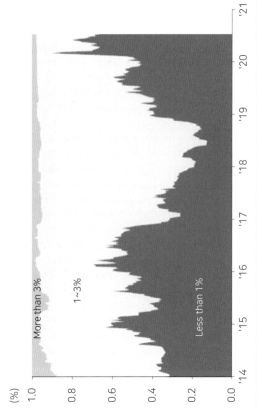

자료: IMF WEO(20.10), 메리츠증권 리서치센터

옵션에 내재된 향후 5년 이내 유럽 물가 전망의 확률

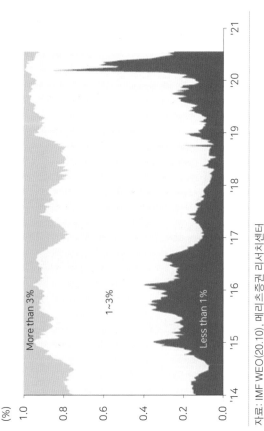

자료: IMF WEO(20.10), 메리츠증권 리서치센터

II. Inflation on New Normal, 저물가 지속

저물가의 공포는 복원
그래도 기준도는 유지될 전망

- 옵션 기준 COVID-19로 3월 중 물가가 정규분포가 깨졌다가 7월 이후 다시 복원되는 과정
- 아직 COVID-19 이전 수준으로 복원은 아니지만 글로벌 인플레 서프라이즈 지표도 기준선까지 복원
- 물가는 기저효과 반영하여 안정화되는 과정이지 추가적으로 금리상승을 견인할 재료는 아닐 것

옵션 정규분포, 미국 저물가 불안 완화되었지만 정상화는 아직

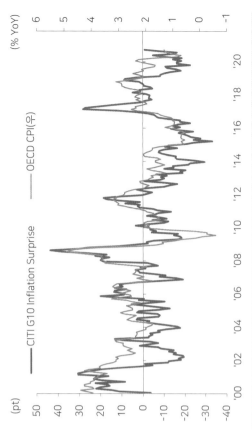

자료: IMF WEO(20.10), 메리츠증권 리서치센터

인플레이션 서프라이즈 Negative 해소, 이제 균형을 찾는 과정

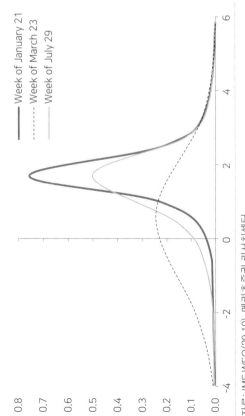

자료: Bloomberg, OECD, 메리츠증권 리서치센터

III. Still Big Government, 통화보단 재정

확장적 재정정책 경제개선 기울기를 책임지다

- COVID-19의 충격은 종합적인 정책대응으로 극복했지만 실물경제 안정을 위한 재정의 역할 부각

- 전염병으로 발생한 고용충격을 커버하는데 가장 큰 비용을 사용했고 소비안정을 위한 부분 중요

- 미국은 대선결과에 따라 추가 경기부양책 강도가 추정됨에 따라 성장회복의 정도도 다를 것으로 추정

선진국과 이머징, 분야별로 재정정책 활용 비율

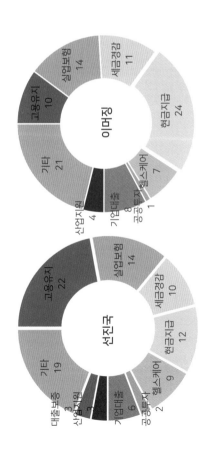

자료: UBS 추정(20년 7월 기준), 메리츠증권 리서치센터

미국 대선결과에 따른 GDP 전망의 시나리오

Potential Paths for GDP, Based on Post Election Scenarios

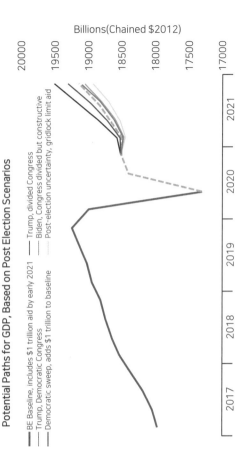

Billions(Chained $2012)

— BE Baseline, includes $1 trillion aid by early 2021 — Trump, divided Congress
— Trump, Democratic Congress — Biden, Congress divided but constructive
— Democratic sweep, adds $1 trillion to baseline — Post-election uncertainty, gridlock limit aid

자료: Bloomberg Economics, 메리츠증권 리서치센터

III. Still Big Government, 통화보다 재정

미국 대선 공약 및
추가 재정부양책 정리

- 자료 발간시점 미국대선 결과 확인, 우리는 채권시장 입장에서 누가 되어도 금리는 오를 것으로 주장
- 공약이나 정책시행 등 세부내용은 트럼프보다 바이든이 금리상승 압력이 높을 것으로 주장
  → 트럼프 당선 시 내년 상반기 미국채10년 1.0% 내외 바이든 1.2%까지 20~30bp 높게 예상
- 단기간 바이든발 리스크 햇지로 미국금리 급등, 트럼프 당선으로 되돌림 진행될 수 있으나 일시적일 것

미국 대선주자 주요 공약정리

	트럼프	바이든
연준	직접완화/마이너스 금리 주장/ 연준이사 추천닝마	연준독립성 인정/옐런 의장직 검권
법인세	리쇼어링 지원/자본비용 인정/연취적	법인세 28%로 인상/ 해외투자 기업 10% 과징세
개인세	자본소득세 15% 인하	부유세 39.6%로 2.6% 인상/ 저소득감세
금융	없음	금융거래세
교역	미국 교역적자 축소/중국과 마찰/ 관세부과 활용	유럽 관세복원/400B$ 미국제품, 300B$ R&D 지원/ 중국관세 철회 미언급
인프라	1.5T$ 계획중 2019년 200B$ 예산집행 실패	2T$ 주요 사회/자본 지원계획
규제	금융, 고용, 에너지, 환경 규제완화. 단 Tech 규제지속	고용, 금융, 환경, Tech 전부문 규제강화
교육	없음	아동지원 확대/ 학생대출 부담지원/ 공공교육 125k$ 지원
건강/사회	조제비 축소	건강보험 확대/사회보장지원/ 조제비 축소

자료: Bloomberg Economics, 메리츠증권 리서치센터

재무부와 민주당의 2차 부양책안 주요 내용 비교 (10월 첫째주 버전)

	재무부 (The New White Offer)	민주당 (Heroes Act 2.0)
규모	1.62조 달러	2.2조 달러
가계 보조금	기준 부합하는 성인 1명당 1,200달러 / 기준 부합하는 부양가족 1명당 500달러	좌동 / 좌동
연방 실업급여	연말까지 주당 400달러 (9월 12일분까지 소급 적용) (공화당 기준안: 300달러 주장)	21년 1월말까지 주당 600달러
지방 교부금	2,500억 달러	4,360억 달러 (기준안: 9,000억 달러)
교육/아동 예산	1,500억 달러(교육)/ 250억 달러(보육/양육)	2,250억 달러(교육)/ 570억 달러 (보육/양육)
중소기업 지원	1,600억 달러 (급여보존 프로그램: PPP)	PPP 연장 / 500억 달러 교부금 지원
취약업종 지원	외식업/벤처 1,200억 달러 (항공업: 200억 달러)	외식업 1,200억 달러 (항공업: 280억 달러)
학자금 대출	280억 달러	대상 연장
임대료/모기지 지원	600억 달러	210억 달러
의료지원	1,750억 달러 (COVID-19 검사/추적: 750억 달러)	2,490억 달러 (COVID-19 검사/추적: 750억 달러)
우편국 지원	100억 달러	150억 달러

자료: 미국 하원, Forbes 등 현지언론, 메리츠증권 리서치센터

III. Still Big Government, 통화보다 재정

주요국 재정지원 전방위적
대응 통해 경제안정 도모

- 2020년 COVID-19 국면에서 선진국 평균 GDP대비 직접재정 9.26%, 간접재정 11% 대응
  상대적으로 이머징 작은 편이었으나 직접재정 3.4%, 간접재정 2.5% 활용

- 2008년 금융위기의 2배 이상의 재정지출 강도로 판단되며 실물경제 안정의 시급성을 나타내는 내용

주요국 전통적 재정지원 및 간접 재정지원 정리

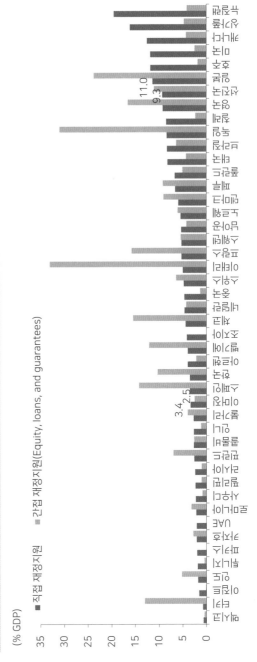

(% GDP)

자료: IMF Fiscal Monitor(20.10), 메리츠증권 리서치센터

III. Still Big Government, 통화보다는 재정

역사적 재정정책 대응
막대한 정부부채 증가 연결

- 2000년 이후 가장 길은 재정적자의 길이 2021년부터 선진국 빠른 속도로 복원 예상
  → 유럽은 재정건전성 일부 검토 중이나 미국은 추가부양책 대기 중 종합적으로 고려

- 막대한 재정적자 → 정부부채 급증으로 연결, 선진국은 2차 대전 당시 정부부채 수준까지 급증
  이머징 역시 역사적 수준 정부부채 늘어 향후 재정정책 부작용으로 'debt trap' 같은 문제 부각 가능성

2020년 공격적 재정대응, 점차 줄이겠으나 여전히 재정 중요도 높을 것

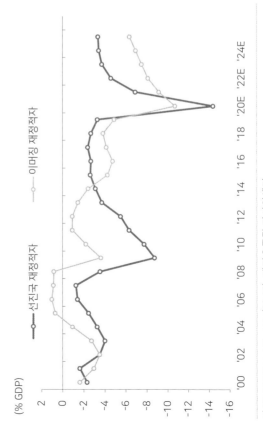

(% GDP)

선진국 재정적자 / 이머징 재정적자

자료 : IMF Fiscal Monitor(20.10), 메리츠증권 리서치센터

선진국 정부부채 2차대전 수준을 넘어설 정도로 급증

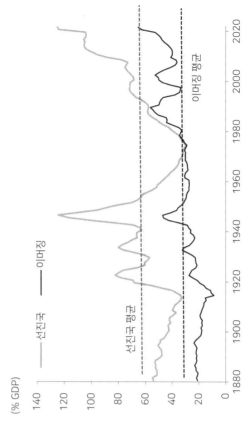

(% GDP)

선진국 / 이머징

선진국 평균 / 이머징 평균

자료 : IMF Fiscal Monitor(20.10), 메리츠증권 리서치센터

III. Still Big Government, 통화보다 재정

재정정책는 큰 정부부채
그래도 경제 살리기 위해 불가피

- 올해 1월 주요국 재정수지와 정부부채 전망은 4월 COVID-19확산으로 큰 폭 변경
  6월에 공포심리 확산되 우려가 정점이었으나 10월 예상치는 다시 감소하며 예상보다 안정

- 올해 선진국은 대부분 확장적 재정정책을 통해 성장률 하락 방어에 최선을 다함

2020년 시점별 주요국 재정수지 및 부채 전망, 6월보다 10월 다소 축소

주요국 재정지출과 실제 성장률 전망치와 비교

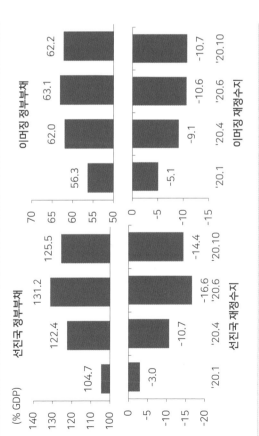

자료 : IMF Fiscal Monitor(20.10), 메리츠증권 리서치센터

자료 : IMF Fiscal Monitor(20.10), 메리츠증권 리서치센터

III. Still Big Government, 통화보단 재정

추가 재정정책과 경제충격 조합에 따른 시나리오

- 향후 추가적으로 주요국들의 재정정책이 유입될 경우 시나리오 분석
- 추가정책 없이 2021년부터 적자규모가 정상화될 경우 글로벌 성장률 4~5% 내외 추정
- 그렇지만 전염병 공포가 다시 확산되거나 그렇지 않아도 경기안정을 위해 재정 투입할 경우 성장반등 기대

시나리오: 추가 재정지원 없음, 경제충격 없이 재정지원, 충격 발생 재정지원

(% of Potential GDP)

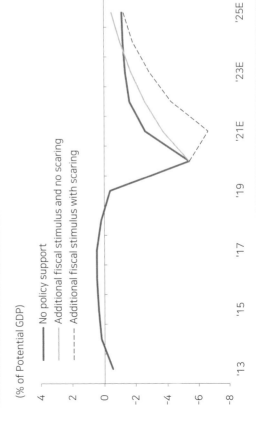

—— No policy support
—— Additional fiscal stimulus and no scaring
- - - Additional fiscal stimulus with scaring

자료 : IMF Fiscal Monitor(20.10), 메리츠증권 리서치센터

현재 유력한 충격 없이 재정지원이 2021년 성장률 가장 큰 폭 상향

(% YoY)

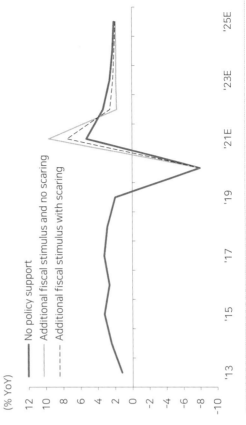

—— No policy support
—— Additional fiscal stimulus and no scaring
- - - Additional fiscal stimulus with scaring

자료 : IMF Fiscal Monitor(20.10), 메리츠증권 리서치센터

III. Still Big Government, 통화보단 재정

**경제체제 및 저금리 여건
재정정책 중요도 더욱 커져**

■ 실물경제가 침체 혹은 통화정책 한계영역에서 재정의 역할을 더욱 중요

→ 실제 일부 연구에 따르면 경기침체기와 제로금리 영역에서 재정지출 승수는 큰 폭 증대

■ 경기침체적 국면에서 감세도 중요하지만 정부투자 자금이 효과적이라는 연구 결과

경제국면별 재정지출 승수 및 제로금리 가정의 효과 분석

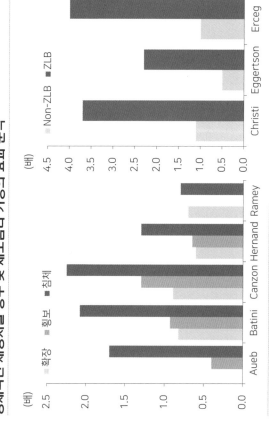

자료 : IMF Working Paper(2014) Fiscal Multiplier, 메리츠증권 리서치센터

미국과 유럽, 재정분야 별 재정승수 비교

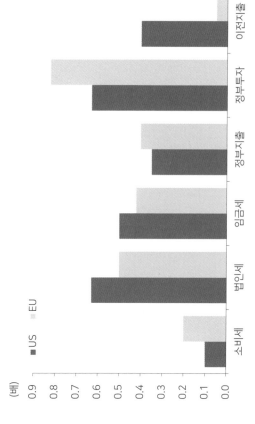

자료 : IMF Working Paper(2014) Fiscal Multiplier, 메리츠증권 리서치센터

III. Still Big Government, 통화보단 재정

재정은 실물 직접 자극
생산과 고용유발

- 공공투자 GDP 1%가 재정승수로 산출과 고용에 미치는 영향도 긍정적 평가
- 2021년은 2020년 대비 절대 재정강도가 줄어들 수 있으나 총격반응 2년 차 더해져 긍정적 예상

공공투자로 인해 산출물(output) 확대 영향

(%, GDP 1% 공공투자)

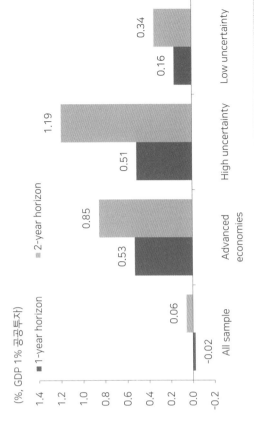

자료 : IMF Fiscal Monitor(20.10), 메리츠증권 리서치센터

공공투자로 인해 고용(employment) 확대 영향

(%, GDP 1% 공공투자)

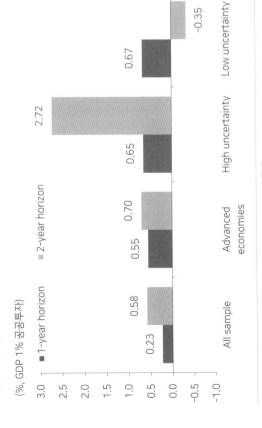

자료 : IMF Fiscal Monitor(20.10), 메리츠증권 리서치센터

III. Still Big Government, 통화보다 재정

미국 구조적 재정적자
부채증가와 저금리 조합

- CBO, COVID-19가 아니어도 미국 장기간 재정적자 고착화 가능성 제기
  → 고령화, 인구구조 영향으로 의료비와 사회 보장비 증가를 원인으로 지목

- 이번 COVID-19 총격으로 정부부채 큰 폭으로 늘었다는 점에서 향후 저금리 유지가 중요한 조건

장기간 미국 세입과 세출 전망, 만성적인 적자 위험노출

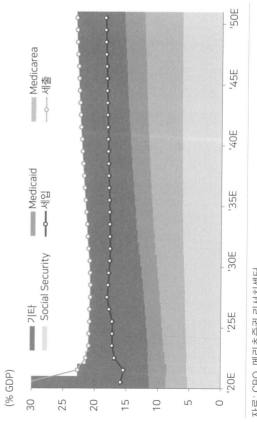

자료: CBO, 메리츠증권 리서치센터

미국 정부부채와 금리는 역상관, 현재 저금리와 부채금증 구간

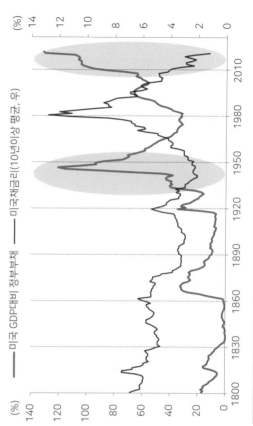

자료: NBER, 메리츠증권 리서치센터

III. Still Big Government, 통화보단 재정

2021년 미국채 발행 큰 폭으로 급증 예상

- 2020년 확장적 재정정책만으로 기존 미국 Note+Bond 발행 월간 2천억 달러 → 3천9백억 달러 증가
- 미국 대선결과 확인 이후 당선자에 따라 강도 차이가 있을 수 있으나 현재 트럼프 행정부 1.8조 달러 규모 부양책만 단행되어도 2021년 연말까지 월발행 5천억 달러 수준까지 늘어남 부담

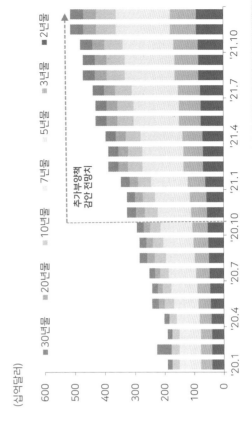

2020년 CARES Act 1.0 시행으로 증가한 Note&Bond 발행

(십억달러)

자료 : US Treasury, Morgan Stanley, 메리츠증권 리서치센터

2021년 CARES Act 2.0 추가부양책 시행될 경우 발행물량

(십억달러)

자료 : US Treasury, Morgan Stanley, 메리츠증권 리서치센터

III. Still Big Government, 통화보다 재정

빠른 정부부채 증가에도 저금리로 이자부담 낮춤

- 정부부채 급증에도 역사적 금리바닥으로 선진국과 이머징 공히 GDP대비 이자부담 크게 증가하지 않음
- 그렇지만 CBO 장기전망에서 정부부채는 GDP 200%까지 늘고 금리도 상승할 것이라는 경고
- 향후 5년 이내에 정부부채 관리 잘 통제해야 향후 부채의 덫에 빠지는 위험에서 벗어날 수 있어

선진국과 이머징 공히 정부부채 급증에도 저금리로 부담 덜어

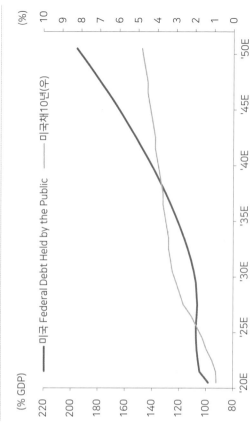

자료: IMF Fiscal Monitor(20.10) 메리츠증권 리서치센터

CBO 장기전망, 정부부채 증가와 금리상승 예상

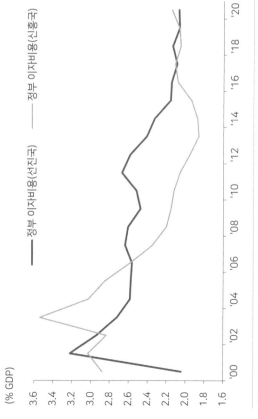

자료: CBO, 메리츠증권 리서치센터

III. Still Big Government, 통화보단 재정

장기간 이자부담 관리
재정정책의 중요한 이슈

- 현재 통화정책 기조 2025년까지 유지, 부채 증가에도 GDP 이자비용은 현 수준에서 통제
- 2025년 이후 늘어나는 이자부담은 장기적인 재정관리와 통화정책에 시사점 제시
- 일각에서는 정부부채 축소가 단행되지 않는 한 '영원한 저금리'에서 벗어나기 힘들 것으로 주장
  반면 늘어난 정부부채가 완화적 통화정책에도 구축효과 유발하며 금리상승 견인할 위험도 제기

향후 부채급증과 금리상승으로 정부이자 부담 2050년 GDP 8%까지 증가

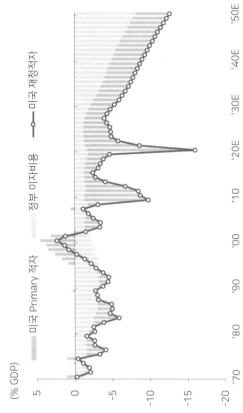

(% GDP)

자료: CBO, 메리츠증권 리서치센터

의료비와 사회보장 비용 급증, 향후 통화정책 공조 중요성 높아질 것

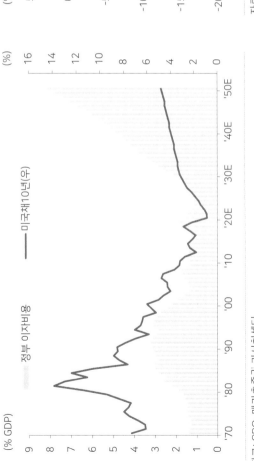

(% GDP)

자료: CBO, 메리츠증권 리서치센터

III. Still Big Government, 통화보단 재정

완화적 통화정책
충분조건 아닌 필요조건

- 주요국 통화정책 사상 최저치 기준금리 이외에 비전통적 수단까지 활용하여 대응

- 실제 마이너스 금리, 채권 및 자산매입, Average Inflation Targeting 등 포워드 가이던스 활용

- 연준과 RBA 등 주요국 중앙은행 2023년까지 금리인상 하지 않겠다는 점도표 및 총재 발언 제시

주요국 통화정책, 비전통적 수단까지 총동원

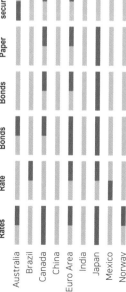

자료: Bloomberg, 메리츠증권 리서치센터

연준 적어도 2023년까지 연방금리 인상은 없다는 입장

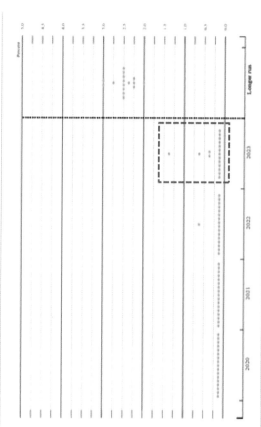

자료: FRB, 메리츠증권 리서치센터

III. Still Big Government, 통화보다 재정

중앙은행 자산 큰 폭 증가
추가가 더 늘릴 수 있을지 고민

- 중앙은행 자산 GDP대비 100%를 초과하는 스위스와 일본 같은 국가 등장
  → 자산매입 프로그램을 통해 금리+금융시장 안정을 도모하는 주요국 중앙은행

- 일본과 ECB는 이미 발행된 국채 70%, 미국도 50% 이상 편입하면서 채권의 정책의존도 높임

- 그럼에도 현재 늘어나는 재정대비 중앙은행 자산속도가 더뎌지면서 금리가 오를 수 있다는 우려

전염병에 대응하기 위해 중앙은행 자산 급증

자료 : Bloomberg, 메리츠증권 리서치센터

전체 국채시장에서 중앙은행 보유비중

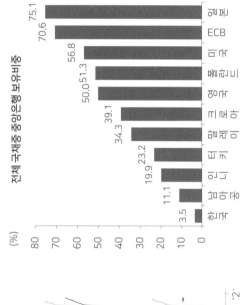

자료 : IMF GFSR(20.10), 메리츠증권 리서치센터

중앙은행 자산, 정부부채 증가보다 느려질 우려

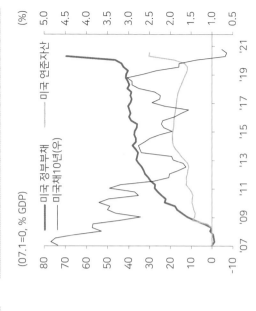

자료 : US Treasury, FRB, Bloomberg, 메리츠증권 리서치센터

III. Still Big Government, 통화보단 재정

추가 완화기대 약화에도
정상화 기대 역시 이른 상황

- 높은 실업률과 낮은 물가는 향후 통화정책 정상화 속도를 매우 완만하게 진행하도록 할 것

- 단순히 실물경제 회복 뿐만 아니라 늘어난 정부부채와 저물가에 대한 부담 해소를 위한 정책노력 필요
  → 2차 대전 같은 의도적인 실질금리 마이너스는 아니겠으나 정책필요요성 마이너스 실질금리 장기화 가능성

자물가와 고실업률의 조합은 기준금리 인상 시점 지연의 요인

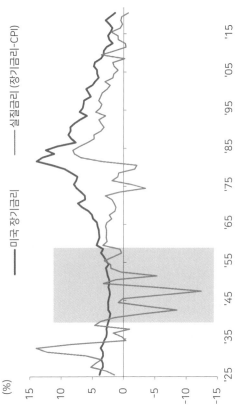

자료: US BLS, FRB, 메리츠증권 리서치센터

실질금리 마이너스를 통해 성장과 물가 공히 개선시킬 노력

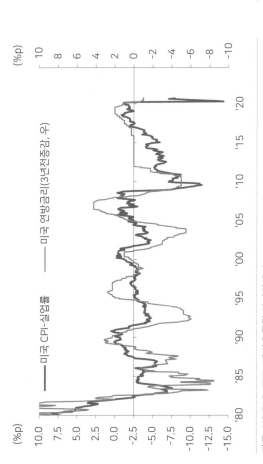

자료: NBER, 메리츠증권 리서치센터

III. Still Big Government, 통화보단 재정

미국과 유럽 자연이자율 0%
실질금리 마이너스 장기화

- 주요국 자연이자율(r*) 역시 역사적 저점 수준인데 미국과 유럽은 2분기 0% 수준으로 급락
- 실질기준 균형적정금리가 낮아진 만큼 현재 미국 물가채 10년 -1%는 상당기간 정당화될 가능성
- 2021년 미국채10년 1%대 반등해도 미국 물가 2% 내외 회복하면 실질금리 마이너스 폭 유지

저축=투자 균형을 잡아주는 자연이자율(r*), 미국과 유럽 0% 수준 급락

(%)

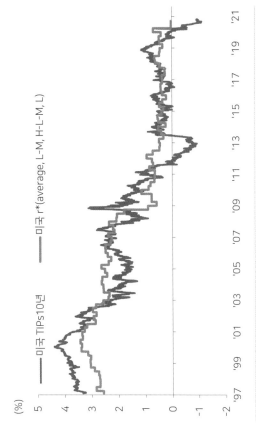

자료 : NY Fed, 메리츠증권 리서치센터

미국은 자연이자율 하락을 좇아 실제 실질금리 -1% 내외 등락

(%)

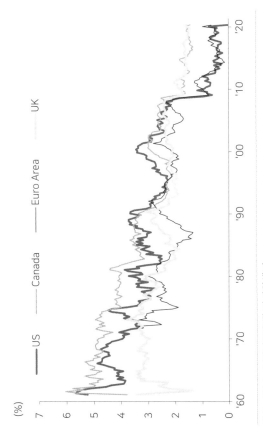

자료 : Bloomberg, AT Fed, 메리츠증권 리서치센터

III. Still Big Government, 통화보다 재정

AIT 실행으로 물가가 올라야
금리를 올릴 수 있다는 기대

- 연준 수정경제전망 6월보다 9월 숫자 고용과 물가 공히 개선

- 시장의 관심은 2023년까지 PCE기준 물가가 목표인 2.0%를 상회하지 못하는 부분
  → AIT 포워드 가이던스 도입, 2023년까지 통화정책 변화는 불가하다는 인식

- 그렇지만 2012년 이후 연준은 자신 있게 물가전망을 목표수준 이상으로 제시한 적이 없음

연준 수정경제전망(SEP), 물가는 2023년까지 목표수준 2% 겨우 달성

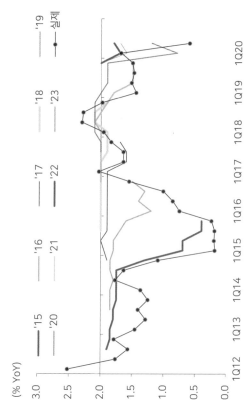

자료: FRB, 메리츠증권 리서치센터

연준 2018년 제외 실제 물가전망을 목표수준 이상 제시한 적 없음

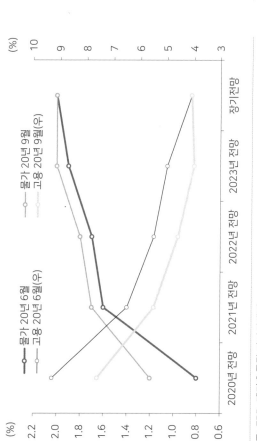

자료: FRB, 메리츠증권 리서치센터

III. Still Big Government, 통화보단 재정

Dual Mandate 중 실업률 하락도 점검하며 기대 대응

■ Dual Mandate 중 실업률이 자연실업률 구간에 진입하면 물가압력이 없어도 통화정책 변화 야기
→ 우리는 2023년 연말 정도에 연준의 금리인상 가능성에 대한 논의 진행될 수 있다는 판단

■ 시장기대가 앞서간다는 점에서 금리바닥 확인 이후 적절한 금리정상화 기대 반영할 수 있음

■ 10월 말 기준 연방금리 선물은 2022년 소폭이나마 반등하는 기대로 변화된 것이 특징적

2004년과 2016년 물가 과열 아니어도 자연실업률 수준에서 금리인상 시작

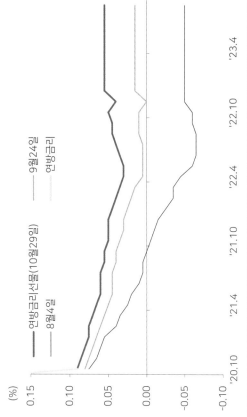

자료: FRB, US BEA, US BLS, 메리츠증권 리서치센터

10월 들어와 미국 연방금리선물 미약하나 2022년 중 반등으로 전환

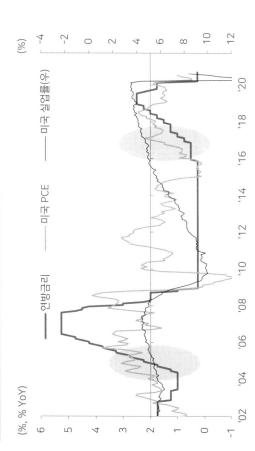

자료: Bloomberg, 메리츠증권 리서치센터

III. Still Big Government, 통화보단 재정

YCC는 공급부담 현실화 시 마지막 방어수단으로 판단

- 향후 추가 통화정책 수단으로 거론되는 Yield Curve Control(YCC)의 경우 실행 가능성 낮다는 전망 유지

- YCC를 단행해야 하는 상황은 국채발행 물량 소화가 어려워지면서 금리상승 통제가 되지 않는 상황
  → 2차 세계대전 당시 정부부채 급증을 통제하기 위해 금리목표제 시행했던 경험

- 정상적인 실물경제 반등 구간에서 시장성 테스트, 미국채 Note와 Bond 응찰률 점검하며 여지 고려

2차 세계대전 당시 정부부채 금증구간에서 미국금리 1%로 고정

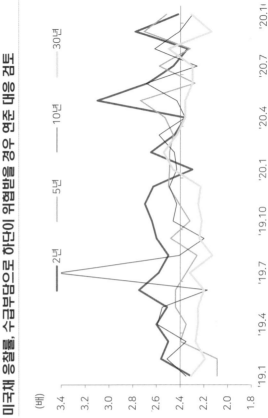

자료: NBER, 메리츠증권 리서치센터

미국채 응찰률, 수급부담으로 하단이 위협받을 경우 연준 대응 검토

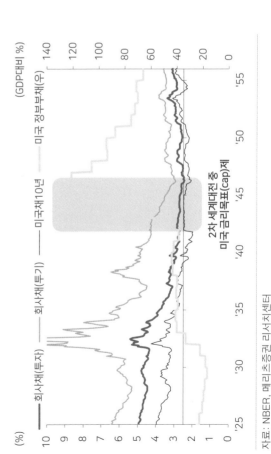

자료: US Treasury, 메리츠증권 리서치센터

III. Still Big Government, 통화보단 재정

향후 미국 금리인상 강도 2018년보다 낮을 전망

- 미국 자연이자율 하락으로 향후 통화정책 정상화는 물가목표 수준 정도에 그칠 것
  → 현재 2.0% 내외 정도로 추정되며 연준이 제시하고 있는 longer-run 2.5%보다 50bp 낮은 수준

- 1980년 이후 미국 통화정책상 연방금리 인상의 상단은 이전 상단의 연결선의 기울기 정도였음
  그럴게 2024년 내외 정도를 고려하면 1.5% 내외 정도까지 연방금리 상승이 가능한 정도 임

자연이자율 하락에 따른 균형연방금리 2% 내외로 하락

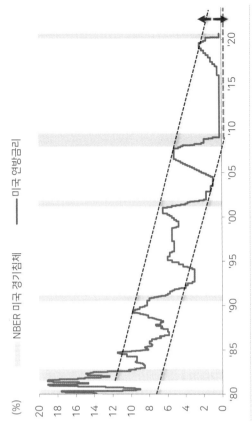

자료 : NBER, FRB, AT Fed, 메리츠증권 리서치센터

장기적인 연방금리 인하경로 기존 상단은 1%대 중반 추정

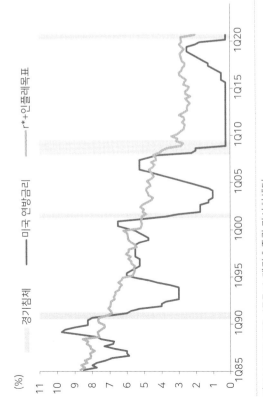

자료 : NBER, FRB, 메리츠증권 리서치센터

IV. Market Stable, 시장금리 안정화

부진한 Main St. 대비
과열 평가 받는 Wall St.

- 2020년 예상보다 정책지원으로 금융시장 빠른 안정 회복했지만 이후 강화된 위험선호 경계감 증대
- 2000년 이후 Main vs Wall St. 논란으로 알려진 실물대비 금융의 버블논란 다시 제기
- 기업 효율성이 부(富)의 분배를 주도하면서 직접투자보다 볼볼한 기업투자가 대세로 군어짐

실물경제를 대표하는 고용시장 위축대비 자산가격 상승세 지속

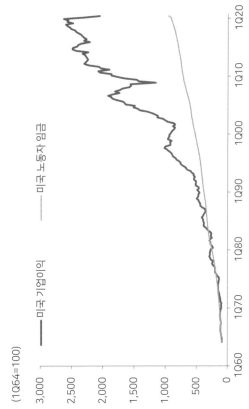

자료: US BLS, Bloomberg, 메리츠증권 리서치센터

1990년 이후 임금상승 속도보다 매우 빠르게 늘고 있는 기업이익

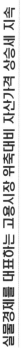
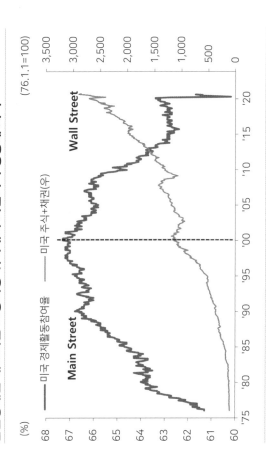

자료: FBR, US BLS, 메리츠증권 리서치센터

IV. Market Stable, 시장금리 안정화

심화되는 양극화와 과거 침체기 뛰어넘은 자산가격

- Wall St. 과열은 양극화와 같은 구조적인 문제도 심화시키면서 실물경제 어려움 심화

- 버블 점검용으로 유명한 버핏 차트를 채권과 부동산까지 확산해서 비교
  → COVID-19 국면에서 급격한 유동성 공급, 과거 경기침체 당시보다 더 큰 폭으로 자산가격 급증

- 향후 실물경제 정상화 과정에서 앞서간 자산가격이 안정될 것인지 점검이 필요한 상황

피케티의 분배차트, 대공황 이후 가장 심각해진 양극화 고민

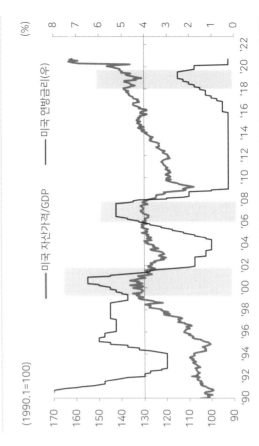

Figure I.1. Income inequality in the United States, 1910-2010

The top decile share in U.S. national income dropped from 45-50% in the 1910s-1920s to less than 35% in the 1950s (this is the fall documented by Kuznets); it then rose from less than 35% in the 1970s to 45-50% in the 2000s-2010s. Sources and series: see piketty.pse.ens.fr/capital21c.

자료: Thomas Piketty 「Capital in the Twenty-First Century」, 메리츠증권 리서치센터

미국 [부동산+채권+주식]/GDP, 과거 버블시기를 뛰어넘어 급증

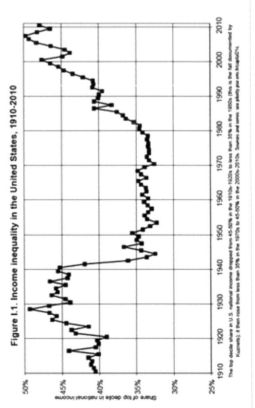

주: 미국 자산가격은 부동산, 채권, 주식 시가총액 가중 평균값임
자료: Bloomberg, US BEA, FRB, 메리츠증권 리서치센터

IV. Market Stable, 시장금리 안정화

**낮은 실질금리와 풍부한
유동성 환경 자체는 유효**

- 현재 완화적인 통화정책과 확장적 재정정책 등의 환경은 금융시장에 긍정적인 환경
- 특히 마이너스 실질금리는 자본활용 측면에서 직접+간접(금융) 투자를 자극하는 여건
- 현재 정책기조만 유지해도 글로벌 M2 증가율은 내년 2분기까지 상승, 이후 추가 정책여건에 따라 금융환경
  변화 여부 점검하는 것이 중요할 것

물가상승대비 저물가, 마이너스 실질금리 유지는 위험선호 지지

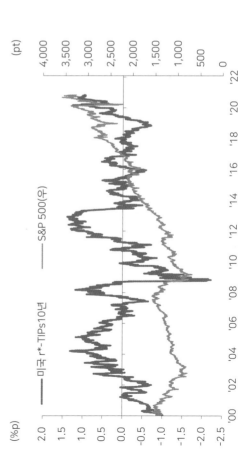

자료: AT Fed, Bloomberg, 메리츠증권 리서치센터

글로벌 유동성 증가율 2021년 2분기 반락 정도를 점검하며 대응

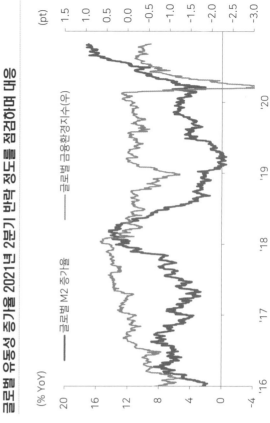

자료: Bloomberg, 메리츠증권 리서치센터

IV. Market Stable, 시장금리 안정화

2021년 무난한 경제개선 및 유동성 여건 위험선호 지속

- IT, 특히 big Tech로 대변되는 일부 선도업종이 과열에 대한 우려감 높아진 상황
  → 닷컴 버블 당시보다는 마켓캡 부담은 현재 낮은데다 FAANG은 실제 돈을 벌고 있다는 것이 중요
- 이번 COVID-19 쳥제는 대공황보다는 금융위기와 유사한 정책배경을 바탕으로 2021년에도 위험선호 견인

적극적인 정책대응은 대공황보다는 금융위기와 유사한 주가패턴 이끌 것

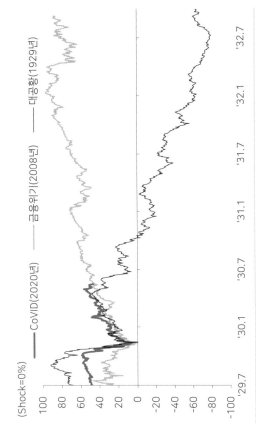

자료: Bloomberg, 메리츠증권 리서치센터

FAANG의 버블은 과거 닷컴버블 당시 IT 섹터 시총보다 아직 낮은 편

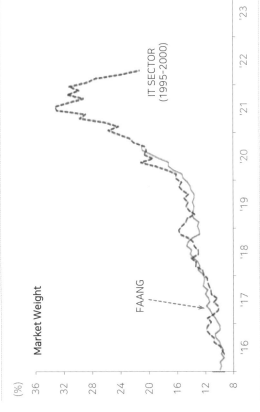

주: IT 섹터는 MSCI Mid & Large Caps 기준
자료: Alpine Macro, 메리츠증권 리서치센터

IV. Market Stable, 시장금리 안정화

크레딧 리스크 적정한
구조조정 진행되며 통제

- 2020년 3월 불안감이 최고조인 시점에서 미국 정부가 제시한 CARES Act는 크레딧 위험을 통제
  → 역사적인 저신용 기업 파산에 맞먹는 금액을 대출로 산정하면서 무분별한 파산을 통제

- 2분기 은행들이 가계신용 연체율이 오히려 하락하는 등 정책지원 및 건전성 확보과정 위험도 낮음

- 현재 진행중인 미국 기업들의 파산은 CCC 등급 이하가 중심으로 구조조정 과정으로 해석

미국 가계신용 연체율, 은행들의 위험관리 통해 2020 하락

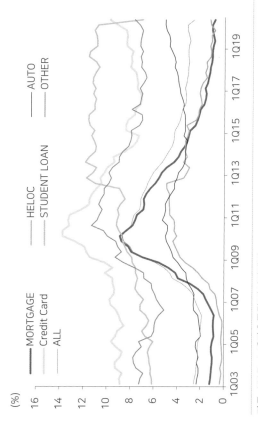

자료 : NY Fed, 메리츠증권 리서치센터

미국 하이일드 둥에서도 최저신용 기업 중심으로 파산 진행

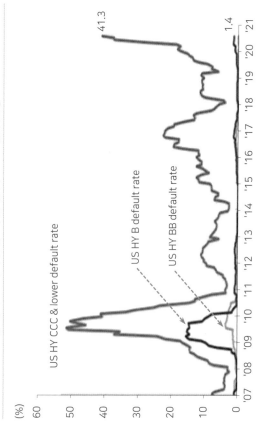

자료 : Bloomberg, Bankruptcy.com, 메리츠증권 리서치센터

IV. Market Stable, 시장금리 안정화

미국대선 이후 하이일드
스프레드 추가개선 가능

- 완화적 금융환경과 위험선호를 지지하는 여건에 큰 변화가 없어 글로벌 크레딧 투자 긍정적 전망 유지

- 미국대선 이후 추가정책 지원은 신용여건 개선에 일조하며 펀드플로우 변화 주목할 필요
  → 현재 미국 기업파산 증가는 증가는 구조조정 차원 이해 하이일드 스프레드는 안정적이도 안정적으로 축소 진행

미국 기업파산 큰 폭으로 증가해도 하이일드 스프레드 안정적 유지

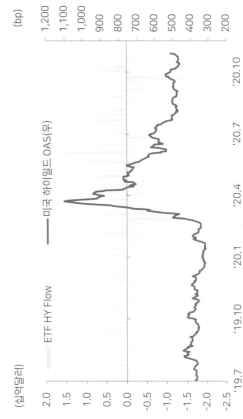

자료: Bloomberg, Bankruptcy.com, 메리츠증권 리서치센터

미국 대선 리스크로 위험자산 헷지, 추가 확장적 재정은 하이일드 긍정적

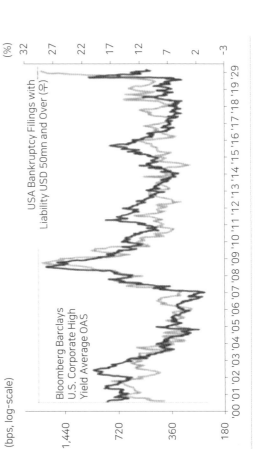

자료: Bloomberg, 메리츠증권 리서치센터

IV. Market Stable, 시장금리 안정화

미국채10년 단기전망(1)
경기 모멘텀 개선 추가 반영

- 우리는 기존 연내 미국채10년 0.9% 상단 테스트(트럼프 집권가정) + 바이든 당선 시 1% 내외 반등

- 이후 내년 상반기까지 현재 재정정책 기조 수준 유지일 경우 미국채10년 1% 내외, 추가집행 확대는
1.2%까지 반등 가능성을 열어둠(적게는 20bp에서 많게는 40bp까지 업사이드를 예상)

- 미국 심리지표 개선 및 경기모멘텀 반등을 감안해도 미국채10년 1%대 반등이 어려운 상황 아님

미국 ISM 제조업지수 대비 현저하게 낮은 미국채10년 금리

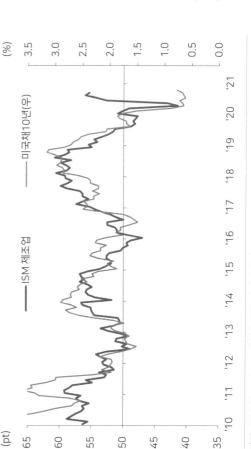

자료: ISM, Bloomberg, 메리츠증권 리서치센터

미국 경기모멘텀 정점 지났지만 높은 수준 유지, 채권시장 부담요인

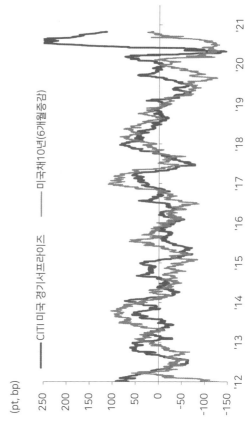

자료: Bloomberg, 메리츠증권 리서치센터

IV. Market Stable, 시장금리 안정화

미국채10년 단기전망 (2)
추가 심리지표 & 구리강세

- 샌프란시스코 연준에서 발표하는 뉴스심리 지수 또한 미국금리 상승 및 위험선호 지지 재료 해석
- 중국 경제수해로 판단되나 선얼재 수요증가로 구리/금 가격비율도 금리상승 부담 자극

뉴스심리 개선흐름도 지속, 안전자산보다 위험선호에 긍정적

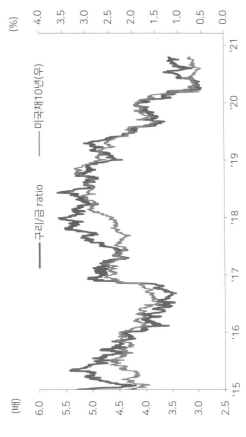

자료: SF Fed, Bloomberg, 메리츠증권 리서치센터

선얼재 구리강세, 중국주도 글로벌 경기회복 기대 유요

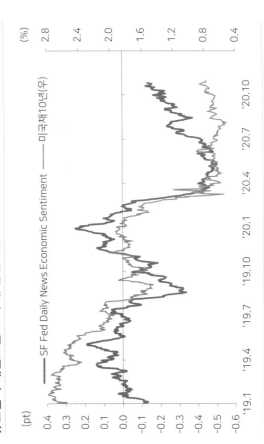

자료: Bloomberg, 메리츠증권 리서치센터

IV. Market Stable, 시장금리 안정화

미국채10년 단기전망(3)
외국인&PD 수요 주목

- 현재 미국금리 상승에서 수요측면 2가지 주체를 점검할 필요

- 일본 연기금 같은 외국의 공적기관은 달러약세를 기반으로 미국채 매수를 늘렸으나 대선확인 심리 주춤
  → 추가로 달러약세가 완만하게 진행되면 외국인 미국채 매수기회 활용할 가능성

- 늘어난 국채공급 부담은 현재 확대되던 PD들의 국채포지션 변화도 중요한 기준으로 봐야 함

달러약세 기반으로 유입되던 외국인 공적기관 매수세 주춤

(십억달러)

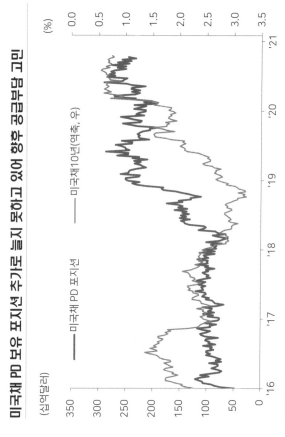

자료: US Treasury, Bloomberg, 메리츠증권 리서치센터

미국채 PD 보유 포지션 추가로 늘지 못하고 있어 향후 공급부담 고민

(십억달러)

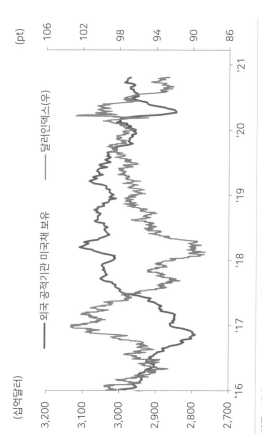

자료: US Treasury, Bloomberg, 메리츠증권 리서치센터

IV. Market Stable, 시장금리 안정화

미국채10년 단기전망(4)
선물 & 옵션 포지션 점검

- 대선 결과를 앞두고 했지 차원에서 대규모 선물과 옵션 매도 포지션 구축

- 바이든 당선 시 추가금리 상승압력 누적될 수 있으나 트럼프 당선 시 단기적인 금리하락 되돌림 가능
  → 미국채 10년 연내 바닥은 0.7%대 정도 추정되며 바이든 당선될 경우 현재 수준으로 바닥 상향

- 대선확인 이후 미국 선물매도 포지션 방향성에 따라 금리상승 강도나 되돌림 정도 비교할 수 있음

미국대선 이후 금리상승 위험 헷지, 대규모 선물매도 포지션 구축

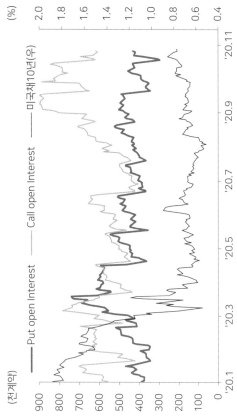

자료 : CFTC, Bloomberg, 메리츠증권 리서치센터

i-share 20+마마 ETF 기초 구축된 풋옵션 잔고 큰 폭으로 증가

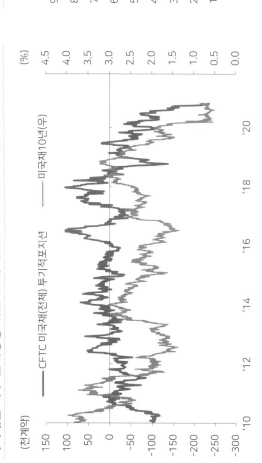

자료 : Bloomberg, 메리츠증권 리서치센터

IV. Market Stable, 시장금리 안정화

미국채10년 단기전망 (5)
유동성 → 실물 확산

- 올해 3분기까지 공급된 유동성은 민간경제 재생에 일조하는 방향으로 전환
- 통화승수 반등과 화폐유통속도 반등으로 유동성 여건은 추가금리 하락은 없다는 근거로 활용
- 향후 개선 강도를 점검해야 하겠으나 내년 상반기까지는 통화승수와 화폐유통속도 상승기조 유지될 것

3분기 미국 통화승수 바닥 확인, 추가 확대속도는 다소 완만

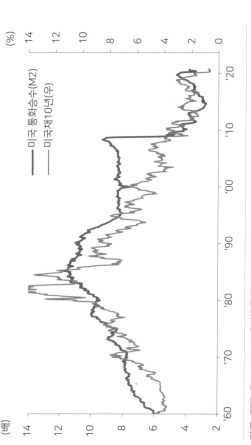

자료: FRB, Bloomberg, 메리츠증권 리서치센터

미국 3분기 GDP 예상성장하며 화폐유통속도 개선, 금리바닥 확인

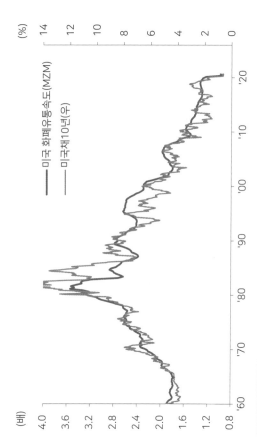

자료: FRB, Bloomberg, 메리츠증권 리서치센터

IV. Market Stable, 시장금리 안정화

미국채10년 장기전망(1)
장단기 금리차 확대 제한

- 단기적으로 미국채10년 1% 초반까지 상승위험 존재하나 반등 이후 흐름은 매우 완만하게 통제될 전망

- 현재 미국 장단기금리차는 이전 경기침체 국면 대비 매우 안정적 수준에서 통제
  → 경기침체 이후 장단기 금리차 확대는 향후 경기가 물가기대, 통화정책 정상화 기대를 반영

- 현재 미국채 2년과 10년 70bp도 안 되는 거리는 향후 금리정상화 강도 낮을 것 반영
  → 2021년 2년 0.3%에 10년 1.2% 정도가 되어야 90bp 수준에 불과

과거 경기침체기 미국 장단기 스프레드 200~300bp까지 확대

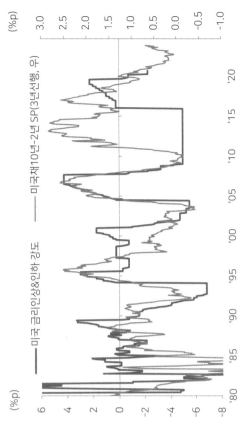

자료 : NBER, Bloomberg, 메리츠증권 리서치센터

시점도 중요하지만 통화정책 강도(폭)도 중요, 향후 정책기대 높지 않은 편

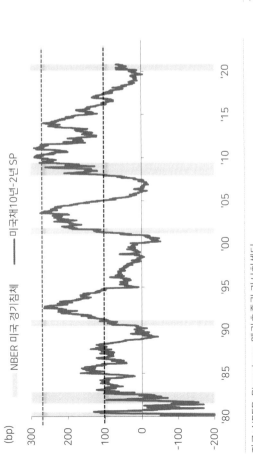

자료 : FRB, Bloomberg, 메리츠증권 리서치센터

IV. Market Stable, 시장금리 안정화

미국채10년 장기전망(2)
연준 논문 속 정책기대

- 8월 잭슨홀 컨퍼런스 진행 이후 연준에서 통화정책 관련 논문 다수 발표

- 현재 정책기대 관련 내용들을 정리하면 정상적인 성장적인 충격 하에서는 3년 내외에 경제정상화와 금리정상화 진행

- 정책의 적극성이 필립스커브 스팁하게 스팁까지 연결되면 금리인상 시점이 2023년 초반도 가능하다는 평가

정상적인 여건 추정 2023년 정도에 연방금리 인상할 수 있어

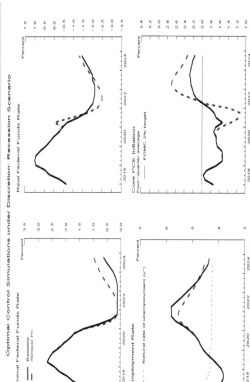

Optimal Control Simulations under Discretion: Recession Scenario

자료 : FRB(2020.8) Monetary Policy Tradeoffs and the Federal Reserve's Dual Mandate
메리츠종권 리서치센터

정상적인 경로 상 미국 연방금리, 성장률, 물가 회복 과정

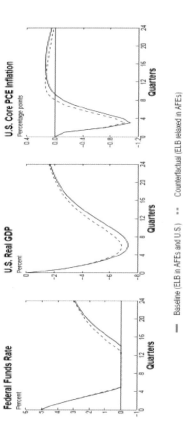

Figure 9: Implications of the Effective Lower Bound Abroad for U.S. Economic Performance in a Global Recession Scenario

— Baseline (ELB in AFEs and U.S.)   = = = Counterfactual (ELB relaxed in AFEs)

자료 : FRB(2020.8) Monetary Policy and Economic Performance since the Financial Crisis
메리츠종권 리서치센터

IV. Market Stable, 시장금리 안정화

미국채10년 장기전망(2)
연준 눈문 속 정책기대

- 그렇지만 현실적으로 AIT 여건하에 실업률과 물가경로 회복, 실질금리 반등은 완만한 속도로 진행 예상

- 이번 COVID 충격이 mild recession 수준에서 마무리되어도 AIT 장기화 관점이면 2024년 이후에나 인상
  → 인상 강도도 longer-run까지 고려되고 있으나 2027년에나 연방금리 1% 정도까지 천천히 인상

- 우리는 AIT를 고려해도 이보다 인상 시점이 빠를 것으로 보나 통화정책 정상화 장기화의 근거
  골드만삭스같은 IB는 2025년이나 연준이 금리인상에 나설 수 있다고 주장

미국 경기침체 강도 Mild Recession 전제 AIT 실시할 경우 2024년~2025년까지 지연될 가능성 존재

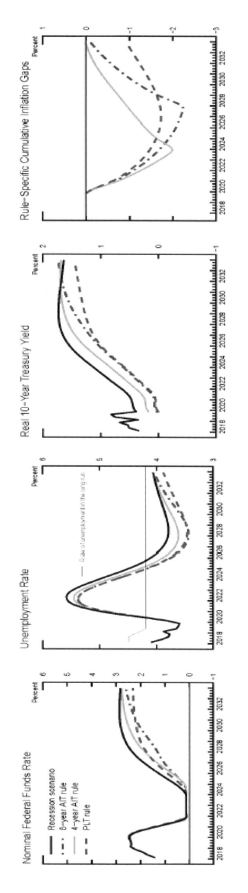

자료: FRB(2020.8) Alternative Strategies: How Do They Work? How Might They Help?, 메리츠증권 리서치센터

IV. Market Stable, 시장금리 안정화

미국채10년 장기전망(3)
테일러 룰과 단기 선도금리

- 테일러 룰과 shadow rate 같은 적정 연방금리 수준을 고려한 지표도 아직 통화정책 정상화 멀었다고 추정

- 샌프란시스코 연준이 추정하는 단기선도금리를 장기적으로 추정하면 2024년 1.2% 내외 정도 추측

- 이는 당장 단기금리에 반영된 미국의 금리정상화 기대치가 1% 초중반에 그친다는 증거로 판단

다양한 테일러 룰을 통해 미국 통화정책 정상화 아직 요원하다고 판단

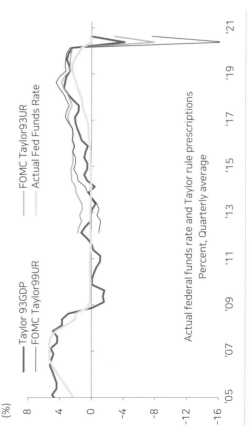

자료: AT Fed, FRB, 메리츠증권 리서치센터

단기선도금리 향후 연방금리 1% 초중반까지 인상 기대

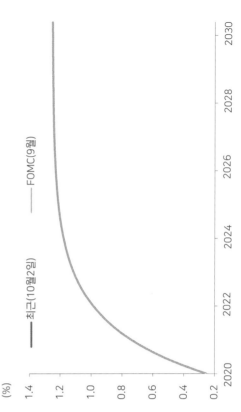

자료: SF Fed, 메리츠증권 리서치센터

IV. Market Stable, 시장금리 안정화

미국채 10년 단기 1.2%
중장기 1% 중후반 예상

■ 미국채 단기선도금리와 장기선도금리의 10년 이후 기대 값을 활용하여 향후 미국금리 경로 추정

■ 2021년 상반기까지 경기안정화 기대 반영 시 단기선도금리 반영된 1.2%까지 미국채 10년 금리상승
→ 단기선도금리 기대경로까지 미국채10년 올라도 실물경제 미치는 부담 크지 않을 것으로 판단

■ 이후 장기선도금리는 현재 1.8% 내외 등락으로 실제 금리인상 단행 이후에도 미국채 10년 금리가 2.0%
넘는 것이 어렵다는 정도로 추정, 내년 상반기 확보된 미국금리 수준에서 채권매수 가능 판단

단기선도금리 기준 미국채10년 1.2% 내외, 2021년 현실적 눈높이 판단

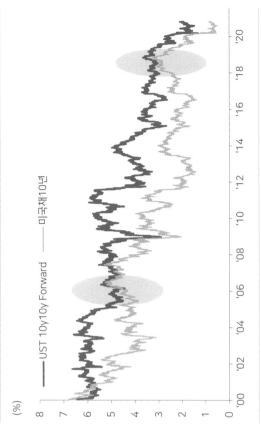

자료 : SF Fed, 메리츠증권 리서치센터

중장기적인 미국채10년은 1.7~1.9% 정도에서 맴돌 것으로 판단

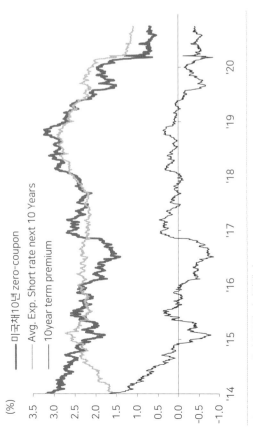

자료 : Bloomberg, 메리츠증권 리서치센터

IV. Market Stable, 시장금리 안정화

전망은 어렵다(연방금리)
하나의 기준을 세우는 것

- CBO가 매년 내놓는 장기전망 기준 미국 연방금리는 그 시점에서 최적의 선택지 임

- 기본적으로 저금리 환경을 인정한 2010년 이후 연방금리 인상 전망을 유지했지만 2016년 이후 3% 내외에서 금리정상화 마무리될 수 있다는 현실적 고민도 제시

- CBO는 2025년에나 금리인상이 가능할 것을 전망, AIT 도입과 완화적 IB와 유사한 전망 제시

CBO 미국 연방금리 장기전망 추이

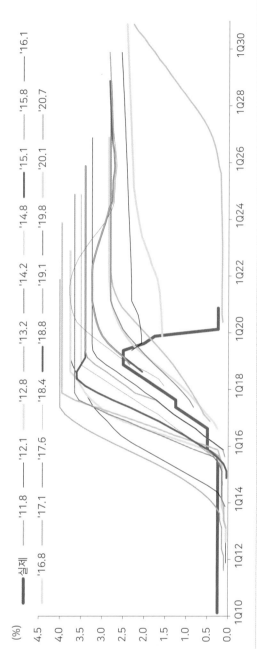

자료: CBO, 메리츠증권 리서치센터

IV. Market Stable, 시장금리 안정화

전망은 어렵다(미국채10년)
하나의 기준을 세우는 것

■ CBO의 연방금리 인상 시점은 2025년으로 상당기간 이후이나 미국채 10년은 내년 중 1% 정도 전망

■ 이후 금리인상이 단행되는 2025년까지 1.7% 정도로 완만한 상승 경로를 제시하고 있음

■ 우리는 인상시점도 중요하지만 통화정책 정상화 기대, 주위진 정부의 정부의 활용을 감안하여 내년 미국채 10년 0.8~1.3% 레인지, 중심라인은 0.9~1.2% 평균 1.0%대 정도를 예상

■ 미국 일드커브는 추가로 스팁 압력이 있겠으나 2년과 10년 100bp 이상 확대는 어려울 것으로 판단

CBO 미국채 10년 장기전망 추이

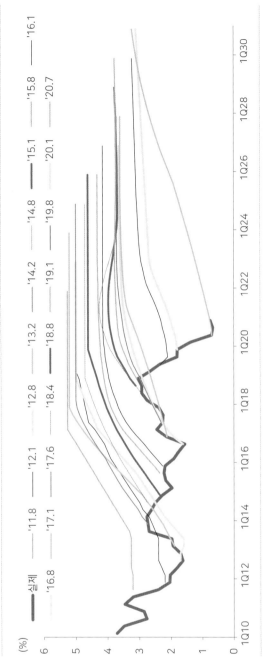

자료: CBO, 메리츠증권 리서치센터

V. 국내 채권, 보유수익(carry)의 가치

2021년 한국경제 COVID 충격을 흡수하는 과정

- 2020년 한국경제는 실질 GDP -1.0%와 물가 0.6% 기록, 1997년 외환위기 이후 처음 마이너스 성장
  2021년은 실질 GDP 3.1%와 물가 1.1%로 정상화 과정 진행 예상, 실물경제 무난한 회복 과정

- 주요국 대비 한국경제가 회복 속도가 빠른 편이나 정책변화나 시장금리 상승을 견인할 정도 아닐 것
  → 2020년 상대적으로 주요국대비 금리하락 제한되며 수급부담 등을 선반영한 시장영한 고려해야 함

한국경제 전망표: 2021년은 2020년의 상처를 회복하는 과정

(% YoY)	3Q20	4Q20	1Q21	2Q21	3Q21	4Q21	2019	2020	2021
GDP	(1.3)	(1.3)	1.0	5.0	3.6	2.8	2.0	(1.0)	3.1
(q-q)	1.9	1.3	1.0	0.7	0.5	0.5	-	-	-
민간소비	(4.5)	(4.2)	3.6	3.2	3.9	2.6	1.7	(4.4)	3.3
정부지출	4.5	4.8	3.3	3.7	3.7	3.7	6.6	5.6	3.6
건설투자	(1.6)	(1.3)	(1.8)	1.2	1.3	2.4	(2.5)	0.1	0.9
설비투자	9.1	4.3	5.1	9.2	7.3	7.5	(7.5)	6.1	7.3
수출 (BoP)	(3.5)	(1.0)	0.0	18.0	7.0	6.0	(10.3)	(7.6)	7.3
수입 (BoP)	(9.3)	(4.6)	1.5	12.0	9.9	8.2	(6.0)	(8.3)	7.7
소비자물가	0.6	0.7	0.6	1.5	1.1	1.1	0.4	0.6	1.1
기준금리	0.50	0.50	0.50	0.50	0.50	0.50	1.25	0.50	0.50
원/달러 환율 (기말)	1,170	1,130	1,115	1,100	1,090	1,080	1,156	1,130	1,080
원/달러 환율 (평균)	1,188	1,140	1,123	1,108	1,095	1,085	1,166	1,185	1,103

자료: 메리츠증권 리서치센터

V. 국내 채권, 보유수익(carry)의 가치

그래도 한국경제 주요국 중
빠른 회복 나타내는 국가

- 2021년 2분기까지 성장률 기준으로 V자 반등이나 전반적인 탄력은 균형이 회귀
- OECD와 IMF 등 주요 정책기관 뿐만 아니라 글로벌 투자자 역시 한국 경제회복 건전성 긍정적 평가
  → 2020년 주가상승 및 원화 절상이 강하게 진행된 배경에는 한국경제 안정성 뒷받침

2021년 성장률 3.1%로 2020년 -1.0%를 커버하는 수준

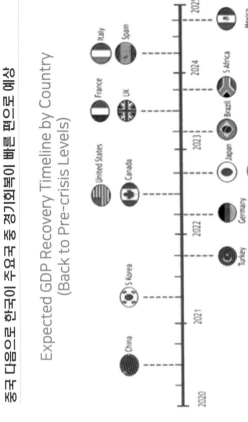

자료: 한국은행, 메리츠증권 리서치센터

중국 다음으로 한국이 주요국 중 경기회복이 빠른 편으로 예상

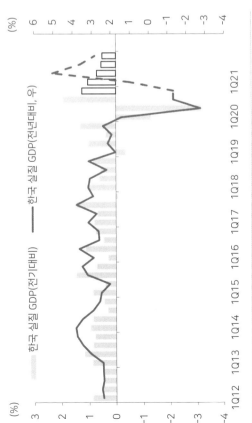

Expected GDP Recovery Timeline by Country
(Back to Pre-crisis Levels)

자료: SunTrust PWM, 메리츠증권 리서치센터

V. 국내 채권, 보유수익(carry)의 가치

전염병의 공포 남아있지만 큰 틀에서 경제개선 진행

- 국내도 COVID-19의 공포는 진행형이나 신규확진자 통제되며 추가적인 내수위축은 제한적
- 경기종합지수는 9월 동행지수 반등을 통해 바닥을 통과했다는 것을 확인
  → 실제 3분기 성장률도 전분기 1.9% 성장하면서 1~2분기 부진을 덜어내고 개선

신규확진자 다시 안정, 신용카드 매출 아직 전년대비 마이너스 수준

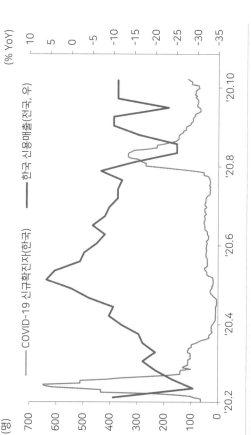

자료: WHO, 한국 신용데이터, 메리츠증권 리서치센터

선행지수 예상보다 빠른 반등보다 무거운 동행지수가 돌아선 것이 중요

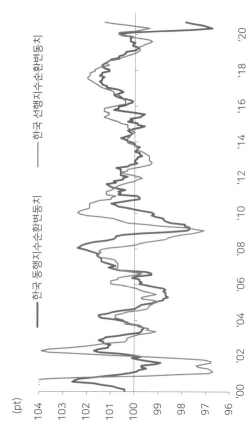

자료: 통계청, 메리츠증권 리서치센터

V. 국내 채권, 보유수익(carry)의 가치

정책지원과 제조업 기반 경기회복 기조는 이어질 것

■ 정책지원으로 소매판매 회복이 빨랐고 현재 수출반등으로 생산지표 개선되는 등 큰 틀 경제회복

■ 전염병 부담으로 서비스업보다는 제조업 경기 회복이 빠르고 한국은 미국과 중국 수혜도 반영

→ PMI와 BSI같은 기업심리 지표 개선이 빠르게 진행되면서 한국경제 뒷받침

정책지원 소매판매 유지, 안정된 수출기반 생산 중대에 중요

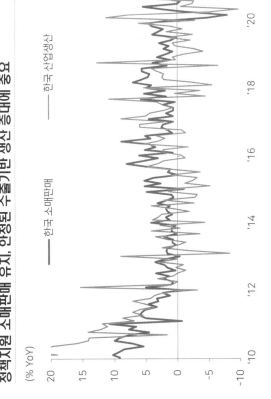

자료: 통계청, 메리츠증권 리서치센터

중국 경기개선률 좋아서 국내 기업심리 안정화

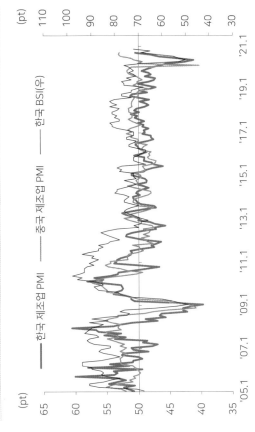

자료: Markit, 한국은행, 메리츠증권 리서치센터

V. 국내 채권, 보유수익(carry)의 가치

글로벌 경제심리 개선
2021년 한국수출 플러스

■ Sentix 글로벌 경제심리 지표는 주요국 정책지원으로 전망 부문이 큰 폭으로 상승
→ 중국과 한국 교역은 글로벌 심리지표 개선을 반영하면서 플러스 내외 등락 중

■ 국내 시장금리와 상관관계가 가장 높은 일평균 수출은 10월에 yoy 5.6% 플러스 기록하며 개선

■ 당사 이코노미스트 2021년 한국 수출증가율 7% 전망, 경기여건은 금리상승 방향

글로벌 경제심리 큰 폭 개선, 한국수출 증가세 영향 줄 것

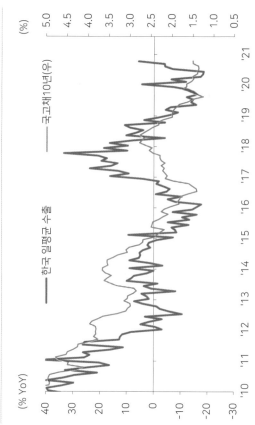

자료: Sentix, 관세청, 메리츠증권 리서치센터

시장금리 상관관계 가장 높은 일평균 수출 증가세 지속될 것

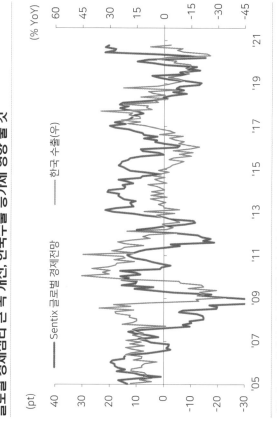

자료: 관세청, 금융투자협회, 메리츠증권 리서치센터

V. 국내 채권, 보유수익(carry)의 가치

원화 절상은 금리상승 부담
중국 위안화와 연동

- 주요국대비 빠른 경기안정 및 교역개선은 원화 절상 속도를 가파르게 진행
- 외환시장 속도를 채권시장이 따라갈 여건은 아니라고 보나 방향성의 부담은 남아 있을 것
- 중국 통화정책 중립 → 시장금리 상승 → 위안화 상승 → 위안화 절상 = 대미수출 개선 이 조건은 원화절상으로 연결

원화 절상 가파르게 진행, 한국 펀더멘탈 개선도 반영

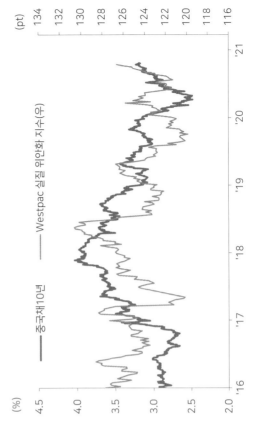

자료: 금융투자협회, KRX, 메리츠증권 리서치센터

중국 경제회복으로 금리상승 → 위안화 절상 연결

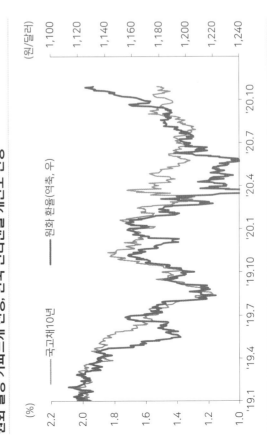

자료: Bloomberg, 메리츠증권 리서치센터

V. 국내 채권, 보유수익(carry)의 가치

그렇지만 장기적인 성장과 물가탄력 낮아지는 고민

- 단기적인 경기회복 과정에도 중장기적인 성장탄력 둔화(new normal) 고민도 잔존
- 한국 잠재성장률 2025년까지 2%가 깨질 수 있다는 우려, COVID-19로 앞당겨질 것이라는 한은총재 언급
- 물가탄력도 낮아지면서 추세 하락 지속, 지수함수 추정으로 현재 0%대까지 낮아진 것으로 추정

한국 잠재성장률 곧 2% 아래로 떨어질 것이라는 고민

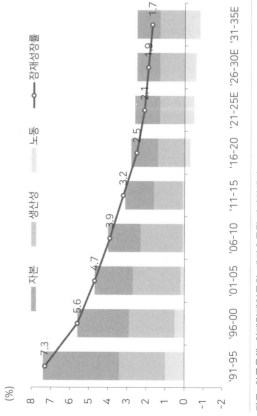

자료: 한국은행, 현대경제연구원, 메리츠증권 리서치센터

물가 장기추세 및 현재 경로상으로 탄력 매우 낮아져 있어

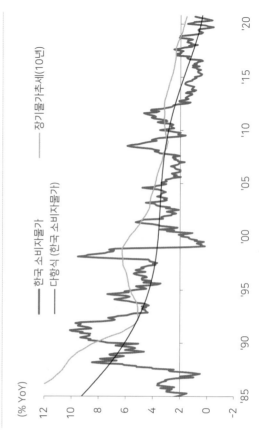

자료: 통계청, 메리츠증권 리서치센터

V. 국내 채권, 보유수익(carry)의 가치

물가 반등하지만 강도는 매우 완만한 수준 평가

- 국내도 2020년 저물가 반작용으로 물가가 오르겠으나 구조적 요인 가세로 1%대 반등 예상
  → 원화절상 부담에도 유가/기저효과 등으로 1.1%까지 오르겠지만 추가상승 기대는 제한

- 인플레 기대도 낮은 편인데다 일본과 유사한 인구&산업 구조에 대한 우려도 존재

- 대중교통 요금인상이 단행되면 추가로 0.1~0.15%p 정도 상향 조정의 여지 정도 고려

원화 절상에도 유가 기저효과로 2021년 물가는 1%대 반등할 것

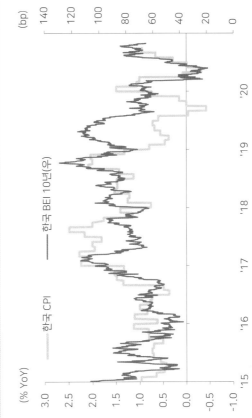

자료 : Bloomberg, 통계청, 메리츠증권 리서치센터

BEI에 반영된 물가정상화 기대치, 연실적으로 100bp 이상 확대 제약

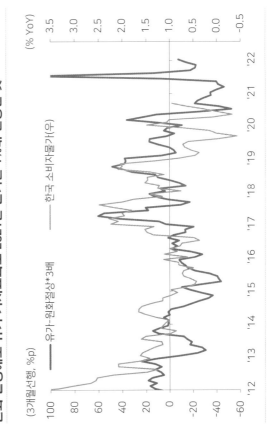

자료: 통계청, 연합인포맥스, 메리츠증권 리서치센터

V. 국내 채권, 보유수익(carry)의 가치

재정의 성장기여도 아직
실물경제 안정 위해 필요

- 2018년 이후 무역분쟁과 COVID-19 확산 국면에서 성장의 재정기여도가 높아짐
- 2021년에도 확장적 재정정책 기조는 유효한데다 기재부 예측 2024년까지 GDP 4% 내외 적자 예상
- 이를 기반으로 정부부채 역시 GDP대비 계속 늘어갈 수 밖에 없어 채권시장 공급부담 우려 자극

2024년까지 정부부채 증가에도 불구 재정적자폭 유지

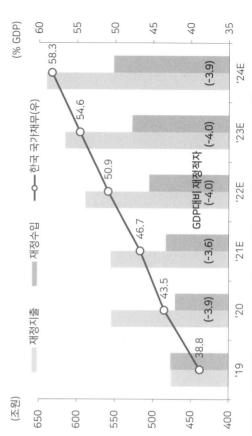

자료 : 기획재정부, 메리츠증권 리서치센터

2020년 민간경제 충격을 흡수하기 위한 정책노력 집중

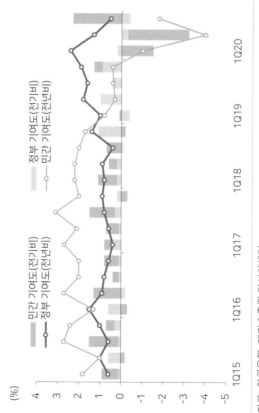

자료 : 한국은행, 메리츠증권 리서치센터

V. 국내 채권, 보유수익(carry)의 가치

일각의 우려에도 한국 늪은 재정건전성 바탕 정책 시행

- 일부 한국 재정건전성 훼손에 대한 우려가 제기되나 주요국 중 한국은 건전성 가장 늪은 국가
  → 기재부 재정준직까지 가론하며 적정한 재정위험 관리도 고민하고 있음
- 2021년 초반 한국형 누딜시행에 따른 누딜 펀드 조성 등으로 일부 채권투자 수요 구축 가능성까지 가론

IMF 추정 한국 재정적자와 정부부채 증가속도 안정적 수준 평가

자료 : IMF Fiscal Monitor(20.10), 메리츠증권 리서치센터

한국 뉴딜펀드 연초 재정정책의 중요한 포인트 관심

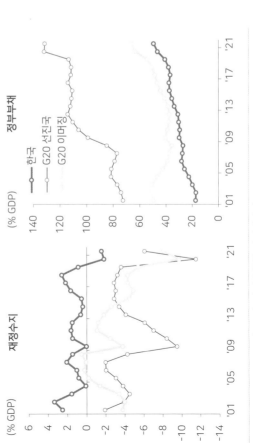

자료 : 기획재정부, 메리츠증권 리서치센터

V. 국내 채권, 보유수익(carry)의 가치

통화정책, 기준금리 동결기 보조적 대응이 중요

- 국내 통화정책 기준금리 0.50%에서 추가인하 실시는 제한될 것으로 판단

- 국내경기 회복 과정에서 심리지표 개선 등을 확인하면서 추가인하 검토할 정도 아님

- 다만, 호주 중앙은행(RBA) 연구대로 현재 ELB(실효하한)를 앞두고도 금리인하가 전혀 효과 없는 것이 아니라는 점에서 국내 추가인하 여력은 존재한다는 정도는 인정

경제심리 개선되며 통화완화 강도도 자연스럽게 낮춰질 것

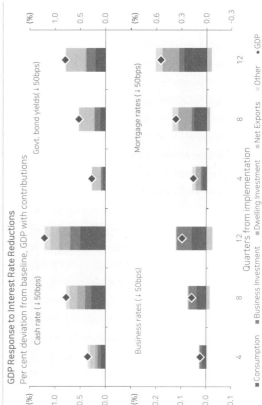

자료: 한국은행, 메리츠증권 리서치센터

호주 중앙은행 분석, 금리인하의 효과는 여전히 남아있다는 주장

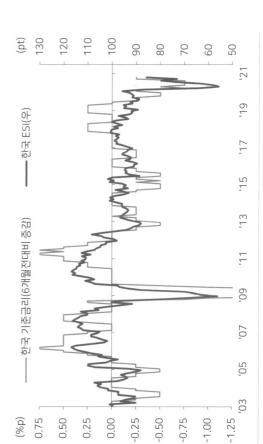

자료: RBA, 메리츠증권 리서치센터

V. 국내 채권, 보유수익(carry)의 가치

통화정책 고용안정 고려해도
저금리 부동산 민감도 제약

- 10월 국감 중 한은총재가 한은법에 고용안정을 삽입할 수 있을지를 검토하겠다고 밝힘
  → 한은의 실물경제 안정의 책무가 더해지는 내용으로 볼 수 있으나 실제 통화정책 여건에 반영 중

- 역시나 국감에서 저금리 때문에 부동산 가격, 특히 전세금이 올랐다는 논란이 일렀던 통화정책에 부담요인

- 2021년 기준금리는 연간으로 동결, 2022년까지도 유지될 전망 → 2023년 주변국의 경제 안정여부에 따라
  국내 통화정책도 정상화 가능성 정도 검토될 것

한은 총재, 한은법 상 고용안정 추가 여부 검토 의사

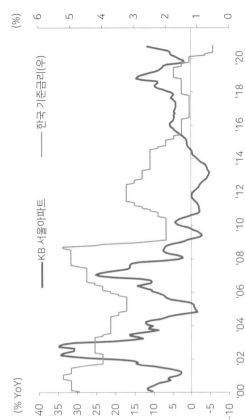

자료: 통계청, 한국은행, 메리츠증권 리서치센터

저금리로 인해 부동산 부동산 및 전세가격 상승 논란, 추가인하 부담요인

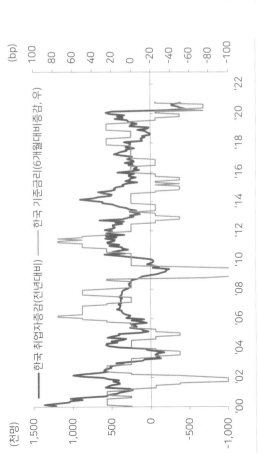

자료: KB은행, 한국은행, 메리츠증권 리서치센터

V. 국내 채권, 보유수익(carry)의 가치

채권공급 부담 증대에도
유동성 금리상승 제한

■ 2020년 채권시장 순증금액은 250조원으로 2019년 100조원대비 2.5배나 급증한 수준
→ 그럼에도 안전선호 및 대체&해외투자 제한, 완화적 통화정책을 배경으로 시장은 물량을 소화

■ 2021년에도 공급물량 부담은 높겠으나 현재 기준금리 기조가 유지되고 공급된 유동성 활용 정도(통화승수)
고려할 때 시장금리 급격한 급등은 상승 가능성은 제한적일 것으로 판단

2020년 10월까지 주요 채권 순증, 2019년 2배를 뛰어넘는 수준 급증

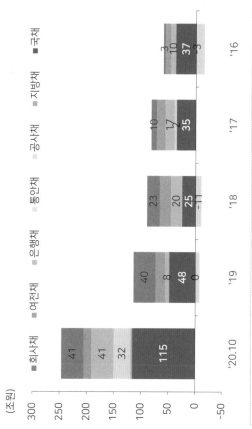

자료: 연합인포맥스, 메리츠증권 리서치센터

낮아지는 통화승수, 아직 민간의 유동성 회전율 낮아 금리상승 제약

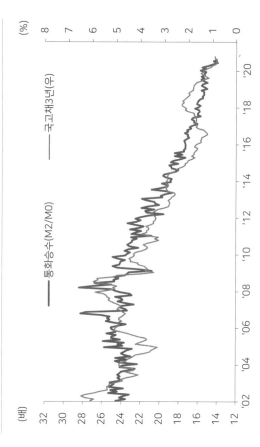

자료: 한국은행, 금융투자협회, 메리츠증권 리서치센터

V. 국내 채권, 보유수익(carry)의 가치

정부와 한은의 금리상승 부담을 덜어내기 위한 노력

- 올해 10월 정부는 'KTB 국제 컨퍼런스'를 통해 '국채시장 역량 강화' 대책 발표하며 금리안정 도모
  → 2년 발행과 PD 지원, 글로벌 채권지수 편입 검토 등 2021년 금리상승 부담을 낮추려는 노력 진행

- 추가로 한국은행 단순매입 여력도 존재, 2008년 금융위기 국면에서 한은 국채시장 보유비중 늘릴 경우 10조원 내외 가능. IMF 분석에 따르면 한국은행 등 주요국 중앙은행 중 국채보유 비중 매우 낮은 수준

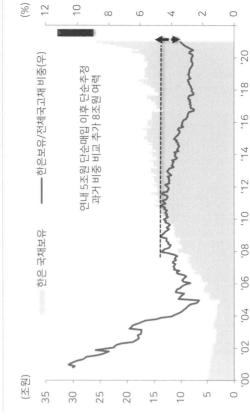

한은 단순매입, 2021년에도 10조원 내외 정도 대응여력 있을 것

(조원)

범례: 한은 국채보유 / 한은보유/전체국고채 비중(우) (%)

연내 5조원 단순매입 이후 단순추정
과거 비중 비교 시 추가 8조원 여력

자료: 한국은행, 메리츠증권 리서치센터

정부 '국채역량 강화'를 통해 공급물량 확대 부담 낮추려는 노력

자료: 기획재정부, 메리츠증권 리서치센터

V. 국내 채권, 보유수익(carry)의 가치

국고2년 발행 이슈에도
기관수요 큰 변화 없을 것

- 국고2년 발행이 초장기물 물량부담만 줄이는 것보다 전구간의 수급부담 분산효과 가능할 것
  → 현재 발행 시 인기가 많지 않은 20년 물량 조정을 맞추는 것이 관건

- 올해 국내 채권보유 선호기준 증권사와 투신 역할이 컸던 반면, 은행은 LCR 규제 이후 매수강도 약화

- 2021년 연기금 해외투자 및 보험사 자산증가 속도 둔화 등을 열려하나 현재 대체 및 해외투자 여건 변화 크지
  않은 상황. 기존 투자자들의 매수강도가 급격히 급격히 위축될 정도는 아닐 것으로 예상

국고2년 발행을 통해 국고채 만기분산 금리상승 위험 관리 대응

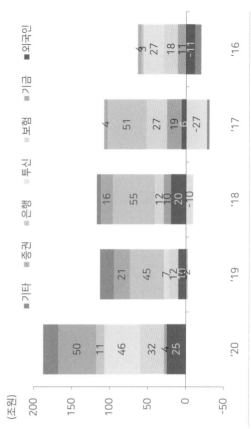

자료: 기획재정부, 메리츠증권 리서치센터

2020년 대비 기관투자자 채권수요 약화될 우려, 우리는 기우로 판단

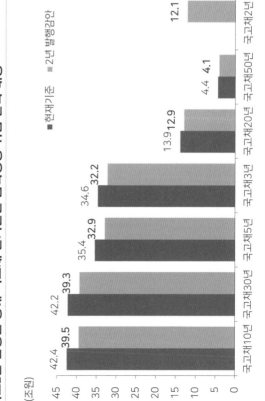

주: 증권 채권매수는 한은 자금순환 흐름표 참고 추정치임
자료: 연합인포맥스, 한국은행, 메리츠증권 리서치센터

V. 국내 채권, 보유수익(carry)의 가치

외국인 현물매수 다소 약화
선물 대외여건 안정이 중요

- 2020년 현물잔고 큰 폭으로 늘린 외국인 차익거래 유인 감소로 매수세 약화
  → 한국 신용등급 대비 절대금리 매력 높아 선물경제 안정 시 정책자금(중앙은행&국부펀드) 유입 가능성

- WGBI 편입은 금리상승 부담을 덜어낼 수 있으나 현재 원화절상 압력이 높아 통화가치 적절성 고려할 것

- 국채선물 시장에서 외국인은 미국금리와 엔화 등 글로벌 자금움직임 민감도 높을 전망

외환 차익거래 유인 감소로 외국인 현물 잔고 증가세 주춤

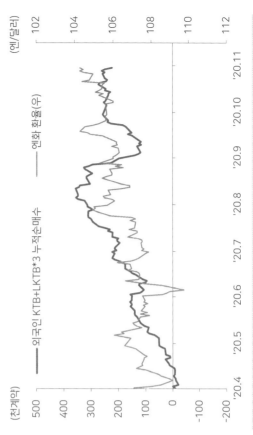

자료: 연합인포맥스, 메리츠증권 리서치센터

외국인 선물, 미국금리 & 엔화 등 글로벌 금융시장 여건 중요

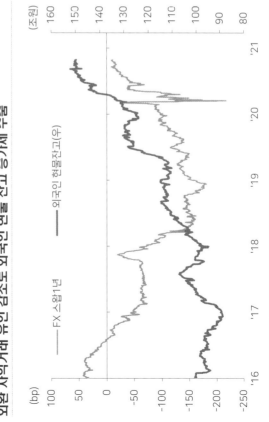

자료: KRX, Bloomberg, 메리츠증권 리서치센터

V. 국내 채권, 보유수익(carry)의 가치

나이스한 일드커브 활용
통화정책 기대로 매수구간

■ 2021년 국내 채권투자는 올해 같은 금리하락 기반 자본차익 기대는 높지 않을 것

■ 그럼에도 확대된 금리차, 나이스한 일드 커브 기반의 캐리수익 확보 전략은 유효하다는 판단
  → 2019년 과도했던 일드커브 평탄화 구간대비 현재 커브는 채권운용에 긍정적 환경

■ 현재 국내정책기대는 금리인상 기대를 반영하는 구간이라는 점에서 통화정책 중립만 유지해도 매수 가능

한국 일드커브 이전대비 보유수익 높일 수 있을 정도 기울기 확보

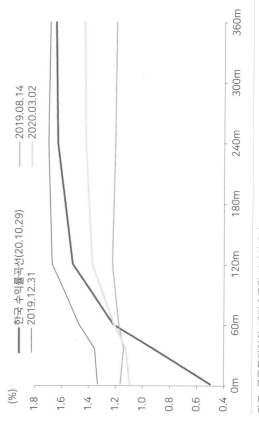

자료: 금융투자협회, 메리츠증권 리서치센터

선도금리에 반영된 금리인상 기대, 커브 모한 정책기대 충분히 반영

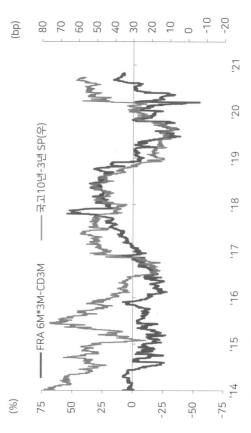

자료: Bloomberg, 한국은행, 메리츠증권 리서치센터

V. 국내 채권, 보유수익(carry)의 가치

보유수익 크레딧 채권 중요
스프레드 축소 지속될 것

- 보유수익 투자에서 국고채보다 크레딧 투자가 더 중요
  → 2020년에도 2분기 스프레드 축소 과정 진행되었지만 위기 이전 대비 축소 여력 남아 있다는 판단

- 저 신용등급 차별화와 신용위험 관리 인식이 높지만 2021년 당사 전망 수준만 경제복원 되어도 A급까지
  신용스프레드 축소 과정 진행될 수 있을 것

증시 강세대비 회사채 스프레드 축소 아직 여력 남아 있어

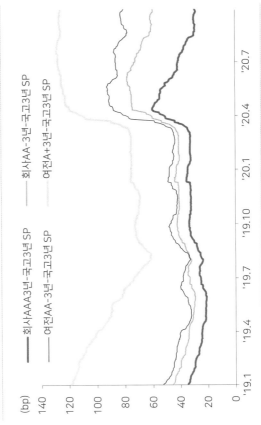

자료: KRX, 민평 3사, 메리츠증권 리서치센터

저신용 등급 회사채 스프레드 여력 높은 편

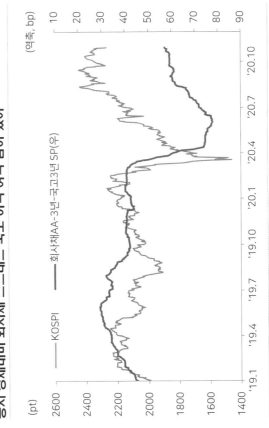

자료: 민평 3사, 메리츠증권 리서치센터

V. 국내 채권, 보유수익(carry)의 가치

장기적인 성장추세 감안
국고10년 1.4~1.7% 레인지

- 장기적인 성장추세 하에서 COVID-19 충격 벗어나면 하향기조 진정
  → 2021년 국고10년 wide range 1.2~1.75%, main range 1.4~1.70% 정도로 추정
- 실물경제 회복 정도에 따라 추가 열사이드를 기대할 수 있겠으나 2009년에도 단기 반등 이후 장기 횡보
- 잠재의 충격을 정상화 하는 수준의 금리상승 이후 방향성은 당분간 통제될 것으로 예상

2008년 금융위기와 유사한 패턴, 일단 상단 확인 이후 횡보 흐름 예상

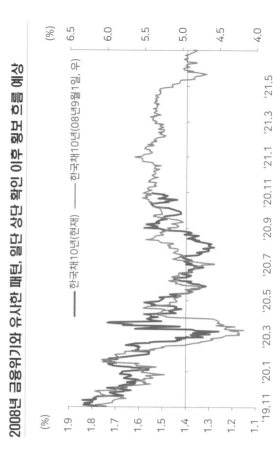

한국채10년(현재) ── 한국채10년(08년9월1일, 우)

자료: 금융투자협회, 메리츠증권 리서치센터

장기성장추세 감안하여 국고채10년 1.7% 정도 상단 추정

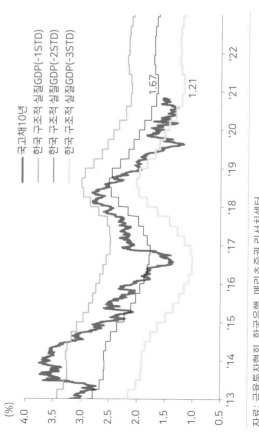

국고채10년
한국 구조적 실질GDP(-1STD)
한국 구조적 실질GDP(-2STD)
한국 구조적 실질GDP(-3STD)

자료: 금융투자협회, 한국은행, 메리츠증권 리서치센터

V. 국내 채권, 보유수익(carry)의 가치

일본이 보여주는
영원한 저금리 우려

■ 우리는 매년 연간전망의 마지막 페이지를 일본과 한국금리의 역사적 추이를 비교하는 차트로 마무리

■ 장기적인 저성장&저물가(Japanization) 우려가 가장 현실적으로 다가오는 국가가 한국

■ 댠문간 경기회복 구간에서 수익률을 확보할 수 있는 기회가 있을 수 있으나 추세적 금리상승 기대 난망
  → 2021년 보유수익에 만족할 수 밖에 없다고 하더라도 장기 저금리시대 대비는 계속 이어가야 함

매년 연간전망에서 엔데이트를 이어가는 일본과 한국의 금리경로 비교

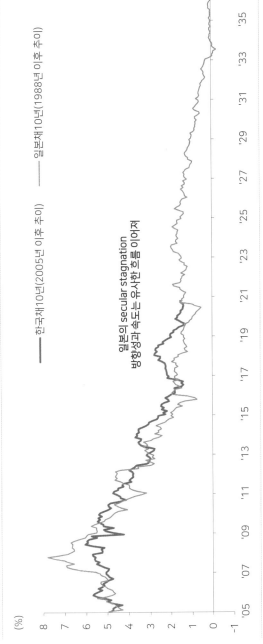

자료 : Bloomberg, 메리츠증권 리서치센터